蜀学文库

彭华 著

印川集
蜀学散论

中国社会科学出版社

图书在版编目（CIP）数据

印川集：蜀学散论/彭华著.—北京：中国社会科学出版社，2020.4
（蜀学文库）
ISBN 978-7-5203-6098-2

Ⅰ.①印… Ⅱ.①彭… Ⅲ.①巴蜀文化—文集 Ⅳ.①K871.34-53

中国版本图书馆 CIP 数据核字（2020）第 037801 号

出 版 人	赵剑英
责任编辑	郝玉明
责任校对	张 婉
责任印制	王 超

出　　版	中国社会科学出版社
社　　址	北京鼓楼西大街甲 158 号
邮　　编	100720
网　　址	http://www.csspw.cn
发 行 部	010-84083685
门 市 部	010-84029450
经　　销	新华书店及其他书店
印　　刷	北京明恒达印务有限公司
装　　订	廊坊市广阳区广增装订厂
版　　次	2020 年 4 月第 1 版
印　　次	2020 年 4 月第 1 次印刷
开　　本	710×1000　1/16
印　　张	23.25
字　　数	370 千字
定　　价	129.00 元

凡购买中国社会科学出版社图书，如有质量问题请与本社营销中心联系调换
电话：010-84083683
版权所有　侵权必究

《蜀学文库》编委会

学术顾问（按姓氏笔画排序）：

王中江　朱汉民　刘学智　杜泽逊　李存山　李晨阳
李景林　吴　光　张新民　陈　来　陈祖武　陈　静
单　纯　郭齐勇　景海峰　廖名春

编　委　会（按姓氏笔画排序）：

王小红　王智勇　王瑞来　尹　波　刘复生　杨世文
吴洪泽　张茂泽　郭　齐　黄开国　彭　华　粟品孝
舒大刚　蔡方鹿

主　　编：舒大刚

总　序

　　岷山巍巍，上应井络；蜀学绵绵，下亲坤维。

　　蚕丛与鱼凫，开国何茫然？《山经》及《禹记》，叙事多奇幻。往事渺渺，缙绅先生难言；先哲谭谭，青衿后学乐道。班孟坚谓："巴蜀文章，冠于天下。"谢耇庵言："蜀之有学，先于中原。"言似夸诞，必有由焉。若乎三皇开运，神妙契乎天地人；五主继轨，悠久毗于夏商周。天皇地皇人皇，是谓三皇；青赤白黑黄帝，兹为五帝。三才合一，上契广都神坛；五行生克，下符《洪范》八政。

　　禹兴西羌，生于广柔，卑彼宫室，而尽力于沟洫；菲吾饮食，而致孝乎鬼神。顺天因地以定农本，报恩重始而兴孝道。复得河图演《连山》，三易因之肇始；又因洛书著《洪范》，九畴于焉成列。夏后世室，以奠明堂之制；禹会涂山，乃创一统之规。是故箕子陈治，首著崇伯；孔子述孝，无间大禹。

　　若乎三星神树，明寓十日秘历；金沙赤乌，已兆四时大法。苌弘碧珠，曾膺仲尼乐问；尸佼流放，尝启商君利源。及乎文翁化蜀，首立学校，建国君民，教学为先；治郡牧民，德礼莫后。蜀士鳞比，学于京藩；儒风浩荡，齐鲁比肩。七经律令，首先畅行蜀滇；六艺诗骚，同化播于巴黔。相如、子云，辉映汉家赋坛；车官、锦官，衣食住行居半。君平市隐，《老子指归》遂书；儒道兼融，道德仁义礼备。往圣述作，孔裁六艺经传；后贤续撰，雄制《太玄》《法言》。"伏牺之易，老子之无，孔子之元"，偕"扬雄之玄"以成四教；"志道据德，依仁由义，冠礼佩乐"，兼"形上形下"而铸五德。落下主《太初》之历，庄遵衍浑天之说。六略四部，不乏蜀人之文；八士四义，半膺国士之选。涣涣乎，文章冠冕天下；济济焉，人材充盈河汉。

· 1 ·

自是厥后，蜀学统序不断，文脉渊源赓连。两汉鼎盛，可谓灵光鲁殿；魏晋弘宣，堪比稷下学园。隋唐五代，异军突起；天下诗人，胥皆入蜀。两宋呈高峰之状，三学数蜀洛及闽。蒙元兵燹，啼血西川；巴蜀学脉，续衍东南。明有升庵，足以振耻；清得张（问陶）李（调元），可堪不觑。洎乎晚清民国，文风丕振，教泽广宣。玉垒浮云，变幻古今星汉；锦江风雨，再续中西学缘。尊经存古，领袖群伦；中体西用，导引桅帆。于是乎诵经之声盈耳，文章之美绍先。蜀学七期三峰，无愧华章；蜀勒六经七传，播名国典。

蜀之人才不愧于殊方，蜀之文献称雄于震旦。言经艺则有"易学在蜀"之誉，言史册而有"莫隆于蜀"之称，言文章则赞其"冠于天下"，言术数则号曰"天数在蜀"。人才不世出，而曰"出则杰出"；名媛不常有，犹称"蜀出才妇"。至若文有相如、子瞻，诗有太白、船山，历有落下、思训，易有资中、梁山，史有承祚、心传，书有东坡、啬庵，画有文同、大千。博物君子，莫如李石、杨慎；义理哲思，当数子云、南轩。开新则有六译、槐轩，守文则如了翁、调元，宏通有若文通、君毅，讲学则如子休、正元。方技术数，必举慎微、九韶；道德文章，莫忘昌衡、张澜。才士尤数东坡、升庵，才女无愧文君、花蕊，世遂谓"无学不有蜀，无蜀不成学"矣！宋人所谓"蜀学之盛，冠天下而垂无穷"云云者，亦有以哉！

蜀之经籍无虑万千，蜀之成就充斥简编。石室、礼殿，立我精神家园；蜀刻石经，示彼经籍典范。三皇五帝，别中原自为一篇；道德仁义，合礼乐以裨五典。谈天究玄妙之道，淑世著实效之验。显微无间，体用一源。

至乎身毒偎人爱人，已见《山经》；佛法北道南道，并名《丹铅》。蜀士南航，求佛法于瀛寰；玄奘西来，受具足于慈殿。若夫蜀人一匹马，踏杀天下；禅门千家宗，于兹为大。开宝首雕，爰成大藏之经；圭峰破山，肇启独门之宗。菩萨在蜀，此说佛者不可不知也。

至若神农入川，本草于焉始备；黄帝问疾，岐伯推为医祖。涯涯水浃，云隐涪翁奇技；莽莽山峦，雾锁药王仙迹。经效产宝，首创始于昝殷；政和证类，卒收功乎时珍。峨眉女医，发明人工种痘；天回汉简，重见扁鹊遗篇。雷神火神，既各呈其神通；川药蜀医，遂称名乎海外矣。

又有客于此者，亦立不世之名，而得终身之缘。老子归隐青羊之肆，张陵学道鹤鸣之山；女皇降诞于广元，永叔复生乎左绵；司马砸缸以著少年之奇，濂溪识图而结先天之缘。横渠侍父于涪，少成民胞物与之性；蠋叟随亲诞蜀，得近尊道贵德之染。是皆学于蜀者大，入于蜀者远也。

系曰：巴山高兮蜀水远，蜀有学兮自渊源。肇开郡学兮启儒教，化育万世兮德音宣。我所思兮在古贤，欲往从之兮道阻艰。仰弥高兮钻弥坚，候人猗兮思绵绵。

舒大刚

目　录

题　辞 ……………………………………………………… (1)

蜀学总览

巴蜀文化的发展历程及其特色 ……………………………… (5)
蜀学之形神与风骨综论
　　——以文史哲或经史子集为考察对象 ………………… (23)

三苏园地

苏东坡的养生之道 …………………………………………… (51)
苏轼与茶文化 ………………………………………………… (56)
苏轼与禅师的交往及其影响
　　——兼论苏氏蜀学与三教会通 ………………………… (67)
博求"三通"
　　——苏氏蜀学的形神与风骨 …………………………… (88)

贺麟研究

贺麟的文化史观 ……………………………………………… (105)

贺麟译学大义述
　　——兼与严复、梁启超、王国维、陈康相参照 …………（116）
贺麟"新心学"认识论述略
　　——以"自然的知行合一观"为中心 ………………（140）
"同情的理解"略说
　　——以陈寅恪、贺麟为考察中心 ……………………（151）
贺麟与唐君毅
　　——人生经历、社会交往与学术思想 ………………（172）
贺麟与蜀学
　　——关于现代蜀学的梳理与思考 ……………………（186）
贺麟代表作三种提要 ………………………………………（202）

近代蜀学

华阳王秉恩学行考 …………………………………………（209）
文献大家傅增湘 ……………………………………………（223）
宋育仁与近代蜀学 …………………………………………（236）
一代名流谢无量
　　——生平志业、学术成就与蜀学因缘 ………………（251）
唐君毅的中国哲学史研究
　　——关于方法论的讨论与比较 ………………………（275）

蜀学内外

王国维与巴蜀学人 …………………………………………（289）
章太炎与巴蜀学人的交往及其影响 ………………………（311）

桑梓情怀

诗僧可朋：其人及其诗	（343）
《圆梦大雅堂》序	（350）
《丹棱历代乡贤诗文赏析选》序	（353）
《丹棱地方文史杂记》序	（356）

后　记 …………………………………………………（359）

题 辞

华夏禹域，芬芳圃苑。
千岩竞秀，百花烂绚。

巴山蜀水，锦绣潢洋。
益州俊彦，挺生含章。

子云相如，异曲同工。
东坡旷世，升庵宏通。

融通三教，会通中西。
学风崇实，博以辅玄。

锦上添花，手掬花瓣。
一炷心香，存续留艳。

蜀学总览

巴蜀文化的发展历程及其特色

在中华文化的大家园中,主要分布于四川省境内四川盆地的"巴蜀文化"①,可以说是一支颇具特色的文化,且"四川盆地是一个相对独立的文化区"②。自秦代以后,四川一直就是关中腹地的后方,其民风、民俗大体上与中原相同,"秦豳同咏,故有夏声也"(《华阳国志·蜀志》)。但是,这并不能掩盖其自身的特色。

一 巴蜀文化的自然背景(地理环境)

地理环境虽然不是影响人类文化的决定性因素,但确实是一个不可忽视的重要的因素。德国哲学家黑格尔(Georg Wilhelm Friedrich Hegel,1770—1831年)早就指出,"助成民族精神的产生的那种自然的联系,就是地理的基础",一个"地方的自然类型和生长在这土地上的人民的类型和性格有着密切的联系"③。马克思主义认为,"人直接地是自然存在物"④,是"有生命的自然存在物"⑤,"人靠自然界生活"⑥,"人的肉体

---

① 这里所说的"巴蜀",既包括现在的四川省,也包括1997年设立的直辖市重庆市。
② 苏秉琦:《华人·龙的传人·中国人——考古寻根记》,辽宁大学出版社1994年版,第244页。
③ [德]黑格尔:《历史哲学》,王造时译,上海书店出版社2001年版,第82页。
④ 《马克思恩格斯全集》第42卷,人民出版社1979年版,第179页。
⑤ 《马克思恩格斯全集》第42卷,人民出版社1979年版,第179页。
⑥ 《马克思恩格斯全集》第42卷,人民出版社1979年版,第95页。

生活和精神生活同自然界相联系，也就等于说自然界同自身相联系，因为人是自然界的一部分"①，这段话非常明确地暗示了人与自然的整体性乃是人类存在的基本因素。

就四川的自然地理而言，有两个特点是必须注意的：一是地理的闭塞；二是资源的丰富。

先说"地理的闭塞"。四川的中部为盆地，也就是著名的四川盆地，盆地四周为高原和高山所环绕，形成了天然的屏障和界限。西部是川西高原和邛崃山、龙门山、大相岭，北部是大巴山、米仓山、秦岭，南部是云贵高原和大娄山，东部是巫山，只有长江为其天然通道。可以看出，巴蜀确实是著名的四塞之地。因此，《隋书·地理志》中记载，巴蜀是"其地四塞，山川重阻"，李白（701—762年）在《蜀道难》中说"蜀道之难，难于上青天"。盆地之内，是连绵起伏的丘陵和平坦富饶的成都平原。

再说"资源的丰富"。早在秦汉之时，巴蜀就以资源富庶而闻名天下，"蜀"字甚至成为汉代富裕地区的同义语。② 四川的水利资源很丰富，长江及其支流嘉陵江、岷江、涪江、沱江、乌江穿流其间，给四川以灌溉之利，同时又是古代四川人民经营渔业的好场所。尤其是在李冰主持修建都江堰水利工程之后，水利得到了更有效的利用，"于是蜀沃野千里，号为陆海。旱则引水浸润，雨则杜塞水门。故记曰：水旱从人，不知饥馑，时无荒年，天下谓之天府也"（《华阳国志·蜀志》）。四川气候温暖湿润，雨量充沛，盆地内分布最广的是黄壤和潮土，富含矿物质和有机物，气候、土壤和降雨量都适宜农作物的生长。四川的矿产资源也很丰富，蕴藏着丰富的铜、铁、铅、盐等矿产资源。

在《史记·货殖列传》中，司马迁毫不掩饰地说："巴蜀亦沃野，地饶卮、姜、丹砂、石、铜、铁、竹、木之器。南御滇僰，僰僮。西近邛笮，笮马、旄牛"。其后成书的《汉书·地理志下》中，对四川自然地理环境的叙述更为精辟而贴切，并简单地说明了自然地理环境对人文环境（文化）的影响，"巴、蜀、广汉本南夷，秦并以为郡，土地肥美，有江水沃野，山林竹木蔬食果实之饶。南贾滇、僰僮，西近邛，莋马、旄牛。

---

① 《马克思恩格斯全集》第42卷，人民出版社1979年版，第95页。
② 参见林向《论古蜀文化区》，载《三星堆与巴蜀文化》，巴蜀书社1993年版。

民食稻鱼，亡凶年忧，俗不愁苦，而轻易淫泆，柔弱褊阨"。而《三国志·蜀书·诸葛亮传》和《华阳国志·蜀志》中对四川的评述，都离不开一句"沃野千里"。《宋史·地理志五》中也记载，川峡四路是"地狭而腴"。富饶的物产，为巴蜀文化的发展奠定了足够的物质基础。

毫无疑问，自然地理环境确实在一定程度上影响着巴蜀文化。诚如前文所言，是得天独厚的自然环境孕育了巴蜀文化。四川一向号称"天府之国"，既有富饶的"沃野"之称，又有闭塞的"险塞"之谓，"益州险塞，沃野千里"（《三国志·蜀书·诸葛亮传》）。巴蜀之地的"闭塞"，最终也影响了巴蜀文化，使之呈现出一定程度的"闭塞"——有人用"盆地意识"来形容，约略近之（具体表现详见后文）。再比如，四川的东部与湖北、湖南接壤，而这一带在历史上是楚国的领地，并且四川的东部地区本身也曾经属于楚国。或许正是出于这一原因，使巴蜀文化熏染上了楚文化的特色。《华阳国志·巴志》有言"江州以东，滨江山险，其人半楚"，其说不误。关于这一问题，研究者曾经从历史学和考古学等角度做过探索。[①]

二　巴蜀文化的发展历程（人文环境）

作为中华文化之一支的巴蜀文化，其发展之历程及特色之形成，与其独特的自然环境和人文环境有着密不可分的关系。

自然环境和人文环境可以影响地域文化，古人对此早有清醒的认识。《汉书·地理志下》中有言，"凡民函五常之性，而其刚柔缓急，音声不同，系水土之风气，故谓之风；好恶取舍，动静亡常，随君上之情欲，故谓之俗"。在这里，班固把人的观念和行为的形成归因于两个因素，一个是水土的构成（地理环境）；另一个是王侯的引导（人文环境），这是一个颇具参考价值的观点。但巴蜀文化特色的最终形成，在根本意义上恐怕还是人文环境的作用使然。

---

① 参见徐中舒、唐嘉弘《古代楚蜀的文化》，《文物》1986年第1期；郭德维《蜀楚文化发展阶段试探》，载《三星堆与巴蜀文化》，巴蜀书社1993年版；施劲松《蜀文化中的楚文化因素》，载《三星堆与巴蜀文化》，巴蜀书社1993年版。

就人文环境而言，某一地区文化发达与否，主要与以下三个因素息息相关：教育、经济和政治环境。古代的四川，文明发展程度高，文化普及面广，居民整体素质较高。之所以会形成这种"果"，与教育、经济、政治环境三因密切相关。巴蜀文化的发展，大致走过了五个历程（人文环境）。

（一）文翁兴学与孔明治蜀（汉魏）

早在洪荒时代的人类童年时期，"资阳人"便活动于蜀中。[①] 进入新石器时代，在四川地区出现了营盘山文化[②]、宝墩文化[③]。降而至于传说时代的五帝时期，四川之历史文化亦斑斑可寻。比如说，"黄帝居轩辕之丘，娶于西陵氏之子，谓之嫘祖氏，产青阳及昌意。青阳降居泜水，昌意降居若水。昌意娶于蜀山氏，蜀山氏之子谓之昌濮氏，产颛顼"（《大戴礼记·帝系》，参看《史记·五帝本纪》）。进入文字记录的历史时期，四川的历史文化更是绚烂可书。比如说，蜀人曾经参加武王克商行动，"武王伐纣，蜀与焉"（《华阳国志·蜀志》），"王曰：嗟！我友邦冢君……及庸、蜀、羌、髳、微、卢、彭、濮人"（《尚书·牧誓》）。再比如，在商周时期，四川曾经出现过辉煌灿烂的三星堆遗址、金沙遗址，表明当时四川的文化已经发展到相当高的水平，但她仅仅辉煌一时，随即神秘失踪，消逝于历史的长河之中，很难与后来的巴蜀文化挂钩。[④]

公元前316年，秦惠文王派司马错出师，蜀国、巴国相继灭亡。秦废分封，改置巴、蜀二郡，将巴蜀之地纳入华夏民族大一统的版图，促进

[①] "资阳人"是晚期智人，1951年在四川省资阳县（今资阳市）黄鳝溪被发现，其年代为旧石器时代晚期，距今3.5万年至4万年。参见裴文中、吴汝康《资阳人》，科学出版社1957年版。

[②] 营盘山文化距今5500—6000年，因营盘山遗址而得名。营盘山遗址位于四川省阿坝州茂县凤仪镇，是一处从新石器时代到明清时代的文化遗址，是迄今为止在岷江上游地区发现的地方文化类型遗址中分布面积最大、发现遗存最丰富、发掘规模最大的遗址。

[③] 宝墩文化距今3700—4500年，是成都平原迄今为止能追溯到的最早的考古学文化，是成都平原的一支重要的新石器时代考古学文化。所发现的古城址，有新津县的宝墩村古城、郫县的古城村古城、原温江县的鱼凫村古城、大邑县的高山古城遗址、都江堰市的芒城寺古城、崇州市的双河古城和紫竹古城等。研究者认为，宝墩文化可能是由营盘山文化发展而来的。

[④] 或以为，三星堆遗址、金沙遗址可对应于《蜀王本纪》所云蚕丛、柏濩、鱼凫、开明、杜宇等，但目前尚难以坐实。

了巴蜀文化与中原文化的交流。可惜的是，秦祚短促，二世而亡；兼而又之，书缺有间，难以续连。因此，一般认为，四川文化大致起步于汉代文翁治蜀之时。

西汉景帝之末（约前141年），文翁为蜀郡守。文翁"仁爱好教化"，鉴于"蜀地辟陋有蛮夷风"，"乃选郡县小吏开敏有材者张叔等十余人亲自饬厉，遣诣京师，受业博士，或学律令。减省少府用度，买刀布蜀物，赍计吏以遗博士。数岁，蜀生皆成就还归，文翁以为右职，用次察举，官有至郡守刺史者"；文翁又"修起学官于成都市中，招下县子弟以为学官弟子，为除更徭，高者以补郡县吏，次为孝弟力田。常选学官僮子，使在便坐受事。每出行县，益从学官诸生明经饬行者与俱，使传教令，出入闺阁。县邑吏民见而荣之，数年，争欲为学官弟子，富人至出钱以求之"（《汉书·循吏列传·文翁传》）。文翁之设立地方学校的举措，在当时具有开创精神和楷模作用。元朔五年（前124），汉武帝"乃令天下郡国皆立学校官，自文翁为之始"（《汉书·循吏列传·文翁传》）。教育史家认为，文翁所设立的学校是中国历史上最早的地方官学。文翁办学，在当时收效良好，并且对后世蜀学的发展影响甚大。《汉书·循吏列传·文翁传》有言："由是大化，蜀地学于京师者比齐鲁焉。……至今巴蜀好文雅，文翁之化也。"《汉书·地理志下》有言："景、武间，文翁为郡守，教民读书法令，未能笃信道德，反以好文刺讽，贵慕权势。及司马相如游宦京师诸侯，以文辞显于世，乡党慕循其迹。后有王褒、严遵、扬雄之徒，文章冠天下。繇文翁倡其教，相如为之师，故孔子曰：'有教无类。'"[1] 甚至有人认为，"蜀学"可"比于齐鲁"（《华阳国志·张宽传》）。其后之所以有"蜀才辈出"局面的形成，文翁之功绝不可抹杀，"至今巴蜀好文雅，文翁之教化也"（《汉书·文翁传》）。汉以后，文翁学址（"石室"）办学绵延不绝，历代官府对此极为重视。[2]

---

[1] 这里所提到的"未能笃信道德""贵慕权势"诸语，研究者认为"不足以代表全部蜀人的行为方式，仅仅指部分文人而已"。段渝：《四川通史》，四川大学出版社1993年版，第1册第190页。

[2] 文翁石室的办学历史，绵延不绝两千余年，在世界历史上堪称独一无二。清朝之时，在其址建有省级书院"锦江书院"（1704—1902年）。现在，它是国家级重点示范性高级中学——石室中学的校址。

三国之时，刘备（161—223年）定都于成都，使四川出现了一个较为良好的发展时机。在《隆中对》中，诸葛亮（181—234年）就明确指出，刘备应当"跨有荆益，保其岩阻，西和诸戎，南抚夷，外结好孙权，内修政理"（《三国志·蜀书·诸葛亮传》）。这实际上是以四川为本位的一项国策，对四川经济文化的发展极为有利。作为国都的成都，遂一跃而为全国的三大政治、经济、文化中心之一。根据史书记载，三国之时的四川，出现了"吏不容奸，人怀自厉，道不拾遗，强不侵弱，风化肃然"（《三国志·蜀书·诸葛亮传》）的美好局面。

唐代大诗人杜甫（712—770年）流寓四川之时，曾经挥毫赋诗，"诸葛蜀人爱，文翁儒化成"（《赠左仆射郑国公严公武》）。文翁、诸葛亮之于巴蜀文化，其功盖莫大焉！

（二）刻书中心（唐—宋）

唐朝中后期，蜀地迎来了文化发展的一个重要契机——唐皇室两次入蜀[①]，使蜀地的经济文化得到较大的发展。经济上，当时的成都已经足以与扬州相媲美，成为全国数一数二的大都市[②]。文化上，巴蜀更是人才辈出，画家的云集便是其例证之一。[③]

文化要发展，世人"有书可读"是其关键因素之一，而要"有书可读"，书籍的刊刻又是其关键。唐宋时期的蜀地，就具备了这一条件。

唐朝的刻书业，分为官刻、坊刻和私刻（家刻）三大类型。当时的刻书地区（中心），有"剑南西川""江南西道""淮南道"和"扬越间"。而剑南西川（治所在今成都市），即在四川。[④] 五代之时，刻书业

[①] 唐皇室因长安沦陷而两次入蜀，一次是唐玄宗避安史之乱而入蜀，一次是唐僖宗避黄巢起义而入蜀。

[②] 《资治通鉴》卷259有言"时人称扬一益二"；而蜀中人士卢求认为当是"益一扬二"，"以扬为首，盖声势也"，益州"江山之秀，管弦之多，使巧百工之富，扬不足以俟其半"（《成都记序》）。

[③] 在罗元黼（1856—1931年）的《蜀画史稿》中，共收入蜀地画家凡193人，其中唐代22人，前蜀15人，后蜀24人，宋代91人，元代12人，明代11人，清代18人。参见罗元黼辑，何韫若、林孔翼注《蜀画史稿》，四川人民出版社1983年版。

[④] "剑南西川"的辖境屡有变动，长期领有成都府及彭、蜀、汉、眉、嘉、邛、简、资、茂、黎、雅以西诸州，约当今四川成都平原及其以北、以西和雅砻江以东地区。

的分布地区有所扩大,四川仍然保有其地位。宋朝之时,刻书业几乎遍及全国,形成了三大刻书中心:蜀、浙、闽。下面,对此略加申述。

1944年4月,在四川成都的一座唐墓中出土了一张成都府成都县龙池坊卞家印的梵文本《陀罗尼经咒》①,这是国内现存最早的雕版印本(现藏于中国国家博物馆)。据文献记载,唐懿宗咸通六年(865),日僧宗叡从中国带回"西川印子"《唐韵》和《玉篇》各一部。[就实物而言,在敦煌发现了咸通九年(868)印制的《金刚经》(全称《金刚般若波罗蜜经》,现藏于大英图书馆),以及唐僖宗中和二年(882)的两本历日(现藏于法国国家图书馆)。②]这说明,唐朝时期的四川成都是当时刻印图书的中心之一,并且当时的蜀刻本已经能向海外传播,而且雕刻水平也很高。

五代之时,前蜀和后蜀均以成都为国都,从而促成了成都刻书业的发达,也使成都成为全国著名的刻书中心之一。也就是说,早在五代之时,私刻就已经在成都发端了。比如,五代后蜀时,毋昭裔"令门人勾中正、孙逢吉书《文选》《初学记》《白氏六帖》镂版"(《宋史·毋守素传》)。另外,后蜀广政年间(938—965年),毋昭裔在此主持刊刻石经;至宋徽宗宣和年间(1119—1125),"十三经"最终刊刻完成。毫无疑问,它们大大有助于蜀地文化的发展,"由是蜀中文学复盛"(《旧五代史·唐书·明宗纪》)③。

两宋时期,成都仍然是全国雕刻印刷的中心之一。据《佛祖统纪》卷43载,宋太祖开宝四年至太平兴国八年(971—983),以《开元释教录》入藏经目为底本,在成都刊刻了《大藏经》,共1076部,5048卷,计480函,经版13万多片。因其刻成于四川,故世称"宋开宝蜀刊本大藏经",简称"蜀版藏经""开宝藏""蜀藏"。这是宋代最早的官府刻书,也是佛藏的最早刻板。于是,"蜀本"之名日盛。南宋之时,蜀中刻书业向眉山发展。眉山县漕运司井宪孟刊刻了《周礼》《春秋》《礼记》《孟子》《史记》《三国志》《南北朝史》等"眉山七史",并有《太平御

---

① 参见冯汉骥《记唐印本陀罗尼经咒的发现》,《文物参考资料》1957年第5期。
② 参见吴天墀《宋代四川藏书考述》,《四川文物》1984年第3期。
③ 按:"由是蜀中文学复盛",后又见于《资治通鉴》卷291、《爱日斋丛钞》卷1。

览》《册府元龟》南宋蜀刻本及其他经籍刻本传世。

(三) 文化大发展（宋）

在宋代以前，四川文化前进的步伐较慢；到两宋时期，四川文化呈现为跳跃式的发展，真正出现了人才辈出的新气象。①

四川文化何以在宋代出现跳跃式的发展、形成人才辈出的新气象，这自然是与刻书业的发达、学校的兴办和教育的重视分不开的，从而使当时的四川人"有书可读""有庠可进""有师可从"，并且形成了一种社会风气。

宋代时期，四川人才辈出，同时代人早已明察。宋人张孝祥（1132—1170年）说："凡蜀之士文德名世者，自汉以来，何代无之？本朝独盛，频年尤辈出。"（《于湖居士文集》卷37《与虞并父书》）宋代四川所出的人才，几乎可以与东南相媲美。宋高宗曾经指出："蜀中多士，几与三吴不殊。"［《建炎以来系年要录》卷111绍兴七年（1137）六月乙卯］

对于当时四川出现的这一种蒸蒸日上的情形，《宋史·地理志五》中有过相当高度的评价，"川、峡四路……庠塾聚学者众……文学之士，彬彬辈出焉"。南宋时的叶适（1150—1223年）说："今吴、越、闽、蜀，家能著书，人知挟册，以辅人主取贵仕。"（《水心文集》卷9《汉阳军新修学记》）生于四川眉山的苏辙（1039—1112年），曾经比较过吴、蜀两地的社会风气，"臣看详四方民俗不同，吴、蜀等处，家习书算，故小民愿充州县手分，不待招募，人争为之。至于（西北）三路等处，民间不谙书算，嘉祐以前皆系乡差，人户所惮，以为重于衙前"（《栾城集》卷44《论衙前及诸役人不便札子》）。苏辙的这一席话，同时透露出这样一个"信息"，即当时四川人的文化素质是相当可观的，因为担任手分者需要具备相应的文化素质，如识字、写字、书算及经济知识等。

在宋代，这种社会风气和文化状貌几乎遍及整个四川地区。如成都府（今四川成都），历来就是西南文化的中心，"其俗好文"，"学者比齐

---

① 参见胡昭曦《宋代蜀学的转型》《宋代蜀学的转移与衰落》，载《胡昭曦宋史论集》，西南师范大学出版社1998年版。

鲁"（宋本《方舆胜览》卷53）。再如眉山（今四川眉山），"其民以读书为业，以故家文献为重。夜燃灯，诵声琅琅相闻"，"西蜀惟眉州学者最多"（宋本《方舆胜览》卷52）。又如嘉定府（今四川乐山），在四川的文化地位仅次于成都府和眉州，人说四川"号为多士，莫盛于眉、益二邦，而嘉定次之"。另外，彭州（今四川彭州）也是"士多英才，美发西南，闻于天下"（宋本《方舆胜览》卷54）。又如简州（今四川简阳），"颇慕文学，人多工巧"（宋本《方舆胜览》卷45）。

颇具特色的是，宋初的四川知识分子，对科举考试不大热心，往往弃作为科举考试敲门砖的词赋于不顾，偏偏喜欢不合时宜的古文，"蜀中世子，旧好古文，不事举业"（《宋朝事实类苑》卷57《张乖崖》）。如眉州，根据苏轼（1037—1101年）的说法，"吾州之俗，有近古者三"，好古文即其一，"始朝廷以声律取士，而天圣以前，学者犹袭五代文弊，独吾州之士通经学古，以西汉文词为宗师。方是时，四方皆以为迂阔"（《苏东坡全集·前集》卷32《眉州远景楼记》）。四川"古文运动"的代表是苏氏父子，他们治学、为文的原则是立足现实、有为而作。苏辙（1039—1112年）说："予少而立学。先君，予师也；亡兄子瞻，予师友也。父兄之学，皆以古文成败得失为议论之要。"（《栾城后集》卷7《历代论·引》）其实，四川知识分子的这一特色早在秦汉之时就已经形成，并且以川东的巴人最具代表性。《华阳国志·巴志》中记载，巴人"质直好义，土风敦厚，有先民之流"。

不管怎么样，它们都说明了这样一个事实：宋代是四川文化的大发展时期，并且当时四川的文化是相当发达的。甚至可以说，宋代是巴蜀文化"空前绝后"的高峰。

（四）衰落时期（明清）

宋朝末年，蒙古军队先后四次进入四川，对四川大肆进行烧杀抢掠，"屠成都，焚眉山，蹂践邛、蜀、彭、汉、简、池、永康，而西州之人，十丧七八矣"。长年的战争破坏和蒙军的屠戮，致使四川经济受到极大的打击，"沃野千里，荡然无民，离居四方，靡有定所，耕畴不辟，堰务不修，秋不得收，春不得种"《宋代蜀文辑存》卷84《论救蜀四事疏》。

明清时期是四川文化的衰落期。明朝末年，由于农民战争的影响（尤其是张献忠剿四川），四川的经济和文化呈现出衰落的景象。"湖广填四川"是人们熟知的历史事实，而四川所受影响也在不言之中。

（五）复兴时期（晚清以来）

统观蜀学，峰回路转，在历史上有过三次大的高潮，每次都对中国学术、文化的发展作出了重要贡献。第一次高潮是汉晋时期；第二次高潮是两宋时期；第三次高潮是晚清民国时期，以出思想、出人才著称全国。

第三次兴盛之重要契机，其一即四川省城尊经书院（1875—1902年，四川大学的前身之一）的设立。尊经书院培养的著名人物，有杨锐（1857—1898年）、廖平（1852—1932年）、宋育仁（1857—1931年）、周凤翔（1860—1927年）、刘复礼（1872—1950年）、张澜（1872—1955年）、吴玉章（1878—1966年）、彭家珍（1888—1912年）、吴虞（1872—1949年）、吴之英（1857—1918年）、骆成骧（1865—1926年）、张森楷（1858—1928年）、萧龙友（1870—1960年）等。其时，巴蜀亦大量吸纳"西学"和"新学"。比如说，清末四川新式学堂的数量位居全国第二（仅次于直隶），在校教员数和学生数则为全国第一。[1] 并且尤其重要的是，其时的四川是"新学"与"旧知"交融、"西学"与"国学"会通。[2] 可以说，晚清以来的蜀学，已然跃居中国学术的重心之一。[3]

抗日战争时期，四川是意义重大的大后方；由于高校内迁，重庆、成都、李庄等地是当时的文化中心（与昆明等并列）。其时的四川，赫然成为全国重要的学术中心。晚近以来，国家又制定了西部大开发战略[4]，

---

[1] 参见熊明安《四川教育史稿》，四川教育出版社1993年版。
[2] 参见彭华《宋育仁与近代蜀学》，载《蜀学》第5辑，巴蜀书社2010年版。
[3] 李学勤说："从晚清以后，中国传统文化发展的中心位置有所转移，当时迁移的重心，我认为，一个是'湘学'，一个是'蜀学'。'湘学'与'蜀学'是在那时新形势下形成的人文学术的两大中心。"李学勤：《弘扬国学的标志性事业》，《西南民族大学学报》（人文社科版）2005年第9期。
[4] 2006年12月8日，国务院常务会议审议并原则通过《西部大开发"十一五"规划》。2012年2月，国家发改委官员对西部大开发"十二五"规划进行解读，明确了战略部署的基本战斗思路。

使巴蜀之地迎来了发展的良好时机。

三 巴蜀文化的几个特色（社会风俗）

在社会风俗层面①，巴蜀文化主要有以下几方面的特色：

（一）灵巧轻扬，能歌善舞

古代的巴人，能歌善舞。根据《华阳国志·巴志》记载，在周武王伐纣之时，"巴师勇锐，歌舞以凌殷人"。这一舞蹈后来发展成为"巴渝舞"。后来，"巴渝舞"的表演者进入宫廷，使"巴渝舞"成为皇家舞蹈团的表演节目之一②，并对后世社会和周边地区都产生了深远的影响。如在汉代的皇室里面，就有"巴俞鼓员三十六人"（《汉书·礼乐志》）。直至唐代清商之乐，尚有"巴渝舞"之名（《旧唐书·音乐志》）。而江南地区的"盾牌舞"，湘西地区土家族的"摆手舞"等，都是"巴渝舞"的变种③。

（二）生性柔弱，俗习柔良

早在东汉之时，班固就说巴蜀之民"柔弱褊陋"（《汉书·地理志下》）。颜师古解释说，这一方面是说巴蜀之民"材质不强"；另一方面也是说巴蜀之民"心忿狭"（后一说不足为信）。另外，王辟之在《渑水燕谈录》卷8中也说四川人"民性懦弱""俗习柔良"。相对于山东大汉、关东大汉而言，巴蜀士民的身材确实要矮小一些，这似乎就是颜师古所说的"材质不强"。然巴蜀士人遵纪守法、热情好客，足可谓"俗习柔良"。

---

① 巴蜀文化在思想理论、精神文化层面的特色，参见彭华《蜀学之形神与风骨综论——以文史哲或经史子集为考察对象》，《殷都学刊》2014年第3期。

② 《后汉书·南蛮西南夷列传》："至高祖为汉王，发夷人还伐三秦。秦地既定，乃遣还巴中。……俗喜歌舞，高祖观之，曰：'此武王伐纣之歌也。'乃命乐人习之，所谓《巴渝舞》也。"

③ 参见汪宁生《释"武王伐纣前歌后舞"》，《历史研究》1981年第4期。

(三) 学习法令,明法好讼

四川人"好讼"这一特色,在宋代表现得最为突出。《宋会要·刑法三》中记载:"川峡之民好讼。"但这种好讼的风习,主要是在民与民之间展开的,即它反映的是民事关系的紧张,而不是官民之间关系的紧张。四川人的这一特性,也恰好与下文将要谈及的"遵纪守法,社会治安秩序良好"形成良好的呼应。

四川何以会在宋代出现"好讼"?这是由宋代独特的时代背景决定的。宋代是我国封建社会史上十分重视法制建设的一个重要时期,也是我国古代法制成就的高峰。诚如学者所说,"中国的传统法律,到了宋朝才发展到最高峰"[1],"在中华法制文明史上,两宋是继唐之后成就最辉煌的时代"[2]。在宋代,法律成为科举考试的科目和内容之一,而学习法律也是当时的社会风气。《宋史》卷319有言,"宋取士兼习法令";而士大夫于"文学法理,咸精其能"(《宋史》卷330《任岂传》)。

(四) 遵纪守法,社会安定

宋朝政府曾经将社会治安问题严重的州县列为"重法地",以示对这些地方必须采取严厉的措施,但根据《续资治通鉴长编》卷394的记载,这些"重法地"全部分布在东部地区,四川一个也没有。

与"重法地"相对的是"道院",也就是说,这些地方民风淳朴、狱讼稀少、政务清闲,就像道院一般清静。根据宋本《方舆纪要》和《舆地纪胜》的统计,"道院"有十四处,全部在南方,其中有三处在四川:成都路的西州道院简州(今四川简阳)、潼州路的东蜀道院遂宁府(今四川遂宁)和东州道院叙州(今四川宜宾)。

这可从宋代刑事案件看出来,而刑事案件中最具有说服力的就是当时的大辟之刑(死刑)。

江休复(1005—1060年),《江邻几杂志》记载,"绵州(今四川绵阳)二岁断大辟一人,凤翔府半年断大辟二十余人"。宋神宗熙宁年间

---

[1] 徐道邻:《中国法制史论集》,志文出版社1975年版,第89页。
[2] 张晋藩:《中华法制文明的演进》,中国政法大学出版社1999年版,第316页。

(1068—1077），赵诚在梓州路富顺县（今四川富顺）任职，在其两年任期内，仅仅发生过两次杖罪小案。

在苏轼的家乡眉州（今四川眉山），老百姓更是循规蹈矩，对官吏毕恭毕敬，很少触犯刑律，"某民事太守、县令如古君臣，既去，辄画像事之，而其贤者，则记录其行事以为口实，至四五十年不忘。富商小民，常储善物而别异之，以待官吏之求。家藏律令，往往通念，而不以为非，虽薄刑小罪，终身有不敢犯者"（《苏东坡全集·前集》卷32《眉州远景楼记》）。

苏辙曾经就宋代西部地区的陕西、河东和四川做过分析比较，"今夫秦晋之民，倜傥而无所顾，负力而傲其吏。吏有不善，而不能以有容也，叫号纷呶，奔走告诉，以争毫厘曲直之际；而其甚者，至有怀刃以贼其长吏，以极其忿怒之节，如是而已矣。故夫秦晋之俗，有一朝不测之怒，而无终身戚戚不报之怨也。若夫蜀人，辱之而不能竞，犯之而不能报，循循而无言，忍垢而不能骤发也。至于其心有所不可复忍，然后骤而为群盗，散而为大乱，以发其愤懑不泄之气。故虽秦晋之勇，而其为乱也，志进而祸浅；蜀人之怯，而其为变也，怨深而祸大"（《栾城应诏集》卷5《蜀论》）。由此可以看出，对于加诸自己的不善，秦晋之民惯于诉诸武力，他们无所顾忌，甚至会铤而走险，而四川居民不像秦晋之民，他们受了欺压，只是一味地忍辱负重，将怨恨愤懑的怒火埋藏在心里，聚集日久，到了实在忍无可忍的地步，才会轰然爆发，酿成一场大乱。当年的王小波、李顺起义，就是一个非常典型的例子。

（五）趋利重商，义利相资

四川人之经商，有着悠久的传统。早在战国末年、秦朝初年，四川就出现过一位著名的女性商人——巴寡妇清。她的祖上"得丹穴，而擅其利数世，家亦不訾"，巴寡妇清继承了祖上的这份职业，"能守其业"；并且难能可贵的是，她不但有经商的头脑，而且有高洁的人格，她"用财自卫，不见侵犯"，秦始皇"以为贞妇而客之"，还专门为她修建了"女怀清台"。她的这一番精彩的表现，引得司马迁感叹不已："夫倮鄙人牧长，清穷乡寡妇，礼抗万乘，名显天下，岂非以富邪？"（《史记·货殖列传》）本为赵人的卓文君的先祖，在秦破赵之后迁居于蜀，他选择了

"民工于市,易贾"而又出产铁矿石的临邛,"即铁山鼓铸,运筹策,倾滇蜀之民,富至千人"(《史记·货殖列传》)。而另一位堪与卓氏比肩的是程郑,"富埒卓氏,俱居临邛"(《史记·货殖列传》)。

四川人喜好经商的传统一直保存了下来。在宋朝之时,甚至广大的读书人,也热衷于经商,以获取财富。宋宁宗时(1195—1224年在位),奔赴京城杭州赶考的四川进士,虽然路途遥远,仍没有忘记附带贩运商品,"蜀士嗜利,多引商货押船",由于沿路关口林立、手续繁多,有的人甚至错过了考试日期(《宋史》卷156《选举二》)。显然,在这些嗜财好利的四川士子心目中,经商发财与及第做官是同等重要的。

按照儒家正统的义利观念,读书士子应该重义轻利,甚至舍利取义。孔子和孟子重义轻利,"君子喻于义,小人喻于利"(《论语·里仁》),"何必曰利?亦有仁义而已矣"(《孟子·梁惠王上》)。董仲舒(约前179—前104年)主张舍利取义,"正其谊(义)不谋其利,明其道不计其功"(《汉书·董仲舒传》)。程颢(1032—1085年)认为,义与利是不可兼得的,"大凡出义则入利,出利则入义"(《河南程氏遗书》卷11)。

随着宋代商品经济的发展及社会风俗的转变,有人开始出来调和传统的义利观念。四川人苏辙提出,"利者义之和","利亡则义丧……义利、利义相为用,则天下运诸掌矣"(《嘉祐集》卷9《利者义之和论》)。江西人李觏(生卒年不详)说:"利可言乎?曰:人非利不生,曷不可言?"(《李觏集》卷29《原文》)。江西人王安石(1021—1086年)也认为,"利者义之和,义固所为利也"[《续资治通鉴长编》卷219,熙宁四年(1071)正月壬辰]。到南宋时期,形成了重视功利、事功的浙东学派。比如,作为该派代表人物之一的叶适(1150—1223年)就公开宣扬,"既无功利,则道义者乃无用之虚语尔"(《宋元学案》卷54《水心学案上》),"抑末崇本,非正统也"(《习水记言序目》卷19),批评传统的重农抑商观念,为经商营利鸣锣开道。到了清代,颜元(1635—1704年)把董仲舒的话径直改为:"正其谊以谋其利,明其道而计其功。"(《四书正误》卷1)

(六)父子兄弟,分财析居

在传统的观念中,数世同堂一向被视为家庭美德,往往成为社会美谈。但是，南方人却不理会那一套，故父子兄弟分财析居成为南方的一大风俗，而四川亦然。《隋书·地理志》中记载蜀地"父子率多异居"，《宋史·地理志五》也有言指责四川人"亲在多别籍异财"。

这一则是古代的四川人不严格遵守封建礼法习性的反映，同时也是四川经济发达的反映——要分财析居，首先要有"财"和"居"可分。

（七）习性洒脱，放诞不羁

宋人张纲说，四川人"俗轻而易摇"（《华阳集》卷30《右骐骥副使蒋揆可庄宅使》）。至于实际情形，也确实如此。比如在宋代，由于四川人（包括四川僧侣）习性洒脱、不守礼法，被人取了一个绰号"川矗苴"[①]。黄庭坚（1045—1105年）对此的解释是，"矗苴，泥不熟也。中州人谓蜀人放诞不遵轨，辄曰：川矗苴"（《涪翁杂说》）。也就是说，"矗苴"是宋代中原地区的俗语，可以理解为不规矩、不成熟。下面将要谈到的"称呼不守礼法，不讲究尊敬与避讳"，可以说是四川人这一习性的外在表现。

（八）不守礼法，称呼随意

讲究称谓是中国古代的一个传统，尤其是在家庭里面，称谓更是不能乱套。但在宋代的四川，情形却有所不同。

比如，在潼州路（即梓州路）的绍熙府（今四川荣县），居民"姓名颠倒，不知礼法"（宋本《方舆胜览》卷64）。《宋史·地理志五》中记载，川、峡四路之民"好音乐，少愁苦，尚奢靡，性轻扬，喜虚称"。

（九）女习男事，不以为异

按照传统的封建礼法，男为尊、女为卑，所以形成的格局是"男主外，女主内"，妇女往往被束缚在户内，不得从事社会活动和户外生产劳动。但在宋代的南方，这种传统的分工模式却被广大的妇女改写了，她

[①] 《无准师范禅师语录》："川僧矗苴，浙僧潇洒。"《朱子读书法》卷下："有一川僧最矗苴。"

们不但从事着男子的工作，有的甚至成为主要的社会生产劳动者和社会活动者。

例如，在岳州（今湖南岳阳），"妇人皆习男事"（《岳阳风土记》）；在福州，"市廛阡陌之间，女作登于男"（《淳熙三山志》卷39《土贡》）。至于四川的情况，大致也差不多。根据陆游（1125—1210年）的记载，"大抵峡中负物率着背，又多妇人"（《渭南文集》卷48《入蜀记》）。

（十）安土重迁，固守风俗

对于身处"农业社会"大背景下的农民而言，"安土重迁"是一个根深蒂固的传统，并由此形成了牢固的"乡土"观念。历史上的四川，也是农业发达地区，重视"乡土"的程度一如其他地区，甚至有过之而无不及。

《华阳国志·巴志》中记载，巴人乡土观念极强，"其人性质直，虽徙他所，风俗不变"。《宋史·地理志五》中记载，四川人"怀土罕趋仕进"。或许，这是与四川独特的地理环境有关的，因为四川盆地四周为高原和大山所围绕，显得颇为封闭。

（十一）喜好游乐，知足常乐

这里的"游乐"，指的是旅游（"游"）、作乐（"乐"）。四川拥有丰富的旅游资源（如峨眉山、青城山、九寨沟等），而四川人也确实喜好旅游。四川人既好游乐，而大规模的祭神活动又是歌舞百戏的会演，所以，热烈的祭祀便是寻欢作乐的形式之一，或者说是为寻欢作乐而祭祀。

度正（1166—1235年）说："蜀之风俗，好为游观。凡遇岁时游观之日，无不盛服来会，甚者奉事鬼神，亦资以为游观。然其志本在祈祷，或祈蚕，或祈谷，或祈福禄……近年以来，衣服益修，器仗益盛，队伍益繁。而所事之神，则被之亦黄衣赭袍，奉之以龙床黄伞。其人更相呼集，连接数州，多者千余人，少者数百辈。"（《性善堂稿》卷6《条奏便民五事》）故《宋史·地理志五》有言，"其所获多为遨游之费"。

（十二）巫风盛炽，方术流行

因为四川偏居西南边陲，远离政治中心，加之具有浓厚民间色彩的道教（如天师道）等宗教派别长期流行于四川，故巴蜀之地的封建正统观念相对淡薄。普通居民为了解决实际的物质生活和精神生活方面的问题，往往依附于地方神权。

宋代的石介（1005—1045年）曾经指出，"蜀人生西偏，不得天地中正之气，多信鬼诬妖诞之说"（《徂徕石先生文集》卷9《记永康军老人说》）。所谓"天地中正之气"，指的是封建正统文化。

而对宗教和迷信的崇信，是巴蜀之民"古已有之"的一个传统。《汉书·地理志下》中记载江汉之民"信巫鬼，重淫祀"，而"而汉中淫失枝柱，与巴、蜀同俗"。《后汉书·西南夷传》中记载："牂牁地多雨潦，俗好巫鬼禁忌。"《宋史·地理志五》中记载："涪陵之民尤尚鬼俗。"史书所言，当是事实。巴蜀之民是如此信奉巫鬼，以致杜甫在《戏作俳谐体解闷》中说巴人"家家养巫鬼"。

两汉魏晋时期，四川地区今文经学的风气很兴盛，方术很流行。据《华阳国志·先贤士女总赞》记载，两汉时期巴蜀地区有名的文人约计四五十人，其中近半数为儒家学者，并且绝大多数以治今文经学为主，仅二人治古文经学。三国儒士尹默说："益部多贵今文，而不崇章句。"（《三国志·蜀志·尹默传》）在《后汉书·方术传》所列举的方术之士中，属于四川地区的有任文公（巴郡阆中人）、杨由（蜀郡成都人）、段翳（广汉新都人）、折像（广汉雒人）、董扶（广汉绵竹人）、郭玉（广汉雒人）等。又据《华阳国志》记载，四川诸儒通图谶数术者甚多，如杨厚（广汉新都人）、任安（广汉绵竹人）、景鸾（广汉梓潼人）等，其中，杨厚、任安是当时的"内学权威"①，"朝廷若待神明"。在他们的影响下，四川的经文、道术之风非常盛行。故《三国志·蜀志·尹默传》说："益部多贵今文，而不崇章句。"所以，卿希泰（1927—2017年）说："在这样一个环境中，五斗米道的产生和发展，并不是偶然的，而是有其气候和土壤条件的。"②

在有的地方，神祠势力是如此之大，甚至公然采用神权治理百姓，

---

① 《后汉书·方术传序》："自是习为内学，尚奇文，贵异数，不乏于时矣。"李贤注："内学谓图谶之书也。其事秘密，故称内。"

② 卿希泰：《中国道教思想史纲》第1卷，四川人民出版社1980年版，第147页。

"神枷、神杖，处处盛行。巫者执权，过于官府。一庙之间，负枷而至，动以数千记"［（宋）欧阳守道《巽斋文集》卷4《与王吉州论郡政书》］。

【本文节选自拙著《中国文化九章》（书稿，待出版）】

蜀学之形神与风骨综论

——以文史哲或经史子集为考察对象

引 子

大儒荀子云："天职既立，天功既成，形具而神生。"（《荀子·天论》）哲人范缜（约450—515年）云："神即形也，形即神也。是以形存则神存，形谢则神灭也。"（《神灭论》）梁人刘彦和（约465—约532年）云："是以怊怅述情，必始乎风；沈吟铺辞，莫先于骨。故辞之待骨，如体之树骸；情之含风，犹形之包气。结言端直，则文骨成焉；意气骏爽，则文风清焉。"（《文心雕龙·风骨》）近人章太炎（1869—1936年）云："余常谓文不论骈散，要以气骨为主。"[1] 本文标题所用"形神"与"风骨"二语，即渊源于此。今不揣浅陋与锢蔽，谨对蜀学之"形神"与"风骨"略加综论，敬祈方家指正与赐教。

众所周知，早在先秦时期，巴蜀文化业已与中原、齐鲁等并列为中国七大文化区。[2] 中历汉魏，降至两宋；辉煌青史，沾溉百世。元明兵燹，无可兴焉；肇及晚清，始得勃兴。晚清以来，"蜀学"贞下起元，与"湘学"一度跃居中国学术的"两大中心"。[3] 唯其如此，故本文所着重

---

[1] 章太炎：《国学讲演录》，华东师范大学出版社1995年版，第248页。
[2] 参见李学勤《东周与秦代文明》（增订本），文物出版社1991年第2版。
[3] 李学勤说："从晚清以后，中国传统文化发展的中心位置有所转移。当时迁移的重心，我认为，一个是'湘学'，一个是'蜀学'。'湘学'与'蜀学'是在那时新形势下形成的人文学术的两大中心。"李学勤：《弘扬国学的标志性事业》，《西南民族大学学报》（人文社科版）2005年第9期。

考察的时段,是蜀学发展的三大高峰(汉魏、两宋、晚清民国)。质言之,此三阶段之蜀学,可以三言以蔽之:巍然高峰,蔚然表率,伟然仪型。

举凡某学(流)派(如儒家、道家、佛家等),举凡某区域文化(如齐学、鲁学、蜀学、湘学等),之所以能源远流长、一脉相承,端在有"学"可以绍述,有"学"可以皈依,有"学"可以践履,有"学"可以发扬;而"学"之绍述与弘扬、皈依与践履,端在有"书"留焉,有"人"存焉。诚如宋人郑樵(1104—1162年)所云:"有专门之书,则有专门之学。有专门之学,则有世守之能。人守其学,学守其书,书守其类,人有存没而学不息,世有变故而书不亡。"① 准此,本文所引以为证的对象,主要是蜀学的代表人物及其代表作品,尤其是堪称大师级的蜀学英杰及其经典名作。

纵览巴蜀文化史,最能代表蜀学或体现蜀学之形神与风骨者,有汉之扬雄(前53—18年)、唐之李白(701—762年)、宋之苏轼(1037—1101年)、明之杨慎(1488—1559年),以及近现代之蒙文通(1894—1968年)与郭沫若(1892—1978年)六人。除此六位大师巨匠外,在儒释道三教之中,在经史子集四部之内,在文史哲三科之列,亦尚多英杰俊彦,诚然堪为典范。

一 哲学:深玄之风,玄而不虚

哲学是时代思想的精华,也是民族文化的精华。黑格尔(Georg Wilhelm Friedrich Hegel,1770—1831年)指出:一个没有哲学的民族,就像一座神庙里没有神像。② 恩格斯(Friedrich Engels,1820—1895年)断言,"一个民族想要站在科学的最高峰,就一刻也不能没有理论思维"③。

---

① (宋)郑樵撰,王树民点校:《通志二十略》,中华书局1995年版,第1804页。
② 黑格尔说:"一个有文化的民族竟没有形而上学——就像一座庙,其他各方面都装饰得富丽堂皇,却没有至圣的神那样。"[德]黑格尔:《逻辑学》(上卷),杨一之译,商务印书馆1966年版,第2页。
③ 《马克思恩格斯选集》第3卷,人民出版社1972年版,第467页。

今人指出，"蜀学"一名而含三义——学人、学校、学术[1]，蜀学之"学"主要是学术，其重点在文史哲（含宗教学），其核心是思想、理论[2]。

纵观蜀学之发展历程，尤其是其思想之发展历程，便可发现，蜀学一向有"哲思传统"。这是近现代巴蜀学人的共识，堪称"英雄所见略同"。于此，谨举二三子之说为例。

根据萧萐父（1924—2008 年，四川井研人）回忆，贺麟（1902—1992 年，四川金堂人）曾与蒙文通（1894—1968 年，四川盐亭人）等人在聚会中谈论过蜀学，"五十年代中，蒙文通师偶赴京，贺师为之设宴于颐和园，招（汤）一介和我侍坐。贺师论及蜀学有哲思传统，蒙师举严遵之后续以扬雄为例应之，又论巴蜀学风与荆楚学风之异同等"。故萧萐父有"蜀学玄莹美，君平续子云"[3]之句。客观而言，蒙文通、贺麟、萧萐父谓"蜀学有哲思传统"，与刘咸炘所论如出一辙。刘咸炘（1896—1932 年，四川双流人）认为，蜀学有"深玄之风"；但他同时又指出，"蜀学崇实，虽玄而不虚"[4]。当今学人亦云，巴蜀哲学的特点之一是"长于思辨"，此乃"蜀学之魂"。[5] 至于刘咸炘所云"蜀学崇实""玄而不虚"，笔者的体会是：蜀人所进行的哲理思辨（玄思，speculation），并非全然出于纯理论、纯逻辑的推演与构建（西方哲学家大多如此），而是以史实和文献为基础（"经史为基"），故蜀地向有注重"文献之传"的传统，由此，进而"通观明变"，即从思辨与研究中求其大要与指归，并且力求可资"经世致用"（相关论述，详见下文）。

巴蜀之地第一位有著述传世的哲学家，是西汉后期的严遵（字君平，

---

[1] 参见舒大刚《晚清"蜀学"的影响与地位》，《社会科学研究》2007 年第 3 期。
[2] 参见胡昭曦《浅议蜀学与巴蜀哲学》，载《旭水斋存稿》，四川大学出版社 2012 年版。
[3] 萧萐父：《吹沙二集》，巴蜀书社 1999 年版，第 739 页。
[4] 刘咸炘：《蜀学论》，载《推十书》之《推十文》卷 1，成都古籍书店 1996 年版（影印本）。
[5] 蔡方鹿、刘俊哲、金生杨：《巴蜀哲学的特点、历史地位和影响》，《四川大学学报》（哲学社会科学版）2012 年第 4 期。说明：本文在论述巴蜀哲学时，该文是重要的参考论文之一，但在理解与表述上有所不同。

四川成都人①）。严遵"雅性澹泊，学业加妙。专精《大易》，耽于《老》《庄》"（《华阳国志·先贤士女总赞论》）。著有《老子注》2卷（已佚）、《老子指归》（今存7卷），使道家学说更加条理化、哲理化。在严遵身上，实已开启会通儒道之风（以《周易》与《老子》为代表），即融通《周易》与《老子》，以兹为深玄、思辨之助。就全国而言，魏晋之谈"三玄"（《周易》《老子》《庄子》），实可追溯于严遵；就巴蜀而言，严遵之弟子扬雄，实深得其师之神韵。

扬雄所著《太玄》《法言》，虽系拟经而成，实则糅合儒道，且有所发展。比如，扬雄将《周易》之"一分为二"的思想发展为"一分为三"的思想（如《太玄·玄数》所云"天以三分"），便颇得后人赞誉（如庞朴）②。王充（27—约97年）亦说"扬子云作《太玄经》，造于助（眇）思，极窅冥之深，非庶几之才，不能成也"（《论衡·超奇》），洵非虚誉。

降而及于中古，在煌煌可观的哲学苑囿，巴蜀亦可谓"代有其人"，并且广布于儒释道三教领域，而其哲理思维之缜密、思辨层次之高迈，已然高出两汉。

以道门而言，四川是早期道教两大流派之一的五斗米道的发祥地，历来不乏玄门精英。比如说，有合理会通天竺中观学派与华夏道教学派，融会冶炼而成"重玄学派"的李荣（四川绵阳人，与成玄英齐名）③，在当时被推为"老宗魁首"，其思想在道教中独树一帜，最富思辨性和理论性，不但使道门思想"更上一层楼"，而且使道教哲学日趋精微，可谓幡然创新。

其余诸人，如唐代之王玄览（626—697年，四川绵竹人）、五代之

---

① 说明：本文在标注历史人物之籍贯时，为便于阅读，未能明示其时之州郡县名，而直接写作今日之省市县名。

② 参见庞朴《三分诸说试释》，《庞朴文集》第4卷《一分为三》，山东大学出版社2005年版。

③ 李荣著有《道德真经注》等，但其书业已亡佚。蒙文通耙梳钩稽，多有所得，详见蒙文通《道书辑校十种》，《蒙文通文集》第6卷，巴蜀书社2001年版。另外，蒙文通又命笔撰文，先后写成《辑校〈老子李荣注〉叙录》《校理〈老子成玄英疏〉叙录》等文，详见蒙文通《佛道散论》，商务印书馆2011年版。蒙文通对重玄学派著述之钩稽、思想之表章，可谓筚路蓝缕、导夫先路；但令人遗憾的是，今人在评说重玄学派时，似乎早已"数典忘祖"。

彭晓（？—954年，四川崇州人），以及当代之易心莹（1896—1976年，四川遂宁人）、傅圆天（1925—1997年，四川简阳人）等，在此不表。

以佛门而言，兹仅以圭峰宗密、马祖道一为例。宗密（780—841年，四川西充人），华严宗五祖。少通儒书，后入佛门，故主张"儒佛一源"；精研华严诸经，承受荷泽禅法，故主张"禅教一致"。宗密对"遮诠"与"表诠"妙义与奥旨的畅论与思辨（详见《禅源诸诠集都序》卷下之一等），可谓深得"辩证思维"之个中三昧。今人指出，宗密之思想集隋唐佛学之大成，"代表了中国佛家最高峰的思想"[①]。又如马祖道一（709—788年，四川什邡人），在佛教理论等方面做了革新，全面确立了禅宗"不立文字，教外别传，直指人心，见性成佛"的风格，从而实现了佛教中国化。与马祖道一相关之话头，如"磨砖作镜""一口吸尽西江水"（均见《古尊宿语录》卷1），不但是禅家慧思的体现，也是思辨智慧的展示。[②]

其余诸人，如宋代之圆悟克勤（1063—1135年，四川彭州人）、明代之破山海明（1597—1666年，四川大竹人），以及当代之万慧法师（1889—1959年，四川乐至人）、王恩洋（1897—1964年，四川南充人）、隆莲（1909—2006年，四川乐山人）等，在此不表。

以儒门而言，则堪称蔚然大观。于此，仅以宋代之张栻（1133—1180年，四川绵竹人）、魏了翁（1178—1237年，四川蒲江人）与现代之贺麟（1902—1992年，四川金堂人）[③]、唐君毅（1909—1978年，四川宜宾人）为例。

关于张栻与魏了翁，今人指出，张栻不仅为宋代理学的发展作出了突出贡献，而且直接促进了理学之集大成者朱熹（1130—1200年）思想的形成与确立；其后，魏了翁继承并发展了张栻、朱熹的思想，而又倾

---

① 吕澂：《华严原人论通讲》，《社会科学战线》1990年第3期。
② 参见彭华《中国传统思维的三个特征：整体思维、辩证思维、直觉思维》，《社会科学研究》2017年第3期。
③ 关于贺麟之生平与学行，可参见笔者二文。(1)《贺麟年谱新编》，《淮阴师范学院学报》（哲学社会科学报）2006年第1期；后全文收入《现当代学人年谱与著述编年》，上海三联书店2007年版。(2)《贺麟先生学术年表》，附录于贺麟《近代唯心论简释》，商务印书馆2011年版；又附录于贺麟《文化与人生》，商务印书馆2015年版。

向于"心学",预示着理学及整个学术发展的趋向,并在确立理学正统地位的过程中发挥了重要作用,显示出魏了翁在中国哲学史上所具有的重要地位和影响。① 关于张栻,在此尚可补充或强调两点:(1)张栻是沟通蜀学与湘学的关键人物之一。张栻以蜀中学者身份,深受蜀学熏陶,引蜀学入湖湘,从而集湘学、蜀学之长,最终创立南轩之学。这既奠定了湖湘之学的规模,同时也使张栻成为"湖湘学的领袖"②。换句话说,张栻的所作所为,在当时实际上起到了桥梁作用。(2)张栻之学思渊邃精深,但又"玄而不虚"。具体而言,张栻亲历时势变迁,目睹国运艰危,故能自觉结合"治学"与"治国",从而摆脱《易》学玄虚的锢禁,身体力行,学以济用。

贺麟与唐君毅,均为"现代新儒家"之杰出代表,并且其思想皆自成体系;同时,又能会通中西印,融冶儒释道。在中国哲学史上,贺麟起到了一种会通、融合的作用(融通中西文化、打通理学心学);在哲学方法上,贺麟自觉地把儒家思想方法与黑格尔的辩证法结合起来,从而形成了一个将直觉方法与抽象方法相结合的方法论系统。③ 换句话说,在贺麟身上,蜀学的"深玄之风"得到了体现与彰显,而蜀学的"哲思传统"也得到了继承与弘扬。④ 举例来说,贺麟和陈寅恪(1890—1969年)圆融古今、中西思想资料而倡导和践履的"同情的理解"一说,堪称进入古人心灵世界、精神殿堂的无上法宝、不二法门,闪烁着迷人而睿智的智慧之光。⑤

唐君毅被牟宗三(1909—1995年)誉为"文化意识宇宙中之巨人"⑥,

---

① 参见蔡方鹿、刘俊哲、金生杨《巴蜀哲学的特点、历史地位和影响》,《四川大学学报》(哲学社会科学版)2012年第4期。

② 胡昭曦、张茂泽:《宋代蜀学刍论》,《四川大学学报》(哲学社会科学版)1993年第4期。

③ 参见彭华《贺麟的文化史观》,《湖南科技学院学报》2006年第3期。

④ 参见彭华《贺麟与蜀学——关于现代蜀学的梳理与思考》,《西华师范大学学报》(哲学社会科学版)2013年第4期。

⑤ 参见彭华《"同情的理解"略说——以陈寅恪、贺麟为考察中心》,载舒大刚主编《儒藏论坛》第5辑,四川文艺出版社2010年版。

⑥ 牟宗三:《悼念唐君毅先生》,载唐君毅《唐君毅全集》第30卷,台北:台湾学生书局1991年版,第26页。

并被西方有的学者誉为"中国自朱熹、王阳明以来的杰出哲学家"①。在哲学理路上,唐君毅旗帜鲜明地提出"即哲学史以研究哲学,或本哲学以言哲学史",即研究中国哲学史是唐君毅的治学中介,构筑自己的哲学体系才是唐君毅的终极旨归。换言之,哲学史家是唐君毅的外在表象,哲学家才是唐君毅的内在本色,这是唐君毅思想和学术的两个向度、两个层面。②比较贺麟与唐君毅,我们可以发现,二人既有颇多惊人的相似之点,也有巨大的差异之处。③

但是,无论如何,在贺麟与唐君毅身上,我们都能感受到、体会到蜀学在哲学层面上的一大韵味:既有"深玄之风",但又"玄而不虚"。

二 史学:文献之传,通观明变

古之中国,有所谓"四部之学"。在其排行榜上,"史学"赫然榜上有名,并且仅次于"经学"而位列第二。晚清以来,"莽莽欧风卷亚雨"(梁启超《奉酬星洲寓公见怀一首次原韵》),"泰西之学"强势入渐中土;其后,国人遂以西土"七科之学"肢解、格义中土"四部之学",故又有所谓文史哲诸科之分。其实,在国学大师王国维(1877—1927年)看来,举凡古今、中西之学,实可划归为三大门类——科学、史学、文学,"凡记述事物而求其原因、定其理法者,谓之科学;求事物变迁之迹而明其因果者,谓之史学;至出入二者间而兼有玩物适情之效者,谓之文学。……古今、东西之为学,均不能出此三者"④。无论如何,"史学"尚属"硕果仅存"——相对于"经学"和"子学"而言。此乃华夏文化之幸,亦属巴蜀文化之幸。

关于巴蜀之古代史学,刘咸炘的整体判断与总体评价是,"唐后史

---

① 《简明不列颠百科全书》第7卷,中国大百科全书出版社1985年版,第677页。
② 参见彭华《唐君毅的中国哲学史研究——关于方法论的讨论与比较》,《宜宾学院学报》2001年第1期。
③ 参见彭华《贺麟与唐君毅——人生经历、社会交往与学术思想》,《宜宾学院学报》2006年第8期。
④ 王国维:《国学丛刊序》,详见:(1)谢维扬、房鑫亮主编:《王国维全集》第14卷,浙江教育出版社,广东教育出版社2009年版,第129—130页;(2)彭华选编:《王国维儒学论集》,四川大学出版社2010年版,第334页。

学，莫隆于蜀"，"隋前存书有二（按：即《三国志》《华阳国志》），唐后莫隆于蜀"①。当然，刘咸炘如若能补充晚清民国一环，则其判断与评价愈益全面；惜乎天不假年，刘鉴泉英年早逝。于此，踵武其说，接续其论。

陈寿（233—297年，四川南充人），师事谯周（200—270年，四川阆中人），研习《尚书》和《春秋》三传，精通《史记》《汉书》。著述颇丰，今存《三国志》65卷。南朝梁刘勰《文心雕龙·史传》云："及魏代三雄，纪传互出，《阳秋》《魏略》之属，《江表》《吴录》之类，或激抗难徵，或疏阔寡要。惟陈寿三志，文质辨洽，荀、张比之于迁、固，非妄誉也。"后人将《三国志》与《史记》《汉书》《后汉书》合称为"四史"，可见其在中国史学上地位之崇高。

常璩（约291—361年，四川崇州人），所著今存《华阳国志》12卷等。《华阳国志》是中国现存最早的一部比较完整的方志史书，是后世地方志的创始。唐人刘知几（661—721年）云："郡书者，矜其乡贤，美其邦族……其如常璩之详审……而能传诸不朽、见美来裔者，盖无几焉"（《史通·杂述》）。宋人吕大防（1027—1097年）亦云，"蜀记之可观，未有过于此者"（《华阳国志序》）。《华阳国志》所采取的地理志、编年史及人物志三者结合的形式，是其写作体例的一个显著特点，也是中国方志编纂史上的一个创举。②

唐后史家，于蜀有宋之范祖禹（1041—1098年，四川成都人）、史炤（约1092—约1161年，四川眉山人）、李焘（1115—1184年，四川丹棱人）、李心传（1166—1244年，四川井研人）、王称（一作王偁，四川眉山人）等。于此，姑且以李焘为例（兼及李心传、王称）。

李焘学识渊博，善于为文，长于经学，精于史学，有"蜀中史学之首号"的美誉（韩淲《涧泉日记》卷中）。著有《续资治通鉴长编》980卷（今存520卷）、《巽岩文集》50卷、《李文简诗集》等。有子七人，皆学有所成，其中尤以李璧（1159—1222年）、李埴（1160—1238年）为优；父子三人，不但覃研经史，而且长于为文，"皆以文学知名，蜀人

---

① 刘咸炘：《蜀学论》，《推十书》，成都古籍书店1996年版（影印本）。
② 参见刘琳《前言》，载《华阳国志校注》，巴蜀书社1984年版。

比之三苏"(《宋史》卷398《李璧传》)。不过,总的来看,李氏家族尤其擅长的还是史学,是以史学名世的,堪称"史学传家"的名门望族。①《续资治通鉴长编》仿司马光(1019—1086年)《资治通鉴》例,取材广博,考订精核,实为治宋史之要典。叶适(1150—1223年)称,"《春秋》以后,才有此书"(《水心集》卷12);四库馆谓,是书"淹贯详赡,固读史者考证之林"(《四库全书总目提要》卷47)。今人蒙文通云:"李焘《续资治通鉴长编》,搜罗既富,考证亦精,为宋代记注之良书。"②至于李心传《建炎以来系年要录》200卷、王称《东都事略》130卷,亦是斐然可观,"宋人私史卓然可传者,唯(王)称与李焘、李心传之书,固宜为考宋史者所宝贵矣"(《四库全书总目提要》卷50)。

晚清以来,巴蜀之地史家辈出,如张森楷(1858—1928年,重庆合川人)、郭沫若(1892—1978年,四川乐山人)、蒙文通(1894—1968年,四川盐亭人)、刘咸炘(1896—1932年,四川双流人)、李思纯(1893—1960年,四川成都人)、蒙思明(1908—1974年,四川盐亭人)等。

可贵的是,巴蜀之地的史家往往能自觉担当"文献之家",尤其注重"文献之传",故巴蜀之地有不少文献学家。如清代之李调元(1734—1803年,四川罗江人),近代之王秉恩(1845—1928年,四川双流人)③、傅增湘(1872—1949年,四川江安人)④,以及当代之王利器(1912—1998年,重庆江津人)、杨明照(1909—2003年,重庆大足人)、王叔岷(1914—2008年,四川简阳人)等。又,四川大学之主持编纂《全宋文》《儒藏》《巴蜀全书》,岂非"绍先哲,起蜀学"者乎?⑤

更可贵的是,巴蜀之人不但注意史料之保存、注重文献之整理,而且力求勾勒历史之思想、探索史学之精神,即通过对历代兴衰治乱、成

---

① 参见胡昭曦、刘复生、粟品孝《宋代蜀学研究》,巴蜀书社1997年版。
② 蒙文通:《治学杂语》,载蒙默编《蒙文通学记》(增补本),生活·读书·新知三联书店2006年版,第48页。
③ 关于王秉恩的生平及其著述,可参见彭华《华阳王秉恩学行考》,《中国典籍与文化》2011年第3期。
④ 关于傅增湘的基本情况,可参见彭华《文献大家傅增湘》,载《巴蜀文献》第2辑,四川大学出版社2015年版,第107—123页。
⑤ "绍先哲,起蜀学"二语,出自张之洞《四川省城尊经书院记》。

败得失之迹的考察，从而揭示个中蕴含的宏深义理，并且上升为哲理层面的形上思考。

先以范祖禹为例。范祖禹一生的主要贡献，在于修史与政论二端；相较而言，范祖禹在修史方面用力最勤。范祖禹尝与司马光等合著《资治通鉴》《神宗实录》，个人著作则有《唐鉴》《帝学》等。贯穿《帝学》一书的中心主旨，是"以史为鉴"四字；《唐鉴》一书，除了鲜明的"以史为鉴""经世致用"特点外，还具有"以理入史"的特点。范祖禹曾经在《进唐鉴表》中自白，"稽其成败之迹，折以义理，缉成一书"①。显然，这是宋代"义理史学"的代表，也是四川"义理史学"的典范②。故《唐鉴》书成之后，深得宋人好评。宋人楼钥（1137—1213 年）认为，范祖禹《唐鉴》堪与程颐《易传》相媲美，"范太史之《唐鉴》，心平气和，理正词直，然后为文之正体，可以追配古作"③。程颐（1033—1109 年）也认为，"自三代以后，无此议论"④。朱熹晚年盛赞《唐鉴》，称之为"不易之论"（《四库全书总目提要》卷 88）。

再以"眉山三苏"之"蜀学"为例。苏洵作有《太常因革礼》100 卷，苏辙作有《古史》60 卷，此乃其重视"文献之传""史学之传"之明证；于此，二程之"洛学"、荆公之"新学"，均不足与之同日而语。尤为可贵的是，"三苏"于其中灌注了历史思想与史学精神。蒙文通曾经鞭辟入里地指出，"北宋三家（洛学、新学、蜀学），惟苏氏能不废史学。二苏自述家学，皆谓以古今成败得失为议论之要。故所作史论，固多明烛情状之言。……苏氏延北宋一线史学之传，俾蜀之史著，风起云蔚，其为教亦宏矣"⑤。

对于巴蜀学人的文献关怀与史学精神，蒙文通多所褒扬，并且身体力行。孟子云："观水有术，必观其澜。"（《孟子·尽心上》）蒙文通云："观史亦然，须从波澜壮阔处着眼。……读史也须能把握历史的变化处，

---

① （宋）范祖禹：《进唐鉴表》，《范太史集》卷 13，文渊阁《四库全书》本。
② 更详尽的论述，可参见胡昭曦、刘复生、粟品孝《宋代蜀学研究》，巴蜀书社 1997 年版。
③ （宋）楼钥：《攻媿集》卷 66，文渊阁《四库全书》本。
④ （宋）朱熹：《伊洛渊源录》卷 7，文渊阁《四库全书》本。
⑤ 蒙文通：《经史抉原》，《蒙文通文集》第 3 卷，巴蜀书社 1995 年版，第 317—319 页。

才能把历史发展说个大概。"① 今人将蒙文通的学术精神与治学领域概括为"通观明变,百川竞发"②,认为"大势变迁论"是蒙文通历史著作的"一个主干"③,良有以也!

故而蒙文通对于两汉之经学、两宋之史学,其看法与陈寅恪不同,实乃势所必然,"而余意则不与同,以汉人经学当以西汉为尤高,宋人史学则以南宋为尤精,所谓经今文学、浙东史学是也"④。蒙文通又尝"夫子自道":"几十年来,无论是讲课、写文章,都把历史当作哲学在讲,都试图通过讲述历史说明一些理论性问题。唐君毅说:'你每篇文章背后总觉另外还有一个道理。'丁山说:'你每篇考据文章都在讲哲学。'这虽显有推崇之意,却也符合实际。"⑤ 直白而言,蒙文通又有语云,"懂哲学,讲历史要好些,即以读子之法读史,这样才能抓得住历史的生命,不然就是一堆故事"⑥,"以虚带实,也是做学问的方法。史料是实,思维是虚。有实无虚,便是死蛇"⑦。于此,或可谓:小学是功夫,文献是基础,思想是灵魂。

三　文学:但开风气,表仪一时

历览巴蜀2100余年文学之史,文学之士可谓灿若群星,文学之作可谓浩如烟海,尤其难能可贵的是,巴蜀文苑的超迈人士往往能开创一代

---

① 蒙文通:《治学杂语》,载蒙默编《蒙文通学记》(增补本),生活·读书·新知三联书店2006年版,第1页。
② 刘复生:《通观明变,百川竞发——读〈蒙文通文集〉兼论蒙文通先生的史学成就》,《四川大学学报》(哲学社会科学版)2004年第6期。
③ 王汎森:《从经学向史学的过渡——廖平与蒙文通的例子》,载《近代中国的史家与史学》,复旦大学出版社2010年版。说明:该文原载《历史研究》2005年第2期;后经修改,收入蒙默编《蒙文通学记》(增补本),生活·读书·新知三联书店2006年版。
④ 蒙文通:《治学杂语》,载蒙默编《蒙文通学记》(增补本),生活·读书·新知三联书店2006年版,第44页。
⑤ 蒙文通:《治学杂语》,载蒙默编《蒙文通学记》(增补本),生活·读书·新知三联书店2006年版,第5页。
⑥ 蒙文通:《治学杂语》,载蒙默编《蒙文通学记》(增补本),生活·读书·新知三联书店2006年版,第51页。
⑦ 蒙文通:《治学杂语》,载蒙默编《蒙文通学记》(增补本),生活·读书·新知三联书店2006年版,第1—2页。

风气，其文学理念与创作实践往往能引领时代风尚，成为表仪一时的辉煌典范。于此，或可谓"但开风气又为师"。近人刘咸炘综析巴蜀文化，"统观蜀学，大在文史"；唐宋以来，"文则常开天下之先"（《蜀学论》）。可见刘氏所云，实乃高屋建瓴，可谓切当之评。

近人王国维云："凡一代有一代之文学。楚之骚、汉之赋、六代之骈语、唐之诗、宋之词、元之曲，皆所谓一代之文学，而后世莫能继焉者也。"（《宋元戏曲史序》）① 于此，仅以两汉大赋、唐宋诗词、现代文学为例。

（一）两汉大赋

如人所闻：汉赋之彪炳青史者，前后约计四人②；令人叹为观止的是，四人之中，蜀人竟有其三（司马相如、王褒、扬雄）③。扬雄与司马相如（前179—前117年），世称"扬马"[刘勰《文心雕龙·练字》、王士禛《香祖笔记》卷3等]；王褒（？—前61年，字子渊，四川资中人）与扬雄，或谓"渊云"（班固《西都赋》、潘岳《西征赋》、王禹偁《谢除翰林学士启》等）。唐人韩愈（768—824年）《进学解》云："子云相如，同工异曲。"揆诸旧史，此非虚文。

以两汉大赋而言，司马相如之赋颇获后人佳评，被推许为典范。汉人扬雄云："诗人之赋丽以则，辞人之赋丽以淫。如孔氏之门用赋也，则贾谊升堂，相如入室矣。"又云："长卿之赋，非自人间来，神化之所至也。"（《法言·吾子》）宋人林艾轩（1114—1178年）云："司马相如，赋之圣者。"（《朱子语类》卷139）近人鲁迅（1881—1936年）云，"赋莫若司马相如，文莫若司马迁"，"（司马相如）制作虽甚迟缓，而不师故辙，自摅妙才，广博宏丽，卓绝汉代"④。在司马相如的影响下，形成了

---

① 谢维扬、房鑫亮主编：《王国维全集》第3卷，浙江教育出版社，广东教育出版社2009年版，第3页。

② 关于"汉赋四大家"，历来说法不一。或谓司马相如、王褒、扬雄、班固，或谓司马相如、扬雄、班固、张衡。本书取前一说法。

③ 晋人左思《蜀都赋》云："近则江汉炳灵，世载其英。蔚若相如，皭若君平。王褒韡晔而秀发，扬雄含章而挺生。"左思赋语之所云，即司马相如、严君平、扬雄、王褒。（梁）萧统编，（唐）李善注：《文选》卷4，上海古籍出版社1986年版。

④ 鲁迅：《汉文学史纲要》，人民文学出版社2006年版，第80、82页。

汉赋家风：排比对偶，错落交织；铺陈辞藻，夸奇炫博。其后的扬雄、班固、张衡、左思等，概莫能外。尤其是扬雄，每每运思作赋，往往以司马相如为楷模。《汉书·扬雄传上》云："先是时，蜀有司马相如，作赋甚弘丽温雅，雄心壮之，每作赋，常拟之以为式。"曹植（192—232年）云："扬马之作，趣幽旨深。读者非师傅不能析，其词非博学不能综其理。"（《文心雕龙·练字》）唐人李端云："文章似扬马，风骨又清羸。"（《赠何兆》）唐人李白云："扬马激颓波，开流荡无垠。"（《古风》其一）蜀地文士在搦管挥毫时，往往又能自觉以扬马为师。如唐人陈子昂，"尤善属文，雅有相如、子云之风骨"（卢藏用《陈氏别传》）。

（二）唐宋诗词

世人皆知：唐初文风之变化，实导源于蜀人陈子昂（661—702年，四川射洪人）。陈子昂博通经史，工诗善文，为一代大家。"诗史"杜甫（712—770年）云，"公生扬马后，名与日月悬"（《过陈拾遗故宅》）。颇为关键的是，陈子昂勇于革新，敢于创新；使唐初之文风，由齐梁之绮丽纤柔，一变而为雅正深粹，实开李唐诗文风气之先河。陈子昂尝沉痛指出，"文章道弊，五百年矣！汉魏风骨，晋宋莫传"（《修竹篇序》）。于此，陈子昂身体力行，辉煌表率，"横制颓波，天下质文，翕然一变"（卢藏用《陈伯玉文集序》）。诚如《新唐书》卷120本传所云，"唐兴，文章承徐、庾余风，天下祖尚，子昂始变雅正"。唐人韩愈高度褒扬，"国朝盛文章，子昂始高蹈"[①]。唐人李华（715—766年），极致褒扬陈氏之作"文体最正"（《萧颖士文集序》）。宋人刘克庄（1187—1269年）云，"唐初，王、杨、沈、宋擅名，然不脱齐梁之体，独陈拾遗首倡高雅冲淡之音，一扫六代纤弱之习，趋于黄初、建安矣"（《后村先生大全集》卷176《诗话前集》）。元人方回（1227—1305年），盛誉其作，推许其为"古体之祖""律诗之祖"（《瀛奎律髓》卷1、卷2）。明人胡震亨（1569—1645年）云，"子昂自以复古反正，于有唐一代诗功为大耳"（《唐音癸签》卷5）。明人高棅（1350—1423年），多有推挹，云，"陈子昂古风雅正"，列之为唐诗"正宗"（《唐诗品汇》）。清人李调元亦不

[①] （唐）韩愈：《荐士》，《五百家注昌黎文集》卷2，文渊阁《四库全书》本。

吝赞词，云"吾蜀文章之祖，司马相如、扬雄而后，必首推陈子昂"（《诗话》卷下）。近人高步瀛（1873—1940年）云，"韩公以前，文章复古之功，不能不推原伯玉"（《唐宋文举要》甲编卷1）。陈子昂的革新理论、创新实践，后为李白、杜甫、白居易（772—846年）等所继承。

再以李白为例。李白，字太白，号青莲居士，四川江油人。李白为人秉性刚直，蔑视权贵，胸襟开阔，豪放不羁；李白之诗以《诗经》、屈赋为宗，状浪纵恣，不受格律限制，傲然而为一代大家。杜甫云："昔年有狂客，号尔谪仙人。笔落惊风雨，诗成泣鬼神。"[1] 韩愈云："李杜文章在，光焰万丈长。"（《调张籍》）赵翼（1727—1814年）云："才气豪迈，全以神运，自不屑束缚于格律对偶，与雕琢者争胜。"赵翼之所云，实渊源于李白之自陈，"清水出芙蓉，天然去雕饰"（《经乱离后天恩流夜郎忆旧游书怀赠江夏韦太守良宰》）。后世之苏舜钦、王令、苏轼、陆游、高启、杨慎等人，受李白诗歌之影响甚深。比如，赵孟頫（1256—1322年）尝比苏轼为李白，"苏子赋成奇伟甚，长教人想谪仙风"（《赤壁》）。

复以苏轼为例。苏轼，字子瞻，号东坡居士，四川眉山（今东坡区）人。对于苏轼诗词文赋之赞誉与褒扬，古今之人从不吝啬翰墨。宋人王十朋（1112—1171年）云："东坡文章冠天下，日月争光薄风雅。谁分宗派故谤伤，蚍蜉撼树不自量。"（《读东坡诗》）而谚语之所谓"苏文熟，吃羊肉；苏文生，吃菜羹"[2]。亦早已深入人心，人皆耳熟能详。今人云，"苏轼是蜀中唯一能与李白并肩的另一位大文豪。李白是高不可攀，苏轼是渊博难及。他们不只是蜀中文学之最，也是中国文学史上极少几位顶尖人物中的两位"[3]。

关于苏轼之文学渊源，或以为"出于《庄子》"[4]，或以为"以西汉

---

[1] （唐）杜甫：《寄李十二白二十韵》，《九家集注杜诗》卷20，文渊阁《四库全书》本。

[2] 据宋人陆游（1125—1210年）披露："建炎以来，尚苏氏文章，学者翕然从之，而蜀士尤盛。亦有语曰：'苏文熟，吃羊肉；苏文生，吃菜羹。'"（宋）陆游撰，李剑雄、刘德权点校：《老学庵笔记》卷8，中华书局1979年版，第100页。

[3] 杨世明：《巴蜀文学史》，巴蜀书社2003年版，第251—152页。

[4] 清人刘熙载（1813—1881年）云："诗以出于《骚》者为正，以出于《庄》者为变。少陵纯乎《骚》，太白在《庄》《骚》间，东坡则出于《庄》者十之八九。"（清）刘熙载撰，袁津琥校注：《艺概注稿》，中华书局2009年版，第326页。

文词为宗师"①。此处按下不表，仅言其但开风气之"以文为诗""以诗为词"。文学史研究者指出，"以文为诗"是中唐至宋，特别是北宋时期产生的一种文学现象，是文学理论家们针对苏轼等人的诗歌创作而提出的批评。"文"指的是不同于骈文的散行单句，不拘骈偶、对仗、音律等形式自由的文体。"诗"则特指六朝至唐以来形成的句法、字数、平仄、音韵等有严格规定的近体诗。"以文为诗"即突破近体诗的种种束缚和羁绊，借用形式较为自由的散文之字、句、章法来进行诗歌写作。清人赵翼指出："以文为诗，自昌黎始，至东坡益大放厥词，别开生面，成一代之大观。……其尤不可及者，天生健笔一枝，爽如哀梨，快如并剪，有必达之隐，无难显之情。此所以继李杜后为一大家也。"（《瓯北诗话》卷5）这段评论清楚地指出，苏轼的"以文为诗"不仅是对唐人的继承，而且有了令人瞩目的突破和发展。与此相关，苏轼又"以诗为词"，此亦为人所批评者②，但其一转词风之"婉约"而为"豪放"，虽千年以往，依然不可抹杀其功。于此，全然可以移用陈寅恪嘉许王国维之语，"历千万祀，与天壤而同久，共三光而永光"③。

对于以上两部分所述巴蜀人物及其文学事功，近人冯骧（1865—1932年，四川华阳人）已然揭示其大关节目。冯骧诗云："西蜀文章兆自汉，文翁讲学如天旦。前有相如后渊云，球琳玉石争璀璨。当时文运正隆盛，逮夫唐宋风不竞。眉山父子起其间，以文鸣世相辉映。"④当然，冯诗如若加上陈子昂与李白，则可谓网罗赅备，亦且锦上添花！

（三）现代文学

宋人苏舜钦（1008—1049年，四川绵阳人）尝云："蜀国天下险，

---

① 苏轼有语云："始朝廷以声律取士，而天圣以前，学者犹袭五代文弊。独吾州之士，通经学古，以西汉文词为宗师。方是时，四方指以为迂阔。"（宋）苏轼撰：《眉州远景楼记》，载《苏轼文集》，孔凡礼点校，中华书局1986年版，第353页。

② 宋人陈师道（1053—1102年）《后山诗话》云："退之（韩愈）以文为诗，子瞻（苏轼）以诗为词，如教坊雷大使之舞，虽极天下之工，要非本色。"

③ 陈寅恪：《清华大学王观堂先生纪念碑铭》（1929年），《金明馆丛稿二编》，上海古籍出版社1980年版，第218页。

④ 冯骧：《读三苏全集书后》，载《近代巴蜀诗钞》，巴蜀书社2005年版，上册，第797页。

奇怪生中间。"① 所谓"奇怪",其义多为稀奇古怪,不免贬义之嫌;但本处所指,即不寻常之人或不寻常之事物,则显系褒义,其义近于《御选唐宋诗醇》所云"怪伟奇绝"②。上文所云文学人物及其创作行为,虽然时人难免有"稀奇古怪"之讥评,但放宽历史的视线,其在往后之世,则洵然而入"正统主流"之域。流衍所及,降于晚近,亦复如斯。于此,仅以三人为例,略道一二。

郭沫若(1892—1978年),四川乐山人。著名文学家、历史学家、考古学家、古文字学家、翻译家。主要著作被整理为38卷《郭沫若全集》,分《文学编》20卷、《历史编》8卷、《考古编》10卷,分别由人民文学出版社、人民出版社、科学出版社出版。以文学而言,现代中国的第一部新诗集是胡适的《尝试集》(1920年);新诗之成熟而杰出的作品,则当推郭沫若的《女神》(1921年),《女神》"在思想性和艺术性上都达到了前所未有的高度"③,"宣告诗坛上'胡适的时代'的结束,和真正的现代自由体新诗时代的到来"④。化用郭沫若之语,中国现代文学之有《女神》,亦如凤凰涅槃,浴火重生。

李劼人(1891—1962年),四川成都人。著名作家。发表各种著译作品近600万字。主要代表著作有《死水微澜》《暴风雨前》和《大波》,三部小说以四川为背景,描写了从甲午战争到辛亥革命前后20年的广阔的社会画面,"撞响了中国现代历史小说的洪钟,开中国现代历史小说之先河"⑤。李劼人的这三部小说,在中国现代文学史上负有盛名,舒新城(1892—1960)誉之为"近时文学创作界特有魄力之大著作"⑥;郭沫若誉之为"小说的近代史""小说的近代《华阳国志》",郭沫若甚至将李

---

① (宋)苏舜钦:《蜀士》,《苏学士集》卷1,文渊阁《四库全书》本。
② 《御选唐宋诗醇》卷6有言:"(李)白诗天才纵逸。至于七言长古,往往风雨争飞,鱼龙百变,又如大江无风,波浪自涌,白云从空,随风变灭,诚可谓怪伟奇绝者矣。"(文渊阁《四库全书》本)
③ 张宪文等:《中华民国史》,南京大学出版社2012年版,第464页。
④ 朱栋霖等主编:《中国现代文学史:1917—2000》,高等教育出版社2007年版,上册,第70页。
⑤ 杨联芬:《李劼人长篇小说艺术批评》,《文学评论》1990年第3期。
⑥ 舒新城:《舒新城日记》,《出版史料》1988年第2期。

劫人誉为"中国的左拉"①。

巴金（1904—2005 年），四川成都人。著名文学家。作品颇多，主要作品有《死去的太阳》《新生》《砂丁》《萌芽》和著名的"爱情三部曲"（《雾》《雨》《电》）。尤其可贵的是，巴金率先对"文化大革命"予以个人反思，创作了《随想录》（1978—1986 年）。整部《随想录》是"巴金用纸和笔建立的一座个人的'文革'博物馆"，它的独特和深入之处是"其中对'文革'的反省一开始就与巴金向内心追问的'忏悔意识'结合在一起"，而"巴金的反省包容了对历史和未来的更大的忧虑"②。

顺便指出，巴蜀文苑的超迈之士，不但能在文学理念与创作实践上开创一代风气、引领时代风尚，而且在文学之史甚至哲学之史的撰著上亦能但开风气、表仪一时。个中显例，可举谢无量（1884—1964 年，四川梓潼人）为证。谢无量著作等身，生前成书 28 种（卒后成书 4 种）。所著《中国妇女文学史》（1916 年初版），是中国第一部"妇女文学史"；所著《中国哲学史》（1916 年初版），是中国第一部"中国哲学史"，早于胡适的《中国哲学史大纲》（卷上）和冯友兰的《中国哲学史》（上、下册）③。

四　神要：神韵与风骨

（一）经史为基，儒学为本

本处所说的"经史"，包括"经学""史学"，以及辅翼经史之学的"小学"（文字、音韵、训诂等）。经史为治学之基、国学之本，此属士人之通识，亦属蜀人之共识。回溯历史，蜀地学人往往能恪守此道。汉魏之司马相如、扬雄、陈寿等，两宋之"三苏"、李焘、李心传等，元明之虞集、杨慎等，晚清民国之廖平、宋育仁、蒙文通、刘咸炘、郭沫若等，

---

① 郭沫若：《中国左拉之待望》，《中国文艺》，1937 年 6 月，第 1 卷第 2 期。
② 陈思和主编：《中国当代文学史教程》，复旦大学出版社 1999 年版，第 195 页。
③ 参见彭华《谢无量年谱》，载舒大刚主编《儒藏论坛》第 3 辑，四川大学出版社 2009 年版；彭华《一代名流谢无量——生平志业、学术成就与蜀学因缘》，《关东学刊》2016 年第 7 期。

概皆如此。于此，仅以司马相如、扬雄为例。

众所周知，司马相如作赋，意在"讽谏"；惜乎哉，"穷极声貌"，转成病累；所收之效，"劝百而讽一"（《汉书·司马相如传下》）。殊不知，司马相如精通小学，著有字书《凡将篇》。此书虽在宋代亡佚，但《说文解字》、《文选》注、《艺文类聚》、《茶经》等书尚有引文，可窥其一鳞半爪。另外，司马相如尝作有《封禅文》（见《史记·司马相如列传》），或可以经学著作视之。因此，对于司马相如，切不可简单视之为一介文学之士。

人所共闻，扬雄著有《太玄》《法言》《方言》《训纂》《蜀王本纪》等及《扬子云集》，涵盖经史子集四部。"同情理解"扬子云，其人之所自重者，尚在经学；经学之中，又以小学为奠基；而其立场之皈依与价值之认同，则在孔子与儒学。张衡（78—139年）谓崔瑗（约77—约142年）曰："吾观《太玄》，方知子云妙极道数，乃与《五经》相拟，非徒传记之属。"（《后汉书·张衡列传》）此论已然中其肯綮，但仅言其经学，尚未及其史子集三部。相对而言，《汉书·扬雄传》的叙述则详尽而全面。其语云："（扬雄）实好古而乐道，其意欲求文章成名于后世，以为经莫大于《易》，故作《太玄》；传莫大于《论语》，作《法言》；史篇莫善于《仓颉》，作《训纂》；箴莫善于《虞箴》，作《州箴》；赋莫深于《离骚》，反而广之；辞莫丽于相如，作四赋；皆斟酌其本，相与放依而驰骋云。"扬雄著作数量如此之多、类别如此之广，但仍以儒学为本基、以孔子为指归；彼尝自陈心曲，"好书而不要诸仲尼，书肆也；好说而不要诸仲尼，说铃也"（《法言·吾子》）。

以上所云乃"经史为基"一端，下文将述"儒学为本"一端。推本溯源，蜀学之本根当在儒学；观流察变，其间虽多有变异与枝蔓，终要回归于作为本根之儒学。兹事体大，于此仅以宋代之"眉山三苏"、近代之尊经诸子为例，略为论说。

先言"眉山三苏"——苏洵、苏轼、苏辙。"眉山三苏"是两宋巴蜀文化的杰出代表，苏氏蜀学是两宋区域文化的璀璨成果；"三苏"之学思，展示了蜀学之形神与风骨，苏氏蜀学立意"打通古今"，注重"融通百家"，力求"会通三教"。但在时人和后人看来，"三苏"蜀学难免"驳杂"。"三苏"蜀学虽貌似"驳杂"，实则又有宗旨存焉。所谓"宗旨"者，即道也，即儒门道德性命、经世济民之道也。所谓佛老之学，所谓纵横之学，所谓文章辞赋，实则为之辅翼耳。①

"三苏"以儒为本而融通百家、会通三教，实则合乎佛教与道教的发展脉络与大势所趋。作为外来宗教之一的佛教，在渐入中土之后，随即走上漫长的中国化道路；佛教在中国化的过程中，在伦理道德上自觉地选择了儒学化这一路径；而道教在后来的发展过程中，其走向与佛教基本上亦如出一辙，即在伦理道德上不约而同地走上了儒学化的道路。②

次言尊经书院诸子。清初以降，蜀学衰微，"自制艺取士以来，群好帖括，经史百家每束高阁"（《名山县志》卷11《学校》）。有鉴于此，简放四川学政的张之洞（1837—1909年，河北南皮人）决议整顿学风、改革教育，从而培养人才、振兴蜀学。于是，尊经书院便应运而生（创建于1875年）。尊经书院之创设，其初衷即"以通经学古课蜀士"，"欲诸生绍先哲，起蜀学"，从而培养出"通博之士，致用之材"③。张之洞的教育理念，为嗣后的尊经书院山长所继承，并且得到较好的贯彻。其最典型者，恐怕莫过于王闿运（1833—1916年，湖南湘潭人）。尊经书院注重经史小学、以儒学为本的治学理念，提倡经世致用的求实学风，在廖平（1852—1932年，四川井研人）、宋育仁（1857—1931年，四川富顺人）、吴之英（1857—1918年，四川名山人）等人的身上展现了出来，并且陆续有所发展。比如说，廖平在1880至1889年写出了《穀梁春秋经传古义疏》《今古学考》《知圣篇》《辟刘篇》等，主张尊今抑古，托古改制。其间（1884年），宋育仁写成《周礼十种》和《周官图谱》，《周官图谱》已然为其托古改制理论奠定了基

---

① 参见彭华《博求"三通"：苏氏蜀学的形神与风骨》，《孔子研究》2012年第4期。另请参看萧永明以下两篇论文：（1）《苏氏蜀学的学派特征》，《学术论坛》1999年第1期；（2）《论苏氏蜀学对佛道之学的汲取》，《广西师范大学学报》（哲学社会科学版），2001年第1期。

② 参见彭华《试论佛教伦理与道教伦理的"儒学化"》，《西华大学学报》（哲学社会科学版）2010年第2期。

③ （清）张之洞：《四川省城尊经书院记》，载胡昭曦《四川书院史》，四川大学出版社2006年版，第352—353页。

础。① 吴之英素重经学和小学②，并以此而名家。廖平为学虽善变，亦有不变者存焉，即以尊孔尊经为宗旨。廖平自云，"著作百种，而尊孔宗旨前后如一"（《尊孔篇》），"平毕生学说，专以尊孔尊经为主"③。

（二）学风崇实，经世致用

本处所云"学风崇实"，即接续前引刘咸炘之语"蜀学崇实，虽玄而不虚"而来。前文尝云，蜀人在进行哲理思辨时，往往以史实和文献为基础（"经史为基"），故蜀地有注重"文献之传"的传统，并且力求"通观明变"，从思辨与研究中求其大要与指归，以为"经世致用"或"通经致用"。本处将继续指出，蜀地"学风崇实"，注重"经世致用"，这一点在近代表现得尤为突出，而且，蜀地学人并不因循守旧，更非孤陋寡闻，以门户自限。诚如章学诚（1738—1801年）所云："学者不可无宗主，而必不可有门户，故浙东、浙西道并行而不悖也。……各因其习而习也。"（《文史通义·内篇二·浙东学术》）今人云："在价值取向上，'蜀学'没有强烈的'道统'意识，对佛教思想采取有所肯定和积极吸取的开放态度，不像主流理学那样视佛、老为异端邪说。"④ 于此，仅以两宋和近代为例，略作阐发。

历史上，曾经有过关于"文""道"关系的激烈争论。长期争论的结果是"文以载道论"占了上风，居于主流地位。所谓"文以载道"，即用文章来说明"道"；所谓"道"，往往指的是儒家思想，尤其是经邦治世之"大道"。宋人周敦颐（1017—1073年，湖南道县人）云："文所以载道也，轮辕饰而人弗庸，徒饰也，况虚车乎？"（《通书·文辞》）清人曾国藩（1811—1872年，湖南湘乡人）云："周濂溪氏称文以载道，而以虚车讥俗儒。夫虚车诚不可，无车又可以行远乎？"（《致刘孟

---

① 参见彭华《宋育仁与近代蜀学》，载《蜀学》第5辑，巴蜀书社2010年版，第23—32页。
② 吴之英《音均奭固》云："资中讲舍，五学（按：即五经）训学僮，同术诸子（按：当时宋育仁、吴之英、廖平、吕翼文等同在资州艺风书院讲学），以读书先字，识字先音，为得音，原始韵读注归，不可意为典要。"据此可知，以经学、小学为治学之基，属当时蜀中学人之共识与通识。吴洪武、彭静中、吴洪泽校注：《吴之英诗文集》，四川大学出版社2008年版，第194页。
③ 廖平：《孔经哲学发微》，《廖平选集》，巴蜀书社1998年版，上册，第303页。
④ 张立文、祁润兴：《中国学术通史》（宋元明卷），人民出版社2004年版，第314页。

容书》）其时，蜀地学人亦复如斯。比如说，魏了翁和其他理学家一样，颇为轻视文辞，认为"辞章，技之小也"（《周元公祠堂记》）。当他听说宋宁宗于听政之暇，时以辞翰自娱，即上书指出此举"非圣贤之学也"（《应诏封事贴黄》）。子夏尝云："虽小道，必有可观者焉；致远恐泥，是以君子不为也。"（《论语·子张》）周敦颐、魏了翁等人持论如此，当本子夏斯旨。

苏轼作为中国文学史上风华绝代的旷世奇才，虽然文、赋、诗、词、书、画均傲然而为一代大家，但其所最重者仍在经邦治世之"大道"。于此，作为亲炙东坡教闻的"苏门四学士"之一的秦观（1049—1100年），尝特意加以辨析，"苏氏蜀人，其于组丽也独得之于天，故其文章如锦绮焉。其说信美矣，然非所以称苏氏也。苏氏之道，最深于性命自得之际；其次则器足以任重，识足以致远；至于议论文章，乃其与世周旋，至粗者也"。"论苏氏而其说止于文章，意欲尊苏氏，适卑之耳。"[①] 秦观之所言，在今天看来虽然未免失之偏颇，但他的辩解确实"反映了蜀学中人对于其自身学术器识的自信与尊崇"[②]。质而言之，苏轼所追求、所重视的是通经致用、经邦济世。著名史家陈寅恪亦尝一针见血地指出："苏子瞻之史论，北宋之政论也。"[③] 广而言之，苏洵、苏辙亦复如此。苏辙有语云："父兄之学，皆以古今成败得失为议论之要。"[④] 与徒然托之空言、枉然空言虚语者不同的是，"三苏"之"打通古今"，旨在通过对历代兴衰治乱之陈迹的考察，以探求当下治世之道。[⑤]

晚清以来，中国遇"数千年来未有之强敌"，"实为数千年未有之变局"[⑥]，诚可谓"值数千年未有之钜劫奇变"[⑦]。值此文化巨变、国运危急关头，"救亡图存"便成为时代的主旋律。作为华夏禹域之一的四川，实

[①] （宋）秦观撰，徐培均笺注：《淮海集笺注》，上海古籍出版社1994年版，第981页。
[②] 萧永明：《苏氏蜀学的学派特征》，《学术论坛》1999年第1期。
[③] 陈寅恪：《冯友兰中国哲学史上册审查报告》，载《金明馆丛书二编》，生活·读书·新知三联书店2001年版，第281页。
[④] （宋）苏辙：《历代论一·并引》，《栾城集》卷7，文渊阁《四库全书》本。
[⑤] 参见彭华《博求"三通"：苏氏蜀学的形神与风骨》，《孔子研究》2012年第4期。
[⑥] 此系李鸿章（1823—1901年）语，见《筹办夷务始末（同治朝）》卷96，中华书局2008年版，第17页。
[⑦] 陈美延、陈流求编：《陈寅恪诗集》，清华大学出版社1993年版，第11页。

亦概莫能外；作为中华士子之列的蜀人，实亦一本经世致用之旨。身逢其时之巴蜀士人，或托（复）古改制以求变法维新（"以复古为解放"①），如廖平、宋育仁、吴之英等；或径直投身革命、改造社会，如杨锐（1857—1898 年）、刘光第（1859—1898 年）、张澜（1872—1955 年）、吴玉章（1878—1966 年）等。②

走笔至此，自忖似乎尚有必要介绍章太炎（1869—1936 年）对巴蜀人物尤其是政治人物的评价，并且略做分疏与辩护。1917 年 9 月，"非常国会"推举孙中山为大元帅，展开护法运动。随后，章太炎作为孙中山的全权代表，经香港前往云南、贵州、四川等地，对西南军阀进行说服。1918 年 1 月 10 日，章太炎到达重庆。2 月，章太炎在重庆发表演说。③在演说中，章太炎"劝川中士大夫讲求实学，考究历史，谓蜀之人物除虞允文、杨廷和外，类皆文学之士，病在近华远实，故不能成大器"。曾琦（1892—1951 年，四川隆昌人）对章氏所云的评价是，"洵竺论也"，"洵不刊之言"④。1941 年 3 月 22 日，曾琦又在致蒙文通的书信中说："余杭章太炎先生有言：蜀中多清才而少雄才，其故由于不读历史。盖历史之于政治，犹棋谱之于行棋云。"⑤ 章太炎之所言，不可谓无理，但亦不可尽信。具体而言，所谓巴蜀人物"类皆文学之士，病在近华远实"，诚如上文所言，并非尽皆如此，比如说，苏轼、魏了翁等，即并非如此（贺麟曾经指出，"了翁略具泰山气象，而东坡似有江海气度"⑥）。所谓"蜀中多清才而少雄才"，于古或许如此，于今则不尽然。比如说，作为"中国社会主义改革开放和现代化建设的总设计师"的邓小平（1904—1997 年，四川广安人），则全然可谓一代雄才，其视野之鸿、手笔之大、建树之巨，举世瞩目、世人皆知。

---

① 梁启超：《清代学术概论》，上海古籍出版社 1998 年版，第 7 页。
② 参见彭华《宋育仁与近代蜀学》，载《蜀学》第 5 辑，巴蜀书社 2010 年版。
③ 参见谢樱宁《章太炎年谱摭遗》，中国社会科学出版社 1987 年版，第 102 页。
④ 曾琦著，陈正茂等编：《曾琦先生文集》（下），台北："中央研究院近代史研究所"1993 年版，第 1327 页。
⑤ 曾琦著，陈正茂等编：《曾琦先生文集》（中），台北："中央研究院近代史研究所"1993 年版，第 737 页。
⑥ 贺麟：《哈佛日记》，载姜文闵编著《哈佛大学》，湖南教育出版社 1988 年版，第 162 页。

(三) 融会贯通，赫然名家

东汉之人王充尝云："故夫能说一经者为儒生，博览古今者为通人。"（《论衡·超奇》）其时之通人，扬雄乃其一。萧萐父尝有语赞汤用彤（1893—1964年，湖北黄梅人），"漫汗通观儒释道，从容涵化印中西"①。其实，细数巴蜀历代学人，"融会贯通，赫然名家"者并不在少数之列。因此，或可续貂而谓：会通中西印，陶冶成大家。于此，姑以苏轼、杨慎、廖平、贺麟、唐君毅为例。

众所周知，苏轼出入佛老，博涉二氏，且一生交游甚广，颇喜结交方外之士，尤其是禅门中人。②但是，苏轼之学虽然貌似"驳杂"，实则又有宗旨存焉。在蒙文通看来，苏轼之学颇得道家之神韵与风骨，"北宋儒学，显有三派，为洛学、新学、蜀学，皆于六经有解，各自得立。洛派唯司马光注《老子》，二程理学一派则排斥佛、老，至荆公新学、东坡蜀学，皆深入于佛、老，虽不属于道教，然实为道家之学"③。引以为憾的是，苏轼驰骋其天纵之才，虽然恣肆汪洋、纵横捭阖，但终究未能自我梳理、缜密总结，从而将其学说与思想之体系明示于天下。就此而言，朱子显然胜苏子一筹！程朱理学后来君临学坛、代有传人，而苏氏蜀学则无缘主流，且后继乏人。追根溯源，苏氏蜀学之历史际遇若此，其部分原因当即导源于此。

杨慎（1488—1559年），四川新都人，杨廷和（1459—1529年）之子。有明之世，杨慎以渊博风雅著称，但又时乖命蹇，以致未尽其能、未擅其长。明人云，杨慎"工于证经，博于稗史，详于诗事，精于字学，为海内宗工，风流雅致，人多称之"④。清人云："明世记诵之博，著作之富，推慎为第一。诗文外，杂著至一百余种，并行于世。"（《明史》卷

---

① 萧萐父：《吹沙二集》，巴蜀书社1999年版，第754页。
② 参见彭华《苏轼与禅师的交往及其影响——兼论苏氏蜀学与三教会通》，载《宋代文化研究》第18辑，四川文艺出版社2010年版。
③ 蒙文通：《道教史琐谈》，载《古学甄微》（《蒙文通文集》第1卷），巴蜀书社1987年版，第327页。
④ （明）张朝瑞辑：《皇明贡举考》卷6，上海古籍出版社《续修四库全书》史部政书类第828册（影印北京大学图书馆藏明万历刻本）。是书后由笔者点校，收入四川大学出版社《儒藏》。

192《杨慎传》）遗憾的是，杨慎虽然渊博、风雅，但尚未能融会贯通而赫然名家。自此以往，后世之贺麟与唐君毅，则全然可副此之名与实。

蒙文通尝云："左庵（刘师培）称廖氏长于《春秋》，善说礼制。吾谓廖氏之说礼，诚魏晋以来未之有也，至其考论《春秋》，则秦汉而下，无其偶也。"① 今人云，"我国治经之士，自明清以来，各标汉宋，聚讼纷纭，而能汇通百家，冠冕诸子，摧郑马之藩篱，窥古贤之堂奥，独树新帜，扶坠衰落者，唯廖平一人而已"②。准此而言，廖平之志趣，非在局域之经学史家，而在鸿大之经学家。但因受其学养与识力之所限，或可归入"是知其不可而为之"（《论语·宪问》）之列。

贺麟的"新心学"，是他匠心独创的思想体系，亦是他作为哲学家的智慧结晶和独到贡献。相较于梁漱溟（1893—1988年）的"新孔学"、熊十力（1885—1968年）的"新唯识论"、冯友兰的"新理学"，贺麟的"新心学"是比较晚出的现代新儒家哲学。正因其晚出，故而能对此前的新儒学思潮进行公正而恰当的评判和总结，更能合理地吸收他人（家）的经验与教训，在很大程度上克服了前人的理论缺陷，从而使"新心学"的面貌与其他新儒学颇为不同，而且更具圆融色彩。"新心学"是对中西文化的融通，是中国的陆王心学与西方的新黑格尔主义相结合的产物。与其他新儒家（如梁漱溟、牟宗三、唐君毅等）颇为不同的是，贺麟的"新心学"不是建立在中西文化的"对立"之上，而是建立在中西文化"融合"的基础之上。因此，"新心学"虽然起步较晚，但它在新儒学的思想发展史上仍然具有十分重要的地位。③

唐君毅学问渊博，学贯中西，对中、西、印哲学思想无不尽心钻研，尤用力于中、西、印三大文化传统中所体现的人文精神。他的学术思想进路，被海外学者概括为：以黑格尔型的方法及华严宗型的系统，展开其"生命存在与心灵境界"都为"一心"所涵摄的文化哲学体系，名曰"唯心论的本体——文化论的哲学系统"。

近人刘咸炘尝云，蜀学有"深玄之风"，并且认为，"蜀学复兴，必

---

① 蒙文通：《议蜀学》，载《经学抉原》，上海人民出版社2006年版，第49页。
② 傅振伦编著：《七十年所见所闻》，华东师范大学出版社1997年版，第348页。
③ 参见彭华《贺麟的文化史观》，《湖南科技学院学报》2006年第3期。

收兹广博以辅深玄"，故特重哲学思辨。① 在此之前，张之洞亦有语点拨，"使者尝谓：'蜀中士人聪敏解悟，向善好胜，不胶己见，易于鼓动，远胜他省。'所望不以此言视为规蒇，引伸触长，异日成就必有可观"②。

未来蜀学之发展，自然不能无视巴蜀先贤之仪轨，且当接续俊杰之令绪，并合理借鉴蜀学巨子之努力，即在"打通古今""融通三教""会通中西"十二字上用力。③

2012年11月15日，完稿于四川成都
2012年12月28日，修订于四川成都
2013年3月5日，增订于四川成都
2018年5月16日，补充于四川成都

【本文初稿载《"湖湘文化与巴蜀文化交流高层论坛"论文集》，湖南·长沙，2012年12月，第165—176页；后收入《湖湘文化与巴蜀文化》，湖南大学出版社2013年版，第279—297页。修订稿载《殷都学刊》2014年第3期。收入本书时，有所修订】

---

① 刘咸炘：《蜀诵·绪论》，《刘咸炘论史学》，上海科学技术文献出版社2008年版，第267页。

② 张之洞：《〈輶轩语〉序》，载苑书义等主编《张之洞文集》，河北人民出版社1998年版，第12册，第771页。

③ 参见彭华《博求"三通"：苏氏蜀学的形神与风骨》，《孔子研究》2012年第4期。

三苏园地

苏东坡的养生之道

苏轼，字子瞻，号东坡居士，眉州眉山（今四川眉山）人。苏东坡是中国文学史上风华绝代的旷世奇才，在北宋文坛上与欧阳修（1007—1072 年）、王安石（1021—1086 年）鼎足而三，文学地位可谓举足轻重。可他的人生旅程却坎坷不平，两次在朝任职，两次在外做官，两次贬谪异乡，饱尝艰险困厄。然而他始终通达乐观，意志坚韧，保持着高标俊逸的风骨，百折不挠的精神，直至晚年仍精力旺盛，创作不衰，名篇佳作层出不穷。其中奥秘，就在于苏东坡养生有道。苏东坡的养生之道，可以约略概括为六个方面。

一　保持通达乐观、健康向上的精神状态

诚如养生大师嵇康（223—262 年）所言，精神和肉体是不可分离的，"形恃神以立，神须形以存"（《养生论》），二者互相依存、对立统一。因而，养生必须包括精神和形体两方面。养生之妙，在于"性"（精神）"命"（肉体）双修。[①]

苏东坡早年"奋厉有当世志"（苏辙《亡兄子瞻端明墓志铭》），后成为北宋词坛豪放派的宗师，所著词文流露出强劲的蓬勃向上的气息，展露出稳健而积极向上的心态。相较而言，他前期的诗词往往流露出不

[①] 参见彭华《嵇康的养生观》，《健与美》1993 年第 3 期。

堪世事压迫以求解脱之感；而至后期，则能以更透脱无碍的视角审视社会人生。贬谪黄州时，日常生活颇为艰辛，但他面对青菜萝卜、瓜果茄子，也甘之如饴，还专门写了一篇《东坡羹颂》，通篇洋溢着热爱生活、积极乐观的生活态度。个中深蕴，就在于他修习庄禅，能以庄禅之学审视社会人生，乐观旷达，随缘任运，超脱自如。苏东坡"少年知读佛书，习禅定，既涉世，履忧患，胸中了然，照诸幻之空也"（苏辙《书白乐天集后二首》）。禅学对于苏东坡的养生功不可没，"暂借好诗消永夜，每逢佳处辄参禅"（《夜直玉堂携李之仪端叔诗百余首读至夜半书其后》），当人生旅程日渐艰辛时，他更是如此，"近来愈觉世路隘，每到宽处差安便"（《游径山》），如此而为，便觉"闲里有深趣"（《答任师中次韵》）。苏东坡一生与禅师交游颇广，不但开发了智慧，激发了灵感，而且化解了不良情绪，松弛了紧张的神经，保持着良好的心理状态，这极有利于苏东坡的养生。

二　静坐练功，开发智力，增强体质

静坐养性的功夫，本出于禅门，禅宗称之为"入定"（即禅定），道家称之为"久静"，这是一种效果极佳的养生之法。朱熹晚年因身体欠佳，更重静坐存养，他在给潘叔昌的信中谈道："熹以目昏，不敢着力读书。闲中静坐，收敛身心，颇觉得力"（《答潘叔昌》）。历代高僧之所以多高龄长寿，主要得力于禅定。

苏东坡曾向禅僧请教禅定之法，并亲自修习禅定。他在《大悲阁记》中曾细致地描写他静坐的体验，"及吾燕坐寂然，心念凝默，湛然如大明镜。人鬼鸟兽，杂陈乎吾前；色声香味，交遘遝乎吾体。心虽不起，而物无不接，接必有道"。禅定静坐可使气溢全身，使身体轻快健美，并且有祛疾健身之效。《小止观》（《修习止观坐禅法要》）有言："夫坐禅之法，若能善用心者，则四百四病自然除差。"修禅入定还可以开发智力，《大智度论》称，"智慧从一心禅定生"。

三 坚守睡眠三昧,辅以咽津栉头

睡眠之于养生,可谓举足轻重。《老老恒言》说,"华山处士如客见,不觅仙方觅睡方",但又切不可一味贪睡,"眠过多,则慧镜生尘,善根埋灭,皆非调肝胆、伏睡魔之道也",睡眠过多会使智慧减退,善根得不到发展,以致达不到调理肝胆、降伏睡魔的作用,而合理睡眠则能使"主翁惺惺,智识明净"(《针灸大成》卷7引《导引本经》)。

苏东坡深谙睡眠的个中三昧,也深得睡眠的益处。睡眠之前,先自我按摩,按摩两脚底涌泉穴各200至300次;然后屈曲右脚,伸直左脚,使"四体无一不稳定处",此法可以固肾保元,防止遗精。其后,放松身体的各个部位,调整呼吸,使之缓慢均匀,摒除杂念思虑,使之定一,细听气血的运行,"四肢百骸,无不和通",安然入睡。次日,不赖床睡懒觉,清晨即起,用手指梳发二三百遍,稳固发根,流通血脉,提神醒脑(《师友谈记》)。唾液乃人身之宝,道家称之为"金浆玉液",中医称之为"养生妙药"。《本草纲目》(金陵本)第52卷《人部》说,唾液可以"灌溉脏腑,润泽肢体,故修养家咽津纳气,谓之清水灌灵根"。苏东坡也谨守咽津之道,"有则含以咽之,使人精气常留,面目光彩"(《遵生八笺》引)。

四 饮酒适可而止,绝不以酒伤身

酒乃纯阳之物,可以益人,也可以害人。诚如《养生要集》中所言,"酒者,五谷之华,味之至也。故能益人,亦能损人。节其分剂而饮之,宣和百脉,消邪去冷也。若升量转久,饮之失度,体气使弱,精神侵昏"(《医心方》卷29引)。《千金要方》卷26指出,长期纵饮美酒,可以"腐肠烂胃,溃髓蒸筋,伤神损寿"。因而,《食色绅言》告诫世人,"酒虽可以陶情性,通血脉,然招风败肾,烂肠腐胁,莫过于此。饱食之后,尤宜戒之"。

苏东坡酒量本不大,但他认为酒中自有一种乐趣,所以他喜欢喝酒。随着年岁的增加,他也深知酒对身体的伤害,因而他就常拿着酒杯聊作享受，既不伤害身体，又满足了他对酒的乐趣。他自己说："吾饮酒至少，常以把盏为乐"（《和饮酒》），"我虽不解饮，把盏欢意足"（《与临安令宗人同年剧饮》），"偶得酒中趣，空杯亦常持"（《和饮酒》）。苏东坡此举，确实明智。

五 品饮香茗，保健养生，延年益寿

茶在中国，最早是以药物身份出现的，茶的药用功效非同一般，可安神、明目、清热、解毒、利尿、固齿、减肥、降血脂、降血压、抗辐射、抗衰老、防癌抗癌，实乃保健养生的良药。在《吃茶养生记》中，日本僧人荣西（1141—1215年）盛誉茶是"养生之仙药，延年之妙术"。

苏东坡深谙喝茶养生的个中佳妙。比如，他在《茶说》一文中说，"饮食后浓茶漱口，既去烦腻，且能坚齿消蠹"。苏东坡饮茶非常讲究，茶壶、茶叶、用水，都要经过精挑细拣。他最喜用的茶壶是紫砂东坡壶，最喜爱的茶叶是阳羡茶、密云龙茶、顾渚紫笋，最喜用的水是金沙寺金沙泉、惠山寺石泉水、峡洲虾蟆口水、宜兴竹西寺水等。在《试院煎茶》一诗中，他对煎茶所用之水和饮茶妙理进行了形象的描绘和精彩绝伦的刻画，堪称一代啜茗专家、品茶高手。[①]

六 写字绘画，以艺养生

苏东坡不但是诗词文赋的大家，而且在书法、绘画方面也有精深的造诣，卓尔成家。就书法而言，他与黄庭坚（1045—1105年）、米芾（1051—1107年）、蔡襄（1012—1067年）合称"宋四家"，造诣不可谓不高。苏东坡早年学徐浩（703—782年）、柳公权（778—865年），中年又学颜真卿（709—784年）、杨凝式（873—954年），最后形成了独特的风格。苏东坡精于行书及楷书，天真平淡，格调高俊，以气韵见胜。苏轼传世的代表作，有《黄州寒食诗帖》《前赤壁赋》《新岁展庆贴》《祭黄几道文》等。在绘画上，他曾师法于以绘墨竹而驰名于世的画家文与

[①] 参见彭华《苏轼与茶文化》，《苏轼研究》2018年第1期。

可（1018—1079年），而又能自成风格，"东坡虽是湖州派，竹石风流各一时"（《憩寂图》）。他善作怪石、枯木、墨竹、寒林，时出新意，自谓己入"神品"。他写字绘画皆重视抒情写意，一时兴来，辄提笔挥洒，"吾书虽不甚佳，然自出新意，不践古人"（《评草书》）。

写字绘画使他达到空明澄虑的境界，在物我两忘的境地逍遥而游，胸中了无挂碍，起到养情怡神，娱悦身心的作用，与中国传统养生法有异曲同工之妙。刘海粟（1896—1994年）说作画、写字"有如每天打一套太极拳"，"又像做了一遍气功"。

【本文原载《华夏文化》1996年第4期。收入本书时，有所修订与增补】

苏轼与茶文化

引 子

苏轼,字子瞻,一字和仲,号东坡居士,眉州眉山(今四川眉山)人,宋代杰出的文学家、书画家,也是中国文化史上风华绝代的旷世奇才。林语堂(1895—1976年)在《苏东坡传》中说苏轼多才多艺,一口气给他封了十几个头衔①,但唯独没有封他为品茗高手,可谓大大委屈了苏轼。平心而论,苏轼堪称一代茶道专家、品茗高手、茶学高人。

茶在中国种植和食用的历史颇为久远,历代皆有品茗高手涌现,唐宋时期更是高手云集,而苏轼即其中的一位。诚如苏轼所说,"何烦魏帝一丸药,且尽卢仝七碗茶"(《游诸佛舍一日饮酽茶七盏戏书勤师壁》)②。因此,本文将从茶壶、茶叶、茶水、茶诗、茶文、斗茶、茶品与人品等角度,论述苏轼与茶文化之因缘种种。

本 论

苏轼饮茶非常讲究,茶壶、茶叶、用水都要经过精细挑拣。苏轼不

---

① 林语堂:《苏东坡传》,江苏人民出版社2014年版。林语堂说,"苏东坡是一个无可救药的乐天派、一个伟大的人道主义者、一个百姓的朋友、一个大文豪、一个大书法家、一个创新的画家、一个造酒试验家、一个工程师、一个憎恨清教徒主义的人、一位瑜伽修行者、一位佛教徒、一位巨儒、一位政治家、一个皇帝的秘书、一个酒仙、一个厚道的法官、一位在政治上专唱反调的人、一个月夜徘徊者、一个诗人、一个小丑"。

② 本文所引苏轼诗文,基本来源于以下二书:(1)(宋)苏轼撰,(清)王文诰辑注:《苏轼诗集》,孔凡礼点校,中华书局1982年版;(2)(宋)苏轼撰:《苏轼文集》(全6册),孔凡礼点校,中华书局1986年版。为免烦琐,仅于引文后夹注篇名、卷数等简要信息。

· 56 ·

喜欢铜壶、铁壶一类茶壶，因为用它们煮水带有腥味，"铜腥铁涩不宜泉"（《次韵周穜惠石铫》）。苏轼喜爱陶制茶壶（如石铫），而最喜爱的茶壶则是提梁式紫砂东坡壶。

紫砂壶外观造型大方，装饰纯朴自然，具有"简约其外，隽永其中"的特点，极具观赏价值。夏天用紫砂壶泡茶，不走味，揭壶则茶香扑鼻，且隔夜不变味，壶内不留任何污痕；冬天放在炉上炖茶，壶不炸裂，拿在手上不烫人，且使用越久，壶色越发古朴光润。紫砂壶有如此独到的优点，无怪乎苏轼格外喜爱。相传苏轼在宜兴讲学时，曾设计过一种"提苏壶"（苏东坡提梁壶），备受文人雅士的喜爱。而他设计的"树提壶"，取以自然的古青树枝作为壶的把手，配以赭色瓜形壶身，刻上古朴的瓦当和精妙的书法，清雅古朴，色彩对比相得益彰，被历代文人雅士视为珍品。"松风竹炉，提壶相呼"，不亦乐乎？

苏轼品尝过的佳茗甚多，为此而留下诗文的也不少。苏轼最喜欢的茶是阳羡茶、密云龙茶和顾渚紫笋，并且有幸获赐小龙团。除此之外，苏轼又任运自然，随处品茗。

阳羡茶，产于江苏阳羡。唐代之时，阳羡茶被列为贡品，并且位居榜首，"江南之茶，唐人首称阳羡"（许次纾《茶疏·产茶》）。卢仝（795—835年）《走笔谢孟谏议寄新茶》说："天子须尝阳羡茶，百草不敢先开花。"（《全唐诗》卷388）苏轼曾经以惠山泉烹煮阳羡茶，"雪芽我为求阳羡，乳水君应饷惠山"（《次韵完夫再赠之什某已卜居毗陵与完夫有庐里之约云》）。苏轼如此喜爱阳羡茶，以致产生过"买田阳羡，终老阳羡"的念头，并且确实一度"买田阳羡"。苏轼《登州谢上表二首（之一）》："击鼓登闻，止求自便；买田阳羡，誓毕此生。"苏轼《答陈季常书》："自当涂闻命，便遣骨肉还阳羡。"苏轼《扬州上吕相书（或题作扬州上吕相公论税务书）》："轼已买田阳羡，归计已成。"苏轼《答贾耘老四首（之二）》："仆已买田阳羡，当告圣主哀怜余生，许于此安置。"苏轼《浣溪沙（送叶淳老）》："阳羡姑苏已买田，相逢谁信是前缘。"为什么要买田阳羡、终老阳羡呢？苏轼自己的解释是，"买田阳羡吾将老，从来只为溪山好。来往一虚舟，聊随物外游"（《菩萨蛮》）。其实，阳羡之地不仅山好、水好，而且茶也好。

顾渚紫笋，产于浙江安吉州顾渚山谷（在今湖州长兴）。在陆羽

(733—804年)《茶经》中，顾渚紫笋榜上有名。唐代之时，顾渚紫笋位列14种贡茶的第二品。唐宋文人学士、高人雅士，都对顾渚紫笋"青眼有加"。白居易（772—846年）《题周皓大夫新亭子二十二韵》："茶香飘紫笋，脍缕落红鳞。"苏轼在诗文中亦曾多次提到顾渚紫笋。比如《宿临安净土寺》："觉来烹石泉，紫笋发轻乳。"再如《将之湖州戏赠莘老》："湖中桔林新著霜，溪上苕花正浮雪。顾渚茶牙白于齿，梅溪木瓜红胜颊。"又如《送刘寺丞赴余姚》："余姚古县亦何有，龙井白泉甘胜乳。千金买断顾渚春，似与越人降日注。"

密云龙茶，产于福建武夷山。密云龙茶"极为甘馨"（《行香子》），是茶之一时珍品，为宋代北苑贡茶之一。苏轼曾经描写过喝密云龙茶的美妙感觉，"看分香饼，黄金缕，密云龙。斗赢一水，功敌千钟。觉凉生，两腋清风"（《行香子》）。对于密云龙茶，苏轼确实珍爱有加，并且珍爱得有些"吝啬"。能有幸品尝苏轼珍藏的密云龙茶的嘉宾贵客，一般只有"苏门四学士"（黄庭坚、张耒、晁补之、秦观）等少数几人。① 后来，廖正一（字明略）亦登苏门（"廖明略晚登东坡之门"），苏轼与之谈，"大奇之"。一日，苏轼又命取密云龙茶，家人以为一定又是"苏门四学士"到了，便暗中窥视，结果发现是寥明略来了（《宋人轶事汇编》卷12引《古今词话》）。苏轼曾以密云龙茶供奉唐僧辩才（智永弟子），"到杭州一游龙井，谒辩才遗像，仍持密云团为献龙井"（《逸人游浙东》）。

宋代贡茶以龙团、凤饼为名，分为大龙团和小龙团两种，皆是以金银模型压制的饼茶，又称团茶。大小龙团由丁谓、蔡襄创制②，岁贡三十斤，十饼一斤，每饼一两六钱，价逾黄金。宋仁宗（1010—1063年）尤其珍爱小龙团，如果臣僚能得御赐小龙团，则是极大的荣幸。欧阳修（1007—1072年）以谏官供奉大内二十余年，才有幸获赐一次（《龙茶录·后序》）。相较而言，苏轼比欧阳修幸运得多，曾多次获赐小龙团，

---

① 《宋人轶事汇编》卷12引《古今词话》："秦、黄、张、晁为苏门四学士，每来必命取密云龙供茶，家人以此记之。"《夜航船》卷11："东坡有密云龙茶，极为甘馨。时黄、秦、晁、张号苏门四学士，子瞻待之厚，每来，必令侍妾朝云取密云龙饮之。"

② 苏轼《荔支叹》："大小龙茶始于丁晋公，成于蔡君谟。欧阳永叔闻君谟进小龙团，惊叹曰：君谟士人也，何至作此事！"

"小龙得屡试,粪土视珍玉"(《寄周安孺茶》)。一饼茶值数十万,自然昂贵万分,珠玉与之相比,自然与粪土一般。

"行到水穷处,坐看云起时"(王维《终南别业》)。乐观豁达的东坡居士,又任运自然、随遇而安,就地取材品尝各地的茶茗。"我官于南今几时,尝尽溪茶与山茗。……建溪所产虽不同,一一天与君子性。森然可爱不可慢,骨清肉腻和且正。雪花雨脚何足道,啜过始知真味永"(《和钱安道寄惠建茶》),所描写的是福建建溪的茶。苏轼在品尝产于南剑州大庾岭的新饼茶后,不知不觉地油然而赞,"未办报君青玉案,建溪新饼截云腴"(《生日王郎以诗见庆次其韵并寄茶二十一片》),"浮石已干霜后水,焦坑闲试雨前茶"(《留题显圣寺》)。苏轼笔下出现的茶,还有涪州(今重庆彭水)的月兔茶(《月兔茶》)、分宁(今江西修水)的双井茶(《鲁直以诗馈双井茶次韵为谢》)、南康军(治所在今江西星子)的焦坑茶(《留题显圣寺》)、兴国(今湖北阳新)的桃花茶(《问大冶长老乞桃花茶栽东坡》),等等。

苏轼及其门生时常聚会饮茶,有时也喜欢将茶和姜、盐一起煎煮。据南宋邢凯《坦斋通编》记载:"茶取其味,以爽神思。山谷云:'或济以盐。'"苏东坡也有诗云:"脂麻白玉须盆研,一半已入姜盐煎。"将茶和姜、盐一起煎煮虽然影响了茶味("失正味"),却能起到中和作用。诚如元人王桢在《农书·百谷谱十·茶》卷10中所说:"茶之用:茝核桃、松实、脂麻、杏仁、栗任用。虽失正味,亦供咀嚼。然茶性冷,多饮则能消阳。山谷益以姜盐煎饮,其亦以是欤?"

历来善品饮香茗者,除特别注重茶叶的选用外,对水也特别讲究。陆羽(733—804年)在《茶经》中说"山水上,江水中,井水下",并为水列了一个排行榜。苏轼也谙于此道,只是与陆羽的排列有所区别。苏轼最喜欢的水,有无锡惠山寺石泉水、宜昌蛤蟆口水、杭州西湖虎跑泉水、宜兴竹西寺水、宜兴金沙寺金沙泉水等。其中,惠山寺石泉水被张又新列为天下第二好水(《煎茶水记》),蛤蟆口水被陆羽列为天下第四好水(《茶经》)。苏轼《惠山谒钱道人烹小龙团登绝顶望太湖》:"踏遍江南南岸山,逢山未免更留连。独携天上小团月,来试人间第二泉。"有名茶小团月,有好水惠山泉,诚可谓双美并至,实在是妙不可言。苏轼《虎跑泉》:"金沙泉涌雪涛香,洒作醍醐大地凉。倒浸九天河影白,遥通百谷海声长。僧来汲月归灵石，人到寻源宿上方。更续《茶经》校奇品，山瓢留待羽仙尝。"冯梦龙（1574—1646 年）在《警世通言》卷 3《王安石三难苏学士》中讲述了一则王安石智辨苏东坡所取水不是瞿塘峡下峡水而是中峡水的故事。此虽属小说家言，但亦有"史影"在焉。

苏轼谙于茶的烹煮之道。他的《试院煎茶》（《苏轼诗集》卷 8）是最好的说明：

> 蟹眼已过鱼眼生，飕飕欲作松风鸣。
> 蒙茸出磨细珠落，眩转绕瓯飞雪轻。
> 银瓶泻汤夸第二，未识古人煎水意。
> 君不见，昔时李生好客手自煎，贵从活火发新泉；
> 又不见，今时潞公煎茶学西蜀，定州花瓷琢红玉，
> 我今贫病常苦饥，分无玉碗捧蛾眉。
> 且学公家作茗饮，砖炉石铫行相随。
> 不用撑肠挂腹文字五千卷，但愿一瓯常及睡足日高时。

由"蟹眼已过鱼眼生"可知，苏轼根据水泡的形态，将沸水分成"鱼眼"和"蟹眼"两个阶段，而"鱼眼"要比"蟹眼"火热的程度高。由"飕飕欲作松风鸣"可知，苏轼根据声音来判断水沸的程度，故以"飕飕"和"松风鸣"比喻水沸的声音。苏轼又将碾碎的茶比喻为"细珠"，将点茶时呈现出的沫比喻为"飞雪"。苏轼在诗中精辟地点明，煮茶之道贵在于清水的选用和火候的把握，并且以"活水"（尤其是"新泉"）、"活火"为佳。①如果使用的是死水和死火，则显然是不解烹煮之道的体现。苏轼在《汲江煎茶》中说，"活水还须活火烹"，这是了然茶道的表现。品茗是极其美妙的，而"睡足日高时"再饮一瓯，实在是人生的一大快慰之事。

---

① 宋胡仔《苕溪渔隐丛话》卷 46 引唐子西（1071—1121 年）《斗茶记》云："吾闻茶不问团铐，要之贵新；水不问江井，要之贵活。"唐赵璘《因话录·商部上》："茶须缓火炙，活火煎。活火，谓炭火之焰者也。"

宋代之时，流行一种"斗茶"游戏（唐代称之为"茗战"[①]），并且别具情趣[②]。文人雅士、达官贵人纷纷参与其中，"北苑将期献天子，林下雄豪先斗美"（范仲淹《斗茶歌》）。苏轼自不例外，并且曾与茶道高手蔡襄斗茶。

蔡襄，字君谟，兴化仙游（今属福建）人。蔡襄是与苏轼同时代的诗人兼书法家，也擅长品茗。蔡襄著有《茶录》一书，上篇专论茶，下篇论茶器，总结了古代制茶、品茶的经验，是继《茶经》之后最有影响力的茶学著作。有一次，蔡襄与苏轼斗茶，蔡襄用的茶是上等好茶，水是惠山寺石泉水；苏轼用的茶逊色于蔡襄，但他选用的却是竹沥水，结果反败为胜（江休复《嘉祐杂志》）。

文人雅士喝茶一般多讲究营造意境，多以"复得返自然"为最高的境界。范仲淹（989—1052年）饮茶喜欢临泉而煮饮，古木葱茏，花香鸟语，鸣琴赋诗，意境甚为美妙。苏轼喜欢临江野饮，有"大江东去"的豪迈气概，可以借此抒发这位大文学家与天地自然为俦侣的浩然之气。他在《汲江煎茶》中写道：

> 活水还须活火烹，自临钓石取深清。
> 大瓢贮月归春瓮，小杓分江入夜瓶。
> 雪乳已翻煎处脚，松风忽作泻时声。
> 枯肠未易禁三碗，坐数荒城长短更。[③]

临江取水煮饮，不忘回赠大自然的恩惠与深情；茶汤翻滚，声响如松风呼泻；把盏品饮，不忘品味与享受"荒城长短更"。汲、煎、饮融为一体，天人合二为一，情景交会，个中境界被大诗人描摹得酣畅淋漓。

文人雅士之于茶，不光有闲情雅致去品饮，而且有心情和才情去用手中的笔赋写茶茗。苏轼赋写茶茗的佳作并不在少数，有七十余篇

---

① 后唐冯贽《云仙杂记》卷10："建人谓斗茶为茗战。"
② 参见彭印川（彭华）《斗茶》，《寻根》1998年第1期。
③ "雪乳"，一作"茶雨"。"数"，一作"听"。（宋）苏轼撰，（清）王文诰辑注《苏轼诗集》卷43，孔凡礼点校，中华书局1982年版，第2381—2382页。

之多。

苏轼所作《寄周安孺茶》，便是一篇咏茶的杰作。全诗为五言长诗，共六百余字，对茶史、茶道、茶品、茶功及自己的饮茶历史进行了全面的总结。

大哉天宇内，植物知几族。灵品独标奇，迥超凡草木。
名从姬旦始，渐播桐君录。赋咏谁最先，厥传惟杜育。
唐人未知好，论著始于陆。常李亦清流，当年慕高躅。
遂使天下士，嗜此偶于俗。岂但中土珍，兼之异邦鬻。
鹿门有佳士，博览无不瞩。邂逅天随翁，篇章互赓续。
开园颐山下，屏迹松江曲。有兴即挥毫，灿然存简牍。
伊予素寡爱，嗜好本不笃。粤自少年时，低回客京毂。
虽非曳裾者，庇荫或华屋。颇见绮纨中，齿牙厌梁肉。
小龙得屡试，粪土视珠玉。团凤与葵花，式硙杂鱼目。
贵人自矜惜，捧玩且缄椟。未数日注卑，定知双井辱。
于兹自研讨，至味识五六。自尔入江湖，寻僧访幽独。
高人固多暇，探究亦颇熟。闻道早春时，携籝赴初旭。
惊雷未破蕾，采采不盈掬。旋洗玉泉蒸，芳馨岂停宿。
须臾布轻缕，火候谨盈缩。不惮顷间劳，经时废藏蓄。
髹筒净无染，箬笼匀且复。苦畏梅润侵，暖须人气燠。
有如刚耿性，不受纤芥触。又若廉夫心，难将微秽渎。
晴天敞虚府，石碾破轻绿。永日遇闲宾，乳泉发新馥。
香浓夺兰露，色嫩欺秋菊。闽俗竞传夸，丰腴面如粥。
自云叶家白，颇胜中山醥。好是一杯深，午窗春睡足。
清风击两腋，去欲凌鸿鹄。嗟我乐何深，水经亦屡读。
陆子咤中泠，次乃康王谷。麻培顷曾尝，瓶罂走僮仆。
如今老且懒，细事百不欲。美恶两俱忘，谁能强追逐。
姜盐拌白土，稍稍从吾蜀。沿欲外形体，安能徇心腹。
由来薄滋味，日饭止脱粟。外慕既已矣，胡为此羁束。
昨日散幽步，偶上天峰麓。山圃正春风，蒙茸万旗簇。
呼儿为佳客，采制聊亦复。地僻谁我从，包藏置厨簏。

> 何尝较优劣，但喜破睡速。况此夏日长，人间正炎毒。
> 幽人无一事，午饭饱蔬菽。困卧北窗风，风微动窗竹。
> 乳瓯十分满，人世真局促。意爽飘欲仙，头轻快如沐。
> 昔人固多癖，我癖良可赎。为问刘伯伦，胡然枕糟曲。

全诗从周公写起，一直写到宋代，具有"茶经小史"的规模。全诗篇幅巨大，写得大气磅礴、气象万千，但又毫无堆砌、冗沓之感，读来丝毫不觉倦怠。诚如清人纪昀（1724—1805年）所说，"此东坡第一长篇，一气滔滔，不冗不杂，亦是难事"（《苏轼诗集》卷22王文诰注引）[1]。通观全文，令人油然而叹服，苏轼不愧为茶茗的真正知音，不愧为诗界的绝对高手。"好是一杯深，午窗春睡足。清风击两腋，去欲凌鸿鹄。"此情此景，虽然平常，但它一经诗人之口说出，就别有一番韵致。

苏轼的咏茶杰作，还有《次韵曹辅寄壑源试焙新茶》：

> 仙山灵草湿行云，洗遍香肌粉末匀。
> 明月来投玉川子，清风吹破武林春。
> 要知玉雪心肠好，不是膏油首面新。
> 戏作小诗君勿笑，从来佳茗似佳人。

苏轼虽然自陈此诗属于"戏作"，但此诗实际上流露的却是苏轼的真情实感。在这首诗中，苏东坡称赞壑源新茶，称之为"仙山灵草"，并说这种茶的好处在于不加"膏油"，因此不损害茶的真味，"要知玉雪心肠好，不是膏油首面新"。别有韵致的是，苏轼居然亲热地称佳茗为佳人（"从来佳茗似佳人"）。据说，郑板桥（1693—1765年）曾将这首诗中的"从来佳茗似佳人"和《饮湖上初晴后雨》中的"欲把西湖比西子"集成一联，悬挂于杭州西湖茶馆（一说藕香居茶室）。[2]

---

[1] （宋）苏轼撰，（清）王文诰辑注：《苏轼诗集》卷22，孔凡礼点校，中华书局1982年版，第1162页。

[2] 记载此事的文献颇多，如《对联话》卷13、《杭俗遗风》、《杭州志》、《楹联丛话》等。

苏轼曾经为茶写过一篇"别传"——《叶嘉传》,这是一篇寓言体文章。之所以称茶为"叶嘉",是因为陆羽《茶经》的首句是"茶者,南方之嘉木也";又因茶之用处主要在叶,所以称茶为"叶嘉"。在《叶嘉传》里,苏轼刻画了一位拟人化的真正的"清白之士"——叶嘉先生。他"容貌如铁,资质刚劲",他"风味恬淡,清白可爱",他"竭力许国,不为身计"。难能可贵的是,他有"济世之才",因德才兼备而被封为钜合侯,位居尚书。叶嘉后来告老还乡,子孙"散居天下,皆不喜城邑,惟乐山居"。《叶嘉传》全文没有出现一个"茶"字,却能处处彰显茶的存在,并且能惟妙惟肖地刻画茶所蕴含的历史信息和文化精神。《叶嘉传》读来妙趣横生,实乃佳作也!

前引《汲江煎茶》和《试院煎茶》,也是写茶的杰作。杨万里(1127—1206年)曾经盛赞《汲江煎茶》,"七言八句,一篇之中句句皆奇。一句之中,字字皆奇。……'雪乳已翻煎处脚,松风忽作泻时声',此倒语也,尤为诗家妙法"(《诗林广记》卷2)。《试院煎茶》对煎茶时的水泡、水声写得有声有色,读来令人拍案叫绝。

别有情趣的是,在苏轼的《东坡志林》一书中,还有一则奇妙的"梦中作茶诗"的记载,说的是一代诗僧参寥子。

道潜(1043年—?),俗姓何,本名昙潜,苏轼为之改名道潜,号参寥子,后得赐号"妙总大师",浙江临安(今属杭州)人。道潜自幼出家,于内外典无所不窥,能文善诗,与苏轼、秦观(1049—1100年)结为文友,是中国历史上有名的诗僧。[①] 苏轼特爱其诗,说它"无一点蔬笋气,体制绝似储光羲,非近诗僧可比"(《梦粱录》卷17);又谓其诗清绝,与林逋(967—1028年)相当。元祐(1086—1093年)中,苏轼知杭州,参寥子卜居西湖智果院,与苏轼品茗赋诗,诗茶往还,留情山水,留下了一段极其宝贵的回忆。参寥子涅槃寂灭后,苏轼伤心不已,非常想念参寥子。有一天夜晚,苏轼梦见参寥子携一轴诗稿来见。梦醒时分,苏轼还依稀记得参寥子所作《饮茶诗》中的两句:"寒食清明都过了,石泉槐火一时新。"苏轼在梦中问参寥子:"火固新矣,泉何故新?"参寥子回答说:"俗以清明淘井。"(《东坡志林·记梦参寥茶诗》)真是雅人自有非凡语。

[①] 参见彭印川(彭华)、刘庆刚《苏轼与佛教人物的交往》,《华夏文化》1998年第2期。

茶道中人，不但讲究茶品，而且讲究人品；若只谙品茶而不修身养性，终将为茶道中人所不齿。苏轼确实是人品、茶品俱佳，堪称真正的茶道中人。于此，可将苏轼与丁谓、蔡襄做个比较。

丁谓（966—1037年），字谓之，后改字公言，苏州府长洲（今属江苏）人。宋太宗淳化三年（992），中进士。为大理评事、通判饶州，迁尚书工部员外郎、三司使。宋真宗大中祥符年间（1008—1016年），以户部侍郎参知政事，历任工、刑、兵、吏四部尚书，进尚书左仆射，同中书门下平章事，封晋国公。丁谓多才多艺，于图画、音律、博弈无不通晓，也深谙茶道，但他为人狡黠，"好媚上"。丁谓与刘承珪（949—1012年）、林特（约951—1023年）、陈彭年（961—1017年）、王钦若（962—1025年）等并称，时谓之"五鬼"。[①] 蔡襄与丁谓均精于茶道，举世齐名，人称"前丁后蔡"（明万邦宁辑《茗史》）。但蔡襄则全然不似丁谓，他为人正直，敢于进谏。[②] 故后人在他墓前立柱题联云："四谏经邦，昔日芳香垂史册；万安济众，今朝古道肃观瞻。"

苏轼自云："平生文字为吾累"（《出狱次前韵二首》），因文字而多次罹祸、屡遭贬谪，但其赤诚之心并未因之而减。苏轼有鉴于贡茶的劳民伤财，曾以唐朝为杨贵妃进荔枝的故事讽谏朝廷贡茶之奢靡，奋笔而作《荔支叹》：

> 十里一置飞尘灰，五里一堠兵火催。
> 颠坑仆谷相枕藉，知是荔支龙眼来。
> 飞车跨山鹘横海，风枝露叶如新采。
> 宫中美人一破颜，惊尘溅血流千载。
> 永元荔支来交州，天宝岁贡取之涪。
> 至今欲食林甫肉，无人举觯酹伯游。
> 我愿天公怜赤子，莫生尤物为疮痏。

[①] 《宋史·王钦若传》："（王）钦若与丁谓、林特、陈彭年、刘承珪，时谓之'五鬼'。"
[②] 《宋史·蔡襄传》记载：庆历三年（1043），蔡襄主持谏院衙署。他遇事从不回避，奏疏忠诚恳切，大都关系天下利弊、一时缓急。蔡襄认为，国家安危取决于人事，君主要知人善任、辨别邪正。由于有蔡襄这样的人直言敢谏，那些权贵心怀畏惧，多有收敛。

> 君不见，武夷溪边粟粒芽，前丁后蔡相笼加。
> 争新买宠各出意，今年斗品充官茶。
> 吾君所乏岂此物，致养口体何陋耶！
> 洛阳相君忠孝家，可怜亦进姚黄花。

苏轼不仅严厉地批判了历史上统治者的骄奢淫逸、劳民伤财，而且严厉地谴责了地方官员的趋炎附势、阿谀买宠。苏轼此举的忠厚情意，一如其弟苏辙在《兄除翰林承旨乞外任札子》中所说，"竭力图报，庶几有补于国，而无害于家耳"（《栾城后集》卷16）。

结　语

笔者曾经指出，以"眉山三苏"（苏洵、苏轼、苏辙）为代表的苏氏蜀学，展示了蜀学之形神与风骨。[1] 总体而言，苏氏蜀学立意"打通古今"，注重"融通百家"，力求"会通三教"，集历史文化之大成，有百科全书之气度。[2] 其中，又以苏轼最为典型。不管是经史子集"四部"、儒释道"三教"[3]，还是诗词歌赋"四科"、琴棋书画"四友"，抑或水利、医道、烹饪、养生[4]、炼丹等方面，苏轼均卓然名家，并且流芳百世。而今通过本篇的钩稽与梳理，我们又可补充林语堂《苏东坡传》的一个缺失——

"千古一人"苏东坡，确实是茶道高手、品茗高人。

　　　　　　　　　　　1997年3月27—28日，初稿
　　　　　　　　　　　2018年2月3—7日，增订
【本文原载《苏轼研究》2018年第1期】

---

[1] 参见彭华《蜀学之形神与风骨综论——以文史哲或经史子集为考察对象》，《殷都学刊》2014年第3期。

[2] 参见彭华《博求"三通"：苏氏蜀学的形神与风骨》，《孔子研究》2012年第4期。

[3] 参见彭华《苏轼与禅师的交往及其影响——兼论苏氏蜀学与三教会通》，载《宋代文化研究》第18辑，四川文艺出版社2010年版。

[4] 参见彭印川（彭华）《苏东坡的养生之道》，《华夏文化》1996年第4期。

苏轼与禅师的交往及其影响

——兼论苏氏蜀学与三教会通

一　引子

　　综览史册、博考载籍，对于宋代历史文化的评价，我们可以获得大体相同的印象和基本一致的认识：前贤和时彦对宋代历史文化几乎无不击节称赏，堪称百虑一致。限于篇幅，兹仅举二人为例。比如说，作为杰出学者、学术大师、文化大师的王国维[①]，早在1926年就说过以下一番话语（惜乎学界对此注意尚不够充分），"宋代学术，方面最多，进步亦最著"，接着，王国维依次列举宋代哲学、科学、史学、绘画、诗歌、考证之学的巨大成就，他对宋代历史文化所做的定性评价是，"故天水一朝人智之活动与文化之多方面，前之汉唐，后之元明，皆所不逮也。近世学术，多发端于宋人"[②]。体悟兹言兹语，后学油然而赞叹，诚而信矣！其后，自述与王国维"风义平生师友间""许我忘年为气类"[③]的史学家陈寅恪，同样激赏且高度褒扬宋代文化，"华夏民族之文化，历数千载之

　　[①]　关于王国维学术地位和历史地位的界定和评价，可参见拙作《王国维之生平、学行与文化精神》，载舒大刚主编《儒藏论坛》第4辑，巴蜀书社2009年版，第44—70页。

　　[②]　王国维：《宋代之金石学》，《王国维遗书》，上海古籍书店1983年（据商务印书馆1940年版《海宁王静安先生遗书》影印），第5册，第70页。说明：1926年11月27日（十月二十三日），王国维为北京大学历史学会讲演《宋代之金石学》。

　　[③]　陈寅恪：《王观堂先生挽词并序》，载《陈寅恪诗集》，生活·读书·新知三联书店2001年版，第17页。说明：本文所引陈寅恪之语，所引据者乃笔者所购买之书，故版本未能统一，敬请读者原谅。又，关于陈寅恪论著之撰写或发表时间，基本上采自蒋天枢《陈寅恪先生编年事辑》（增订本），上海古籍出版社1997年版。特此说明。

演进，造极于赵宋之世，后渐衰微，终必复振"①。对于宋代的史学，陈寅恪更是推崇备至，"宋贤史学，今古罕匹"②，"中国史学莫盛于宋"③。对于宋代的历史文化，陈寅恪的总体评价是："故天水一朝之文化，竟为我民族遗留之瑰宝。孰谓空文于治道学术无裨益耶？"④ 两相对比，敏锐的研究者发现，陈寅恪对宋代历史文化的评价实因袭自王国维，"与王国维关系密切的陈寅恪自当习闻此论"⑤。

就区域文化而言，两宋时期的巴蜀文化无疑是"空前"的高峰，而且很可能是"绝后"的高峰。因此，举凡研究巴蜀文化者，自然不能无视两宋时期的巴蜀文化。⑥ 就个人治学而言，至今为止，自我感觉颇显遗憾的是，虽然光顾了中国历史的一头一尾（先秦两汉、近现代）和中国文化的一方一地（中国儒学、巴蜀文化），但于宋代的历史文化却涉足较少（目前正在弥补这一缺环）。略可慰勉的是，笔者虽然对宋代的历史文化关注甚少，但对作为乡贤的"三苏"亦尝涉猎一二（依照现在的行政区划，笔者是四川眉山丹棱人），曾经发表过三篇关于苏轼的小文⑦，又尝兼及"苏门四学士"之一的黄庭坚⑧。今以其中之一的《苏轼与佛教人物的交往》为基础，对苏轼与禅宗的种种关系加以梳理。

---

① 陈寅恪：《邓广铭宋史职官志考证序》（1943年），《金明馆丛稿二编》，上海古籍出版社1980年版，第245页。

② 陈寅恪：《陈寅恪集·隋唐制度渊源略论稿 唐代政治史述论稿》，生活·读书·新知三联书店2001年版，第148页。按：此语见《隋唐制度渊源略论稿》（1940年完稿）。

③ 陈寅恪：《陈垣明季滇黔佛教考》（1938年），《金明馆丛稿二编》，生活·读书·新知三联书店2001年版，第272页。

④ 陈寅恪：《赠蒋秉南序》，载《寒柳堂集》，生活·读书·新知三联书店2001年版，第182页。

⑤ 李清良：《熊十力陈寅恪钱锺书阐释思想研究》，中华书局2007年版，第98页。

⑥ 参见彭华《蜀学之形神与风骨综论——以文史哲或经史子集为考察对象》，《殷都学刊》2014年第3期。

⑦ 三文的篇名及其出处如下：（1）《苏东坡的养生之道》，《华夏文化》1996年第4期；（2）《苏轼与佛教人物的交往》，《华夏文化》1998年第2期；（3）《苏东坡喝茶》，《宜宾日报》1996年第163期第4版。

⑧ 参见彭印川（彭华）、刘庆刚《黄庭坚与佛教》，《华夏文化》1999年第1期。

二 交往

　　苏轼，字子瞻，一字和仲，自号东坡居士，眉州眉山（今四川眉山）人。父苏洵，弟苏辙，父子三人均荣登"唐宋八大家"之列。苏轼才华丰茂、笔力雄健，是北宋杰出的文学家和艺术家，文、赋、诗、词、书法均傲然而为一代大家，故巍然而为中国文学史上风华绝代的旷世奇才。

　　就苏轼六十余年的生命历程而言，他与佛教（尤其是禅宗）的关系一直是颇为密切的。苏轼之接触佛教，至少可以上溯至他十来岁之时。据苏轼《子由生日，以檀香观音像及新合印香银篆盘为寿》载："君少与我师皇坟，旁资老聃释迦文。"① 另，《栾城后集》卷21《书白乐天集后二首》亦载："少年知读佛书，习禅定。"② 嘉祐六年（1061），苏轼赴凤翔（今陕西凤翔）任签判，习佛于同事王彭（字大年），自是大好之，"君为言大略，皆推见至隐以自证耳，使人不疑。予之喜佛书，盖自君发之"③。元丰二年（1079），"乌台诗案"起，苏轼被贬谪黄州（今湖北黄冈），因此而博览释典、深究佛理。苏辙所作墓志铭云："既而谪居于黄，杜门深居……后读释氏书，深悟实相，参之孔老，博辩无碍，浩然不见其涯也。"④ 苏轼坦然自陈："但多难畏人，不复作文字，惟时作僧佛语耳。"⑤ 据不完全统计，苏轼所阅读的佛经有《楞伽经》《金刚经》《华严经》《莲华经》等。

　　苏轼一生交游颇广，不少禅师与他保持着颇为密切的关系。众所周知，苏杭是苏轼的第二故乡，他在苏杭的时间有七八年之久；苏杭不但风光旖旎，经济发达，而且高人云集，禅师辈出，苏轼与他们结下了深

---

　　① （宋）苏轼撰，王文浩辑注：《苏轼诗集》卷37，孔凡礼点校，中华书局1982年版，第2015页。
　　② （宋）苏辙撰：《苏辙集》，陈宏天、高秀芳点，中华书局1990年版，第1114页。
　　③ （宋）苏轼撰：《王大年哀辞》，《苏轼文集》卷63，孔凡礼点校，中华书局1986年版，第1965页。
　　④ （宋）苏辙撰：《亡兄子瞻端明墓志铭》，《栾城后集》卷22，《苏辙集》，陈宏天、高秀芳校点，中华书局1990年版，第1127页。
　　⑤ （宋）苏轼撰：《与程彝仲》，《东坡续集》卷5；《苏轼文集》，孔凡礼点校，中华书局1986年版，第1752页。

厚的情谊，而苏杭亦处处留有苏轼之足迹。苏轼自述云："默念吴越多名僧，与予善者常十九。"① 苏辙回忆其兄时亦云："昔年苏夫子，杖屦无不之。三百六十寺，处处题清诗。"② 揆理度情、比勘事实，此二语并非夸夸其谈之辞。

苏轼在苏杭及其他地方结识的僧侣（主要是禅师），有慧辩、辩才、梵臻、怀琏、契嵩、清顺、守诠、仲殊、守钦、了元、道潜、常总、承皓、佛慧、可久、垂云、思聪、惠勤、惠思、宗本、道荣等。

海月法师慧辩（1014—1073年），字讷翁，时为杭州都僧正。慧辩系天台宗僧人，在杭州前后讲教25年，学徒达千余人。慧辩"神宇澄穆，不见愠喜而缁素悦服"，故苏轼"喜从之游"③。苏轼"敬之如师友"④，曾为之作《海月辩公真赞》和《吊天竺海月辩师三首》（分别见《东坡后集》卷20和《东坡集》卷5）。

辩才法师元净（1011—1091年），字无象，天台宗僧人。先住杭州天竺观音道场，后退居龙井圣寿院。对于辩才，苏轼亦"敬之如师友"，经常与之往来并听其说法，并作有《赠上天竺辩才师》诗和《祭龙井辩才文》（分别见《东坡集》卷6和《东坡后集》卷16）。

梵臻（生卒年不详），又称"宝相法师"，天台知礼高足。先住上天竺，继迁金山寺，后住持南屏山兴教寺。苏轼初至杭州之时，"与师最厚"（《佛祖统纪》卷12）。

大觉禅师怀琏（1009—1090年），漳州龙溪人，出生于蜀地，尝师事名僧圆通居讷（1010—1071）。苏洵与怀琏和居讷均有交往，故怀琏与苏轼属世交。在京师期间，苏轼曾经多次聆听怀琏说法。治平二年（1065），怀琏离开京师，渡江而南，其后两人的交往以书信往来为主。苏轼曾为之作《宸奎阁碑》，又有《与大觉禅师琏公书》（分别见《东坡

---

① （宋）苏轼撰：《付僧惠诚游吴中代书十二》，《东坡志林》卷2，王松龄点校，中华书局1981年版，第41页。
② （宋）苏辙撰：《偶游大愚见余杭明雅照师旧识子瞻能言西湖旧游将行赋诗送之》，《栾城集》卷13，《苏辙集》，陈宏天、高秀芳校点，中华书局1990年版，第248页。
③ （宋）苏轼撰：《海月辩公真赞》，《苏轼文集》卷22，孔凡礼点校，中华书局1986年版，第638页。
④ （宋）苏辙撰：《天竺海月法师塔铭》，《栾城后集》卷24，《苏辙集》，陈宏天、高秀芳校点，中华书局1990年版，第1146页。

集》卷33和《东坡续集》卷4)。怀琏圆寂后,苏轼作铭以志(《大觉鼎铭》),并作祭文(《祭大觉禅师文》)。

契嵩(1007—1072年),俗姓李,字仲灵,自号潜子,藤州镡津(今广西藤县)人。禅宗云门宗僧人,赐号"明教大师",在禅宗史上有较大影响。庆历间(1041—1048年)至钱塘(今浙江杭州),居灵隐寺永安精舍,其后一度驻锡开封,晚年仍退居灵隐寺永安精舍。契嵩曾校定《六祖坛经》,著有《原教》《孝论》《辅教编》等,后人结集为《镡津文集》20卷行世。契嵩主张融合儒教与佛教,认为佛教"五戒"可与儒教"五伦"相会通,以此反驳排佛者。契嵩死于苏轼到杭州半年之后,苏轼在《南华长老重辩师逸事》中曾经提起过契嵩:"予在钱塘,亲见二人。"(《东坡后集》卷20)

以上五人,即苏轼《祭龙井辩才文》所说"五公":"我初适吴,尚见五公。讲有辩臻,禅有琏嵩。"(《东坡后集》卷16)

清顺(生卒年不详),字怡然,是当时杭州有名的诗僧。苏轼之结识清顺,实由缘分使然。熙宁五年(1072),苏轼在仁和县汤村镇开运河,有一天即兴游览西湖,"于僧舍壁间见小诗(印川案:即清顺《题西湖僧舍壁》),问谁所作?或告以钱塘僧清顺,即日求得之,一见甚喜,而顺之名出矣"(《宋诗纪事》卷91)。当时清顺所题诗为以下四句:"竹暗不通日,泉声落如雨。春风自有期,桃李乱深坞。"之后,二人交游唱酬,互相往来。苏轼曾写《是日宿水陆寺寄北山清顺僧二首》赠给清顺:

> 草没河堤雨暗村,寺藏修竹不知门。
> 拾薪煮药怜僧病,扫地焚香净客魂。
> 农事未休侵小雪,佛灯初上报黄昏。
> 年来渐识幽居味,思与高人对榻论。
> 长嫌钟鼓聒湖山,此境萧条却自然。
> 乞食绕村真为饱,无言对客本非禅。
> 披榛觅路冲泥入,洗足关门听雨眠。
> 遥想后身穷贾岛,夜寒应耸作诗肩。

守诠(生卒年不详),一作惠诠,也是吴地名僧。《冷斋夜话》说他"佯狂垢污",但"诗句清婉"。有一次外出游玩山水,他诗兴大发,就在一座山寺的墙壁上挥毫写下了一首禅诗:"落日寒蝉鸣,独归林下寺。柴(一作松)扉夜未掩,片月随行屐。惟闻犬吠声,又入青萝去。"(《题梵天寺》,见《宋诗纪事》卷91)周紫芝《竹坡诗话》说此诗"幽深清远,自有林下一种风流"。苏轼上山见此诗,细细把玩,觉得颇有意蕴,一时技痒难耐,遂和诗一首于后,"但闻烟外钟,不见烟中寺。幽人行未已,草露湿芒屦。惟应山头月,夜夜照来去"。不料"竟以此诗知名"。①

　　仲殊(生卒年不详),俗姓张,名挥,字师利,安州(今湖北安陆)人。本为文士,后中举为进士。其妻投毒欲加害于他,遂弃家为僧,住苏州承天寺、杭州宝月寺,因喜食蜜,人称"蜜殊"。苏轼说他"能文,善诗及歌词,皆操笔立成,不点窜一字",又喜他"胸中无一毫发事,故与之游"②。有一年刘泾(1043—1100年,字巨济)赴任时路过钱塘,苏轼留他在中和堂饮酒,仲殊也荣属其列;苏轼见屏风上有幅《西湖图》,遂索纸笔作《减字木兰花》,"凭谁妙笔。横扫素缣三百尺。天下应无。此是钱塘湖上图",付嘱刘泾续作后叠,但刘泾只是再三谦辞而不肯动笔,苏轼只好请仲殊续作;仲殊挥毫续出后叠:"一般奇绝。云淡天高秋夜月。费尽丹青。只这些儿画不成。"苏轼大加称赞。苏轼另有《次韵仲殊雪中游西湖二首》③:

> 夜半幽梦觉,稍闻竹苇声。
> 起续冻折弦,为鼓一再行。
> 曲终天自明,玉楼已峥嵘。
> 有怀二三子,落笔先飞霙。
> 共为竹林会,身与孤鸿轻。

---

① (宋)苏轼撰,王文浩辑注:《梵天寺见僧守诠小诗清婉可爱,次韵》,《苏轼诗集》卷8,孔凡礼点校,中华书局1982年版,第8册,第381页。

② (宋)苏轼撰:《付僧惠诚游吴中代书十二》,《东坡志林》卷2,中华书局1981年版,第40页。

③ (宋)苏轼撰,王文浩辑注:《苏轼诗集》卷33,孔凡礼点校,中华书局1982年版,第1750页。

> 秀语出寒饿，身穷诗乃亨。
> 禅老何复为，笑指孤烟生。
> 我独念粲者，谁与予目成。

苏州定慧长老守钦（生卒年不详），也是吴地著名的诗僧，但苏轼在苏杭时并未与守钦有往来交游。苏轼贬谪惠州后，守钦派侍者卓契顺至惠州向苏轼问安，并寄赠诗作十首。苏轼见诗大惊，题词于后："此僧清逸绝俗，语有璨、忍之通，而诗无岛、可之寒。"并自忖："予往来吴中久矣，而不识此僧，何也？"① 恐是守钦避攀比炫耀之嫌。

了元（1032—1098年），字觉老，神宗赐号"佛印"，饶州浮梁（今江西景德镇）人。佛印本出身于富庶之家，后因皇帝说他若肯出家为僧，可以赐他一个度牒，进退维谷的佛印只好答应出家。苏轼移居湖州（今浙江吴兴），过润州金山（今江苏镇江）时，结识了佛印。苏轼因"斗机锋"落于下风，只好留下玉带。② 元丰二年（1079），苏轼贬谪黄州，开始大量阅读佛教典籍，与佛印建立了更为密切的关系。有一年苏轼到江西去看望佛印，久候未至，于是手书一偈："稽首天中天，毫光照大千；八风吹不动，端坐紫金莲。"放于佛印处，返回家中。佛印回来看到偈子，略一思索，便提笔在上面批了四个字："放屁！放屁！"差人送给苏轼。苏轼见到这粗俗透顶的批语，大为愤怒，径直过江找佛印理论，指斥佛印对他虔诚护法的怀疑和不恭，不料佛印从容笑道："八风吹不动，一屁过江来。"弄得苏轼哭笑不得。佛印喜欢收藏图画尺牍，苏轼与其交情甚笃，经常一同游山玩水，品茗吟诗。

苏轼在黄州时，还有幸结识了道潜，两人保持着二十余年的诚挚交情，无愧于"生死之交"四字，令时人和后人感动莫名。道潜（1043—1106年），俗姓何，本名昙潜，苏轼为之改名道潜，号参寥，后得赐号"妙总大师"，浙江临安（今属杭州）人。道潜自幼出家，于内外典无所不窥，能文善诗，与苏轼、秦观（1049—1100年）结为文

---

① （宋）苏轼撰：《付僧惠诚游吴中代书十二》，《东坡志林》卷2，王松龄点校，中华书局1981年版，第41页。

② （宋）普济：《五灯会元》卷16，苏渊雷点校，中华书局1984年版，第1027页。

友，是中国历史上有名的诗僧。苏轼特爱其诗，说它"无一点蔬笋气，体制绝似储光羲，非近诗僧可比"（《梦粱录》卷17）；又谓其诗清绝，与林逋（967—1028年）相当。苏轼在彭城（今江苏徐州）时，参寥专程自余杭往谒苏轼。一日，宾朋同僚聚会，苏轼当众说："今天参寥不留下点笔墨，令人不可不恼。"遂遣官妓马盼盼持纸笔就近参寥求诗。参寥意走神驰，一挥而就，口占一绝："多谢尊前窈窕娘，好将幽梦恼襄王。禅心已作沾泥絮，不逐东风上下狂。"苏轼见之大喜："我尝见柳絮落泥中，私谓可以入诗，偶未收拾，遂为此老所先。"（《侯鲭录》卷3）其中"禅心已作沾泥絮，不逐东风上下狂"二句，传为一时名句。除此二名句外，参寥的"风蒲猎猎弄轻柔，欲立蜻蜓不自由"亦为世人所传诵。另据《宋诗纪事》卷91载，苏轼曾以彩笺作墨竹赠官妓，参寥因之而作《题东坡墨竹赠官妓》：

小凤团笺已自奇，谪仙重扫岁寒枝。
梢头余墨犹含润，恰似栉风洗雨时。

苏轼从参寥处获益不少。元丰六年（1083），时苏轼正贬谪黄州，参寥不远千里而从之游，相从期年。其时，京师士大夫致函诋毁苏轼，函云："闻公与诗僧相从，岂非'隔林仿佛闻机杼'者乎？真东山胜游也。"苏轼将来函展示给道潜，指其中所引参寥诗句"隔林仿佛闻机杼，知有人家在翠微"，笑曰："此吾师十四字师号耳。"[①] 苏轼尊参寥为师，不可谓不器重参寥。元祐（1086—1094年）中，苏轼知杭州，参寥卜居西湖智果院，与苏轼品茗赋诗，诗茶往还，留情山水，留下了一段极其宝贵的记忆，至今依然让人向往不已。绍圣（1094—1097年）初，苏轼贬居岭南，参寥因诗中有讥讽语，被勒令还俗，编管兖州。纵使如此，参寥依然不顾社会压力与身家危险，多次派人专程前往惠州探望苏轼。参寥于此尚嫌不足，以至于准备亲自渡海随从苏轼南居儋州，终为苏轼所阻而未能成行。此情此意，岂止一个义字了得？

据说，苏轼《浣溪沙》"村南村北响缫车"即取意于参寥的这一名

---

① （宋）惠洪：《冷斋夜话》卷4，文渊阁《四库全书》本。

句。苏轼曾写过《送参寥师》,其中数句云①:

> 欲令诗语妙,无厌空且静。
> 静故了群动,空故纳万境。
> 阅世走人间,观身卧云岭。
> 咸酸杂众好,中有至味永。
> 诗法不相妨,此语当更请。

元丰七年(1084年),苏轼任海州团练副使。四月,游庐山,会晤东林常总禅师(1025—1091年,法号照觉),作诗《赠东林总长老》。东坡夜宿东林兴龙寺,曾与照觉禅师"论无情话,有省",于是写下了一首有名的参禅诗偈:"溪声便是广长舌,山色岂非清净身?夜来八万四千偈,他日如何举似人。"②在《五灯会元》卷17中,苏轼被列入"东林总禅师法嗣"。

承皓(1011—1091年),也称荆门军玉泉承皓禅师,俗姓王,眉州丹棱(今四川丹棱)人。依大力院出家,系北塔广禅师法嗣。③苏轼至荆南(今湖北江陵),听说玉泉承皓禅师"机锋不可触",便微服前往参谒,"拟抑之"。玉泉承皓禅师问:"尊官高姓?"苏轼答:"姓秤,乃秤天下长老底秤。"玉泉承皓禅师呵斥一声,问:"且道这一喝重多少?"苏轼无言以对,于是施礼拜之。④禅本不可道,"说似一物即不中",更不可斗量斤称,禅师自也不可斗量斤称,又怎能称出禅师的一喝呢?

绍圣元年(1094),苏轼赴岭外,过金陵时曾与法泉禅师"斗机锋"。东坡问:"如何是智海之灯?"法泉禅师对曰:"指出明明是什么,举头鹞子穿云过。从来这碗最希奇,解问灯人能几个。"东坡于是欣然。⑤法泉

---

① (宋)苏轼撰,王文浩辑注:《苏轼诗集》卷17,孔凡礼点校,中华书局1982年版,第906—907页。
② 此事此诗,分别见:(1)(宋)普济:《五灯会元》卷17,苏渊雷点校,中华书局1984年版,第1146页;(2)(宋)苏轼撰,王文浩辑注:《苏轼诗集》卷23,中华书局1982年版,第1218页。
③ 参见(宋)普济:《五灯会元》卷15,苏渊雷点校,中华书局1984年版,第1012—1013页。
④ 参见(宋)普济:《五灯会元》卷17,苏渊雷点校,中华书局1984年版,第1146页。
⑤ (宋)释晓莹:《罗湖野录》卷3,文渊阁《四库全书》本。

禅师有《送东坡居士》传世,"脚下曹溪去路通,登堂无复问麈风。好将钟阜临岐句,说似当年踏碓翁"(《宋诗纪事》卷92)。

三 影响

(一)因缘际会:苏轼何以接受了佛教

众所共知,佛门善说因果关系,谓一切有为法皆待缘而起,故"十二因缘"厘然而为佛学基本理论之一。因者,事物生起、变化、坏灭之主要条件也;缘者,事物生起、变化、坏灭之辅助条件也。宋法云(1088—1158年)在《翻译名义集·释十二支》中云:"前缘相生,因也;现相助成,缘也。"苏轼之遭逢佛教、际会佛学、交游禅师,实亦不出"因缘"二字。大致而言,苏轼与佛教之结缘,不外乎以下三大因缘:地域因素、家族因素、个人因素。

1. 地域因素

宋代时期的四川,尤其是作为四川一地的眉州,佛事极盛。据史书记载,天禧年间(1017—1021年),四川的僧尼达5.6万余人,平均每路高达万余人,但实际上僧尼主要集中在成都府路。宋神宗时(1068—1085年),全国僧尼数量大为下降,总共20多万人,而成都府路就有万余人。就行政区划而言,苏轼所在的眉州属于成都府路,而眉山距佛教圣地峨眉山仅有百里之遥,故在佛光普照下自然佛事亦盛。

就禅宗而言,四川早在唐朝之时即创立了保唐宗。保唐宗开创于成都府保唐寺无住(714—774年),源出五祖弘忍,经资州智侁、处寂、无相,传至无住。在唐朝时期的四川,还出现了一位大师级的宗教人物——圭峰宗密。宗密被推为华严宗第五祖,但同时对华严宗以外的其他宗派,特别是禅宗,亦广事著述,尝收集诸宗禅言,成《禅源诸诠集》(或云100卷,今仅存《都序》4卷)。宗密不满于讲者(禅宗外诸宗)"偏彰渐义"、禅者"偏播顿宗",主张禅教一致,"顿悟资于渐修,师说符于佛意",又因早年学儒,故亦主张佛儒一源。

就大藏经之刊刻而言,最早的汉文佛教大藏经——"开宝藏"即产生于成都。"开宝藏"亦称"北宋官版大藏经",开雕于开宝四年(971),完成于太平兴国八年(983),因在益州(今成都)雕版,故亦称"蜀版藏经"。"开宝藏"以《开元释教录》入藏经目为底本,共480帙,5048卷;后经多次增订,至北宋末已达653帙,6628卷。"开宝藏"以书法端丽严谨,雕刻精良著称,是宋版精品之一。

2. 家族因素

就家族而言,眉州苏氏是充满佛教气息的一个家族。苏轼之父母二族,均信奉佛教。苏轼尝云:"昔予先君文安主簿赠中大夫讳洵,先夫人武昌太君程氏,皆性仁行廉,崇信三宝。"[①] 苏轼之父苏洵崇佛,多有方外之交,如圆通居讷禅师、景福顺长老、彭州僧保聪、宝月大师惟简等,僧传将其列为居讷禅师法嗣。苏轼之母程氏亦笃信佛教,故苏轼很可能同时受眉山程氏家族影响。其父自少即在家中供奉阿罗汉,本人亦仁善护生。[②] 父母去世时,苏轼曾将其爱玩遗物施舍于佛寺。苏轼之弟苏辙,亦为佛学之热心而虔诚信仰者。苏辙《试院唱酬十一首·次前韵三首》诗云,"老去在家同出家,《楞伽》四卷即生涯"[③];《次韵子瞻与安节夜坐三首》诗云,"目断家山空记路,手披禅册渐忘情"[④]。

苏轼的继室王润之,亦是好佛之人。在王润之生日时,苏轼曾取《金光明经》故事,买鱼放生为寿,并作《蝶恋花》词,"放尽穷鳞看圉圉,天公为下曼陀雨";元祐八年(1093)八月一日,王润之不幸病逝,苏轼又请著名画家李龙眠画释迦牟尼及十大弟子像供奉丛林,并作《阿弥陀佛赞》,"此心平处是西方,闭眼便到无魔娆"。苏轼之妾王朝云,亦是学佛念佛之人。在绍圣三年(1096)七月弥留之际,朝云犹念《金刚经》之六如偈不已;苏轼所作《朝云墓志铭》云,"浮屠是瞻,伽蓝是依。如汝宿心,惟佛之归"。

3. 个人因素

宗教心理学的研究成果表明,情感满足的心理需求是人信仰宗教的

[①] (宋)苏轼撰:《真相院释迦舍利塔铭并叙》,《苏轼文集》卷19,孔凡礼点校,中华书局1986年版,第578页。

[②] 本段以上文字的撰写,参见马斗成《宋代眉山苏氏家族研究》,中国社会科学出版社2005年版。

[③] (宋)苏辙撰:《栾城集》卷11,《苏辙集》,陈宏天、高秀芳校点,中华书局1990年版,第208页。

[④] (宋)苏辙撰:《栾城集》卷11,《苏辙集》,陈宏天、高秀芳校点,中华书局1990年版,第213页。

原动力，而这种心理需求的发展则需要一定的催化剂，比如个人的命运、素质、境遇和环境等。

通观苏轼的一生，虽然诗词文名满天下，但在政治风浪中却是时沉时浮，后半生更是屡遭贬谪，并且越贬越远。毫无疑问，在坎坷艰辛的逆境中，佛禅思想是苏轼重要的精神支柱之一。佛教的缘起性空、人生如梦思想，禅宗的随缘自适、自性清静思想，尤其是禅宗透脱无碍、随缘任运的人生哲学，使苏轼纵使在穷乡僻壤之所亦安之若素而处之泰然，在种种危难困厄中仍能保持透脱无碍的姿态和积极乐观的信念，从而以一种超然平淡、平和中正的健康心态对待贬谪生活。因此，林语堂在论及苏轼时，有过以下一段文采斐然的佳评，"大体来说，我们得到一个印象，他一生嬉游歌唱，自得其乐；悲哀和不幸降临，他总是微笑接受"，"他不屈的灵魂和人生观不容许他失去生活的乐趣"，反而快乐得"像一阵清风"。① 李泽厚认为，苏轼奉儒家而出入佛老，"也许，只有在佛学禅宗中，勉强寻得一些安慰和解脱"，在美学上，苏轼所追求的是"一种朴质无华、平淡自然的情趣韵味，一种退避社会、厌弃世间的人生理想和生活态度"②。斯言斯语，将苏轼个人与佛教禅宗的亲密关系揭橥而出。

佛家有"禅悦"一说，意谓入于禅定，可使心神怡悦。《维摩诘经·方便品》有言："虽服宝饰，而以相好严身；虽复饮食，而以禅悦为味。"苏轼之游访禅寺、歌咏禅师、参悟禅理，亦颇得禅悦之个中三昧。比如，苏轼在追忆自己与慧辩法师的交往时尝云："余方年壮气盛，不安厥官。每往见师，清坐相对，时闻一言，则百忧冰解，形神俱泰。"③ 就一般层面而言，苏轼又有"暂借好诗消永夜，每逢佳处辄参禅"的感喟④。而苏轼过金山时所戏题之句，"心似已灰之木，身如不系之舟。问汝平生功业，黄州、惠州、琼州"⑤。则犹如孔子所云，"吾无隐乎尔"（《论语·述而》）。

---

① 林语堂：《苏东坡传》，时代文艺出版社1988年版，第8页。
② 李泽厚：《美的历程》，《美学三书》，商务印书馆2006年版，第94页。
③ （宋）苏轼撰：《海月辩公真赞》，《苏轼文集》卷22，孔凡礼点校，中华书局1986年版，第638页。
④ （宋）苏轼：《夜直玉堂，携李之仪端叔诗百余首，读至夜半，书其后》，《苏轼诗集》卷30，孔凡礼点校，中华书局1982年版，第1616页。
⑤ （宋）普济著：《五灯会元》卷17，苏渊雷点校，中华书局1984年版，第1146页。

禅宗不但影响了苏轼的个人生活，而且影响了苏轼的文学创作（见下文）。由此二端，我们完全可以说：苏轼对禅宗情有独钟，而禅宗亦对他影响深远，历久而弥真，历时而弥坚。因此，苏轼在赠龙光长老的诗中盛誉禅宗："斫得龙光竹两竿，持归岭北万人看。竹中一滴曹溪水，涨起西江十八滩。"①

（二）文心艺概：禅宗对苏轼文学创作的影响

　　宋人周必大（1126—1204年）云："自唐以来，禅学日盛，方智之士，往往出乎其间。"② 周必大此说可谓有理，但若将末语改易为"往往出入其间"，则愈益切情入理。所谓"出入其间"，套用王国维的话说，这叫"须入乎其内，又须出乎其外"，"入乎其内，故能写之。出乎其外，故能观之"③。

　　禅宗主张"明心见性""顿悟成佛""不立文字""任运自然"，强调以一己之本心与活泼泼的具有生命气息的生活对象直接融会贯通，进行整体的、直觉的领悟与把握。毋庸置疑，禅宗的这种立意和思维，与艺术创作是极为相似的。就双向互动的影响而言，禅与诗的关系约略有以下二端：一方面是以禅入诗，以诗说禅；另一方面是以禅喻诗，以禅说诗。所谓"以禅入诗、以诗说禅"，即将禅味、禅趣、禅意引入诗歌，并且用诗化的语言予以表述。这方面的典型代表，其大宗自然是作为方外之人的禅师；一代"诗佛"——王维，更为方内之士的杰出代表。所谓"以禅喻诗，以禅说诗"，即以禅意解说诗歌、譬喻诗歌。其中奥蕴，古人多有分剖，实则所余胜义无多。今略举数例。

　　吴可（思道）、龚相（圣任）、魏庆之同名《学诗》三首④，系"以禅说诗"之典范；而所云"学诗浑似学参禅"，早已耳熟能详，在此无须

---

① （宋）苏轼：《东坡居士过龙光，求大竹作肩舆，得两竿。时南华珪首座，方受请为此山长老。乃留一偈院中，须其至，授之，以为他时语录中第一问》，《苏轼诗集》，孔凡礼点校，中华书局1982年版，第2423—2424页。
② （宋）周必大：《寒岩升禅师塔铭》，《文忠集》卷40，文渊阁《四库全书》本。
③ 王国维：《人间词话》，上海古籍出版社1998年版，第15页。
④ （宋）魏庆之辑：《诗人玉屑》卷1，文渊阁《四库全书》本。按：三人之同名《学诗》三首，均见该卷。

烦琐转述。

宋人严羽在《沧浪诗话》中有"以禅喻诗"之典型话语,"禅家者流,乘有小大,宗有南北,道有邪正。学者须从最上乘,具正法眼,悟第一义。若小乘禅,声闻辟支果,皆非正也。论诗如论禅:汉魏晋与盛唐之诗,则第一义也。大历以还之诗,则小乘禅也,已落第二义矣。晚唐之诗,则声闻辟支果也。学汉魏晋与盛唐诗者,临济下也。学大历以还之诗者,曹洞下也。大抵禅道惟在妙悟,诗道亦在妙悟。且孟襄阳学力下韩退之远甚,而其诗独出退之之上者,一味妙悟而已。惟悟乃为当行,乃为本色"①。严羽认为,诗的上品应该是"不涉理路,不落言筌","故其妙处透彻玲珑,不可凑泊,如空中之音,相中之色,水中之月,镜中之像,言有尽而意无穷"②。此中遣词用语,大半袭自佛海禅门。

对严羽之说,清人王士祯(1634—1711年)倍加称赏,"严沧浪以禅喻诗,余深契其说,而五言尤为近之。如王、裴《辋川绝句》,字字入禅。……妙谛微言,与世尊拈花,迦叶微笑,等无差别,通其解者,可悟上乘"③。

宋人戴复古(1167—约1248年)云:"欲参诗律似参禅,妙趣不由文字传。个里稍关心有悟,发为言句自超然。"④戴复古此论,明显由禅宗"不立文字"之说而来。

以上六人之说,基本着眼于禅宗对诗歌之影响,所论尚属单向层面,仍未将禅宗与诗歌双向互动之奥义揭开。易言之,尚未进入"往往出入其间"之境。至金末文学家元好问(1190—1257年),则迤迤然而展尽底蕴无所遗。元好问云:"诗为禅客添花锦,禅是诗家切玉刀。心地待渠明白了,百篇吾不惜眉毛。"⑤体味元好问此说,有禅与诗"合则双美"之义谛。以此反观苏轼与禅宗,亦犹然也。

---

① (宋)严羽撰,郭绍虞校释:《沧浪诗话校释》,中华书局1983年第2版,第11—12页。
② (宋)严羽撰,郭绍虞校释:《沧浪诗话校释》,中华书局1983年第21版,第26页。
③ (清)王士祯:《昼溪西堂诗序》,《蚕尾续文》卷2,文渊阁《四库全书》本。
④ (宋)戴复古:《昭武太守王子文日与李贾严羽共观前辈一两家诗及晚唐诗,因有论诗十绝。子文见之,谓无甚高论,亦可作诗家小学须知》,《石屏诗集》卷6,文渊阁《四库全书》本。
⑤ (金)元好问:《答俊书记学诗》,《遗山集》卷14,文渊阁《四库全书》本。

苏轼与禅师的交往及其影响

禅宗之于苏轼的渗透与浸润，诚可谓深矣：不仅形成了苏子诗歌文赋的独特风格，还铸造了他超然生死的旷达性格。兹谨言前者。当今学者云，苏轼交游禅师诗僧，踏访湖山梵舍，相与参禅析理，留有数百首方外交游诗。这些清逸淡泊中又时时透露禅机、禅味的诗作，使苏轼的诗作具有清绝拔俗的特色，体现了苏轼所企慕和追求于方外的诗风。在和方外之友交游的过程中，苏轼还逐步深化了他对方外诗歌的认识，发展了他的诗歌理论。他认为方外诗歌必须摆脱"为物所縻"，真正安贫乐道，清静无为，身心皆空，才能达到超尘脱俗、清幽简淡的境界，并把欧阳修"穷者而后工"的诗歌理论运用到方外诗创作上，认为只有超然出世，才称得上"穷者"，其诗才能工。此外，在诗僧身上，他还发现了空静的禅心对诗歌创作的重要意义。① 为节省篇幅，本处谨以苏轼之文字为据，略述禅宗对苏轼文学创作之影响。

佛教经典《金刚经·应化非真分》云："一切有为法，如梦幻泡影，如露亦如电，应作如是观。"② 通检苏轼之诗文，其受此说之影响可谓切入肌理。据不完全统计，苏轼在近350首词中，使用"梦"字80多次，"空"字50多次，"无"字更多达150余次。③ 其典型者，如《祭王宜甫文》所云"百年梦幻，其究何获"，《六观堂老人草书诗》所云"方其梦时了非无，泡影一失俯仰殊"，《参寥泉铭》所云"梦幻是身，真即是梦，梦即是真"。再如"人似秋鸿来有信，事如春梦了无痕"④，"我今身世两悠悠，去无所逐来无恋"⑤，"回头自笑风波地，闭眼聊观梦幻身"⑥，"人

---

① 本处文字综合参考以下两种文献：（1）黄云生、项冰如：《苏轼在杭州的方外之交》，《浙江师范大学学报》1989年第4期；（2）马斗成：《宋代眉山苏氏家族研究》，中国社会科学出版社2005年版。

② 说明：禅宗之经典，除代表作《六祖坛经》外，《金刚经》《楞伽经》《大乘起信论》等也对该宗有较大影响。

③ 吴洪泽：《禅悟与苏词的创造性》，《四川大学学报》（哲学社会科学版）2001年第6期。

④ （宋）苏轼：《正月二十日，与潘、郭二生出郊寻春，忽记去年是日同至女王城作诗，乃和前韵》，《东坡集》卷12，文渊阁《四库全书》本。

⑤ （宋）苏轼：《泗州僧伽塔》，《东坡集》卷3，文渊阁《四库全书》本。

⑥ （宋）苏轼：《次韵王廷老退居见寄》，《东坡集》卷10，文渊阁《四库全书》本。

间何者非梦幻,南来万里真良图"①,"愿君勿笑反自观,梦幻去来殊未已"②,"旧事真成一梦过,高谈为洗五年忙"③,"此身自幻孰非梦,故园山水聊心存"④等诗句,"人生如梦,一樽还酹江月"(《念奴娇·赤壁怀古》),"世事一场大梦,人生几度秋凉"(《西江月·黄州中秋》)等词句,以及"何以慰君,千里一樽。人生如梦,何促何延"(《祭单君贶文》)等文句,都表达了人生无常、虚空悲凉的心境,实即佛教"诸行无常""诸法无我"的艺术展示。复如《和子由渑池怀旧》,"人生到处知何似?应似飞鸿踏雪泥。泥上偶然留指爪,鸿飞那复计东西?老僧已死成新塔,坏壁无由见旧题。往日崎岖还记否,路长人困蹇驴嘶"。将佛学"空诸所有"的真谛(第一义谛、胜义谛)做了独具艺术魅力的展示。又如《题西林壁》,"横看成岭侧成峰,远近高低各不同。不识庐山真面目,只缘身在此山中"。则体现了禅宗"彻悟言外"的思想,"若必胸有释典,而后炉锤出之,则意味索然矣"(王文浩语)⑤。而《南华寺》所云"饮水既自知,指月无复眩",则超言绝象、透脱无碍,入乎禅学之阃奥也。故刘熙载(1813—1881年)晓畅明言,"东坡诗善于空诸所有,又善于无中生有,机括实自禅悟中来"⑥。

凡此种种,已然可见苏轼之于禅宗,确乎无违于"往往出入其间"一语。识者云,"不了解佛教,不探讨佛教与中国文学的关系,就不能认识和评价中国文学的历史"⑦。由苏轼文学创作受佛教之影响可知,此论确然可信也。通由以上论述,同时又可谓:东坡与禅,禅味盎然。

(三)流风余韵:苏氏蜀学与三教会通

古语谓,前人作品之风格、情趣等可惠泽后人,直接成为后学师法、

---

① (宋)苏轼:《四月十一日初食荔支》,《东坡后集》卷5,文渊阁《四库全书》本。
② (宋)苏轼:《王巩清虚堂》,《东坡集》卷11,文渊阁《四库全书》本。
③ (宋)苏轼:《余去金山五年而复至,次旧诗韵,赠宝觉长老》,《东坡集》卷11,文渊阁《四库全书》本。
④ (宋)苏轼:《次韵滕大夫三首·雪浪石》,《东坡后集》卷3,文渊阁《四库全书》本。
⑤ (宋)苏轼撰,王文浩辑注:《苏轼诗集》,孔凡礼点校,中华书局1982年版,第1219页。
⑥ (清)刘熙载:《艺概》卷2,上海古籍出版社1978年版,第66页。
⑦ 孙昌武:《佛教与中国文学》,上海人民出版社1988年版,前言,第7页。

取资的无穷宝藏,故钱谦益(1582—1664年)在《〈申比部诗〉序》中云:"流风余韵,可以衣被百世。"反观苏轼与佛教的结缘及其所受影响,后人亦可获得不少启示。

通观中华文化之受外来文化的影响,前后共计有二:一为佛教;二为西学(王国维称之为"第二之佛教")。佛教中国化的过程业已完成,并且对中国文化产生了巨大的影响,而佛教之所以能对中国文化产生巨大的影响,实属因缘际会使然。诚如王国维所言,"佛教之东,适值吾国思想凋敝之后,当此之时,学者见之,如饥者之得食,渴者之得饮,担簦访道者,接武于葱岭之道,翻经译论者,云集于南北之都,自六朝至于唐室,而佛陀之教极千古之盛矣。此为吾国思想受动之时代。然当是时,吾国固有之思想与印度之思想互相并行而不相化合,至宋儒出而一调和之,此又由受动之时代出而稍带能动之性质者也"①。故两宋以降之思想家,多熏染佛学习气②,苏轼自不例外。

由"三苏"父子创立的蜀学,在北宋中期与二程洛学(理学)、荆公新学鼎足而三。就外在之形貌与状态而言,其最大的特点是驳杂,即学兼四部、会通三教;就内在之神韵与风骨而言,其最根本之处是,貌似驳杂而又有宗旨焉,即立足于以儒为宗这一基本点,由此而援佛、道、诸子入儒。兹事体大,在此不容详述,谨略举纲目而已。

苏氏蜀学之驳杂,向有定论。早在南宋之时,朱熹(1130—1200年)便谓苏氏父子"早拾苏(秦)、张(仪)之余绪,晚醉佛、老之糟粕",认为蜀学非醇儒之学,是"学儒之失"("予之所病,病其学儒之失而流于异端,不病其学佛未至而溺于文义也");朱熹"惧其乱吾学之传而失人心之正",故作《杂学辨》以贬斥之。③ 全祖望比较荆公新学与苏氏蜀学,所持之论与朱子颇为相近,"祖望谨案:荆公《淮南杂说》初出,见者以为《孟子》。老泉文初出,见者以为《荀子》。已而聚讼大起。《三

---

① 《论近年之学术界》,《静安文集》,载谢维扬、房鑫亮主编《王国维全集》第1卷,浙江教育出版社,广东教育出版社2009年版,第121页。
② 参见彭华《"殊途同归"与"同途殊归"——从思想交融角度看儒学发展的三个阶段》,《宜宾师专学报》2000年第4期。
③ (宋)朱熹:《苏黄门老子解》,《晦庵先生朱文公文集》卷72,《朱子全书》,上海古籍出版社,安徽教育出版社2002年版,第24册,第3469页。

经新义》累数十年而始废,而蜀学亦遂为敌国。上下《学案》者,不可不穷其本末也。且荆公欲明圣学而杂于禅,苏氏出于纵横之学而亦杂于禅,甚矣,西竺之能张其军也"①。朱、全之说,四库馆臣持认可态度,"苏氏之学,本出入于二氏之间,故得力于二氏者特深。而其发挥二氏者,亦足以自畅其说"(《四库全书总目》卷146)。所谓"二氏",即佛、老也。降而至于近世,蒙文通、钱穆亦尝踵武此说。蒙氏云:"北宋儒学,显有三派,为洛学、新学、蜀学,皆于六经有解,各自得立。洛派唯司马光注《老子》,二程理学一派则排斥佛、老,至荆公新学,东坡蜀学,皆深入于佛、老。"②钱氏云,苏氏之学"会合著老庄、佛学和战国策士乃及贾谊、陆贽,长于就事论事而卒无所指归,长于和会融通而卒无所宗主。……非纵横、非清谈、非禅学而亦纵横、亦清谈、亦禅学。实在不可以一格绳,而自成为一格"③。其所云"各自得立""自成为一格",已然暗示苏氏蜀学实非"驳杂"一语可尽之。

但是,苏氏蜀学虽貌似驳杂,实则又有宗旨存焉。所谓"宗旨"者,即道也,即儒门道德性命、经世济民之道也。所谓佛老之学,所谓纵横之学,所谓文章词赋,实则为之辅翼耳。作为"苏门四学士"之一的秦观,尝特意为此辨析,"苏氏之道,最深于性命自得之际;其次则器足以任重,识足以致远;至于议论文章,乃其与世周旋,至粗者也"。"论苏氏而其说止于文章,意欲尊苏氏,适卑之耳。"④秦观亲炙东坡教闻,所言自当不虚。今试道数语以为证:苏辙追忆亡兄,谓苏轼少时即"奋厉有当世志"⑤。风华正茂而又意气风发的苏轼,亦自陈其宏大抱负,自信"有笔头千字,胸中万卷;致君尧舜,此事何难"(《沁园春·赴密州早行马上寄子由》)。纵使身处江湖山野,苏轼依然心存国家社稷,"虽废弃,未忘为国家虑也"(《与滕达道书》)。《宋史》卷338《苏轼传》中评价

---

① (清)黄宗羲原著,(清)全祖望补修:《荆公新学略序录》,《宋元学案》卷98,陈金生、梁运华点校,中华书局1986年版,第3237页。
② 蒙文通:《道教史琐谈》,《蒙文通文集》第1卷,巴蜀书社1987年版,第327页。
③ 钱穆:《宋明理学概述》,台北:台湾学生书局1979年版,第29页。
④ (宋)秦观撰,徐培均笺注:《淮海集笺注》,上海古籍出版社1994年版,第981页。
⑤ (宋)苏辙撰:《亡兄子瞻端明墓志铭》,《栾城后集》卷22,《苏辙集》,陈宏天、高秀芳校点,中华书局1990年版,第1117页。

苏轼有言，"自为举子至出入侍从，必以爱君为本，忠规谠论，挺挺大节，群臣无出其右"。今人云，苏轼思想的主流仍是儒家"经世济用"的精神，在颠沛的迁客生活中，他"得幸"与佛禅结缘，对于君国社稷一直耿耿不寐，基本上保持了为臣事君的理想与道德，他在等待中仍然积极于地方的"邑政"建设。① 凡此所述，苏子皈依儒门之旨可以想见矣！就经学著述而言，苏氏对《周易》《尚书》《诗经》《论语》等所作注解（如《苏氏易传》《书传》《诗集传》《春秋集解》《论语说》等），尝颇得朱熹好评。②

在苏轼的视野里，佛老之学、纵横之学，实则可为"道"之辅翼，而文章词赋则为辅"道"之"术"。③ 易言之，在"三苏"看来，儒佛道三教之宗旨虽迥然有异，实则百川归海、殊途同归。其高远之目标、宏大之抱负，实在于"会通三教""融通百家""打通古今"。在此，谨略述苏轼之"三教会通"思想。④

苏轼之"三教会通"思想。《南华长老题名记》云，"儒释不谋而同"，"相反而相为用"⑤，苏轼此论，目的在于会通儒佛。对于儒佛之功能与作用，苏轼有过一个通俗而有趣的譬喻，"仆尝语述古，公之所谈，譬之饮食，龙肉也；而仆之所学，猪肉也。猪之与龙，则有间矣。然公终日说龙肉，不如仆之食猪肉，实美而真饱也"⑥。苏轼此论，不由得使人联想到明陶宗仪所云"释如黄金，道如白璧，儒如五谷"（《辍耕录·三教》）。两相比较，二者同样揭示了一个大道理：儒教之于世人，确实有如五谷、猪肉，不可一日或缺。⑦ 诚因如此，苏轼对大觉禅师怀琏所倡"儒佛融合论"赞赏有加，"是时北方之为佛者，皆留于名相，囿于因果，以故士之聪明超轶者皆鄙其言，诋为蛮夷下俚之说。琏独指其妙与孔老

---

① 参见张锡坤等《禅与中国文学》，吉林文史出版社1992年版。
② 如，朱熹曾赞扬"子由《诗解》好处多"。（宋）黎靖德编：《朱子语类》卷80，王星贤点校，中华书局1986年版，第2090页。
③ 关于"道"与"术"之别，可参看《庄子·天下》。
④ 上文所引秦观《答傅彬老简》，业已揭示苏轼之"以文辅教"思想。
⑤ （宋）苏轼：《南华长老题名记》，《东坡全集》卷38，文渊阁《四库全书》本。
⑥ （宋）苏轼：《答毕仲举书》，《东坡集》卷30，文渊阁《四库全书》本。
⑦ 参见彭华《试论佛教伦理与道教伦理的"儒学化"》，《西华大学学报》（哲学社会科学版）2010年第2期。在该文中，笔者尝对陶宗仪之喻略作阐释。

合者，其言文而真，其行峻而通，故一时士大夫喜从之游"①。在《上清储祥宫碑》一文中，苏轼则对儒道加以会通，"臣谨按：道家者流，本出于黄帝、老子。其道以清静无为为宗，以虚明应物为用，以慈俭不争为行，合于《周易》'何思何虑'、《论语》'仁者静寿'之说，如是而已"②。进而至于《祭龙井辩才文》，苏轼则立意于三教之会通，"呜呼，孔老异门，儒释分宫。又于其间，禅律相攻。我见大海，有北南东。江河虽殊，其至则同。虽大法师，自戒定通。律无持破，垢净皆空。讲无辩讷，事理皆融。如不动山，如常撞钟，如一月水，如万窍风。八十一年，生虽有终，遇物而应，施则无穷"③。吟诵苏子此文，不觉油然而击节称叹，快哉快哉！

苏氏蜀学立意于"会通三教""融通百家""打通古今"，但又全然保持一种"人间情怀"，即诗意地栖居于"世俗化"的大千世界。就世界宗教之发展趋向而言，它们都不约而同地走上了"世俗化"（secularization）的道路。④就三教之佛教与道教而言，它们在伦理道德上都相当自觉地，同时也不约而同地选择了"儒学化"这一路径⑤；所谓"儒学化"，在很大程度上便是"世俗化"。当然，"世俗化"（secularization）与"超越性"（transcendence），一如硬币之两面，相反而相成。禅宗之于苏轼、之于士大夫，亦犹如此。

《六祖坛经·般若品》云："佛法在世间，不离世间觉。"苏轼《小篆般若心经赞》云："世人初不离世间法，而欲学出世间法。"苏轼《寄吴德仁兼简陈季常》云："平生寓物不留物，在家学得忘家禅。"三语所昭揭者，即"世间"与"出世间"的融通，"在家"与"出家"的圆融，"世俗化"与"超越性"的融会。宗白华说："禅是中国人接触佛教大乘义后体认到自己心灵的深处而灿烂地发挥到的哲学境界与艺术境界。静

---

① （宋）苏轼：《宸奎阁碑》，《东坡集》卷33，文渊阁《四库全书》本。
② （宋）苏轼：《上清储祥宫碑》，《东坡全集》卷86，文渊阁《四库全书》本。
③ （宋）苏轼撰：《祭龙井辩才文》，《东坡后集》卷16，《苏轼文集》，孔凡礼点校，中华书局1986年版，第1961页。
④ 参见彭华《宗教世俗化的三个层面》，《社会科学报》1992年6月4日第3版。
⑤ 参见彭华《试论佛教伦理与道教伦理的"儒学化"》，《西华大学学报》（哲学社会科学版）2010年第2期。

穆的观照和飞跃的生命构成艺术的两元,也是构成'禅'的心灵状态。"① 李泽厚说:"庄禅基本上只是作为士大夫知识分子的生活、意识的某个方面、某种情趣而存留发展着,所以它对中国民族的"文化—心理"结构的坏的和好的作用和影响都远不及儒家,而只是作为儒家的某种对立的补充,通过知识层而在文化领域(例如文学艺术领域)留下较突出的印痕。"② 此虽仅就古中国固有三教之老庄(道)、佛禅(释)与孔儒(儒)而言,但其中并不乏启迪意义,且在方向性上具有相对明晰的启示。

晚近以来,尤其是进入晚清民国之后,巴蜀人士已然不满于古中国固有三教之援引,更进而广泛及于欧美西学("第二之佛教")之援引。张颐、贺麟、唐君毅诸人,便是个中显例。③ 窃以为,未来蜀学之发展,自然不能无视苏氏蜀学之仪轨,且当接续"三苏"之令绪,并合理借鉴张、贺、唐诸人之努力,即在"打通古今""融通三教""会通中西"十二字上用力。④

2010 年 5 月,于成都望江楼畔

【本文原载《宋代文化研究》第 18 辑,四川文艺出版社 2010 年版,第 192—214 页。收入本书时,有所修订】

---

① 宗白华:《中国艺术意境之诞生》,《美学散步》,上海人民出版社 1981 年版,第 76 页。
② 李泽厚:《庄玄禅宗漫述》,《中国古代思想史论》,天津社会科学院出版社 2003 年版,第 205 页。
③ 在笔者所撰以下三文中,均有介绍贺麟、唐君毅"会通中西"的文字:(1)《贺麟的文化史观》,《湖南科学学院学报》2006 年第 3 期;(2)《"同情的理解"略说——以陈寅恪、贺麟为考察中心》,《"中国传统学术的近代转型"国际学术研讨会论文集》,上海,2009 年 10 月;(3)《唐君毅的中国哲学史研究——关于方法论的讨论与比较》,《宜宾学院学报》2001 年第 1 期。
④ 在《宋育仁与近代蜀学》一文中,笔者表达过部分相近的意思。拙文载《蜀学》第 5 辑,巴蜀书社 2010 年版,第 23—32 页。

博求"三通"

——苏氏蜀学的形神与风骨

引子:历史长河中的苏氏蜀学

  博考载籍,"蜀学"一名含有三义:学人、学校、学术。① 毋庸置疑,"蜀学"是巴蜀学术的代名词,更是巴蜀文化的灵魂。② 统观蜀学,峰回路转,在绵绵历史长河中涌现过三次大高潮,每次都对中国学术、思想、文化的发展作出了重要贡献。

  第一次高潮是汉晋时期。文翁兴学,蜀郡"由是大化","蜀地学于京师者比齐鲁焉"(《汉书》卷59《循吏传》);士子学成归蜀,"还以教授","学徒鳞萃,蜀学比于齐鲁"(《华阳国志》卷3《蜀志》)。文学方面,汉赋四大家,蜀人独揽三席(司马相如、王褒、扬雄)。哲学方面,蜀学渊渊,夙重哲思;君平以后,子云续之。③ 第二次高潮是两宋时期。文学方面,唐宋八大家,蜀人独得其三("三苏")。史学方面,"唐后史学,莫隆于蜀","隋前存书有二(按:即《华阳国志》《三国志》),唐

---

  ① 关于"蜀学"之定义与界说,当今学界尚未统一。本文采胡昭曦、舒大刚之说。参见胡昭曦《蜀学与蜀学研究刍议》,《天府新论》2004年第3期;舒大刚《晚清"蜀学"的影响与地位》,《社会科学研究》2007年第3期;舒大刚《代序——论晚清"蜀学"》,载舒大刚主编《儒藏论坛》第2辑,四川大学出版社2007年版。

  ② 舒大刚:《〈蜀学丛刊〉序》,载吴洪武、彭静中、吴洪泽校注《吴之英诗文集》,四川大学出版社2008年版。按:《〈蜀学丛刊〉序》简洁明晰地回顾了蜀学发展的三次大高潮,本小节的撰写参考该文而成。

  ③ 据萧萐父云,"五十年代中,蒙文通师偶赴京,贺师(按:即贺麟)为之设宴于颐和园,招(汤)一介和我侍坐。贺师论及蜀学有哲思传统,蒙师举严遵之续以扬雄为例应之",故萧萐父有"蜀学玄莹美,君平续子云"之句(《吹沙二集》,巴蜀书社1999年版,第739页)。

后莫隆于蜀"①。经学方面,《易》学特别发达,有"《易》学在蜀"之盛誉(程颐语)。学派有三苏之"蜀学",与二程"洛学"、王安石"新学"鼎足而三。第三次高潮是晚清民国时期,以出思想、出人才著称全国,一度跃居为中国学术的重心之一。②

就区域文化而言,两宋时期的巴蜀文化无疑是"空前"的高峰,而且很可能是"绝后"的高峰。苏氏蜀学注重"融通百家",力求"会通三教",集中国历史文化之大成,

"眉山三苏",挺生于巴山蜀水,傲然而为两宋巴蜀文化之杰出代表;苏氏蜀学,含光于华夏大地,巍然而为两宋区域文化之璀璨成果。通览"三苏"之学思,展示了蜀学之形神与风骨,堪称蜀学之上佳典范。苏氏蜀学立意"打通古今",注重"融通百家",力求"会通三教",集历史文化之大成,有百科全书之气度。"三苏"及其蜀学,岸然而为不可超越之高峰,泂然而为后世学习之榜样。

"打通古今":通论古今治乱,不为空言

人所共知,无所继承,便无所创新。换言之,只有在继承前人成果的基础上,才能有所发展、有所创新,甚或有所超越。后人所云"古为今用""稽古揆今",与此约略相近。此理乃今人所共知之常识与通识,实则于古人亦然③,于"三苏"亦然。但与徒然托之空言、枉然空言虚语者不同的是,"三苏"之"打通古今",目的在于通过对历代兴衰治乱之陈迹的考察,以探求当下治世之道。套用苏辙的话说,"父兄之学,皆以古今成败得失为议论之要"④。

从表面看来,苏洵治学驳杂,好谈古今之事、用兵之道、纵横之策;

---

① 刘咸炘:《蜀学论》,《推十书》,成都古籍书店1996年版(影印本)。
② 李学勤说:"从晚清以后,中国传统文化发展的中心位置有所转移,当时迁移的重心,我认为,一个是'湘学',一个是'蜀学'。'湘学'与'蜀学'是在那时新形势下形成的人文学术的两大中心。"李学勤:《弘扬国学的标志性事业》,《西南民族大学学报》(人文社科版)2005年第9期。
③ 如,宋人罗大经尝云:"望稽古揆今,复君之位,以安天下。"(《鹤林玉露》卷15,文渊阁《四库全书》本)
④ (宋)苏辙:《历代论一·并引》,《栾城集》卷7,文渊阁《四库全书》本。

但驳杂中有其宗旨存焉,即旨在通过考察历代治乱兴衰之迹,以探索当下治国之道。苏洵自陈,"洵著书无他长,及言兵事,论古今形势,至自比贾谊。所献《权书》,虽古人已往成败之迹,苟深晓其义,施之于今,无所不可"①,所论"大抵兵谋、权利、机变之言"②。诚因如此,苏洵对明于治乱的贾谊(前200—前168年)、陆贽(754—805年)推崇有加。苏辙说:"昔先君博观古今议论,而以陆贽为贤。吾幼而读其书,其贤比汉贾谊,而详练过之。"③

再来看看同时代人及后人的评价。欧阳修(1007—1072年)于"三苏"有知遇之恩,对苏洵的推荐与评价尤其入木三分。欧阳修说,"其议论精于物理而善识权变,文章不为空言,而期于有用。其所撰《权书》《衡论》《机策》二十篇,辞辩宏伟,博于古而宜于今,实有用之言,非特能文之士也",实乃"通经学古,履忠守道之士"④。

后人邵伯温(1057—1134年)亦云,苏洵"有战国纵横之学"(《邵氏闻见后录》卷14)。同时代人曾巩(1019—1083年)敏锐地发现,苏洵虽"好为策谋""颇喜言兵",但"大究六经、百家之说,以考质古今治乱成败";且"务一出己见,不肯蹑故迹"⑤,目的在于自成一家之言。

俗话说,有其父必有其子。此语用之于苏氏父子,全然适用。苏洵"自比贾谊",其子苏轼、苏辙则以贾谊、陆贽为榜样,而在古今观上亦一如其父。

苏轼的这一立意与追求,在其早年即已显露。据《宋史》卷338《苏轼传》记载,苏轼"生十年,父洵游学四方,母程氏亲授以书,闻古今成败,辄能语其要"。程氏读东汉《范滂传》,慨然太息,轼请曰:"轼若为滂,母许之否乎?"程氏曰:"汝能为滂,吾顾不能为滂母邪?"由此看来,苏轼兄弟考察历代治乱之迹、探索当代治世之道,不但出于父亲的教诲,同时还有母亲的教导。成年之后,苏轼又自述,"轼生二十有二年矣。自七八岁知读书,及壮大,不能晓习时事,独好观前世盛衰之迹,

---

① (宋)苏洵:《上韩枢密书》,《嘉祐集》卷11,文渊阁《四库全书》本。
② (宋)苏洵:《嘉祐集附录》卷上,文渊阁《四库全书》本。
③ (宋)苏辙撰:《苏辙集》,陈宏天、高秀芳校点,中华书局1990年版,第1270页。
④ (宋)欧阳修:《荐布衣苏洵状》,《欧阳文忠公集》卷110,文渊阁《四库全书》本。
⑤ (宋)曾巩:《苏明允哀词》,《元丰类稿》卷41,文渊阁《四库全书》本。

与其一时风俗之变。自三代以来,颇能论著"①。在苏轼看来,"论兴亡之先后。考古以证今,盖学士大夫之职,而人主与群臣之所欲闻也"②。这是苏轼的价值关怀,也是苏轼的读书旨趣。诚因如此,苏轼曾乞朝廷校正陆贽奏议,以为"治乱之龟鉴"③。

父兄的价值关怀、读书旨趣,苏辙是了若指掌且了然于胸。苏辙说苏轼,"少与辙皆师先君。初好贾谊、陆贽书,论古今治乱,不为空言"④。"乌台诗案"起,苏轼锒铛入狱,苏辙上书营救。其中数语,对苏轼之性格剖幽析微,深入骨髓,"臣窃思念,轼居家在官,无大过恶,惟是赋性愚直,好谈古今得失"⑤。对于苏轼、苏辙兄弟的手足之情,史书亦不吝笔墨,"辙与兄进退出处,无不相同,患难之中,友爱弥笃,无少怨尤,近古罕见"(《宋史》卷339《苏辙传》)。对照上述引文,此论得当。

生物学上有所谓"家族遗传"之说,而中外文化史上所谓"家族现象"实则多矣!明晰苏洵、苏轼之"论古今治乱,不为空言",对苏辙古今观之了解,实已奠定基础。

苏洵、苏轼之于苏辙,血缘上自属父兄,学业上实属师友,"予少而力学。先君,予师也。亡兄子瞻,予师友也"⑥。"父兄之学,皆以古今成败得失为议论之要"⑦,此对苏辙影响甚深甚巨。苏辙自我剖析,"臣自少读书,好言治乱"⑧。翻开《宋史》卷339《苏辙传》,首先进入眼帘的便是苏辙进策直陈时弊,"苏辙,字子由,年十九,与兄轼同登进士科,又同策制举。仁宗春秋高,辙虑或倦于勤,因极言得失,而于禁廷之事,尤为切至"。宋仁宗为之感动,曰:"以直言召人,而以直言弃之,天下其谓我何?"如此而为,可谓用心良苦。

苏辙后来行事之大旨,由此可见其端绪矣,在此毋庸赘述,苏辙一

---

① (宋)苏轼:《上韩太尉书》,《东坡全集》卷72,文渊阁《四库全书》本。
② (宋)苏轼:《私试策问八首》,《东坡全集》卷49,文渊阁《四库全书》本。
③ (宋)苏轼撰:《苏轼文集》,孔凡礼点校,中华书局1986年版,第1013页。
④ (宋)苏辙撰:《亡兄子瞻端明墓志铭》,《苏辙集》,陈宏天、高秀芳校点,中华书局1990年版,第1126页。
⑤ (宋)苏辙:《书一首(为兄轼下狱上书)》,《栾城集》卷35,文渊阁《四库全书》本。
⑥ (宋)苏辙:《历代论一·并引》,《栾城集》卷7,文渊阁《四库全书》本。
⑦ (宋)苏辙:《历代论一·并引》,《栾城集》卷7,文渊阁《四库全书》本。
⑧ (宋)苏辙:《自齐州回论时事书》,《栾城集》卷35,文渊阁《四库全书》本。

生著述之主旨，实多根源于此。其中最典型的当数《古史》一书。苏辙撰作《古史》之意，即在于考历史之迹，以明治世之道。其中要旨，苏辙自明心迹，"余窃悲之，故因（司马）迁之旧，上观《诗》《书》，下考《春秋》及秦汉杂录，记伏羲、神农讫秦始皇帝，为七本纪，十六世家，三十七列传，谓之《古史》。追录圣贤之遗意，以明示来世，至于得失成败之际，亦备论其故"①。对于苏辙的《古史》，朱熹给予高度评价，"近世之言史者，此书为近理"，"秦汉以来，史册之言近理而可观者莫如此书"②。

古语云，"善言天者必有征于人，善言古者必有验于今"③。古语又云，后之视今，犹今之视昔。④"三苏"往矣，鸿篇留焉。打通古今，势犹必然。或加留意，或径取法。

"融通百家"：陶冶诸子百家，各有取舍

众所周知，东周之时，诸子蜂起，百家争鸣，是为中华文化的第一大高峰。暴秦继起，"以法为教""以吏为师"，春秋战国百家争鸣之气象迅即偃息。降而至于汉初，渐有修复气息，但已不复周季之旧观。故后人所云"诸子百家"，多系先秦至汉初学术思想流派的总称。本文所云，亦犹斯旨。

《汉书·艺文志》云，"诸子十家，其可观者九家而已。……而观此九家之言，舍短取长，则可以通万方之略矣"。"三苏"之于诸子百家，虽然泛观博览，实则各有取舍，旨在以之为"通万方之略"，目的在于自成一家之言。对于苏洵之融通百家，曾巩的评点是，"务一出己见，不肯

---

① （宋）苏辙：《古史·原叙》，文渊阁《四库全书》本。
② （宋）朱熹：《古史余论》，《朱文公文集》卷72，文渊阁《四库全书》本。
③ 《汉书》卷56《董仲舒传》："制曰：盖闻善言天者必有征于人，善言古者必有验于今。"此系汉武帝诏策贤良中引语，由"盖闻"二字可知，此乃当时习见之语。
④ 此亦古代习见之语，姑引其二三于下。（1）《汉书》卷75《眭两夏侯京翼李传》："（京）房曰：夫前世之君，亦皆然矣。臣恐后之视今，犹今之视前也。"（2）朱熹云："又安知后之视今，不犹今之视昔；人之视己，不犹己之视人耶？"（宋）朱熹：《答赵尚书》，《晦庵集》卷29，文渊阁《四库全书》本。（3）朱熹又云："安知后之视今，不犹今之视昔耶？"（宋）朱熹：《答赵子钦》，《晦庵集》卷56，文渊阁《四库全书》本。

蹑故迹"①。可谓知人之言也！当然，对于诸子百家之学，苏氏父子学习的重点有所不同，而取舍的对象亦有所不同。

就求学致思历程而言，苏洵曾经博览诸子百家之书。根据张方平的追忆，苏洵青年时期发奋为学，一度幡然悔悟，"取旧文藁悉焚之，杜门绝宾友，翻诗书经传、诸子百家之书，贯穿古今，由是著述根柢深矣"②。这一次悔悟自新，可谓难得而又极其宝贵。对于苏洵的学思成就，今人的分析是，其学术思想以儒家为本，又兼容并蓄，吸收兵家、法家、纵横家等先秦诸子百家之学。③ 对于兵家，苏洵素有偏爱。《宋史》卷443《苏洵传》引苏洵之文二篇，其一即《心术》。通读《心术》，兵家气息扑面而来，如"为将之道，当先治心"，"凡战之道，未战养其财，将战养其力，既战养其气，既胜养其心"，"凡将欲智而严，凡士欲愚"，"凡主将之道，知理而后可以举兵，知势而后可以加兵，知节而后可以用兵"，"兵有长短，敌我一也"。时人谓苏洵"好为策谋""颇喜言兵"④，良有以也！对于纵横家，苏洵并非全盘接受，而是重在借鉴其权谋之术。苏洵尝云，"苏秦、张仪，吾取其术，不取其心"⑤。

但苏洵之所云，似乎特易致使他人误解。其中缘由之一，端在其对儒家"经""权"范畴所作之新解，不由得使人产生"杂而不纯"之印象——以兵家、纵横家之说诠释儒家经典。如《远虑》所云，"圣人之道，有经、有权、有机，是以有民、有群臣而又有腹心之臣"（《宋史》卷443《苏洵传》），确实与正统儒家之诠释颇有差别。⑥ 再如《六经论》，朱熹全然不予认可，"看老苏《六经论》，则是圣人全是以术欺天下也"⑦，所采取的是酷评态度。客观而论，此实系朱熹之误解。因为苏洵

---

① （宋）曾巩：《苏明允哀词》，《元丰类稿》卷41，文渊阁《四库全书》本。
② （宋）参见张方平《墓表》，《嘉祐集》"附录"卷下，文渊阁《四库全书》本。
③ 贾大泉：《包容并蓄的苏氏蜀学》，载《宋代文化研究》第15辑，四川大学出版社2008年版，第220—243页。
④ （宋）曾巩：《苏明允哀词》，《元丰类稿》卷41，文渊阁《四库全书》本。
⑤ （宋）苏洵：《嘉祐集》卷9《谏论上》，文渊阁《四库全书》本。
⑥ 关于正统儒家对"经"与"权"的解释，可参见舒大刚、彭华《忠恕与礼让——儒家的和谐世界》，四川大学出版社2008年版。
⑦ （宋）黎靖德编：《朱子语类》卷130，王星贤点校，中华书局1986年版，第3118页。

尝云,"仲尼之说,纯乎经者也;吾之说,参乎权而归乎经者也"①,此即"以儒家为本"。下文还将对此话题予以辩解,在此不便展开。

就苏轼而论,他对道家似乎更加钟情,尤其对《庄子》钟爱有加。《庄子》之吸引苏轼,除义理外,辞章自然是其大宗。据史书记载,苏轼第一次接触《庄子》便心有灵犀,油然而叹:"吾昔有见,口未能言,今见是书,得吾心矣。"(《宋史》卷338《苏轼传》)庄子"善属书离辞","其言洸洋自恣以适己"(《史记》卷63《老子韩非列传》);苏轼之钟爱《庄子》,诚属惺惺相惜。南宋伊始,宋高宗便推许苏轼为"文章之宗";蒙元史臣,对苏轼之文更是褒扬至极,"虽嬉笑怒骂之辞,皆可书而诵之。其体浑涵光芒,雄视百代,有文章以来,盖亦鲜矣"。苏轼尝自谓,"作文如行云流水,初无定质,但常行于所当行,止于所不可不止"(《宋史》卷338《苏轼传》)。

相对而言,苏轼对法家批评颇多。法家之士,"去仁爱,专任刑法而欲以致治,至于残害至亲,伤恩薄厚"(《汉书·艺文志》),此尤为苏轼所鄙弃、厌恶。在苏轼看来,法家置仁义礼乐于不顾,而欲纯以刑法治天下,此乃匪夷所思,"此四者皆不足用,而欲置天下于无有。夫无有,岂诚足以治天下哉"②。对于先秦儒家与法家,苏轼的总体评价是,"孟子既没,有申、商、韩非之学,违道而趣利,残民以厚主。其说至陋也,而士以是罔其上"③。对于杨朱和墨子,苏轼也提不起兴趣,"使杨、墨得志于天下,其祸岂减于申、韩哉"④。

两相对比,苏辙对道家则"青眼"相待;但与苏轼之钟爱《庄子》的不同是,苏辙相中的是《老子》。苏辙作有《老子解》(即《道德经解》),吸收儒、佛思想注解《老子》,"乃欲和会三家为一"⑤。《老子解》完成后,苏辙尝寄示苏轼,颇得苏轼之赞誉,"昨日子由寄《老子新解》,读之不尽卷而叹:使战国时有此书,则无商鞅、韩非;使汉初有此书,

---

① (宋)苏洵:《嘉祐集》卷9《经论》,文渊阁《四库全书》本。
② (宋)苏轼:《韩非论》,《东坡全集》卷43,文渊阁《四库全书》本。
③ (宋)苏轼:《六一居士集叙》,《东坡全集》卷34,文渊阁《四库全书》本。
④ (宋)苏轼:《六一居士集叙》,《东坡全集》卷34,文渊阁《四库全书》本。
⑤ (宋)汪应辰:《与朱元晦书》,《文定集》卷15,文渊阁《四库全书》本。

则孔、老为一；晋宋间有此书，则佛、老不为二。不意老年见此奇特"①。无独有偶，苏轼兄弟对法家与道家关系的看法亦有契合之处。在《韩非论》中，苏轼认为商鞅、韩非未得老子、庄子学说之真义，反而歪曲发挥老庄之说，"商鞅、韩非求为其说而不得，得其所以轻天下而齐万物之术，是以敢为残忍而无疑"②。苏辙之持论，与苏轼极其相似，"使人君据法术之自然，而无所复为，此申、韩所谓老子之道，而实非也。彼申、商各行其说耳"③。

对于以上"打通古今""融通百家"两大部分之所论，在此需要附加数语，算是补充说明。即"三苏"父子均雅好贾谊、陆贽之书，并且以贾谊、陆贽为榜样，甚至自比贾谊。推究缘起，中有深意存焉。原因之一，贾谊、陆贽均属博古通今之士，均注重古今的"打通"，并且明于治世之道。《旧唐书》卷139《陆贽传》云："史臣曰：近代论陆宣公，比汉之贾谊，而高迈之行，刚正之节，经国成务之要，激切仗义之心，初蒙天子重知，末涂沦踬，皆相类也。"这是后晋时人对贾谊、陆贽异同之处的比较，而清人王夫之（1619—1692年）则进一步对贾谊、陆贽、苏轼之异同之处加以比较，"贾谊、陆贽、苏轼之三子者，迹相类也。贽与轼，自以为谊也，人之称之者，亦以为类也。贽盖希谊矣，而不能为谊，然有愈于谊者矣。轼且希贽矣，而不能为贽，况乎其犹欲希谊也"④。在王夫之眼里，苏轼已然不及陆贽，更是远远不及贾谊，虽然如此，但三人之相似则不容忽视。其次，就"融通百家"层面而言，"三苏"与贾谊有心灵共鸣之处。《史记·屈原贾生列传》云："廷尉乃言贾生年少，颇通诸子百家之书。"

"会通三教"：会通中古三教，以儒为宗

本处所云"三教"，指的是儒释道三教。其中，佛教外来，道教晚

---

① （宋）苏轼：《东坡志林》卷5，文渊阁《四库全书》本。
② （宋）苏轼：《韩非论》，《东坡全集》卷43，文渊阁《四库全书》本。
③ （宋）苏辙：《古史》卷33，文渊阁《四库全书》本。
④ （清）王夫之：《文帝》，《读通鉴论》卷2，中华书局1975年版，第72页。

出，故后世之会通三教者多以儒教为可资参照的坐标。就逻辑的严密性、思辨的抽象性而言，儒教实不如佛教；就对民间社会的影响而言，道教似乎尚强于儒教；但就对政治制度、伦理道德的影响而言，佛教和道教实又全然不可与儒教相提并论。因此，佛教在中国化的过程中，便在伦理道德上自觉地选择了"儒学化"这一路径；而道教在后来的发展过程中，其走向与佛教如出一辙，即在伦理道德上亦不约而同地走上了"儒学化"的道路。[①]

"三苏"之于儒释道三教，自有其思想抱负和理论野心，即力求以儒为宗，会通三教。这一取向和旨趣，早在苏洵身上即已涂抹底色。苏洵崇佛，多有方外之交，如圆通居讷禅师、景福顺长老、彭州僧保聪、宝月大师惟简等。嗣后，苏轼、苏辙亦博通三教经典，力求会通三教精要，其中，又以苏轼最为典型。职是之故，本部分将以苏轼为重点考察对象，探求苏氏蜀学对三教之会通。

苏轼七岁知读书，"八岁入小学，以道士张易简为师"[②]。而据《子由生日，以檀香观音像及新合印香银篆盘为寿》载，苏轼兄弟二人早年即已接触释道典籍，"君少与我师皇坟，旁资老聃释迦文"[③]。另，《栾城后集》卷21《书白乐天集后二首》亦云："少年知读佛书，习禅定。"[④]被贬谪黄州（今湖北黄冈）后，苏轼"杜门深居"，博览释典、深究佛理，"读释氏书，深悟实相，参之孔老，博辩无碍"[⑤]。据统计，苏轼有关道教内容的诗篇约占其全部诗作的百分之十。[⑥]就苏轼六十余年的生命历程而言，他与佛教（尤其是禅宗）的关系一直是颇为密切的。据不完全统计，苏轼所阅读的佛经有《楞伽经》《金刚经》《华严经》《莲华经》等。苏轼一生与禅师交游颇广，不少禅师与他保持着颇为密切的关系。

---

① 参见彭华《试论佛教伦理与道教伦理的"儒学化"》，《西华大学学报》（哲学社会科学版）2010年第2期。

② （宋）苏轼：《东坡志林》卷6，文渊阁《四库全书》本。

③ （宋）苏轼撰，王文浩辑注：《苏轼诗集》卷37，孔凡礼点校，中华书局1982年版，第2015页。

④ （宋）苏辙撰：《苏辙集》，陈宏天、高秀芳校点，中华书局1990年版，第1114页。

⑤ （宋）苏辙，王文浩辑注：《亡兄子瞻端明墓志铭》，《栾城后集》卷22，《苏辙集》，陈宏天、高秀芳校点，中华书局1990年版，第1127页。

⑥ 参见刘文刚《苏轼与道》，《四川大学学报》（哲学社会科学版）2000年第1期。

苏轼在苏杭及其他地方结识的僧侣（主要是禅师），有慧辩、辩才、梵臻、怀琏、契嵩、清顺、守诠、仲殊、守钦、佛印、道潜、常总、玉泉、佛慧、可久、垂云、思聪、惠勤、惠思、宗本、道荣等。①

禅宗不但影响了苏轼的个人生活，而且影响了苏轼的文学创作；不仅铸造了苏子超然生死的旷达性格，还形成了苏子诗歌文赋的独特风格。就后一层面而言，清人刘熙载之说可谓晓畅，"东坡诗善于空诸所有，又善于无中生有，机括实自禅悟中来"②。

但笔者最为关心的是，在苏氏蜀学的思想体系中，三教的位置与地位究竟如何。换句话说，三教之于苏氏蜀学，究竟是"拼盘"，还是"熔炉"？套用前人的说法，苏氏蜀学究竟是驳杂，还是有宗旨？

苏氏蜀学之驳杂，古人向有定论。宋人朱熹谓苏氏蜀学为"杂学"，故作《杂学辨》以贬斥之。③ 清人全祖望（1705—1755年）接武朱熹之说，谓"苏氏出于纵横之学而亦杂于禅"④。朱、全之说，四库馆臣持认可态度，"苏氏之学，本出入于二氏之间，故得力于二氏者特深。而其发挥二氏者，亦足以自畅其说"（《四库全书总目》卷146）。降而至于近世，蒙文通、钱穆、侯外庐亦尝踵武此说。蒙氏云，"北宋儒学，显有三派，为洛学、新学、蜀学，皆于六经有解，各自得立。洛派唯司马光注《老子》，二程理学一派则排斥佛、老，至荆公新学，东坡蜀学，皆深入于佛、老"。⑤ 钱氏云，苏氏之学"会合著老庄、佛学和战国策士乃及贾谊、陆贽，长于就事论事而卒无所指归，长于和会融通而卒无所宗主。……非纵横、非清谈、非禅学而亦纵横、亦清谈、亦禅学。实在不

---

① 关于苏轼与佛教（尤其是禅宗）的关系，可参看笔者以下二文：（1）《苏轼与佛教人物的交往》，《华夏文化》1998年第2期；（2）《苏轼与禅师的交往及其影响——兼论苏氏蜀学与三教会通》，载《宋代文化研究》第18辑，四川文艺出版社2010年版。本部分之论旨，读者不妨对照阅读后一文。

② （清）刘熙载：《艺概》卷2，上海古籍出版社1978年版，第66页。

③ 参见（宋）朱熹《苏黄门老子解》，《晦庵先生朱文公文集》卷72，《朱子全书》，上海古籍出版社、安徽教育出版社2002年版，第24册，第3469页。

④ （清）黄宗羲原著，（清）全祖望补修：《荆公新学略序录》，《宋元学案》卷98，陈金生、梁运华点校，中华书局1986年版，第3237页。

⑤ 蒙文通：《道教史琐谈》，《蒙文通文集》第1卷，巴蜀书社1987年版，第327页。

可以一格绳，而自成为一格"①。侯氏云，"三教合一是蜀学的主要宗旨"，"蜀学正是这样一种糅合三教的大杂烩"②。但与朱、全之说不同的是，蒙、钱所云"各自得立""自成为一格"，已然暗示苏氏蜀学实非"驳杂"一语可尽之。笔者以为，苏氏蜀学虽貌似驳杂，实则又有宗旨存焉。所谓"宗旨"者，即道也，即儒门道德性命、经世济民之道也。所谓佛老之学，所谓纵横之学，所谓文章辞赋，实则为之辅翼耳。

作为"苏门四学士"之一的秦观，尝特意为此辨析，"苏氏之道，最深于性命自得之际；其次则器足以任重，识足以致远；至于议论文章，乃其与世周旋，至粗者也"。"论苏氏而其说止于文章，意欲尊苏氏，适卑之耳。"③秦观亲炙东坡教闻，所言自当不虚。

《宋史》卷338《苏轼传》评价苏轼，"自为举子至出入侍从，必以爱君为本，忠规谠论，挺挺大节，群臣无出其右"。今人云，苏轼思想的主流仍是儒家"经世济用"的精神，在颠沛的迁客生活中，他"得幸"与佛禅结缘，对于君国社稷一直忠心耿耿，基本上保持了为臣事君的理想与道德，他在等待中仍然积极于地方的"邑政"建设④。凡此所述，苏子皈依儒门之旨可以想见矣！就经学著述而言，苏氏对《周易》《尚书》《诗经》《春秋》《论语》《孟子》等均有注解（如《苏氏易传》《东坡书传》《诗集传》《春秋集解》《论语说》《孟子解》等），且尝颇得朱熹好评。⑤

在苏轼的视野里，佛老之学、纵横之学，实则可为"道"之辅翼，而文章辞赋则为辅"道"之"术"。⑥易言之，在"三苏"看来，儒佛道三教之宗旨虽迥然有异，实则百川归海、殊途同归。其高远之目标、宏大之抱负，实在于"会通三教""融通百家""打通古今"。

---

① 钱穆：《宋明理学概述》，台北：台湾学生书局1979年版，第29页。
② 侯外庐主编：《中国思想通史》第4卷，人民出版社1959年版，上册，第585页。
③ （宋）秦观撰，徐培均笺注：《淮海集笺注》，上海古籍出版社1994年版，第981页。
④ 参见张锡坤等《禅与中国文学》，吉林文史出版社1992年版，第266—267页。
⑤ 如，朱熹曾赞扬苏轼、苏辙的经学著作，"东坡《书解》却好，他看得文势好"，"东坡《书解》文义得处较多。尚有黏滞，是未尽透彻"；"子由《诗解》好处多"，"苏黄门《诗说》疏放，觉得好"。《朱子语类》卷78，中华书局1986年版，第1986页；《朱子语类》卷80，中华书局1986年版，第2090、2089页。
⑥ 关于"道"与"术"之别，可参看《庄子·杂篇·天下》。

苏轼《南华长老题名记》云,"儒释不谋而同","相反而相为用"①。苏轼此论,目的在于会通儒教与佛教。对于儒教与佛教之功能与作用,苏轼有过一个通俗而有趣的譬喻,"仆尝语述古,公之所谈,譬之饮食,龙肉也;而仆之所学,猪肉也。猪之与龙,则有间矣。然公终日说龙肉,不如仆之食猪肉,实美而真饱也"②。诚因如此,苏轼对大觉禅师怀琏所倡儒佛融合论赞赏有加,"是时北方之为佛者,皆留于名相,囿于因果,以故士之聪明超轶者皆鄙其言,诋为蛮夷下俚之说。琏独指其妙与孔老合者,其言文而真,其行峻而通,故一时士大夫喜从之游"③。在《上清储祥宫碑》一文中,苏轼则对儒道加以会通,"臣谨按:道家者流,本出于黄帝、老子。其道以清静无为为宗,以虚明应物为用,以慈俭不争为行,合于《周易》'何思何虑'、《论语》'仁者静寿'之说,如是而已"④。《庄子祠堂记》中所持论之旨,与此约略近之,"余以为庄子盖助孔子者,要不可以为法耳","庄子之言,皆实予而文不予,阳挤而阴助之"⑤。进而至于《祭龙井辩才文》,苏轼则立意于三教之会通,"呜呼,孔老异门,儒释分宫;又于其间,禅律相攻。我见大海,有北南东。江河虽殊,其至则同。虽大法师,自戒定通。律无持破,垢净皆空。讲无辩讷,事理皆融。如不动山,如常撞钟,如一月水,如万窍风。八十一年,生虽有终,遇物而应,施则无穷"⑥。就一般层面而言,此实即苏轼所云"万物并育而不相害,道并行而不相悖"之旨。⑦ 当然,"会通三教"并非杂糅三教,亦并非"拼盘",而是以儒为主,熔铸佛道二氏。此中大义,苏辙言之甚明。一方面,"老、佛之道,与吾道同,而欲绝之;老、佛之教,与吾教异,而欲行之;皆失之矣"。后秦姚兴、梁武帝之佞佛,北魏太武帝、唐武宗之灭佛,"二者皆见其一偏耳"。另一方面,"道之于物,无所不在,而尚可非乎?虽然,蔑君臣,废父子,而以行道于

---

① (宋)苏轼:《南华长老题名记》,《东坡全集》卷38,文渊阁《四库全书》本。
② (宋)苏轼:《答毕仲举书》,《东坡集》卷30,文渊阁《四库全书》本。
③ (宋)苏轼:《宸奎阁碑》,《东坡集》卷33,文渊阁《四库全书》本。
④ (宋)苏轼:《上清储祥宫碑》,《东坡全集》卷86,文渊阁《四库全书》本。
⑤ (宋)苏轼撰:《庄子祠堂记》,《苏轼文集》卷11,孔凡礼点校,中华书局1986年版。
⑥ (宋)苏轼撰:《祭龙井辩才文》,《东坡后集》卷16,《苏轼文集》,孔凡礼点校,中华书局1986年版,第1961页。
⑦ (宋)苏轼:《思堂记》,《东坡全集》卷36,文渊阁《四库全书》本。

世，其弊必有不可胜言者。诚以形器治天下，导之以礼乐，齐之以政刑，道行于其间而民不知，万物并育而不相害，道并行而不相悖，泯然不见其际而天下化，不亦周、孔之遗意也哉"①。

准此，故笔者在本部分所立论断是：苏氏蜀学之"会通三教"，并非杂凑三教以为"拼盘"，而是"以儒为宗"，合理熔铸中古三教为一炉。

赘语：创新理念与超越追求

以上所论，着重点在于揭示苏氏蜀学形神与风骨的三大层面，即"打通古今""融通百家""会通三教"。其实，"三苏"之立意与追求尚不局限于此，而在于"百科全书"四字。

苏轼尝云，"天文、地理、音乐、律历、宫庙、服器、冠昏、丧纪之法，《春秋》之所去取，礼之所可，刑之所禁，历代之所以废兴，与其人之贤不肖，此学者之所宜尽力也"②。就个人修养而言，苏轼实无愧于此。苏轼才华丰茂、笔力雄健，是北宋杰出的文学家——系"唐宋八大家"之一，文、赋、诗、词均傲然而为一代大家，故蔚然而为中国文学史上风华绝代的旷世奇才。苏轼又长于书画，书法与蔡襄、黄庭坚、米芾并称"宋四家"，存世作品有《赤壁赋》《答谢民师论文帖》等；绘画以枯木怪石见长，尤擅墨竹，传世作品有《竹石图》《古木怪石图》等。苏轼兼通医道，后世流传有《苏沈良方》。在水利、烹饪、养生③等方面，苏轼亦卓然名家。

晚近以来，尤其是进入晚清民国之后，巴蜀人士已然不满于古中国固有三教之援引，更进而广泛及于欧美西学（"第二之佛教"）之援引。此实属时代使然。因为通观中华文化之受外来文化的影响，前后共计有二：一为佛教，二为西学（王国维称之为"第二之佛教"）。佛教中国化的过程业已完成，并且对中国文化产生了巨大的影响；而佛教之所以能对中国文化产生巨大的影响，实属因缘际会使然。诚如王国维所言，"佛

---

① （宋）苏辙：《历代论·梁武帝》，《栾城后集》卷10，文渊阁《四库全书》本。
② （宋）苏轼：《大悲阁记》，《东坡全集》卷35，文渊阁《四库全书》本。
③ 参见彭印川（彭华）《苏东坡的养生之道》，《华夏文化》1996年第4期。

教之东，适值吾国思想凋敝之后，当此之时，学者见之，如饥者之得食，渴者之得饮，担簦访道者，接武于葱岭之道，翻经译论者，云集于南北之都，自六朝至于唐室，而佛陀之教极千古之盛矣。此为吾国思想受动之时代。然当是时，吾国固有之思想与印度之思想互相并行而不相化合，至宋儒出而一调和之，此又由受动之时代出而稍带能动之性质者也"①。

就"会通中西"一端而言，张颐、贺麟、唐君毅、萧萐父诸人，便是个中显例。② 窃以为，未来蜀学之发展，自然不能无视苏氏蜀学之仪轨，且当接续"三苏"之令绪，并合理借鉴张、贺、唐诸人之努力，即在"打通古今""融通三教""会通中西"十二字上用力。③

2010年8—9月，草拟于成都
2011年3月，修订于成都

【本文初稿载《"苏轼创新理念与实践"研讨会论文汇编》，中国·眉山，2010年8月；修订稿载《孔子研究》2012年第4期】

---

① 谢维扬、房鑫亮主编：《王国维全集》第1卷，浙江教育出版社、广东教育出版社2009年版，第121页；彭华选编：《王国维儒学论集》，四川大学出版社2010年版，第328页。

② 在笔者所撰以下四文中，均有绍介贺麟、唐君毅"会通中西"的文字：参见（1）《贺麟的文化史观》，《湖南科技学院学报》2006年第3期；（2）《"同情的理解"略说——以陈寅恪、贺麟为考察中心》，《"中国传统学术的近代转型"国际学术研讨会论文集》，上海，2009年10月；收入陈勇、谢维扬主编《中国传统学术的近代转型》，上海人民出版社2011年版；（3）《唐君毅的中国哲学史研究——关于方法论的讨论与比较》，《宜宾学院学报》2001年第1期；（4）《贺麟与唐君毅——人生经历、社会交往与学术思想》，《宜宾学院学报》2006年第8期。

③ 在《宋育仁与近代蜀学》一文中，笔者表达过部分相近的意思。拙文载《蜀学》第5辑，巴蜀书社2010年版，第23—32页。

贺麟研究

贺麟的文化史观

贺麟（1902—1992年），字自昭，四川金堂人。中国著名的哲学家、哲学史家、黑格尔研究专家、教育家、翻译家。早在20世纪40年代，贺麟就建立了"新心学"思想体系，成为中国现代新儒家思潮中声名卓著的重要人物，被尊为"现代新儒家八大家"之一。《近代唯心论简释》《当代中国哲学》（后易名为"五十年来的中国哲学"）、《文化与人生》是贺麟"新心学"思想体系的代表作。贺麟学贯中西，在中西哲学方面均有极高的造诣，《现代西方哲学讲演集》《黑格尔哲学讲演集》是贺麟治西方哲学的重要成果。

作为中国20世纪杰出的哲学家，贺麟建构了比较成型、比较成熟的文化哲学体系。本文将结合上述论著，梳理贺麟的文化史观。

人与文化

人类学认为，文化是人类有别于动物的标志；因此，所谓"文化"，实即"人的文化"（贺麟称之为"人文化"[①]）。贺麟所理解的"文化"，亦着眼于"人"（宽泛的人类而非狭隘的国家）这一视角，认为"文化乃人类的公产，为人人所取之不尽、用之不竭的宝藏，不能以狭义的国

[①] 贺麟：《文化、武化与工商化》，《文化与人生》，商务印书馆1988年版，第280页。

家作本位"①，贺麟所理解的"文化"，尤侧重于人类的精神一端，认为文化"应该以道，以精神，或理性作本位"②，"所谓文化，乃是人文化，即是人类精神的活动所影响、所支配、所产生的。又可说文化即理性化，就是以理性来处理任何事，从理性中产生的，即谓文化。文化包括三大概念：第一是'真'，第二是'美'，第三是'善'"③。换句话说，贺麟所持的文化观是以精神为本位的"唯心论"文化观④，是建立在"精神科学"基础之上的"唯心论"文化观⑤。

在《文化的体与用》⑥一文中，贺麟根据柏拉图式的"绝对体用观"和亚里士多德式的"相对体用观"建构起文化体用的层级结构，并把精神确定为文化的本体和主体。贺麟指出，文化的体用分四个层次，分别是"道"（价值观念）、"精神"（价值体验/精神生活）、"文化"（价值物）和"自然"（与价值对立的一个观念）。其中，"道"是纯体，"自然"是纯用，而"精神"和"文化"兼有体、用。贺麟认为，虽然从"绝对体用观"的角度看，"道"是文化之体，文化是"道"之用、"道的显现"，但严格说来，文化只能说是"精神的显现""精神的产物"，"精神"才是文化"真正的体"，"精神"在文化哲学中居于"主要、主动、主宰"的地位，"文化是道凭借人类的精神活动而显现出来的价值物"。"精神"具有主客观统一、体用合一、兼为主体和文化本体的特殊性质，同时又包含了丰富的内容，所以它对于文化来讲具有特殊的意义。

具体点说，上论又可分为四个层面，"就个人言，个人一切的言行和学术文化的创造，就是个人精神的显现"，"就时代言，一个时代的文化就是那个时代的时代精神的显现"，"就民族言，一个民族的文化就是那个民族的民族精神的显现"，"整个世界的文化就是绝对精神逐渐实现或

---

① 贺麟：《文化的体与用》，《哲学与哲学史论文集》，商务印书馆1990年版，第354页。
② 贺麟：《文化的体与用》，《哲学与哲学史论文集》，商务印书馆1990年版，第354页。
③ 贺麟：《文化、武化与工商化》，《文化与人生》，商务印书馆1988年版，第280页。
④ 本处所说"唯心论"，取贺麟本人的理解和定义。在《近代唯心论简释》一书（独立出版社1942年6月初版）中，贺麟详细阐述了自己的"唯心论"。
⑤ 贺麟说，"所谓精神科学，是指道德史、宗教史、艺术史而言，以研究人类精神历史为主"。贺麟：《五十年来的中国哲学》，商务印书馆2002年版，第74—75页。
⑥ 贺麟：《文化的体与用》，《哲学与哲学史论文集》，商务印书馆1990年版，第343—354页。

显现其自身的历程"。①

贺麟此论,使笔者联想到《孔丛子》中的一句话,"心之精神是谓圣"(《记问》),章太炎说此语"微特于儒言为超迈"②。贺麟后来情有独钟地皈依中国与西方的唯心论(黑格尔哲学、陆王心学),绝非空穴来风,其于文化哲学已显露端倪。

历史与文化(古今)

"古今"问题,一如"天人""心物",曾经是中国哲学探讨的一个重要问题,也是哲人们无法回避的一个大问题。今人思想体系的建立与阐发,离不开对古人思想的继承与弘扬,研究古人及其思想,无疑就是一条重要的渠道,并且行之有效。对此,贺麟有着高度自觉的认识。他曾经这样说:"在思想和文化的范围里,现代决不可与古代脱节。任何一个现代的新思想如果与过去的文化完全没有关系,便有如无源之水,无本之木,绝不能源远流长,根深蒂固。"③他后来又再次申述此旨:"谈学应打破中西新旧的界限,而以真理所在实事求是为归",对各种学说要以"求真、求是的眼光去批判"④。这既是贺麟对学界同仁的殷切期望,也是他辛勤治学的一贯宗旨,更是他数十年追求真理的最真实的、最良好的体现。

贺麟既反对奴颜婢膝的民族文化上的虚无主义(如"全盘西化论"),又反对因循守旧的民族文化上的复古主义(如"中学为体,西学为用观"),也反对夜郎自大式的民族主义(如"中国本位文化论")。贺麟主张在彻底把握中西文化之精华与糟粕、长处与短处的基础上,贯通古今文化、融会中西文化,继承和发扬人类一切优秀的文化遗产和思想成果,从而改造中国传统文化,以争取中国文化的独立自主,以满足时代的需

---

① 贺麟:《文化的体与用》,《哲学与哲学史论文集》,商务印书馆1990年版,第343—354页。

② 章太炎:《康成子雍为宋明心学导师说》,《章太炎学术史论集》,中国社会科学出版社1997年版,第277页。

③ 贺麟:《儒家思想的新开展》,《文化与人生》,商务印书馆1988年版,第1页。

④ 贺麟:《黑格尔哲学讲演集》,上海人民出版社1986年版,第642页。

要，以迎接未来的挑战。

贺麟假其精通西学之长，进而研治国学，不但取得了骄人的成绩，而且成为卓尔不群的名家、独树一帜的大家，"在前期的哲学研究活动中，他善于抓住程朱和陆王两派矛盾斗争的这一重要环节，上溯先秦，下达明清，探索我国哲学发展的脉络，从而在贯通古今的伟大历史工程中，进行了可贵的重点开挖工作"①。国学不仅是贺麟研究的重点之一，也是其"新心学"的一大思想来源，"我的思想都有其深远的来源，这就是中国传统的文化和儒家思想"，但他"发扬传统文化，却并不顽固守旧"②。

在贺麟的理论视野里，儒家思想是中华民族的中流砥柱，是中国文化的主流、主体、主干，虽然说"宋以后的中国文化有些病态，宋儒思想中有不健康的成分"，但切不可因此妄自菲薄，而只能说"须校正宋儒的偏弊"，进而"发扬先秦汉唐的精神"，此"尤为我们所应努力"③。降而及于近代，它虽然受到冲击、面临挑战，但我们不能因此而否认儒家思想的中流地位，也无须悲观至极而取虚无态度；相反，我们要有充分的信心和决心以复苏儒家思想。贺麟说："民族复兴的本质应该是民族文化的复兴。民族文化的复兴，其主要的潮流、根本的成分就是儒家思想的复兴，儒家文化的复兴。假如儒家思想没有新的前途、新的开展，则中华民族及民族文化也就不会有新的前途、新的开展。换言之，儒家思想的命运，是与民族的前途命运、盛衰消长同一而不可分。"④ 而吸收、融会西洋哲学文化以复兴中国文化、发扬中国哲学，可谓任重而道远，此举目的在于"从旧礼教的破瓦颓垣里，去寻找出不可毁坏的永恒的基石"，"重新建立起新人生、新社会的行为规范和准则"⑤。

---

① 宋祖良、范进编：《会通集：贺麟生平与学术》，生活·读书·新知三联书店1993年版，第32—33页。
② 贺麟：《文化与人生》，商务印书馆1988年版，"序言"第2页。
③ 贺麟：《宋儒的新评价》，《文化与人生》，商务印书馆1988年版，第197页。
④ 贺麟：《儒家思想的新开展》，《文化与人生》，商务印书馆1988年版，第4—5页。
⑤ 贺麟：《五伦观念的新检讨》，《文化与人生》，商务印书馆1988年版，第62页。

中国文化与西方文化（中西）

中国文化接受外来文化的影响，其荦荦大者有二：第一次以佛教为代表（后人所谓"泰西之学"，初始即指印度佛教之学），历千余载而完成，终融入中华文化；第二次以"明季"来华之传教士为代表（后人所谓"西学"，主要即指此），至今尚处于融合之中。而影响之大、挑战之巨，则以第二次为甚。

和"古今"之争一样，"中西"（文化）之争可以说是近现代学者无法回避的一个大话题，并且是一个具有关键性质的中心问题，贺麟亦然。套用贺麟的话说，"中国近百年的危机，根本上是一个文化的危机"；而中国文化之危机，其直接原因是西方文化的输入，即"文化上有失调整"而"不能应付新的文化局势"，使得"儒家思想在中国文化生活中失掉了自主权，丧失了新生命"，这是"中华民族的最大危机"；西方文化的输入，表面上看似乎是坏事，但实质上并非如此，"西洋文化学术上大规模的无选择的输入，又是使儒家思想得到新发展的一大动力"，它"给了儒家思想一个考验，一个生死存亡的大考验、大关头"[①]。危机与发展同在，挑战与机遇并存，关键之点便在于能否把握机遇，亦即把握、吸收、融合、华化西方文化，以充实自身、发展自身，从而转危为安，求取生存，获得发展。

贺麟极力主张融合中西哲学文化，即其所自谓于"沟通中西文化，融会中西哲学"而"提示一个大概的路径"[②]。确立了这一态度和立场，接下来便是如何将其付诸实施了。至此，问题的关键遂转而为"中国人是否能够真正彻底、原原本本地了解并把握西洋文化"。为什么这么说呢？因为"认识就是超越，理解就是征服"，而"真正认识了西洋文化便能超越西洋文化"；换言之，"能够理解西洋文化，自能吸收、转化、利

---

① 贺麟：《儒家思想的新开展》，《文化与人生》，商务印书馆1988年版，第5—6页。
② 贺麟：《中国哲学与西洋哲学》，《哲学与哲学史论文集》，商务印书馆1990年版，第130页。

用、陶熔西洋文化以形成新的儒家思想、新的民族文化"①。深为遗憾的是,"西洋文化的传入,少则数十年,多则可推至明末西洋教士利玛窦等之来华,已有几百年的历史。但我们对于西洋文化却始终没有真正清楚的认识,没有以正确的态度加以接受",因为"我们认识西洋文化,一向只看其外表,从外去了解,而没有把握住西洋文化的核心"②,"缺乏直捣黄龙的气魄"③。有鉴于此,我们在认识和吸收西方文化时一定要径直"进入西洋文化的堂奥",既了解西方文化之"体",又了解西方文化之"用"。④

在清华学校求学时,贺麟就打算"步吴宓先生介绍西方古典文学的后尘,以介绍和传播西方古典哲学为自己终身的'志业'"⑤。在美国和德国留学的六年(1926—1931)中,贺麟博览西方文化和哲学书籍,浸润于西方哲人的思想海洋,这使他真切地了解了西方的学术精髓,精当地把握了西方文化的基本精神。回国之后,贺麟依然孜孜不倦于西方哲学,大量翻译、介绍西方哲学,尤其是黑格尔哲学。贺麟是中国现当代思想史上第一位系统地、全面地介绍、研究黑格尔哲学的中国哲学家,是国内外久负盛名的黑格尔哲学专家,这是人所共知的事实,并且是交口称赞的美誉。但贺麟清楚地认识到,研究西方哲学本身并不足以成为终极目的;他研究西学的目的在于以西学为鉴,找到一条弘扬民族文化、发展中国哲学的道路,从而更好地建构中国文化、弘扬中国文化。

贺麟说:"谈学应打破中西新旧的界限,而以真理所在实事求是为归",对各种学说要以"求真、求是的眼光去评判"⑥。在中西文化问题上,贺麟既反对"中学为体,西学为用"的复古主义,也反对"全盘西化"的民族虚无主义,主张东西文化辩证补充、交融会合。他尊重中国传统文化,但绝非泥古不化;他虚心学习西洋文化,但从不崇洋媚外。

---

① 贺麟:《儒家思想的新开展》,《文化与人生》,商务印书馆1988年版,第7页。
② 贺麟:《认识西洋文化的新努力》,《文化与人生》,商务印书馆1988年版,第304页。
③ 贺麟:《五十年来的中国哲学》,商务印书馆2002年版,第24页。
④ 贺麟:《认识西洋文化的新努力》,《文化与人生》,商务印书馆1988年版,第305页。
⑤ 贺麟:《康德黑格尔哲学东渐记》,《中国哲学》第2辑,生活·读书·新知三联书店1980年版,第376页。
⑥ 贺麟:《黑格尔哲学讲演集》,上海人民出版社1986年版,第642页。

贺麟认为，从根本来说，作为人类高层文化之一的哲学，是"人性的最高表现"，是"人类理性发挥其光辉以理解宇宙人生，提高人类精神生活的努力"，无论是中国哲学、还是西方哲学抑或印度哲学，都是整个哲学的一个分支而已，仅"代表整个哲学的一方面"，它们同为哲学大树上的枝丫，同为"人类的公共精神产业"①。也就是说，中西文化应该理所当然地融合起来。

贺麟在中西文化问题上的"新开展"是先求透彻理解西方文化，再回头创建中国新哲学，用他自己的话说，就是"西洋哲学中国化与中国新哲学之建立"②。在文化研究和文化建设上，贺麟始终坚持以中国文化（或民族精神）为主体，主动地"华化"或"儒化"西洋文化，反对被动地受西洋"西化"影响，否则，"中国将失掉文化上的自主权，而陷于文化上的殖民地"。因此，儒家思想的新开展就是"要求收复文化上的失地，争取文化上的独立与自主"③。贺麟试图把儒家传统哲学同西方哲学融合起来，以推进儒家哲学的现代化，这是他开始从事中西哲学比较的标志。

在文化方针上，贺麟主张"以体充实体，以用补助用"。比如，对于作为中华民族精神中流砥柱而时下又处于激变潮流之中的儒学，究竟该如何促进"儒家思想的新开展"呢？其不二法门，无疑就是"华化"或"儒化"西洋哲学。贺麟斩钉截铁地指出，"今后中国哲学的新发展，有赖于对于西洋哲学的吸收与融会"④，"不能接受西洋的正统哲学，也就不能发挥中国的正统哲学"⑤，"儒家思想的新开展，不是建立在排斥西洋文化上面，而是建立在彻底把握西洋文化上面"，"欲求儒家思想的新发展，在于融会吸收西洋文化的精神与长处"⑥。

贺麟明言，"儒学是合诗教、礼教、理学三者为一体的学养，也即艺

---

① 贺麟：《中国哲学与西洋哲学》，《哲学与哲学史论文集》，商务印书馆1990年版，第127页。
② 贺麟：《黑格尔哲学讲演集》，上海人民出版社1986年版，第662页。
③ 贺麟：《儒家思想的新开展》，《文化与人生》，商务印书馆1988年版，第6、7页。
④ 贺麟：《中国哲学与西洋哲学》，《哲学与哲学史论文集》，商务印书馆1990年版，第127页。
⑤ 贺麟：《五十年来的中国哲学》，商务印书馆2002年版，第75页。
⑥ 贺麟：《儒家思想的新发展》，《文化与人生》，商务印书馆1988年版，第7页。

术、宗教、哲学三者的谐和体",即儒家有理学"以格物穷理,寻求智慧",有礼教"以磨炼意志,规范行为",有诗教"以陶养性灵,美化生活"。因此,"新儒家思想的开展,大约将循艺术化、宗教化、哲学化的途径迈进"①。具体而言,"儒家思想的新开展,第一,必须以西洋的哲学发挥儒家的理学","第二,须吸收基督教的精华以充实儒家的礼教","第三,须领略西洋的艺术以发扬儒家的诗教"②。

所谓"哲学化",即"以西洋的哲学发挥儒家的理学"。儒家的理学是中国的正宗哲学,故亦应以西洋的正宗哲学发挥中国的正宗哲学;即会合、融贯苏格拉底、柏拉图、亚里士多德、康德、黑格尔的哲学与中国孔孟、老庄、程朱、陆王的哲学。当然,融会贯通的原则应当是"以儒家精神为体,以西洋文化为用",即以儒家思想或民族精神为主体,去"儒化"西洋文化。其根本目的就是要"使儒家的哲学内容更为丰富,体系更为严谨,条理更为清楚",使其"不仅可作道德可能的理论基础,且可奠定科学可能的理论基础"。

所谓"宗教化",即"吸收基督教的精华以充实儒家的礼教"。贺麟所说的"基督教的精华",是指渗透在现代基督教中的好的现代意识、理性精神。贺麟断言,"如中国人不能接受基督教的精华而去其糟粕,则决不会有强有力的新儒家思想产生出来"。照贺麟看来,儒家思想宗教化以后,将会重新成为信仰的权威,获得"范围人心"的力量。

为此,贺麟对"几千年来支配了我们中国人的道德生活的最有力量的传统观念之一"的"五伦的观念"进行了"新检讨"。贺麟认为,"它是我们礼教的核心,它是维系中华民族的群体的纲纪",而探索的目的则是"要从检讨这旧的传统观念里,去发现最新的近代精神"③。

所谓"艺术化",即"领略西洋的艺术以发扬儒家的诗教"④。儒家特别注重诗教、乐教,后《乐经》失传,致使乐教中衰、诗教式微,"故今后新儒家的兴起,与新诗教、新乐教、新艺术的兴起,应该是联合并

---

① 贺麟:《儒家思想的新开展》,《文化与人生》,商务印书馆1988年版,第9页。
② 贺麟:《儒家思想的新开展》,《文化与人生》,商务印书馆1988年版,第8—9页。
③ 贺麟:《五伦观念的新检讨》,《文化与人生》,商务印书馆1988年版,第51页。
④ 贺麟:《儒家思想的新开展》,《文化与人生》,商务印书馆1988年版,第8—9页。

进而不分离"。贺麟明确倡导吸收西洋艺术的浪漫主义精神来改造迂腐、严酷的旧道学，以使儒学艺术化、情感化，从而更富有感召力和生命力。以此为基础，贺麟还以儒家思想的某些重要概念（如仁、诚）为例说明"新开展"的途径。

20世纪上半叶是大师巨子辈出的时代，置之于当时的"话语背景"，贺麟此言此语或许是"渊源有自"，但更贴切的说法恐怕应当是"英雄所见略同"。早在1911年，国学大师王国维就明确指出，"学无新旧也，无中西也"，"中西二学，盛则俱盛，衰则俱衰，风气既开，互相推助"[①]，并且断言，"异日昌大吾国固有之哲学者，必在深通西洋哲学之人无疑也"（《哲学辨惑》）。也就是说，中学西学，共为一体，切不可将它们截然分割；但援引西学以"为我所用"并非生吞活剥地单纯引入，而是需要有一个"能动化合"的过程，"即令一时输入（西洋思想），非与我中国固有之思想相化，决不能保其势力"（《论近年之学术界》）。与王国维"风义平生师友间"的陈寅恪也明确断言，"窃疑中国自今日以后，即使能忠实输入北美或东欧之思想，其结局当亦等于玄奘唯识之学，在吾国思想史，既不能居最高之地位，且亦终归于歇绝者。其真能于思想史上自成系统，有所创获者，必须一方面吸收输入外来之学说；一方面不忘本国民族之地位"[②]。斯言斯语，振聋发聩，至今依然余音绕梁！

赫然名家的"新心学"

相较于梁漱溟的"新孔学"、熊十力的"新唯识论"和冯友兰的"新理学"而言，贺麟的"新心学"在现代新儒家的阵营中是比较晚出的新儒家哲学，它产生于20世纪40年代。"新心学"虽然起步较晚，但它在新儒学的思想发展史上仍然具有十分重要的地位。或许正因其晚出，才能对此前的新儒学思潮做出公正而恰当的评判和总结，也才能合理地

---

① 王国维：《观堂别集》卷4《国学丛刊序》，《观堂别集》（外二种），河北教育出版社2001年版，第875、877页。

② 陈寅恪：《冯友兰中国哲学史下册审查报告》，《金明馆丛稿二编》，上海古籍出版社1980年版，第252页。

吸收他人（家）的经验与教训，在很大程度上克服前人的理论缺陷，从而使"新心学"的面貌与其他新儒学颇为不同，而且更具圆融色彩。

贺麟将"中国新哲学"冠之以"现代新儒家"之名，使他成为中国现代文化史上明确、正式提出"新儒家"概念的第一人。贺麟说，"广义的新儒家思想的发展或儒家思想的新开展，就是中国现代思潮的主潮"，"无论政治、社会、学术、文化各方面的努力，大家都在那里争取建设新儒家思想，争取发挥新儒家思想"[①]。毫无疑问，贺麟的"新心学"就是那一时代的产物。

贺麟的"新心学"，既是他匠心独创的思想体系，也是他作为哲学家的智慧结晶和独到贡献。"新心学"是对中西文化的融通，是中国的陆王心学与西方的新黑格尔主义相结合的产物。与其他新儒家（如梁漱溟、牟宗三、唐君毅等）颇为不同的是，贺麟的"新心学"不是建立在中西文化的"对立"之上，而是建立在中西文化"融合"的基础之上。因此，贺麟"新心学"思想体系的特点之一便是调解两个对立面，使之融会合一。贺麟如此而为，实可从其文化观追寻根基。

作为贺麟"新心学"重要思想来源之一的新黑格尔主义，它以主观唯心主义来代替黑格尔的客观唯心主义，以形而上学来修正黑格尔的辩证法（贺麟称之为"矛盾法"）。贺麟用新黑格尔主义"绝对唯心主义"的观点印证陆九渊"宇宙即吾心，吾心即宇宙"的观点和王阳明"心外无物"的观点，提出了"心为物之体，物为心之用"的本体论思想，并自觉地从哲学基本问题的角度加以论证。有研究者指出，"与他同时代的新儒家学者相比，在吸收、融会、儒化西方哲学方面，贺麟取得的成绩最大，这对他以后的新儒家学者具有重要的启迪作用"[②]。此为公允之论。

贺麟的哲学立场，大体可归于"新陆王"的范畴。相对于梁漱溟的"新孔学"、冯友兰的"新理学"而言，时人称之为"新心学"。"新心学"虽然没有形成像"新唯识论"或"新理学"那样严密、完整的思想体系，但它公开打出"回到陆王去"的旗帜，同"新理学"相抗衡，在

---

① 贺麟：《儒家思想的新开展》，《文化与人生》，商务印书馆1988年版，第1页。
② 宋志明：《贺麟》，载方克立、郑家栋主编《现代新儒家人物与著作》，南开大学出版社1995年版，第133页。

学术风格与学术旨趣方面皆有其独到之处。贺麟不同意冯友兰只讲程朱而排斥陆王的哲学立场，说"讲程、朱而不发展至陆、王，必失之支离；讲陆、王而不能回复到程、朱，必失之狂禅"①。贺麟认为，"心即理"一语足可调和程朱理学和陆王心学，调和客观唯心论和主观唯心论的矛盾。贺麟承袭王阳明的"知行合一论"，并从心理学、生理学角度加以论证，提出"自然的知行合一观"，这构成了其"新心学"的基本内容。

贺麟"新心学"的核心是"儒家思想的新开展"，即吸收西洋文化的精华以充实、发展自身，求得文化上的独立与自主，并在"儒家思想的新开展"里达到新与旧、今与古、中与西的交融、汇合。在中国哲学史上，贺麟起到了一种会通、融合的作用——融通中西文化，从而使西方文化的"华化"成为可能；打通理学与心学，从而使中西哲学融会一家。在哲学方法上，贺麟自觉地把儒家的思想和方法与黑格尔的辩证法结合起来，从而形成了一个将直觉方法与抽象方法相结合的方法论系统，贺麟尤其重视从本体论和宇宙论的理论角度来为新儒家思想奠定哲学理论的基础。

贺麟坚信，"中国许多问题，必达到契合儒家精神的解决，方算得达到至中至正、最合理而无流弊的解决。如果无论政治、社会、文化、学术上各项问题的解决，都能契合儒家精神，都能代表中国人的真意思、真态度，同时又能善于吸收西洋文化的精华，从哲学、科学、宗教、道德、艺术、技术各方面加以发扬和改进，我们相信，儒家思想的前途是光明的，中国文化的前途也是光明的"②。此言信矣！

哲人其逝，惠泽长存！

2005年8—9月，于四川宜宾

【本文原载《湖南科技学院学报》2006年第3期。收入本书时，有所修订】

---

① 贺麟：《五十年来的中国哲学》，商务印书馆2002年版，第33页。
② 贺麟：《儒家思想的新开展》，《文化与人生》，商务印书馆1988年版，第17页。

贺麟译学大义述

——兼与严复、梁启超、王国维、陈康相参照

一 引子

在本文的"引子"部分,主要对以下三个问题予以简要交代:一是"释名",即对本文的标题略作申述;二是"原道",即对一个绕不过的预设前提——翻译是否可能——略表态度;三是"明理",目的在于简单说明本文意在重点考察贺麟的译学观念与翻译实践,何以又与严复、梁启超、王国维、陈康相参照。

(一)释名

本文标题所用"大义述"三字,并非空穴来风,而是渊源有自。"大义"二字,广见于古代典籍,如《易·家人·象》《旧唐书·李晟传》与《东观汉记·班固传》《后汉书·光武帝纪上》等,其义为正道、大道或要义、要旨。"述"字,是相对于"作"(意为创造、创新)而言,其义为传承、继承。《论语·述而》所云"述而不作,信而好古"[1],《礼记·乐记》所云"作者之谓圣,述者之谓明。明圣者,述作之谓也",即斯旨也。"大义述"三字,古人和今人尝以之为书名。清人柳兴恩(1795—1880年),著有《穀梁春秋大义述》30卷;今人杨树达(1885—

---

[1] 朱熹集注:"述,传旧而已。作,则创始也。"(宋)朱熹:《四书章句集注》,中华书局1983年版,第93页。

1956年)、伍非百(1890—1965年),分别著有《春秋大义述》①《墨子大义述》②。本文的着眼点在于"述"贺麟的译学观念与翻译实践,故以"大义述"为题。

(二)原道

"翻译是否可能",这是翻译在理论上的首要问题与重大问题。有的人认为,翻译是不可能的。比如说,特别重视"直觉"的法国哲学家柏格森(Henri Bergson,1859—1941年),在其《形而上学导言》中便提到翻译之不可能。"他的意思是说,自己尚无法用语言文字以表达自己自得的直觉的意思,他人更无法用他们的语言文字以表达或翻译我自己的意思。换言之,'言不尽意'。意,神秘不可道,自己之言尚不能尽自己之意,他人之言,更无法尽自己之意。故翻译不可能。"③ 再比如,德国著名哲学家、现代哲学诠释学的代表人物伽达默尔(Hans-Georg Gadamer,1900—2002年),对于他人对其代表作《真理与方法》的翻译,便不感兴趣,反而提出了一条"不可翻译性"(Unübersetzbarkeit)的诠释学原理。④

如果承认翻译是不可能、不可行的,则从古至今的翻译活动便形同虚设,终归徒劳无益。对于从古至今的翻译家及其翻译实践而言,这是不可接受的。而从哲学原理来说,"翻译的哲学基础,即在于'人同此心,心同此理'。心同理同之处,才是人类的真实本性和文化创造之真正源泉;而同心同理之处亦为人类可以相通、翻译之处,即可用无限多的语言去发挥、表达之处"⑤。"翻译之职务,即在于由明道知意而用相应之语言文字以传达此意表示此道,故翻译是可能的。因道是可传,意是可

---

① 杨树达,湖南长沙人,所著《春秋大义述》,于1943年由重庆的商务印书馆出版。2007年,《春秋大义述》作为《杨树达文集》之一部分,由上海古籍出版社推出新版。
② 伍非百,四川蓬安人,所著《墨子大义述》,于1933年由南京的亚细亚学会初版。1992年,上海书店据国民印务局1933年版影印,收入"民国丛书"第4编第5册。
③ 贺麟:《论翻译》,载罗新璋、陈应年编《翻译论集》(修订本),商务印书馆2009年版,第517页。
④ 参见洪汉鼎《译者序言》,载[德]伽达默尔:《真理与方法》(上卷),洪汉鼎译,上海译文出版社2004年版,第13页。
⑤ 贺麟:《谈谈翻译》,《中国社会科学院研究生院学报》1990年第3期。

宣的","翻译的本质,即是用不同的语言文字,以表达同一的真理,故翻译是可能的"①。因此,翻译不但是可能的,而且是可行的,只是在翻译过程中有其高下之别、优劣之分。黑格尔曾经指出,"凡是合乎理性的东西都是现实的,凡是现实的东西都是合乎理性的"②。套用此语,翻译活动既是"现实的东西",也是"合乎理性的东西",故翻译是可行的活动。

(三) 明理

在中国近现代翻译史上,尤其是在哲学社会科学翻译史上,严复、王国维、贺麟、陈康都是杰出的翻译家。如蔡元培云,近代中国之译介西洋哲学者,"要推侯官严复为第一"③,而王国维则堪称"继严氏以后之第一人"④。作为翻译家的贺麟,对严复一直怀有一种特殊的情感,知情人谓贺麟"最仰慕严复"⑤,而且,贺麟曾经于1925年发表过《严复的翻译》⑥一文,这是自严复去世后第一篇系统讨论其翻译理论与实践的研究论文。另有维新派领袖人物之一的梁启超,虽然不是翻译家,但他"对翻译问题论述最多、最有影响"⑦。贺麟在清华学校读书期间(1919—1926年),曾经聆听过梁启超所开设的几门课程,并且在梁启超的指导下

---

① 贺麟:《论翻译》,载罗新璋、陈应年编《翻译论集》(修订本),商务印书馆2009年版,第518—519页。
② [德]黑格尔:《法哲学原理》,范扬、张企泰译,商务印书馆1961年版(1982年印刷),第11页。在后来出版的《小逻辑》的"导言"中,黑格尔重申了这一观点。[德]黑格尔:《小逻辑》,贺麟译,上海人民出版社2009年版,第60页。
③ 蔡元培:《五十年来中国之哲学》,《蔡元培全集》第4卷,中华书局1984年版,第351页。
④ 郭湛波:《近五十年中国思想史》,上海古籍出版社2005年版,第50页。
⑤ 贺麟的学生孙宵肪说,"贺先生在翻译上的成就,许多人都知道,他最仰慕严复,常常提到严的三个标准:信、达、雅。有一次他买到一张严复当年译书的写字台,如获至宝"。孙宵肪:《我所认识的贺麟教授及其思想》,载《贺麟先生百年诞辰纪念文集》,中国社会科学出版社2009年版,第218页。
⑥ 贺麟:《严复的翻译》,原载《东方杂志》第22卷第21号,1925年11月;后收入以下二书:(1) 商务印书馆编辑部编:《论严复与严译名著》,商务印书馆1982年版;(2) 罗新璋、陈应年编:《翻译论集》(修订本),商务印书馆2009年版,第213—227页。
⑦ 陈福康:《中国译学理论史稿》(修订本),上海教育出版社2000年版,第97页。

写作关于焦循的专题论文①,梁启超和吴宓都是"当时对他影响较大的老师"②。在清华读书期间,贺麟应当与王国维有直接的交往(比如听课或请教)。③ 而陈康与贺麟同样精研西洋哲学、翻译西洋哲学名著,既是朋友也是同事。

因此,本文将此五人予以比较,并不是简单的比附,更不是穿凿附会,而是其间具有莫大的可比性。陈寅恪当年曾经系统论述过"比较研究之真谛",说"此种比较研究方法,必须具有历史演变及系统异同之观念。否则古今中外,人天龙鬼,无一不可取以相与比较。荷马可比屈原,孔子可比歌德,穿凿附会,怪诞百出,莫可追诘,更无所谓研究之可言矣"④。

二 何以需要翻译

就文化人类学之共识与通识而言,举凡民族文化之构成,除本土"独立自创"者外,可谓概皆"外来",何以能由外而来,除"翻译借鉴"外,似乎尚无他途。相对于本民族文化之原有成分而言,这些"外来"者属于"新知"。之所以要经由翻译而引进"新知",是因为这些"新知"实属"我之所需",而且,翻译本身不是目的,最终是要"为我所用",并且是要"为我大用"。换句话说,翻译仅仅是手段,是"会通中西"或"会通中外"的手段,最终是要谋求民族文化的"建设"与"发展"。诚如王国维所言,"异日发明光大我国之学术者,必在兼通世界学术之人,而不在一孔之陋儒,固可决也"⑤。

历史学家雷海宗(1902—1962 年)断言,"由全部人类历史上看,

---

① 参见彭华《贺麟年谱新编》,《淮阴师范学院学报》(哲学社会科学版)2006 年第 1 期。
② 贺美英:《纪念我的父亲贺麟教授》,载《贺麟先生百年诞辰纪念文集》,中国社会科学出版社 2009 年版,第 161 页。
③ 参见彭华《王国维与巴蜀学人》,《淮阴师范学院学报》(哲学社会科学版)2011 年第 3 期。
④ 陈寅恪:《与刘叔雅论国文试题书》,《金明馆丛稿二编》,上海古籍出版社 1980 年版,第 223—224 页。
⑤ 王国维:《秦定经学科大学文学科大学章程书后》,载谢维扬、房鑫亮主编《王国维全集》第 14 卷,浙江教育出版社、广东教育出版社 2009 年版,第 36 页。

较大规模有计划的翻译,只有一个目的,就是介绍新的思想"①。朱自清亦云:"翻译是介绍外国的文化到本国里来的第一利器。"② 作为哲学史家,陈康虽然仅就其专业范围而言,但依然不出此樊篱,"翻译哲学著作的目的是传达一个本土所未有的思想"③。国学大师王国维的看法,则至为高迈,"夫言语者,代表国民之思想者也。思想之精粗广狭,视言语之精粗广狭以为准。观其言语,而其国民之思想可知矣","故新思想之输入,即新言语输入之意味也"④。王国维、朱自清、雷海宗、陈康四人之所言,从一般层面揭示了翻译的根本特征,即引入本民族所没有的"新知"。

就中华民族而言,通过翻译而引入的外来"新知",主要有两大宗:一是汉魏以降的佛教,二是明清以降的西学。前一项业已告一段落,而后一项则仍在进行之中。晚清以来,中国之引入西学,具有强烈的时代性与局限性、功利性与实用性。梁启超曾经亲身参与清末的政治运动、亲眼看见清末的时局变动,于此深有感触。在梁启超看来,"国家欲自强,以多译西书为本;学者欲自立,以多读西书为功"⑤。"处今日之天下,则必当以译书为强国第一义,昭昭然也。"⑥ 但是,身处"学问饥荒"时代的清末人士,在输入与吸收西学之时,难免饥不择食、良莠不分,"新思想之输入,如火如荼矣。然皆所谓'梁启超式'的输入,无组织,无选择,本末不具,派别不明,惟以多为贵,而社会亦欢迎之"。"坐此为能力所限,而稗贩、破碎、笼统、肤浅、错误诸弊,皆不能免。"⑦

---

① 雷海宗:《由翻译史看翻译理论与翻译方法》,载罗新璋、陈应年编《翻译论集》(修订本),商务印书馆 2009 年版,第 637 页。
② 朱自清:《译名》,《新中国》1919 年第 7 期。
③ 陈康:《序》,载[古希腊]柏拉图《巴曼尼得斯篇》,陈康译注,商务印书馆 1982 年版,第 10—11 页。
④ 王国维:《论新学语之输入》,《王国维全集》第 1 卷,浙江教育出版社、广东教育出版社 2009 年版,第 126、127 页(标点有所改动)。
⑤ 梁启超:《西学书目表序例》,《饮冰室合集》文集之一,中华书局 1989 年版,第 123 页。
⑥ 梁启超:《论译书》,《变法通议》,何光宇评注,华夏出版社 2002 年版,第 141 页。
⑦ 梁启超:《清代学术概论》,上海古籍出版社 1998 年版,第 97—98 页。

晚清以来，中国人之学习西方，大致经历了"三部曲"，即由物质文化而制度文化而精神文化。其时之翻译活动，也与此"三部曲"极其吻合。贺麟于此有过简明的论述与分析，"我们最初只注意到西人的船坚炮利，打了几次败仗之后，才觉悟到他们还有高度有组织的政治法律。最后在新文化运动的大潮中，才彻悟到别人还有高深的学术思想。我们才真正明了思想改革和研究西方哲学思想的必要"。贺麟同时一针见血地指出，"我们在文化方面，缺乏直捣黄龙的气魄，我们只知道从外表、边缘、实用主义去接近西洋文化"[①]。当时之所以"只知道从外表、边缘、实用主义去接近西洋文化"而未能具备"直捣黄龙的气魄"，这既有时代的客观限制（或可谓"救亡压倒启蒙"[②]），也有主观的认识偏差。"往者不可谏，来者犹可追"（《论语·微子》）；前车之鉴，发人深思！

在贺麟眼里，翻译工作是崇高而神圣的，而其追求则是高远而宏大的。贺麟指出，"就学术文化上之贡献言，翻译的意义与价值，在于华化西学，使西洋学问中国化，灌输文化上的新血液，使西学成为国家之一部分。吸收外来学术思想，移译并融化外来学术思想，使外来学术思想成为自己的一部分，这乃是扩充自我，发展个性的努力，而绝不是埋没个性的奴役"。"翻译为创造之始，创造为翻译之成。翻译中有创造，创造中有翻译。一如注释中有创造，创造中有注释。片面地提倡独自创造，而蔑弃古典思想之注释发挥，外来思想之介绍译述，恐难免走入浅薄空疏扩大之途。"[③] 由此可以看出，翻译确实是出于"我之所需"，但切不可"为翻译而翻译"，而应当谋求"为我所用""为我大用"，意即通过翻译而"会通中西"或"会通中外"，最终谋求民族文化的"建设"与"发展"。用他自己的话说，就是谋求"西洋哲学中国化"与"中国新哲学之建立"[④]。一言以蔽之，"研西学以致中用，这是贺麟先生的根本态度"[⑤]。

---

① 贺麟：《五十年来的中国哲学》，辽宁教育出版社1989年版，第24页。
② 李泽厚：《启蒙与救亡的双重变奏》，《中国现代思想史论》，东方出版社1987年版，第25—41页。
③ 贺麟：《论翻译》，载罗新璋、陈应年编《翻译论集》（修订本），商务印书馆2009年版，第522—523页。
④ 贺麟：《黑格尔哲学讲演集》，上海人民出版社2011年版，第626页。
⑤ 李鹏程：《简论贺麟师新心学中的中西文化融通》，载岑庆祺主编《濠江哲学文集》，河北大学出版社2002年版，第334页。

三　如何进行翻译

贺麟于1925年发表的《严复的翻译》[①]一文，一方面纲举目张、条理清晰地总结、归纳了严复的翻译理论与方法；另一方面又高屋建瓴、高瞻远瞩地揭示、陈述了译学的奥义与指归。同时，该文又是理解、认识贺麟自身的翻译实践与译学大义的锁钥与司南。因此，本部分将以贺麟此文为本，通过对严复、王国维、贺麟、陈康诸人的翻译实践及梁启超翻译主张的考察，简要论述"如何进行翻译"。

（一）翻译对象：精审选择原书，翻译与研究并重

在《严复的翻译》一文中，贺麟开宗明义地写道："讲严复的翻译，最重要的就是他选择原书的精审"，"通观翻译史上，关于选择原书一层，处处顾到，如像严复的，实未之见"。接下来，贺麟从四个方面阐述严复是如何精审选择原书的：

> 一、严复选择原书之卓识。他处在中学为体，西学为用的空气中，人人只知道西洋的声光化电、船坚炮利，且他自己又是海军人才，他不介绍造船制炮的技艺和其他格致的书，乃能根本认定西洋各国之强盛，在于学术思想，认定中国当时之需要，也在学术思想，这是他对于西洋文化的观察，也是他所以要介绍西洋学术思想的卓识。
>
> 二、严氏选择原书，是认定先后缓急和时势之需要而翻译，故每译一书都含有极深远的用意。
>
> 三、严氏所选择的书都是他精心研究过的。
>
> 四、严氏所选择的书，他均能了悉该书与中国固有文化的关系，

[①] 贺麟：《严复的翻译》，《东方杂志》第22卷第21号，1925年11月；后收入：(1)《论严复与严译名著》，商务印书馆1982年版；(2)罗新璋、陈应年编：《翻译论集》（修订本），商务印书馆2009年版，第213—227页。本部分以下引文，除有特别说明者外，均出自《翻译论集》（修订本）。

和与中国古代学者熟悉的异同。

在翻译对象的选择上，严复深思熟虑，并非"为翻译而翻译"，而是精审"择当译之本"①。以逻辑学的译介为例。严复是近代中国最早讲逻辑学的人，相继翻译了穆勒（John Stuart Mill，1806—1873年）的《名学》（System of Logic，1905年出版）、耶方斯（William Stanley Jevons，1835—1882年）的《名学浅说》（Elementary Lessons in Logic，1909年出版），从而使逻辑学在晚清风行一时。自严复开其端后，王国维、章士钊（1881—1973年）均有译著。②"严复这样高度重视认识论和逻辑学，自觉介绍经验论和归纳法，就眼光和水平说，在七八十年前确是凤毛麟角，极为难得。"③

不仅如此，严复在"翻译"之余还注重"研究"，在"译述"之余还注重"申论"。严复一生所翻译的西方著作有170余万字之巨，其中约有1/10的文字是他自己所撰写的按语。以中译本《天演论》为例。中译本《天演论》共计35篇，而严复以"复按"字样写了28篇按语，其中，有4篇的按语与原文相当，有5篇的按语超过原文。严复的这些按语，往往脱离原文，多为借题发挥，"由论述自然界生物进化论引申到对人类社会历史的思考与认识"，"充分体现了严复纵论中西，横贯古今，广泛联系社会思想发展进程，来解释进化论的鲜明特点"④。依照梁启超所云"译书"之要求与标准，严复如此"翻译"与"研究"并重，实已入"上才"之列⑤。

---

① "择当译之本"，是梁启超所说"译书三义"的第一义，"今日而言译书，当首立三义：一曰择当译之本；二曰定公译之例；三曰养能译之才"。梁启超：《变法通议》，华夏出版社2002年版，第144页。

② 王国维所译耶方斯《辨学》一书，于1908年由学部图书编译局初版，1931年和1932年又由文化书社初版和再版。后又由路新生点校，收入谢维扬、房鑫亮主编《王国维全集》第19卷。1917年，章士钊应邀至北京大学讲授逻辑学；1943年，章士钊所著《逻辑指要》由重庆的时代精神社出版（后收入"民国丛书"第3编）。

③ 李泽厚：《论严复》，《中国近代思想史论》，生活·读书·新知三联书店2008年版，第279页。

④ 李珍：《〈天演论〉评介》，《天演论》，华夏出版社2002年版，第4—5页。

⑤ 梁启超说，"凡译书者，于华文、西文及其所译书中所言颛门之学，三者具通，斯为上才"。梁启超：《论译书》，《变法通议》，何光宇评注，华夏出版社2002年版，第157页。

回头看贺麟所翻译的著作。贺麟所译著作，均为欧美"有高深的学术思想"的哲学著作，并且均为经典著作或重要著作。显然，这体现的也是"选择原书的精审"。同时，贺麟不但翻译原书，而且研究思想，即将"翻译和研究相结合"。诚如贺麟本人所言，"我译的斯宾诺莎的《致知篇》也是本着翻译和研究相结合的原则，前面有一长序"斯宾诺莎的生平及其学说大旨"，后面有"附录"，题为"斯宾诺莎的逻辑思想"[①]。今人亦言，"贺麟先生搞翻译极为严谨，往往要对几种不同文字的版本进行校订；对于难解处，他查阅各种资料给予译注，一向反对不懂原著的思想就套语法地译，强调译文的传神和中国化。译著前面，他常附上自己写的较长的'译序'，提纲挈领地向读者介绍全书的基本思想，阐述他自己的研究心得，帮助读者理解"[②]。贺麟如此而为，既是对严复译学精神的继承，也是对严复翻译实践的发扬。

行文至此，有一点是必须补充说明的。即对于研究者和学人而言，翻译作品是否可以代替原著？对于这一问题，我们应当"一分为二"地具体看待，而不是笼统地"一概而论"。如果不能阅读原文，那就只好借助于翻译作品了；如果有能力阅读原文，最好还是直接阅读原文，或者结合翻译作品阅读原文。笔者如此陈述，其实是合乎贺麟本意的。贺麟曾经对张世英说过这样一句话，"我虽然主持西洋名著编译委员会，非常看重翻译工作，但我要提醒你的是，不能靠翻译从事西方哲学研究，要念原文，翻译终究代替不了原文"。张世英说，这是贺先生"给我最有深意的一句教导，至今犹铭刻在心"[③]。

（二）译文标准："信达雅"与"艺术工力"

在中国古代翻译史上，翻译家曾经结合佛经的翻译，在翻译理论上做过一些良好的探索与讨论。道安（312—385年）的"五失本""三不

[①] 贺麟：《五十年来的中国哲学》，辽宁教育出版社1989年版，第120页。
[②] 杨君游：《贺麟与中西文化的会通》，载《贺麟先生百年诞辰纪念文集》，中国社会科学出版社2009年版，第64页。
[③] 张世英：《九十思问》，中国人民大学出版社2016年版，第41页。

易"(《摩诃钵罗若波罗蜜经抄序》)①,彦琮(557—610年)的"十条""八备"(《续高僧传》卷2《彦琮传》),玄奘(约600—664年)的"五不翻"(《翻译名义集序》卷首《翻译名义序》引),都是译学史上的精华与宝藏,初步奠定了传统翻译理论的基础。晚清以来,在翻译理论上作出重大贡献者,严复可谓独占鳌头、首屈一指。严复所提出的翻译标准"信达雅",至今仍为世人所钟爱。而贺麟所提出的"艺术工力说",则可谓踵事增华。

在《天演论》的"译例言"中,严复开门见山地便提出翻译的三大标准,"译事三难:信、达、雅"②。严复所提出、所倡导的"信达雅",开近代翻译学说之先河,亦备受后人推重。梁启超推许为"可谓知言"③,周建人(1888—1984年)称之为"译书不刊的典则"④,郁达夫(1896—1945年)誉之为"翻译界的金科玉律"⑤。贺麟指出,"严复在翻译史上的第二个大影响,就是翻译标准的厘定",即率先提出"信达雅"三条标准。"他这三个标准,虽少有人办到,但影响却很大。在翻译西籍史上的意义,尤为重大,因为在他以前,翻译西书的人都没有讨论到这个问题。严复既首先提出三个标准,后来译书的人,总难免不受他这三个标准支配"(《严复的翻译》)。

贺麟通过阅读、比较、分析后发现,严复不但是"信达雅"的首创者,而且是"信达雅"的践履者。"总结起来,我们可以下三个判断"。"一、严复的译文很尔雅,有文学价值,是人人所公认无有异议的"。"二、严译虽非今日普通人所易解,但能使旧文人看明了,合于达的标准"。"三、讲到信的方面,第一期的三种,似乎偏重意译,略亏于信。第二期的译品则略近直译,少可讥议。第三期所译《名学浅说》,《中国

---

① (梁)僧祐撰:《出三藏记集》卷8,苏晋仁等点校,中华书局1995年版,第290页。另可参见《续高僧传》卷2《彦琮传》。
② 严复:《天演论》,华夏出版社2002年版,"译例言"第10页。
③ 梁启超:《佛学研究十八篇》,天津古籍出版社2005年版,第211页。
④ 周作人:《谈翻译》,载罗新璋、陈应年编《翻译论集》(修订本),商务印书馆2009年版,第540页。
⑤ 郁达夫:《读了珰生的译诗而论及于翻译》,原载《晨报副镌》1924年6月29日;后收入罗新璋、陈应年编《翻译论集》(修订本),商务印书馆2009年版,第464—471页。以上引文,见《翻译论集》(修订本),商务印书馆2009年版,第464页。

教育议》，不甚重要，且所用译法也与前两期不同，我们可以不必深究"（《严复的翻译》）。

严复之后的翻译者，虽然说对"信达雅"的理解不尽相同，但都能自觉地践行这三大标准。在陈康心目中，"'信'可说是翻译的天经地义；'不信'的翻译不是翻译；不以'信'为理想的人可以不必翻译。'达'只是相对的。……所以译文的'达'与'不达'，不能普遍地以一切可能的读者为标准，乃只相对于一部分人，即这篇翻译的理想读者。也只有这些人方能评判，译文是否满足了这'达'的条件。'雅'可目为哲学著作翻译中的脂粉"。因此，陈康在译注柏拉图的《巴曼尼得斯篇》时，便严谨恪守"信达雅"而又予以灵活处理，"'信'是这篇翻译的不可动摇的基本条件。'达'只相对于在系统哲学方面曾受过不少训练、关于希腊哲学又有相当了解的人。'雅'，只在不妨害'信'的情形下求其完备。……凡遇着文辞和义理不能兼顾的时候，我们自订的原则是：宁以意害辞，毋以辞害意"[1]。

贺麟在翻译西方哲学名著时，也严格遵守"信达雅"的标准，同时又不失其灵活性与艺术性。识者云，"他的译文以深识原著本意、学问功力深厚、表达如从己出、行文自然典雅等特点得到学术界的赞许，很受读者欢迎"[2]。尤其难得的是，贺麟在严复"信达雅说"的基础上又推陈出新，提出了"艺术工力说"[3]。

> 翻译应打破直译、意译的界限，而以能信能达且有艺术工力为归。
>
> 我既然不拘泥于直译意译的限制，所以我的译文既算不得直译，亦算不得意译，只勉强可以说是有时直译以达意，有时意译以求真。

---

[1] 陈康：《序》，载〔古希腊〕柏拉图《巴曼尼得斯篇》，陈康译注，商务印书馆 1982 年版，第 8—10 页。

[2] 杨君游：《贺麟与中西文化的会通》，《贺麟先生百年诞辰纪念文集》，中国社会科学出版社 2009 年版，第 64 页。

[3] 贺麟：《〈黑格尔学述〉译序》，《黑格尔哲学讲演集》，上海人民出版社 2011 年版，第 607—608 页。

信达二标准盖本诸严复。但我所谓"艺术工力"却与严复的雅不同。严氏大概是以声调铿锵，对仗工整，有抑扬顿挫的笔气，合桐城派的家法为雅。而我所谓艺术工力乃是融会原作之意，体贴原作之神，使己之译文如出自己之口，如宣自己之意，而非呆板地奴仆式地徒作原作者之传话机而已。费一番心情，用一番苦思，使译品亦成为有几分创造性的艺术而非机械式的"路定"（routine），就是我这里所谓的艺术工力。当然，我这种标准是为译文哲书籍而设，非谓译科学方面的书籍亦必须采此法。而且我提出的乃是理想的标准，当然不能要求任何人，包括我自己在内，满足这种理想标准。

关于翻译，金岳霖（1895—1984年）曾经将其区分为"译意"与"译味"两种。"所谓译味，是把句子所有的各种情感上的意味，用不同种的语言文字表示出来。"相对于"译意"而言，"译味麻烦得多"，因为"译意也许要艺术，译味则非有艺术不行"，因此"译味也许要重行创作"。对于哲学翻译而言，在立足于"译意"的基础上，应当追求"译味"，因为"哲学字句的情感上的寄托有时是原动力，这种情感上的寄托翻译不出来，这种原动力也得不到。即令我们能从译文中懂得原文中的意义，我们也不见得能够受感动"[1]。两相比较，贺麟所说的"艺术工力"与金岳霖所说的"译味"，可谓殊途同归。

（三）术语译名：因袭与自创

如何确定专门术语（"名号""定名""译名"），这是翻译工作者必须直面的问题，同时也是颇为棘手的难题。于此，梁启超曾经自陈心曲，"译书之难读，莫甚于名号之不一"[2]，"翻译之事，遣辞既不易，定名尤难。全采原音，则几同不译；易以汉语，则内容所含之义，差之毫厘，

---

[1] 金岳霖：《知识论》，《金岳霖文集》第3卷，甘肃人民出版社1995年版，第715—716、717、721页。

[2] 梁启超：《论译书》，《变法通议》，何光宇评注，华夏出版社2002年版，第150页。

即谬以千里。折中两者，最费苦心"①。严复亦尝自述苦衷，"新理踵出，名目纷繁，索之中文，渺不可得，即有牵合，终嫌参差，译者遇此，独有自具衡量，即义定名。……此以见定名之难，虽欲避生吞活剥之诮，有不可得者矣。他如物竞、天择、储能、效实诸名，皆由我始。一名之立，旬月踟蹰。我罪我知，是存明哲"②。贺麟也特别重视"译名"的订正，"我有一个基本想法，就是要想把西方哲学真正地传播到中国来，郑重订正译名是首务之急"，"我对康德和黑格尔的哲学名词中文翻译曾下了一番功夫"③。

至于如何确定"译名"，严复有些语焉不详；而贺麟则言之甚详，并且持之有故，言之成理。1936年1月，贺麟发表《康德译名的商榷》一文④，专门讨论康德哲学重要名词的翻译与解释。在同年9月由商务印书馆出版的《黑格尔学述》一书的长篇序言中，贺麟更是旗帜鲜明地提出了如何确定"译名"的四条大经大法。

译名第一要有文字学基础。所谓有文字学基础，就是一方面须上溯西文原字在希腊文或拉丁文中之原意；另一方面须寻得在中国文字学上（如《说文》或《尔雅》等）有来历之适当名词以翻译西字。第二要有哲学史的基础，就是须细察某一名词在哲学史上历来哲学家对于该名同之用法，或某一哲学家于其所有各书内，对于该名词之作法；同时又须在中国哲学史上如周秦诸子宋明儒或佛经中寻适当之名词以翻译西名。第三，不得已时方可自铸新名以译西名，但须极审慎，且须详细说明其理由，诠释其意义。第四，对于日本名词，须取严格批评的态度，不可随便采纳。这倒并不是在学术上来讲狭义的爱国反日，实因日本翻译家大都缺乏我上面所说的中国文字学与中国哲学史的工夫，其译名往往生硬笨拙，搬到中文里来，

---

① 梁启超：《佛学研究十八篇》，天津古籍出版社2005年版，第213页。
② 严复：《天演论》，华夏出版社2002年版，"译例言"第10页。
③ 贺麟：《五十年来的中国哲学》，辽宁教育出版社1989年版，第119页。
④ 贺麟：《康德译名的商榷》，《东方杂志》第33卷第17号，1936年9月。该文后收入《哲学与哲学史论文集》（商务印书馆1990年版），改名为"康德名词的解释和学说的概要"；又收入《近代唯心论简释》（上海人民出版社2009年），改名为"康德名词的解释和学说的大旨"。

遂使中国旧哲学与西洋的哲学中无连续贯通性，令人感到西洋哲学与中国哲学好像完全是两回事，无可融汇之点一样。当然，中国翻译家采用日本名字已甚多，且流行已久，不易排除，且亦有一些很好的日本名词，无须排除。但我们要使西洋哲学中国化，要谋中国新哲学之建立，不能不采取严格的批评态度，徐图从东洋名词里解放出来。①

晚年的贺麟回忆说："《康德名词的解释和学说的概要》一文，是谈对康德重要名词，应用自己新造的名词去解释。我感到哲学名词的翻译不宜过多地采用日本译名。对于康德的学说，我亦用自己的语言去解释。这是我在四十年代所做的一种尝试。"② 为便于理解与说明，在此略举三例为证。③

1. "批导"与"批判"

康德的"三大批判"名著，今人将其书名分别译作《纯粹理性批判》（*Kritik der reinen Vernunft*）、《实践理性批判》（*Kritik der praktischen Vernunft*）、《判断力批判》（*Kritik der Urteilskraft*）。但贺麟不同意这种译法，认为应当译作《纯理论衡》《行理论衡》《品鉴论衡》，"普通的批评叫作批评，系统的严重的批评便叫作'论衡'，康德的书名故以称为'论衡'为最适宜"。关于康德哲学的关键字眼"kritik"，近人一般译为"批判"（英译本或作"critique"，或作"criticism"），而贺麟则认为应当改译为"批导"。

就学理而言，"'批判'二字在康德不可用，盖批评与怀疑相近，与下最后判断之独断相反。康德只可说是批而不判，或判而不断的批评主义或批导主义者"。"故应译作批导，而不可泛泛译作批评，亦不可译作有独断意味的批判。"就"文字学基础"而言，"批导"亦有其古典文献依据，即《庄子·养生主》所云"依乎天理，批大郤，导大窾，因其固

---

① 贺麟：《〈黑格尔学述〉译序》，载《黑格尔哲学讲演集》，上海人民出版社2011年版，第625—626页。
② 贺麟：《哲学与哲学史论文集》，商务印书馆1990年版，"序言"第7页。
③ 以下文字，除有特别交代者外，主要采自贺麟《康德名词的解释和学说的大旨》，载《近代唯心论简释》，上海人民出版社2009年版，第138—160页。

然"。另外，改译"批判"为"批导"，亦非贺麟"自创"，而是"因袭"成说，"据我所知国人治康德哲学者大都早已以'批导'二字代替'批判'"。

按：贺麟所说的改译"批判"为"批导"的"国人"，其实就是留学回国主持北京大学哲学系的张颐（1887—1969 年）。据毕业于北京大学哲学系的温公颐（1904—1996 年）回忆，大学本科二年级时，张颐教学生读康德的《纯粹理性批导》，用的是英译本；三年级时，张颐又教学生读康德的《实践理性批导》，用的也是英译本。"他认为康德所谓'critique'一词，不仅批判过去，而且导引未来，所以应把它译为'批导'较妥。康德哲学可以称之为'批导哲学'（critical Philosophy）。"①

2."先天"与"先验"

康德著作的两个术语"a priori"和"transcendental"，中国人普遍采用的是日本人的译名，即译"a priori"为"先天"，译"transcendental"为"先验"。但"最奇怪"的是，划分"先天""先验"的区别的人——日本翻译康德的名家天野贞祐（1884—1980 年），在翻译《纯粹理性批判》时，有时译"transcendental deduktion"为"先验的演绎"，有时又译为"先天的演绎"，"这种混淆不清，就更令人莫名其妙了"。

与此不同，贺麟将这两个术语统译为"先天"。何以如此翻译，贺麟先从康德哲学体系本身予以辨析与说明，随后，"进而再看 a priori 和 transcendental 两字在西洋文字学上及哲学史上的意义"。"总之，从这番分析字义的结果，我们发现 a priori 乃'先经验'或在经验之先之意，亦即有'超经验'意。而 transcendental 乃'超经验'或超越特殊经验或感官内容之意，亦即有'先经验'意"。与"a priori"相对，贺麟译"a posteriori"为"后天"。

为了便于读者理解，贺麟又结合中国哲学予以关联说明。"先天"二字，出于《易·乾·文言》"先天而天弗违，后天而奉天时"之语，"纯全是哲学上普遍性、永久性、必然性的法则、道理或共相言"，"先天"

---

① 温公颐：《我研究哲学的经过》，载《中国当代社会科学家》第 2 辑，书目文献出版社 1982 年版，第 332 页。

之说，不可与邵雍的先天八卦方位图及道士《易》附会①，"邵康节从数、从宇宙论上去讲普遍必然的先天法则，而康德则从逻辑上、从知识论上去讲普遍必然的先天法则"。

贺麟的这些辨析、对比与尝试，是成功的，也是可取的。庞景仁（1910—1985年）在翻译康德的《未来形而上学导论》时，即译"a priori"为"先天"（a posteriori）。②

3. "矛盾"与"辩证"

康德和黑格尔所使用的"dialektik"一词，国内的翻译者多采纳日本人的译名，将其译为"辩证"。贺麟认为，译"dialektik"为"辩证"实属"不可通"，应改译为"矛盾"。其一，"盖辩者不证，证者不辩"，朱熹书名《楚辞辩证》所用"辩证"二字，"乃辨别原书字句之错误，证明何种版本的读法较正确之意"，属于"考证校勘之别名"，与"哲学家的思辨方法恰好相反"。其二，"细玩味dialektik一字在康德本书的用法，适为'矛盾'义"。其三，"在西洋哲学史上，康德前、康德后的哲学家，特别黑格尔对于dialektik一字的用法，皆多为'矛盾'义"。其四，"康德的transcendental dialektik乃系指理性的先天矛盾，即必然的、普遍的、内发的或内在的矛盾而言，不可依斯密士的说法译作或释作'超越的矛盾'"。

至于黑格尔哲学中的"dialectical method"，翻译者一般译为"辩证法"，贺麟则据《韩非子·难一》"以子之矛攻子之盾"一语之含义，将其改译为"矛盾法"，并详细说明改译的理由。③ 今人认为，这是继严复"信达雅"之后，在翻译界又开了"比"的先河。④

（四）译品定位：国内与国际

前文曾经指出，翻译是为了引进本民族所没有的"新知"，因此，译

---

① 邵雍之说，请参见（宋）邵雍著，郭彧整理《邵雍集》，中华书局2010年版。
② 参见［德］康德《未来形而上学导论》，庞景仁译，商务印书馆1978年版。
③ 参见贺麟《〈黑格尔学述〉译序》，载《黑格尔哲学讲演集》，上海人民出版社2011年版，第610—620页。
④ 参见张祥平、张祥龙：《从唯心论"大师"到信奉唯物主义的革命者——记翻译家、哲人贺麟》，《贺麟先生百年诞辰纪念文集》，中国社会科学出版社2009年版，第198—199页。

作首先应该忠实于原文（"信"），将外来的"新知"像传声筒一样传输给本国读者——不管是"不解原文"的读者，还是"了解原文"的读者。由此，译品的第一个定位便是：立足国内，服务读者。

陈康曾经谈到过"缄默的假设"，"这个假设事实上不只是严几道一个人私有的，乃是许多人共有的，即翻译只是为了不解原文的人的。毫无问题，翻译是为了不解原文的人的，然而不只是为了不解原文的人的；反之，在学说方面有价值的翻译，同时是了解原文的人所不可少的"[1]。这是对翻译活动的基本要求，同时也是翻译作品的理想追求。

贺麟的看法与陈康颇为一致，可谓"英雄所见略同"。在贺麟看来，"我国现在通西文的人大都不读中文译本或不参读中文译本，乃是中国翻译工作尚未上轨道，许多重要典籍，均乏标准译本的偶然现象，并非永久的常态"，"这个事实只是一种不良的现象，须得改变，减少的现象"。优质的译文，完全可以媲美于原文，甚至可以超过原文，"事实上比原文更美或同样美的译文，就异常之多。譬如严复译的《天演论》《群己权界论》及《群学肄言》等书，据许多人公认均比原文为更美"。进而言之，成功的译文之取代原文，这也是完全可以预期的，"最有趣味值得注意的事实，就是一般人所读的宗教上的《圣经》，差不多完全是读的译文。……中国一般念佛经的人，更是念的翻译本，而这些翻译本也许有较原文更好的地方"。因此，"我们不能说，凡译文绝对地必然地普遍地不如原文"[2]。

在"全球化""一体化"的浪潮中，翻译者还应当具备世界眼光，即弘扬"中国学术"于"世界学术"之林。实际上，这也是近代以来无数华夏学人的"学术中国之梦"[3]。由此，译品的第二个定位便是：放眼世界，展望全球。

关于译品的这一高远定位，陈康的认识是积极的，其追求也是主动的。陈康在译注柏拉图《巴曼尼得斯篇》时，尝于《序》文自信而语：

---

[1] 陈康：《序》，载［古希腊］柏拉图《巴曼尼得斯篇》，陈康译注，商务印书馆1982年版，第9页。

[2] 贺麟：《论翻译》，载罗新璋、陈应年编《翻译论集》（修订本），商务印书馆2009年版，第520—521页。

[3] 彭华：《王国维的学术中国梦》，《文史知识》2013年第10期。

如果中国学者翻译、研究西方哲学的著作,"能使欧美的专门学者以不通中文为恨(这绝非原则上不可能的事,成否只在人为),甚至因此欲学习中文,那时中国人在学术方面的能力始真正的昭著于全世界;否则不外乎是往雅典去表现武艺,往斯巴达去表现悲剧,无人可与之竞争,因此也表现不出自己超过他人的特长来"①。

四 贺译作品扫描

(一) 译著概述

1989年12月30日,贺麟为张岂之、周祖达主编《译名论集》作序。他在"序言"中坦诚相言:"在我60年的治学活动中,除了教学和研究之外,翻译工作始终占据着我生活中一个重要的部分,我对翻译事业也确实有一种特殊的感情。"② 此乃肺腑之言。

贺麟一生所翻译的著作(含合译),共计11种15册(不含单篇),并且基本上都是思辨性强、抽象层次高的哲学著作。就类别而言,大致可以分为四类:一类是新黑格尔主义者的作品,如鲁一士(Josiah Royce, 1855—1916年)的《黑格尔学述》、开尔德(Edward Caird, 1835—1908年)的《黑格尔》;一类是斯宾诺莎的作品,如《致知篇》(后改名为"知性改进论")、《伦理学》;一类是黑格尔的作品,如《小逻辑》《哲学史讲演录》(4卷)、《精神现象学》(上下册)、《黑格尔早期神学著作》、《黑格尔早期著作集》;一类是马克思(Karl Marx, 1818—1883年)的作品,如《黑格尔辩证法和哲学一般的批判》《博士论文(德谟克里特的自然哲学与伊壁鸠鲁的自然哲学的差别)》。具体如下:

[美] 鲁一士:《黑格尔学述》,贺麟译,商务印书馆1936年初版,1943年渝1版,1945年渝再版;

[英] 开尔德:《黑格尔》,贺麟译,商务印书馆1936年初版;

---

① 陈康:《序》,载 [古希腊] 柏拉图著《巴曼尼得斯篇》,陈康译注,商务印书馆1982年版,第10页。

② 贺麟:《序》,载张岂之、周祖达主编《译名论集》,西北大学出版社1990年版,第3页。

[荷] 斯宾诺莎:《致知篇》,贺麟译,商务印书馆 1943 年初版,1945 年第 3 版;

[荷] 斯宾诺莎:《知性改进论》,贺麟译,商务印书馆 1960 年版;

[荷] 斯宾诺莎:《伦理学》,贺麟译,商务印书馆 1958 年版;

[德] 黑格尔:《康德哲学论述》,贺麟译,商务印书馆 1962 年版;

[德] 黑格尔:《小逻辑》,贺麟译,商务印书馆 1950 年初版;商务印书馆 1959 年新 1 版;

[德] 黑格尔:《哲学史讲演录》第 1 卷,贺麟、王太庆译,商务印书馆,1959 年新 1 版;

[德] 黑格尔:《哲学史讲演录》第 2 卷,贺麟、王太庆译,商务印书馆,1960 年新 1 版;

[德] 黑格尔:《哲学史讲演录》第 3 卷,贺麟、王太庆译,商务印书馆,1959 年新 1 版;

[德] 黑格尔:《哲学史讲演录》第 4 卷,贺麟、王太庆译,商务印书馆 1978 年版;

[德] 黑格尔:《精神现象学》,贺麟、王玖兴译,商务印书馆 1962 年版;

[德] 黑格尔:《精神现象学》(上),贺麟、王玖兴译,商务印书馆 1979 年第 2 版;

[德] 黑格尔:《精神现象学》(下),贺麟、王玖兴译,商务印书馆 1979 年版;

[德] 黑格尔:《黑格尔早期神学著作》,贺麟译,商务印书馆 1988 年版;

[德] 黑格尔:《黑格尔早期著作集》,贺麟等译,商务印书馆 1997 年版;

[德] 马克思:《黑格尔辩证法和哲学一般的批判》,贺麟译,人民出版社 1955 年版;

[德] 马克思:《博士论文(德谟克里特的自然哲学与伊壁鸠鲁的自然哲学的差别)》,贺麟译,人民出版社 1961 年版。

关于以上译作,有两点需要特别说明。

说明一:《知性改进论》是中华人民共和国成立前商务印书馆出版的

贺麟原译著《致知篇》的新版，故本文将二者计为一种。

说明二：商务印书馆《康德哲学论述》"出版说明"云，"本书是黑格尔《哲学史讲演录》中关于康德哲学的一章。《哲学史讲演录》中译本共4卷，前3卷已经出版。第4卷正在移译中，"康德哲学"一章即在第4卷内。因学术界研究、批判康德哲学，亟须参考，特将此章先行付印"，故本文未将其纳入统计范围。

贺麟之所以选择这11种著作加以翻译和研究，并非心血来潮的轻率之举，而是理性思索、逐渐深入的结果，且有其"一以贯之"的理路——紧紧围绕黑格尔哲学而展开。众所周知，贺麟是通过新黑格尔主义者的著作而进入黑格尔哲学堂奥的，故他最先翻译鲁一士的《黑格尔学述》、开尔德的《黑格尔》，都是出于这一初衷。诚如贺麟自己所说，"黑格尔的学说颇以艰深著称。要了解他，要介绍他使别人也了解他，实非易事"，而"鲁一士是一个最善于读黑格尔，而能够道出黑格尔之神髓，揭出黑格尔之精华而遗其糟粕的人"，"鲁一士叙述黑格尔学的几篇文章比较最少教本式或学究式的干枯之病，足以使人很有兴会地领略到黑格尔学说的大旨"[①]。到了德国以后，贺麟又认识到，要准确地把握黑格尔哲学，就非研究斯宾诺莎和康德不可，"因为斯宾诺莎和康德是通向黑格尔哲学的两条路线"[②]。因此，贺麟相继翻译了斯宾诺莎的《致知篇》（后改名为《知性改进论》）和《伦理学》，并且前后撰写了《康德译名的商榷》（后改名为"康德名词的解释和学说的概要""康德名词的解释和学说的大旨"）、《康德黑格尔哲学东渐记》等。晚年的贺麟，在学术上又进行了"一项开创性的工作"，"花费很大精力从事于黑格尔早期思想的研究并翻译出版了《黑格尔早期神学著作》一书"，"从而把我国的黑格尔研究提高到一个新的水平"。贺麟的这一举措，是别具深意的，是他在黑格尔哲学研究上的拓展与深入，因为他发现，黑格尔早期著作是"解开黑格尔哲学秘密的真正钥匙，不了解其早期思想，后来的哲学发展将成为无源

[①] 贺麟：《〈黑格尔学述〉译序》，《黑格尔哲学讲演集》，上海人民出版社2011年版，第608页。

[②] 李鹏程：《简论贺麟师新心学中的中西文化融通》，载《濠江哲学文集》，河北大学出版社2002年版，第335页。

之水"①。

(二) 部分评价

贺麟所翻译的哲学著作，可谓佳评如潮，其中，又以《小逻辑》《精神现象学》《黑格尔学述》为最。尤其是《小逻辑》，已经成为翻译作品的经典之作。于此，仅以此三书为例，引述相关评价。

1. 《小逻辑》

杨君游说，"他的《小逻辑》译得精当凝重，意味深长，传神地体现了黑格尔晚年炉火纯青般的哲理意蕴和表述风格，是中国最成功的西方哲学译作之一，被学术界公认为继严复的《天演论》之后影响最大的学术著作中文译本"②。诸有琼说，"他对原著的本意理解深刻，译文表达如从己出，行文自然流畅。特别是他翻译的黑格尔的《小逻辑》，传神地体现了黑格尔晚年炉火纯青般的哲理蕴意和表述风格，是中国最成功的西方哲学译作之一"③。任继愈说，"他译的黑格尔的《小逻辑》风行半个世纪，新中国黑格尔专家没有不读他翻译的这部《小逻辑》的。西方名著在中国发生影响最广的翻译著作要数严复译的《天演论》；在学术界影响持续最久、迄今不衰的，我想贺译的《小逻辑》应当是首选"④。任继愈又说，"近现代中国翻译著作，影响最大的有两部书，一部是严复译的《天演论》，一部是贺麟译的黑格尔的《小逻辑》。《天演论》为近代中国革命敲响了警钟，完成了它的历史使命。《小逻辑》为今后若干年中国研究黑格尔哲学，建立了基本资料，这部不曾风靡一时，却成为中国精神文化财富"⑤。杨祖陶说"《小逻辑》的译文融会贯通了原作的意旨，传神

---

① 汝信：《贺麟教授关于黑格尔早期思想的研究》，载《濠江哲学文集》，河北大学出版社2002年版，第325、332页。

② 杨君游：《贺麟与中西文化的会通》，载《贺麟先生百年诞辰纪念文集》，中国社会科学出版社2009年版，第64页。

③ 诸有琼：《从"唯心主义大师"到共产党员——访贺麟教授》，载《贺麟先生百年诞辰纪念文集》，中国社会科学出版社2009年版，第241页。

④ 任继愈：《我所知道的贺麟先生》，载《贺麟先生百年诞辰纪念文集》，中国社会科学出版社2009年版，第19页。

⑤ 任继愈：《贺麟先生》，《念旧企新——任继愈自述》，山西人民出版社1997年版，第82页。

地体现了黑格尔宏大精深的哲学意蕴和高度思辨的辩证思维方式和表达方式，行文流畅、自然、典雅，如出己口，如宣己意，读起来也同听先生讲课一样，有如坐春风之感"①。杨祖陶又说，"《小逻辑》一书的翻译和出版（商务印书馆1950年11月初版），是先生把历来翻译和研究相结合的学术事业发展到一个崭新阶段，也是先生成为新中国黑格尔哲学研究的一代宗师的一个永放光芒的标志"②。谢地坤说，"在行文方面，他的译文也很考究。我自己在对照德文原著阅读《小逻辑》时就经常发现精彩的语句。……译得十分生动、妥帖"③。今人云，"特别是他译的《小逻辑》，经过他精益求精地一再修订，在学术上完全可以和瓦拉士的英译本相媲美"④。

2.《精神现象学》

孙霄舫说，"贺先生最大的翻译作品自然是黑格尔的《小逻辑》与《精神现象学》。这将使黑格尔与贺麟二名字，在中国永远分不开。……我觉得中国大学哲学系若开类似的课，贺译《小逻辑》与《精神现象学》，将是最理想的教本，学生不必读原文"⑤。今人云，"贺麟译的《精神现象学》，译文精当洗练、准确飘逸，既淋漓剔透地呈现了黑格尔的青春情怀，又严密周致地展示出哲学玄思的深奥繁难，是我国学术界少有的成功译作之一"⑥。1982年，《精神现象学》荣获中国社会科学院优秀科研成果一等奖。

3.《黑格尔学述》

孙霄舫说，"关于《黑格尔学述》印象尤其深，那是我念哲学的入

---

① 杨祖陶：《贺麟与黑格尔的〈小逻辑〉》，载《德国哲学》2007年卷，中国社会科学出版社2007年版，第35页。
② 杨祖陶：《一代宗师的赤子之心——忆贺师》，载《贺麟先生百年诞辰纪念文集》，中国社会科学出版社2009年版，第184页。
③ 谢地坤：《贺麟与黑格尔》，载《濠江哲学文集》，河北大学出版社2002年版，第357页。
④ 王守常主编：《20世纪的中国：学术与社会》（哲学卷），山东人民出版社2001年版，第114页。
⑤ 孙霄舫：《我所认识的贺麟教授及其思想》，载《贺麟先生百年诞辰纪念文集》，中国社会科学出版社2009年版，第218—219页。
⑥ 王守常主编：《20世纪的中国：学术与社会》（哲学卷），山东人民出版社2001年版，第114页。

门书，文字是那么美好。我一直以为这书是贺先生自己写的，至 1986 年出版贺著《黑格尔哲学讲演集》才知道这书是译的，可见他译书的到家"①。

由此，可以看出，贺麟不但有其高明的翻译思想，而且有其成功的翻译实践，贺麟的翻译实践不但是可资借鉴的，而且是可资师法的。

五 结语

梁启超曾经明言，"凡一民族之文化，其容纳性愈富者，其增展力愈强，此定理也"②。王国维曾经"正告天下"，说"学无新旧也，无中西也，无有用无用也"，"中西二学，盛则俱盛，衰则俱衰。风气既开，互相推助。且居今日之世，讲今日之学，未有西学不兴而中学能兴者，亦未有中学不兴而西学能兴者"③。贺麟曾经直言，"翻译的意义和价值乃在于华化西学，使西方文化中国化。中国要想走向世界，首先就要让世界进入中国。为中华文化灌输新的精华，使外来学术思想成为中国文化的一部分，移译、融化西学，这乃是中华民族扩充自我、发展个性的努力"④。由此看来，翻译之义大哉，翻译之责重哉！

2013 年 9 月，稿成于四川双流
2013 年 11 月，修改于四川双流
2014 年 2 月，修订于四川双流

【本文初稿名"贺麟译学大义述——兼与严复、王国维、陈康比较"，载《"湖湘文化与巴蜀文化交流高层论坛"（第二届）论文集》，四川·成都，2013 年 10 月，第 166—177 页；《长江流域区域文化的交融与发

---

① 孙霄舫：《我所认识的贺麟教授及其思想》，《贺麟先生百年诞辰纪念文集》，中国社会科学出版社 2009 年版，第 218 页。
② 梁启超：《佛学研究十八篇》，天津古籍出版社 2005 年版，第 154 页。
③ 王国维：《国学丛刊序》，《王国维全集》第 14 卷，浙江教育出版社、广东教育出版社 2009 年版，第 129、131 页（标点有所改动）。
④ 贺麟：《谈谈翻译》，《中国社会科学院研究生院学报》1990 年第 3 期。

展：第二届巴蜀·湖湘文化论坛论文集》，四川大学出版社 2014 年版，第 262—278 页。修订稿易名为"贺麟译学大义述——兼与严复、梁启超、王国维、陈康相参照"，《西华师范大学学报》（哲学社会科学版）2016 年第 1 期】

贺麟"新心学"认识论述略

——以"自然的知行合一观"为中心

贺麟，字自昭，四川金堂人，著名的哲学家、哲学史家、黑格尔研究专家、教育家、翻译家。早在20世纪40年代，贺麟就建立了"新心学"思想体系，成为中国现代新儒家思潮中声名卓著的重要人物，被尊为"现代新儒学八大家"之一。①

贺麟的"新心学"，是对中西文化的融通，是中国的陆王心学与西方的新黑格尔主义相结合的产物。总体而言，"心即理"的唯心论（本体论），辩证法与直觉法（或理智与直觉）有机结合的方法论，"自然的知行合一"的认识论，关于"儒家思想新开展"三条途径的论述，是构成贺麟哲学思想的主要部分。

在认识论领域，贺麟吸纳了朱熹、王阳明的"知行合一说"，同时借鉴了斯宾诺莎、格林、鲁一士和行为心理学的观点，构建了自己的认识理论，这就是"自然的知行合一观"。

在此，需要事先说明的一点是：众所周知，中国哲学传统所讲的知行问题，最主要的是伦理道德问题，当然也包含认识论问题。② 对于中国传统哲学所讲的知行问题，贺麟对它们进行了现代学理意义上的、认识论方向的改造。

---

① 关于贺麟的生平、著述及相关情况，请参看：(1) 彭华：《贺麟年谱新编》，《淮阴师范学院学报》（哲学社会科学学报）2006年第1期；全文收入《现当代学人年谱与著述编年》，上海三联书店2007年版；(2) 彭华：《贺麟先生学术年表》，附录于贺麟《近代唯心论简释》，商务印书馆2011年版；又附录于贺麟《文化与人生》，商务印书馆2015年版。温馨提醒：(1)(2) 二文如果有与本文表述不一致者，请以本文的表述为准。

② 相关评述参见张世英《哲学导论》（修订版），北京大学出版社2008年版。

在贺麟看来，就学理层面而言，"知行问题，无论在中国的新理学或新心学中，在西洋的心理学或知识论中，均有重新提出讨论，重新加以批评研究的必要"，因为"不批评地研究知行问题，而直谈道德，所得必为武断的伦理学（dogmatic ethics）"①；就现实层面而言，"知行问题的讨论与发挥，足以代表中国现代哲学中讨论得最多，对于革命和抗日战争建国实际影响最大的一个问题"②。但是，非常遗憾的是，自从王阳明提出"知行合一说"后，"此后三百多年内赞成、反对阳明学说的人虽多，但对知行合一说，有学理的发挥，有透彻的批评和考察的人，似乎很少"③。

1938年12月，代表贺麟知行观的重要文章《知行合一新论》，完稿于昆明。该文后作为"北京大学四十周年纪念文集"之一部分，于1940年1月在昆明出版单行本（抽印本）。后来，该文又被相继收入《近代唯心论简释》和《当代中国哲学》（后改名为"五十年来的中国哲学"）中。《知行合一新论》一文，是贺麟自以为"有不少新意思"的论文。④其后，贺麟在《三民主义周刊》又发表了《对知难行易说诸批评的检讨》《知难行易说的绎理》《知难行易说与知行合一说》等文。通过这些论文，贺麟完整地阐述了自己的观点——"自然的知行合一观"。

贺麟的"自然的知行合一观"，是从知行的概念、"合一"的意义、知行的关系、知行的难易等几个方面进行论述和展开的。由此出发，贺麟对历史上的"知行合一说"进行了全新的考察。与此相对应，贺麟的"自然的知行合一论"包括四个基本命题（或结论）——"知行同是活动""知行永远合一""知主行从"和"知难行易"。

一 知行的概念

关于"知""行"两个概念，贺麟是这样界说的，"'知'指一切意

---

① 贺麟：《五十年来的中国哲学》，辽宁教育出版社1989年版，第130—131页。
② 贺麟：《当代中国哲学原序》，《五十年来的中国哲学》，辽宁教育出版社1989年版，第4页。
③ 贺麟：《五十年来的中国哲学》，辽宁教育出版社1989年版，第130页。
④ 参见贺麟《五十年来的中国哲学》，辽宁教育出版社1989年版，"新版序"第2页。

识的活动。'行'指一切生理的活动"①。贺麟举例说，任何意识的活动，如感觉、记忆、推理的活动，以及学问思辨的活动，都属于"知"的范畴。也就是说，"知"是心理的或意识的活动。而任何生理的动作，如五官四肢的运动固然属于"行"，就是神经系的运动，脑髓的极细微的运动，也属于"行"的范围。也就是说，"行"是生理的或物理的动作。可见，"知""行"是两种性质不同的活动，但它们同是活动，"我们不能说，行是动的，知是静的。只能说行有动静，知也有动静"②。

贺麟接着指出，"知"和"行"都是"有等级可分的"，但他认为，于此不必深究，因为"我们只需确认知与行都是有等级的事实即行"。贺麟进一步指出，"知"和"行"都有"显"（explicit）与"隐"（implicit）的区别。以"行"而论，最显著的生理动作，如动手动足的行为，便是"显行"；最不显著或隐晦的生理动作，如静坐、思的行为，便是"隐行"。"显行"与"隐行"虽然有如此区别，但必须明白的是，"显行与隐行间只有量的程度的或等级的不同，同是行为，而且同是生理或物理的行为"。以"知"而论，最显著的意识活动，如思、推理、研究学问，便是"显知"；最不显著或隐晦的意识活动，如本能的知识、下意识的活动等，便是"隐知"。"显知"与"隐知"虽然有如此区别，但必须明白的是，"显知与隐知间亦只有量的、程度的或等级的差别，而无根本的不同，或性质的不同"。就"知"和"行"的"显""隐"而论，"最隐之行，差不多等于无行"，"但在理论上，我们也不能称之为生理动作"；"最隐之知，也差不多等于无知"，"但客观地讲来，此种'无知之知'，也是一种'知'。只可谓为隐知，但不能谓为绝对无知"③。

二 "合一"的意义

贺麟认为，"知"和"行"的关系是分中有合、合中有分。具体来说，"知"和"行"的关系有一个类似于"正反合"的发展过程。也就

---

① 贺麟：《五十年来的中国哲学》，辽宁教育出版社1989年版，第131页。
② 贺麟：《五十年来的中国哲学》，辽宁教育出版社1989年版，第131页。
③ 贺麟：《五十年来的中国哲学》，辽宁教育出版社1989年版，第132页。

是说，（1）既要指出"知"和"行"本来是"合一"的（不是"混一"），（2）也要分析清楚"知"和"行"又如何分而为二、彼此对立，（3）最终更要明了"知"和"行"又是如何复归于统一的。从（1）到（2）到（3），贺麟说这是"一个三部曲"①。

贺麟所说的"知行合一"，指的是"知行同时发动（coincident）之意"，亦指知行是"同一活动的两面"，又是"知行平行"的意思。这是贺麟为"知行合一"所做的三个规定。

所谓"知行同时发动"，即意识的活动（"知"）与生理的活动（"行"）"同时产生或同时发动"。在时间上，知行不能分先后。既不能说"知先行后"，亦不能说"知后行先"，而是"两者同时发动，同时静止"。贺麟交代，用"同时发动"来解释"合一"，实则采自斯宾诺莎②。斯宾诺莎主张"身心合一"，认为身体的动作与心的活动是同时发动的，"身体之主动与被动的次序，与心之主动与被动是同时发动的（coincident）"（斯宾诺莎《伦理学》第三部分，"命题二·附释"）。

所谓知行是"同一活动的两面"，是指"与行为同一生理心理活动的两面（two aspects of the same psycho-physical activity）"而言，"知与行既是同一活动的两面，当然两者是合一的"。这里所说的"知行合一"，是指"同一生理心理活动的两面"，而不是指所谓甲的"知"与乙的"行"这样不同主体间的知行关系。正因为"知行是同一活动的两面"，所以说"知行合一为知行同时发动，方有意义"。由于"知行是同一活动的两面"，所以"知与行永远在一起（always together），知与行永远陪伴着（mutual accompaniment）"，就如手掌与手背是整个手的两面。对此同一的活动，从心理方面看是"知"，从生理或物理方面看是"行"，只是"用两个不同的名词，去形容一个活动的历程"。这就是贺麟所说的"知行两面说"，"知行合一构成一个整个活动"③。

"知行平行说"与"知行两面说"，实际上是互相补充的。"单抽出

---

① 贺麟：《五十年来的中国哲学》，辽宁教育出版社1989年版，第133页。
② 贺麟：《五十年来的中国哲学》，辽宁教育出版社1989年版，第133页。
③ 贺麟：《五十年来的中国哲学》，辽宁教育出版社1989年版，第134页。

一个心理生理活动的孤例来看，加以横断面的解剖，则"知行合一"乃知行两面之意。"就知行之在时间上的进展言，就一串的意识活动与一串的生理活动之合一并进言，则知行合一即是知行平行。"①

具体说来，"知行平行说"包括三层意思。（1）"意识活动的历程与身体活动的历程乃是一而二，二而一，同时并进，次序相同"。（2）"知行既然平行，则知行不能交互影响。知为知因，行为行因。知不能决定行，行不能决定知。知不能知身体动作，行不能使知识增进。"这是就自然事实而言的。（3）就研究方法而言，知行"各自成为系统，各自不逾越范围"。以行释行，产生纯自然科学（如生理学、物理学及行为派的心理学）；以知释知，产生纯哲学或纯精神科学。前者纯用机械方法，后者纯用逻辑思考。②

总之，贺麟认为，"任何一种行为皆含有意识作用，任何一种知识，皆含有生理作用。知行永远合一，永远平行并进，永远同时发动，永远是一个心理生理活动的两面。最低级的知永远与最低级的行平行。……最高级的知与最高级的行，所谓真切笃实的行，明觉精察的知，亦永远合而为一，相偕并进"③。

由是，贺麟提出了"自然的知行合一论"（又称"普遍的知行合一论"），"此种的知行合一观，我称为'普遍的知行合一论'，亦可称为'自然的知行合一论'。一以表示凡有意识之论，举莫不有知行合一的事实；一以表示不假人为，自然而然即是知行合一的事实"④。

三 知行的关系

贺麟认为，还可以从主从（体用）关系辨别知行。他指出，"所谓主从关系，即体用关系，亦即目的与手段关系，亦可谓为领导者与随从者的关系"⑤。贺麟特别提醒，"主从的关系的区别要有意义的话，不能以事

---

① 贺麟：《五十年来的中国哲学》，辽宁教育出版社1989年版，第134页。
② 贺麟：《五十年来的中国哲学》，辽宁教育出版社1989年版，第134—135页。
③ 贺麟：《五十年来的中国哲学》，辽宁教育出版社1989年版，第136页。
④ 贺麟：《五十年来的中国哲学》，辽宁教育出版社1989年版，第136页。
⑤ 贺麟：《五十年来的中国哲学》，辽宁教育出版社1989年版，第140页。

实上的显与隐或心理上的表象与背境定主从，而当以逻辑上的知与行的本质定二者之孰为主孰为从"①。

在贺麟看来，"知"是主、"行"是从，"知"是体、"行"是用。具体说来，"知主行从说"包括三层意思。（1）"知是行的本质（体），行是知的表现（用）"。"知是有意义的、有目的的，行是传达或表现此意义或目的之工具或媒介"，因此，"行"应当"与知合一，服从知的指导，表示知的意义"，而"知藉行为而表现其自身"。（2）"知"永远决定行为，故为主；"行"永远为"知"所决定，故为从。贺麟指出，"从自然的知行合一的观点看来，知行同时发动，两相平行，本不能互相决定，但亦可谓为内在的决定或逻辑的决定"。这就是说，"知为行之内在的推动原因，知较行有逻辑的在先性"。（3）"知"永远是目的，是被追求的主要目标；"行"永远是工具，是附从的、追求的过程。因此，我们可以说，"任何人的活动都是一个求知的活动"，"无论什么人，无论在什么情形下，他的行为永远是他的知识的功能（action is always the function of knowledge）"。②

贺麟不仅从正面发展了"知主行从说"的道理，而且从反面批驳了"行主知从说"。他认为，西方心理学上的"副象论"（epiphenomenalism），詹姆士（William James，1842—1910年）、兰格（Carl Lange，1834—1900年）的"情绪说"，以及杜威（John Dewey，1859—1952年）、布里奇曼（Percy Williams Bridgman，1882—1961年）所持行主知从的"知行合一论"，都是不能成立的。以"副象的情绪论"而言，便是错误颇多，"第一，不能解释许多普遍的经验事实"，"第二，此论既不就整个事实立论，亦无坚实的理论基础"。贺麟举例说，逃避老虎的"行"不是"知"之始，见虎畏虎的"知"不是"行"之成。反之，我们可以依照王阳明所说：见虎畏虎的"知"，是避虎的"行"之始；避虎的"行"，是见虎畏虎的"知"之成。③

在贺麟的"新心学"体系中，"知主行从说"与其文化观、体用观、

---

① 贺麟：《五十年来的中国哲学》，辽宁教育出版社1989年版，第141页。
② 贺麟：《五十年来的中国哲学》，辽宁教育出版社1989年版，第141—142页。
③ 贺麟：《五十年来的中国哲学》，辽宁教育出版社1989年版，第142—145页。

心物观是一脉相承的。在文化观、体用观上，贺麟主张"以精神或理性为体，而以古今中外的文化为用"①。在心物观上，贺麟主张"心体物用""心主物从"。因此，贺麟在知行的主从问题上主张"知主行从说"，可谓水到渠成！

四 知行的难易

贺麟认为，既然从逻辑上解决了知行的主从问题（知主行从），那么价值上的知行的难易问题也就迎刃而解了。在论述知行的难易问题时，贺麟力图把孙中山的"知难行易说"、蒋介石的"力行哲学"和王阳明的"知行合一说"沟通、协调起来。他明确指出，"知难行易说"与"知行合一说"，"不但不冲突，而且互相发明"②，"不惟不矛盾，而且互相发明"③。

贺麟说，从自然的知行合一来讲，知行既然合一、同时发动、平行并进，应当说"知行同其难易"；就高程度的知行合一的活动言，应当说"知行同样艰难"；就低程度的知行合一程度言，应当说知和行"两者皆同样容易"。那么，知行的难易究竟如何呢？于是，贺麟搬出了孙中山的"知难行易说"。在贺麟看来，孙中山所谓的"知难行易说"，是说"显知隐行难"（如科学研究）、"显行隐知易"（如日常饮食的动作）。依照贺麟所提出的"知主行从说"，"显知隐行永远决定显行隐知"，"较高级的知行合一体永远支配较低级的知行合一体"。如此一来，便可推出，"显知隐行较高级的知行合一体当然难，而显行隐知较低级的知行合一体当然容易"。至此，贺麟愉快地指出，"故照这样讲来，知难行易不惟是确定的真理，而且与知主行从之说互相发明"④，孙中山"知难行易说的

---

① 贺麟：《文化的体与用》，载《近代唯心论简释》，上海人民出版社2009年版，第201页。
② 贺麟：《当代中国哲学原序》，载《五十年来的中国哲学》，辽宁教育出版社1989年版，第5页。
③ 贺麟：《五十年来的中国哲学》，辽宁教育出版社1989年版，第193页。
④ 贺麟：《五十年来的中国哲学》，辽宁教育出版社1989年版，第146页。

归宿是知行合一说"①。

但是，部分哲学史家却对贺麟这一愉快的结论提出了冷峻的批评。批评者认为，贺麟"歪曲解释"了孙中山的"知难行易说"，"硬说孙中山的知难行易说和他们的知行合一说相一致"，而"从根本上说，孙中山是反对知行合一说的"，贺麟的"这种做法是十分荒唐的"，贺麟的"歪曲解释"是"不符合历史事实的"②。其实，并非贺麟"歪曲解释"了孙中山的"知难行易说"，而是持此论者"歪曲理解"了贺麟的本意。有兴趣的读者，不妨读一读《五十年来的中国哲学》第二章"《孙文学说》的哲学意义——引言"的详细论证③，同时参考张学智的具体论述④。

贺麟进一步指出，"从价值的知行合一论看来"，所获得的结论也是"知难而行易"。贺麟认为，"盖因显行易，显知难。由显行之行到显知之知难，由经验中得学问，由生活中见真理亦皆难。反之，由显知之知到显行之行，由知而行，由原理到应用，由本质到表现，由学术到事功，则皆易"。在贺麟看来，孙中山所谓"能知必能行"，不仅是一种信仰，而且是一种事实。至于"不知亦能行"，亦是一种事实，"盖不知者可服从他人，受人指导而产生行为"。但是，"能知能行方是主动之行，不知能行，则是被动的行为"。总之，"难易是价值问题，主从是逻辑问题"⑤。

后来，在《知难行易说与力行哲学》⑥中，贺麟又考察了蒋介石的"力行哲学"与孙中山的"知难行易说"、王阳明的"知行合一说"的关系。贺麟认为，"蒋先生的行的哲学，乃是于王阳明的哲学及中山先生知难行易说灼然见到其贯通契合处，加以融会发挥而来"，"蒋先生的力行哲学实在是发挥中山先生知难行易说的伟大成果，也就是为知难行易说

---

① 贺麟：《五十年来的中国哲学》，辽宁教育出版社1989年版，第189页。
② 冯契主编：《中国近代哲学史》，生活·读书·新知三联书店2014年版，下册，第938—939页。
③ 参见贺麟《五十年来的中国哲学》，辽宁教育出版社1989年版。
④ 参见张学智《贺麟思想研究》，人民出版社2016年版。
⑤ 贺麟：《五十年来的中国哲学》，辽宁教育出版社1989年版，第146—147页。
⑥ 说明：《知难行易说与力行哲学》是旧版《当代中国哲学》的第4章第5节，新版全部删除。上海人民出版社《贺麟全集》本《五十年来的中国哲学》，将此章作为"附录"收入。

谋最高的出路,求最后的证明"①。

总之,贺麟认为,"知难行易"说应以"知行合一"说为基础,不然理论不坚实;"知难行易说"应以"知行合一说"为归宿,不然理论不透彻。这是贺麟对"知难行易"说与"知行合一"说关系的根本看法。可以说,"由知难行易说必然逻辑地发展到知行合一说"②。

从"自然的知行合一论"出发,贺麟对历史上的"知行合一说"进行了全新的考察。他将自己的"知行合一说"概括为"自然的知行合一论"(或"普遍的知行合一论"),而将历史上的"知行合一说"概括为"价值的知行合一观"(或"理想的知行合一论")。"价值的知行合一观"和"自然的知行合一观"的区别在于:"价值的知行合一观"视知行合一为"应该如此"的理想状态("价值或理想"),是必须经过"人为的努力方可达到或实现的课题或任务",并且是"只有少数人特有的功绩";而"自然的知行合一观"则视知行合一为"原来如此"的客观事实("自然事实"),并且认为"知行本来就是合一的,用不着努力即可达到"③。

对于"价值的知行合一观",贺麟又将其细分为"理想的价值的知行合一观"和"直觉的价值的知行合一观"。"理想的价值的知行合一观",以朱熹为代表;"直觉的价值的知行合一观",以王阳明为代表。在贺麟看来,在知行主从问题上,王阳明亦持"知主行从说"。王阳明曾经说过这样的话,"知是行的主意,行是知的功夫;知是行之始,行是知之成。若会得时,只说一个知,已自有行在;只说一个行,已自有知在"(《传习录上》)。"知之真切笃实处,即是行;行之明觉精察处,即是知。知行工夫,本不可离"(《传习录中》)。非常可惜的是,"阳明所谓知行,几纯属于德行和涵养心性方面的知行"④,"着重在个人正心诚意、道德修养的成分居多"⑤。在贺麟看来,在知行问题上,朱熹坚持的是"知先行后""知主行从"之说。朱熹曾经说过这样的话,"知行常相须,如目无

---

① 贺麟:《五十年来的中国哲学》,上海人民出版社2012年版,第195、219、227页。
② 张学智:《贺麟思想研究》,人民出版社2016年版,第29页。
③ 贺麟:《五十年来的中国哲学》,辽宁教育出版社1989年版,第136—137页。
④ 贺麟:《五十年来的中国哲学》,辽宁教育出版社1989年版,第151页。
⑤ 贺麟:《五十年来的中国哲学》,辽宁教育出版社1989年版,第195页。

足不行，足无目不见。论先后，知为先；论轻重，行为重"（《朱子语类》卷九）。但是，朱熹的问题只限于"知行何以应合一"及"如何使知行合一"方面，"他全没有涉及自然的知行合一方面，也没有王阳明即知即行的说法"①。贺麟晚年补充说，"朱熹对知行问题的基本思想是把知行分为二截，坚持知先行后说"，"从辩证唯物论的认识论看来，朱熹知先行后的观点，并没有看出知识的感性的和实践的基础。他孤立地、机械地分知行为二截，方法不辩证，没有看出知行的内在联系，知行之反复推移和矛盾发展的关系"②。

经过一番梳理与考察，贺麟发现，"自然的知行合一观与任何一种价值合一观都不冲突"，"不唯不冲突，而且可以解释朱王两种不同的学说，为他们的知行合一观奠立学理的基础"。也就是说，"自然的知行合一论，实由程朱到阳明讨论知行问题的发展所必有的产物"③。

看得出来，贺麟对于知行问题确实了花费了精力和笔墨，可谓煞费苦心。贺麟的私淑弟子张学智说，"贺麟之所以花大力气讨论知行问题，是为了使人们明了离知无行，离开学问无涵养，离开真理的指导无道德的道理，破斥缺乏道德的知识基础的武断的道德命令、道德判断"④。

对于贺麟的"知行合一新论"，今人有过中肯的评价："这一知行关系的理论不仅仅是接着朱熹、王阳明的知行合一说讲的，它也同时吸收了斯宾诺莎、格林和鲁一士有关的思想。可以说，贺麟在新的历史条件下，推动了关于知行关系理论的研究。他的知行合一新论较朱熹、王阳明的理论要系统、精致得多。其最主要的特色是把知行合一说从纯粹的德性修养的领域扩展到了逻辑和认识论的领域，从而为中国传统哲学的知行关系理论奠定了逻辑和认识论的学理基础，指明了道德学的研究应该以知行关系这样的认识理论为其前提。而且，由于人这一认识主体的

---

① 贺麟：《五十年来的中国哲学》，辽宁教育出版社1989年版，第155页。
② 贺麟：《知行合一问题——由朱熹、王阳明、王船山、孙中山到〈实践论〉》，载《五十年来的中国哲学》，辽宁教育出版社1989年版，第200、201—202页。说明：该文原名"关于知行合一问题——由朱熹、王阳明、王船山、孙中山到《实践论》"，发表于《求索》1985年第1期。
③ 贺麟：《五十年来的中国哲学》，辽宁教育出版社1989年版，第156页。
④ 张学智：《贺麟选集》，吉林人民出版社2005年版，"前言"第7页。

任何活动都是在意识的自觉地或不自觉地支配下进行的,所以不可能有脱离意识的行动,从这个意义可以说知决定行,知行是合一的。虽说这一理论有进一步完善的必要,但是从现代知识论研究的现状看,应该说是正确的。"①

2017年9—12月,于四川成都

【本文原载《西华师范大学学报》(哲学社会科学版)2019年第1期】

---

① 张文儒、郭建宁主编:《中国现代哲学》,北京大学出版社2001年版,第412—413页。

"同情的理解"略说

——以陈寅恪、贺麟为考察中心

近代中国社会风云激荡、翻天覆地,由传统逐渐走向现代,由封闭逐渐走向开放,与此相应,近代中国学术亦复如是,并且视野由局限于中国逐渐走向放眼全世界,而"科学研究"的提倡又堪称时代的最强音,亦为近代学术转型最引人注目的一道风景线。按照一般的、常规的理解,近代中国学术由蒙昧草创到日趋成熟,是与"范式"的建立、"方法"的昌明密不可分的。约略而言,要以王国维首倡和践履的"二重证据法"为典范;而胡适极力宣扬的"实证研究"、陈寅恪躬亲实践的"诗史互证",以及陈寅恪、贺麟等人标示和追求的"同情的理解",亦颇受时人和后人注意;除此之外,"古史辨派"的"默证法"虽然多为人所诟病,但亦不失为影响深远的方法之一。至于其他人士的其他方法,在此不遑枚举。近代中国学术的这一现象,在很大程度上印证了徐复观的一个判断,"'五四'运动以来,时贤特强调治学的方法,即所谓科学方法,这是一个好现象。历史上,凡是文化的开山人物,总多少在方法上有所贡献"[①]。

本文将以"同情的理解"为例,以陈寅恪、贺麟为考察中心,对近代中国的学术转型在点和面上进行叙述与分析。

[①] 徐复观:《研究中国思想史的方法与态度问题(代序)》,《中国思想史论集》,上海书店出版社2004年版,第1页。

一 现象扫描

史学家陈寅恪的"同情之了解"一说，中国学界早已耳熟能详；其受关注程度之广，引用率之高，直让人有"惊叹不已"之感！其实，倡导此说、阐述此说的，还有一位重要的人物——哲学家、哲学史家贺麟，而大致同时代的其他学者亦有类似的说法，但略显遗憾的是，贺麟和其他学者之说似乎并未引起世人的多少重视。

"同情之了解"，陈寅恪自己称之为"了解之同情"，认为这是"真了解"古人学说的不二法门。陈寅恪正式申论此说的时间，是1930年。这一年，陈寅恪承命审查冯友兰的《中国哲学史》上册，他在审查报告中写道①：

> 凡著中国古代哲学史者，其对于古人之学说，应具了解之同情，方可下笔。盖古人著书立说，皆有所为而发。故其所处之环境，所受之背景，非完全明了，则其学说不易评论。而古代哲学家去今数千年，其时代之真相，极难推知。吾人今日可依据之材料，仅为当时所遗存最小之一部，欲借此残余片断，以窥测其全部结构，必须备艺术家欣赏古代绘画雕刻之眼光及精神，然后古人立说之用意与对象，始可以真了解。所谓真了解者，必神游冥想，与立说之古人处于同一境界，而对于其所持论所以不得不如是之苦心孤诣，表一种之同情，始能批评其学说之是非得失，而无隔阂肤廓之论。否则数千年前之陈言旧说，与今日之情势迥殊，何一不可以可笑可怪目之乎？但此种同情之态度，最易流于穿凿附会之恶习。因今日所得见之古代材料，或散佚而仅存，或晦涩而难解，非经过解释及排比之程序，绝无哲学史之可言。然若加以联贯综合之搜集及统系条理之整理，则著者有意无意之间，往往依其自身所遭际之时代，所居处之环境，所熏染之学说，以推测解释古人之意志。由此之故，今

---

① 陈寅恪：《冯友兰中国哲学史上册审查报告》，《金明馆丛稿二编》，上海古籍出版社1980年版，第247—248页；生活·读书·新知三联书店2001年版，第279—280页。

日之谈中国古代哲学者，大抵即谈其今日自身之哲学者也；所著之中国哲学史者，即其今日自身之哲学史者也。其言论愈有条理统系，则去古人学说之真相愈远。此弊至今日之谈墨学而极矣。今日之墨学者，任何古书古字，绝无依据，亦可随其一时偶然兴会，而为之改移，几若善博者能呼卢成卢，喝雉成雉之比。此近日中国号称整理国故之普遍状况，诚可为长叹息者也。今欲求一中国古代哲学史，能矫傅会之恶习，而具了解之同情者，则冯君此作庶几近之。

有的研究者指出，观陈寅恪之意，所谓"同情"者，乃在提倡研究者以历史主义的立场，透过直观的材料层面，对古人的思想和行为作一种设身处地的"移情"式理解，如此，既得避免"仅凭陈迹之搜讨，而无同情之默应"的"科学主义"倾向，又不致脱离基本事实的框架去作"穿凿附会"的发挥和无依据的玄说，裨研究之结果更接近历史的真相。显然，新人文主义提供这一学术方法论境界，目的是希望通过史料考证与人文阐释、史实表层考察与深层含义体悟的结合，在本已裂痕重重的科学与人文之间架设起沟通的桥梁。① 化繁为简，陈寅恪所说"真了解""了解之同情"，可以"设身处地""感同身受"二语表达。

毋庸置疑，在近代中国的学者群中，陈寅恪是第一个将"同情"与"了解"结合在一起并且正式行诸文字的学者，他也是将其作为理解古人或古代思想的态度或方法的第一人。嗣后，又有多位学者不约而同地提出了基本相同的说法，并且使用了大致相近的字眼。

与陈寅恪同在哈佛大学留学，同样受到白璧德（Irving Babbitt, 1865—1933 年）影响，且与陈寅恪和吴宓并称为"哈佛三杰"的汤用彤，在熟练运用考证法治史的同时，也十分强调对古人或古代思想应具一种"同情"式的理解。在研究佛教史的过程中，汤用彤就指出：

中国佛教史未易言也。佛法，亦宗教亦哲学。宗教情绪深存人心，往往以莫须有之史实为象征，发挥神妙之作用。故如仅凭陈迹

---

① 参见胡逢祥《科学与人文之间——关于现代史学建设路向的一点思索》，《史学理论研究》2003 年第 3 期。

之搜讨，而无同情之默应，必不能得其真。哲学精微，悟入实相。古哲慧发天真，慎思明辨，往往言约旨远，取譬虽近，而见道深弘。故如徒于文字考证上寻求，而乏心性之体会，则所获者其糟粕而已。①

《汉魏两晋南北朝佛教史》的"跋"作于1938年元旦，较陈寅恪的《冯友兰中国哲学史上册审查报告》晚了将近8年。

在贺麟看来，汤用彤《汉魏两晋南北朝佛教史》之成功得力于两点，"第一为以分见全，以全释分的方法"，"第二，他似乎多少采取了一些钱穆先生所谓治史学者须'附随一种对其本国以往历史之温情与敬意'的态度。他只是着眼于虚心客观地发'潜德之幽光'，设身处地，同情了解了古哲，决不枉屈古人。既不抨击异己之古人，亦不曲解古人以伸己说，试看他提到辅嗣、子玄、子期、远公、道公、生公等人之亲切熟稔，就可见得他尚友千古之同情态度，已溢于言表了"②。贺麟的这一分析，有两点颇值得注意：第一，贺麟压根没有提及陈寅恪之名，反而提到的是钱穆，并且推测汤用彤所谓"同情之默应"似乎来源于钱穆的"对其本国以往历史之温情与敬意"的态度③；第二，贺麟所云"尚友千古之同情态度"，结合他自己的相关阐述（详见下文），似乎暗示"同情的了解"一说还有更为久远的渊源。

作为我国现代著名的哲学家、哲学史家、黑格尔研究专家的贺麟，也具体、详细、严明地论说过"同情的理解"，但贺麟从未言及陈寅恪的"同情之了解"，甚至在行文中也绝少提及"陈寅恪"——就笔者陋

---

① 汤用彤：《汉魏两晋南北朝佛教史》，北京大学出版社1997年版，"跋"第635页；《汤用彤全集》第1卷，河北人民出版社2000年版，第655页。

② 贺麟：《五十年来的中国哲学》，辽宁教育出版社1989年版，第22—23页。以下关于贺麟著述写作或出版时间的叙述，主要取材于拙文《贺麟年谱新编》。《贺麟年谱新编》，《淮阴师范学院学报》（哲学社会科学学报）2006年第1期，后全文收入《现当代学人年谱与著述编年》上海三联书店2007年版，第303—332页。

③ 按："对其本国以往历史之温情与敬意"，出自钱穆《凡读本书请先具下列诸信念》，《国史大纲》（修订本），商务印书馆1994年版，第1页。

闻所及。① 经过严格的学术训练的贺麟如此而为，绝非率性任意之举，更非"故意隐匿"，而是"大有深意存焉"。换句话说，贺麟的"同情的理解"并非来自陈寅恪，而有其独立的来源。

1941年，贺麟在名篇《儒家思想的新开展》中说，"在我们看来，只要能对儒家思想加以善意同情的理解，得其真精神与真意义所在，许多现代生活上、政治上、文化上的重要问题，均不难得到合理、合情、合时的解答"②。贺麟此语中的"我们"二字，颇值得注意；即倡言我之所说，并非由"我"首倡，且并非仅"我"一人持有此论。直至1990年，贺麟仍然坚持此说，"这是我在40多年前于《儒家思想的新开展》中反复说明的，今天我仍持同样的看法"③。

1943年秋，贺麟在重庆小温泉给全体新生讲课，讲稿为《读书方法与思想方法》。他谈及思想的三种方法，一是"逻辑的方法"，二是"体验的方法"，三是"玄思的方法"。而所谓"体验的方法"，即"用理智的同情去体察外物，去反省自己"，"要了解一物，须设身处地，用同情的态度去了解之"④。

1945年8月30日，贺麟在昆明为《当代中国哲学》作序。"本册里所提到的几十位在中国哲学上有贡献的人……篇中对于他们的哲学思想的叙述，固然表示我对于他们的著作之客观的同情了解……虽然篇中有几处，我曾对于有几位先生的思想，约略加了几句极简短的批评，这并不表示我对他们缺乏同情的理解和重视，这些批评，只表示我对他们的思想有了批评的兴趣和批评的反应。"⑤

---

① 翻阅贺麟在中华民国时期所出版的三本论文集《近代唯心论简释》（1942年出版）、《当代中国哲学》（1947年出版，1989年重版时易名为"五十年来的中国哲学"）、《文化与人生》（1947年出版），仅在叙述"王国维与康德哲学"时，因为涉及王国维之死因，才附带提及陈寅恪之名，"我们同意陈寅恪的观点，即根本的原因是为了忠于他所托命的祖国学术文化"（《五十年来的中国哲学》，辽宁教育出版社1989年版，第91页）。

② 贺麟：《儒家思想的新开展》，《文化与人生》，商务印书馆1988年版，第17页。

③ 贺麟：《谈儒家精神——致朱熹诞辰860周年学术讨论会》，《哲学动态》1990年第12期。

④ 贺麟：《读书方法与思想方法》，《文化与人生》，商务印书馆1988年版，第178页。

⑤ 贺麟：《当代中国哲学原序》，《五十年来的中国哲学》，辽宁教育出版社1989年版，第1—2页。

1946年9月2日，贺麟在昆明作《文化与人生》的"序言"中说《文化与人生》有三个特点，一是"有我"，二是"有渊源"，"我的思想都有其深远的来源，这就是中国传统的文化和儒家思想。篇中不惟对孔孟程朱陆王有同情的解释，即对老庄杨墨亦有同情的新评价，以期发展其特点，吸取其教训"[1]。

1983年6月15日，贺麟在《现代西方哲学讲演集》的"作者后记"中云，"关于写序问题，由于我感到这个讲演集上篇中的内容是我还'没有马克思主义的觉醒'时期讲的，因此其中难免站在资产阶级立场说话，不仅偏于同情了解，而且有颂扬过当，甚或用黑格尔哲学去比拟和评价的地方；下篇对实用主义的批判及新黑格尔主义的批判似乎有些深文周纳的缺点"[2]。而该书在评述美国哲学家桑提耶纳（George Santayana, 1863—1952年）"诗化了的时空观和文艺心理学"时，又特意彰显作为文艺心理学方法论之一的"同情了解说"。"文艺心理学代表桑提耶纳的方法论，注重直觉体验，也即是设身处地去想象别人如何思索、如何感受的艺术，如演员对角色性格的揣摩，如欣赏者在想象中重现作者的灵魂"，"因此文艺心理学在道德领域中也自有它的地位，道德生活必须以同情了解来作为前提"，"历史方面，有科学的历史，都是客观事实的报道，有当作戏剧式艺术的历史，这就须有文艺心理学才能够设身处地，才可以在千载以上尚友古人"，"心理学中当然更不能缺少折中设身处地的同情了解"[3]。

1950年12月，杨树达（1885—1956年）在致陈寅恪的信中谈道："古来大诗人，其学博，其识卓，彼以其丰富卓绝之学识发为文章，为其注者亦必有与彼同等之学识，而后其注始可信。否则郢书燕说，以白为黑，其唐突大家已甚矣。"[4] 在此，杨树达业已道出了学术研究在知识结构与学术素养层面的要求，但与陈寅恪、贺麟诸人所说的"真了解"或

---

[1] 贺麟：《文化与人生》，商务印书馆1988年版，"序言"第1—2页。
[2] 贺麟：《现代西方哲学讲演集》，上海人民出版社2012年版，"作者后记"第413—414页。
[3] 贺麟：《乔治·桑提耶纳》，《现代西方哲学讲演集》，上海人民出版社2012年版，第145页。按：《乔治·桑提耶纳》属于《现代西方哲学讲演集》的上篇，上篇是作者1947年下半年到1948年上半年在北京大学开设的《现代西方哲学》课程的讲课记录。
[4] 杨树达：《与陈寅恪书》，《积微居小学述林》，中华书局1983年新1版，第308页。

"同情的理解"尚有很大距离。①

1958年元旦,唐君毅与张君劢、牟宗三、徐复观联名发表了篇文化宣言,题为"中国文化与世界",副标题为"我们对中国学术研究及中国文化与世界文化前途之共同认识"。宣言说:"吾人真欲了解历史上之大哲学家或圣哲,必待于吾人自身对哲学本身之造诣,又必赖吾人先对彼大哲圣哲之哲学,有一崇敬之心,乃能自提升其精神,使自己之思想向上一著,以与所欲客观了解之哲学思想相契接。""(西方人)仍不能对亚洲民族文化之特殊性,加以尊重与同情的了解。"② 唐君毅、牟宗三等新儒家的用语、立意与主旨,均与陈寅恪、杨树达、贺麟等几乎完全一致,糅合了陈寅恪、杨树达、贺麟诸人的论点及主张。

由以上引文可知,持有"同情的理解"一说的学者,不仅有史学家陈寅恪、钱穆,而且有哲学家、哲学史家贺麟,还有哲学史家汤用彤,以及哲学家、哲学史家唐君毅等人,"同情的理解"堪称"共同语言"。从时间上看,最早行诸文字的是陈寅恪,但很难因此而判断其余诸人之此说即来源于陈寅恪;易言之,与其说是"前后沿袭",还不如说是"英雄所见略同"。通过下文之"渊源探索",可知"同情的理解"一说既有中国古学之渊源,亦有西方哲学之渊源,此足为力证。

二 渊源探索

研究近代学术大家,绝不可忽略其独特的时代背景——国门洞开而西学涌入,国学素养深厚而又会通融摄西学。换言之,在穷源溯流、探赜索隐而做"比较研究"时,既要注意"中西(外)",亦要留意"古今"③。结合古今中外的文献加以考察,"同情的理解"一说既有中国古学之渊源,亦有西方哲学之渊源。

---

① 参见彭华《陈寅恪"种族与文化"观辨微》,《历史研究》2000年第1期;彭华《陈寅恪的文化史观》,《史学理论研究》1999年第4期。

② 唐君毅等:《中国文化与世界》,《文化意识宇宙的探索——唐君毅新儒学论著辑要》,中国广播电视出版社1992年版,第366页。

③ 在《〈华佗传〉〈曹冲传〉疏证——关于陈寅恪运用比较方法的一项检讨》(《史学月刊》2006年第6期)一文中,笔者尝申论此旨,并进行个案分析。

(一) 从"古今"角度考察

以前,学界多以为陈寅恪"了解之同情说"乃其"师心独见";最近,有学者敏锐地指出,陈说"也不完全是新见"[①]。不仅陈寅恪的"了解之同情说"如此,贺麟的"同情的理解说"亦然。

陈寅恪未曾自述其"了解之同情说"的来源,故钩沉其渊源要费些心思;而贺麟则多自陈其"同情的理解说"的来源,故本处先叙述贺麟"同情的理解"一说来源于中国古学之处。

贺麟所云作为思想方法之一的"体验的方法",即是"用理智的同情去体察外物,去反省自己","要了解一物,须设身处地,用同情的态度去了解之","体验法最忌有主观的成见,贵忘怀自我,投入认识的对象之中,而加以深切沉潜的体察。体验本身即是一种生活,一种精神的生活,因为所谓体验即是在生活中去体验,离开生活更是无所谓体验。体验法即是教人从生活中去用思想。体验法是要人虚心忘我,深入事物的内在本质或命脉,以领会欣赏其意义与价值,而不从外表去加以粗疏的描写或概观。体验是一种细密的、深刻的、亲切的求知方法。体验即是'理会'之意。所谓理会即是用理智去心领神会。此种方法,用来体察人生、欣赏艺术,研究精神生活或文化创造,特别适用。宋儒最喜欢用体验。宋儒的思想可以说是皆出于体验。而朱子尤其善于应用体验方法以读书。他所谓'虚心涵泳''切己体察''深沉潜思''优游玩索'皆我此处所谓体验方法"[②]。

按:贺麟所引朱熹之语,出自《晦庵别集》卷3;而朱熹的"体验读书法",也就是贺麟"同情的理解说"的来源之一。朱熹主张读书须与体察相结合,"学者当以圣贤之言反求诸身,一一体察。须是晓然无疑,积日既久,当自有见";不能光读书,而要反求诸身,"读书须要切己体验,不可只作文字看"(《朱子语类》卷11《读书法下》)。与其贪多求

[①] 罗志田:《陈寅恪史料解读与学术表述臆解》,《近代中国史学十论》,复旦大学出版社2003年版,第178页。本部分所举吕祖谦、鲁迅、科林伍德三证,取材于罗志田此文,但出处则不尽相同。特此说明!

[②] 贺麟:《读书方法与思想方法》,载《文化与人生》,商务印书馆1988年版,第178页。

全，不如少读，"书宜少看，要极熟"，"读书不可贪多，且要精熟"，"大凡读书，须是熟读"；并且极力主张反复体验，"少看熟读，反复体验，不必想象计获。只此三事，守之有常"，"大凡看文字：少看熟读，一也；不要钻研立说，但要反复体验，二也；埋头理会，不要求效，三也。三者，学者当守此"（《朱子语类》卷10《读书法上》）。

贺麟的"同情的理解说"，也可寻踪于明末清初的思想家王夫之。1946年10月，贺麟又在《王船山的历史哲学》一文中写到，"王船山是王阳明以后第一人"，王船山研究历史哲学的方法可分作三点来讲，第三点即"体验方法"，"王船山复用设身处地、同情了解的体验方法去得到他的历史理论。在《读通鉴论叙论》卷4里，他说：'设身于古之时势，为己之所躬逢。研虑于古之谋为，为己之所身任。取古人宗社之安危，代为之所忧虑，而己之去危以即安者在矣。取古者民情之利病，代为之斟酌，而今之兴利以除害者在矣。得可资，失亦可资也。同可资，异亦可资也。故治之所资，惟在一心，而史特其鉴也。'他这段话，知的方面教人虚心，设身处地，以体察古人的事迹；行的方面，求得其教训，以资自己立身处世的鉴戒。这正好表示了体验方法的两个方面。因为体验方法不是单纯的求抽象知识之法，而是知行合一之法"[1]。

由此可以看出，作为哲学家和哲学史家的贺麟，所注重的是对古人和古代思想的理解。与此相对，作为史学家的陈寅恪，所注重的是对古人和古代历史的理解。比如说，与宗教家和思想家之研究佛教迥然不同的是，陈寅恪的研究重点落在佛教的历史而非教义。[2] 由此，可从古代史学家之著述中搜寻陈寅恪"了解之同情说"的来源。

例如，南宋史学家吕祖谦早就提出："观史当如身在其中，见事之利害、时之祸患，必掩卷自思：使我遇此等事，当作如何处之？"（《东莱先生遗集》卷19《杂说》）吕祖谦此说，当为陈寅恪"了解之同情说"的来源之一。众所周知，陈寅恪喜欢诗词、戏曲，撰有《秦妇吟校笺》《元白诗笺证稿》《论再生缘》《柳如是别传》（原名"钱柳因缘诗释证稿"）；而在清代文学家李渔的《闲情偶寄·词曲下·宾白》中，赫然就有以下

---

[1] 贺麟：《王船山的历史哲学》，《文化与人生》，商务印书馆1988年版，第260页。
[2] 参见彭华《陈寅恪与佛教研究》，《宗教学研究》2006年第4期。

数语:"言者,心之声也,欲代此一人立言,先宜代此一人立心。若非梦往神游,何谓设身处地?"李渔所说"若非梦往神游,何谓设身处地",与陈寅恪所说"所谓真了解者,必神游冥想,与立说之古人处于同一境界"云云,何其相似也!另外,鲁迅在20世纪初也提出,欲以今知古,必须"自设为古之一人,返其旧心,不思近世,平意求索,与之批评,则所论始云不妄"①。

(二) 从"中西"角度考察

研究者们业已注意到,陈寅恪"了解之同情说"有来源于西学者。比如说,英国现代历史学家科林伍德就曾经指出,史学家观物应深入其内在的思想,要在自己的心里以当时人的规范习俗和道德观念将此事批判地再思一遍。② 又有人指出,陈寅恪在著作中使用的"了解之同情"一语,来源于德国启蒙时代的主要思想家赫尔德(Johann Gottfried von Herder,1744—1803年),此语特指对古代历史、思想、艺术进行一种深入其境的理解和思考并寄予一种同情。"了解之同情"一语,德文作"Einfühlung",即英文"feeling into"或者"feeling ones way in"。这一德文术语在中文学界常常以"移情"或"神入"的翻译形式出现在心理学和艺术批评理论作品中,有时有关历史主义的论著也会使用"移情"翻译。陈寅恪使用此词来自其游学欧美的学术阅历,或是翻看西方哲学书籍、史籍,或是借助吴宓的帮助,或是间接来自师友白璧德。③

至于贺麟的"同情的理解说",则可从德国哲学家黑格尔的辩证法和法国哲学家亨利·柏格森的"直觉说"中寻觅渊源。按照贺麟自己的理解与论述,柏格森的"哲学理论是最适宜于艺术家式生活的理论","他认为哲学与科学的方法绝对不同。科学方法是机械的,纯粹理智的;哲学方法是直觉的,带有艺术意味的"。柏格森说,"认识真理必须放弃自

---

① 鲁迅:《科学史教篇》,《鲁迅全集》第6卷,人民文学出版社1981年版,第26页。
② 参见[英]科林伍德《历史的观念》,何兆武、张文杰译,中国社会科学出版社1986年版。在《陈寅恪史料解读与学术表述臆解》(《近代中国史学十论》,复旦大学出版社2003年版)一文中(出处见前),罗志田即举此为证。
③ 陈怀宇:《陈寅恪与赫尔德——以了解之同情为中心》,《清华大学学报》(哲学社会科学版)2004年第4期。

我，沉溺在对象之中"，"方法和经验是一回事"（方法就是经验）。贺麟说，"这些话都是黑格尔的话，也都是柏格森的直觉方法的意思"。"至于直观，或者理智的同情，就是没有坐标系（Standpoint），求知不用固定的观点"，"这种直观的方法当然与科学方法大相径庭，但却是了解人格、了解历史、了解生命、了解艺术的最好甚至最重要的方法"，"柏格森主张用直觉来求取未经范畴化的知识正好像是这种从后门而入的求知方法"。"柏格森的学说里带有颇重的黑格尔辩证法的意味，但更重要的，我们得指出他们两人间根本的不同。黑格尔的辩证法里有矛盾的统一，有设身处地、体物入微式的体验，但是他主要的还是在求出有机全体的节奏，所以他是入乎其中，超乎其外，终于还是加以扬弃，以求取宇宙间的大经大法。柏格森则不然，他诟病科学的站在外面，站在同一立脚点的观察方法，他要投身事物之中，和事物一同经历变化的途径。他得到了丰富的精神生活，他进入了神秘的精神境界。到此为止，他不想再跳出来了。这就构成了他和黑格尔之间极大的差异。""我们读柏格森的书，常会感到一些中国哲学的意味，譬如他的重哲学而轻科学；他的推崇直觉，讲求神秘；他的祛除符号，不要言诠，都会令我们想起先秦魏晋的老庄和宋明陆王之学。"[①] 比如说，陆九渊的直觉方法在积极方面可用"回复本心"四字来概括，所谓"格物穷理"即是"回复本心"；而"回复本心"在陆九渊、王阳明的方法中有两方面，"一是教人反省他自己的本心……一是自己反省自己的本心，自己体认自己的真我，自己把握自己的真生命，有似柏格森所谓自己与自己表同情"[②]。

贺麟是翻译和研究黑格尔的著名专家，这是世人皆知的事实，其"同情的理解说"可溯源于黑格尔的辩证法，此实属情理中事。但需略做区别的是，贺麟对柏格森的"直觉说"是有所"扬弃"的——贺麟虽然也重视直觉，但他并不贬斥理性。相反，柏格森贬低理性，是为了抬高直觉，在他那里，科学属于理智的领域，哲学则属于直觉的领域。哲学和科学可以而且应当统一，但这只能是在直觉的基础上统一，也就

[①] 贺麟：《亨利·柏格森》，《现代西方哲学讲演集》，上海人民出版社1984年版，第10—21页。

[②] 贺麟：《宋儒的思想方法》，《哲学与哲学史论文集》，商务印书馆1990年版，第186页。

是使科学超出理智的界限，或者说使理智超出其本身的界限，达到与直觉融合在一起，"科学和形而上学在直觉中结合起来了。一种真正直觉的哲学必能实现科学和哲学的这种渴望已久的统一"①。柏格森给直觉下了这样的定义："所谓直觉，就是一种理智的交融，这种交融使人们自己置身于对象之内，以便与其中独特的，从而是无法表达的东西相符合。"②

除此之外，陈寅恪的"了解之同情说"、贺麟的"同情的理解说"，其实在更大程度上都受到了德国古典诠释学（Hermeneutik/hermeneutics，一译"解释学"或"阐释学"）的影响③，其中又以陈寅恪最为典型。

施莱尔马赫（F. D. E. Schleiermacher, 1768—1834 年）将诠释学由特殊诠释学转变为普遍诠释学，将诠释学发展成一门关于理解和解释的普通科学或艺术（"避免误解的艺术"）。文本被认为是作者的思想、生活的表现和历史时期的表现，因而理解等同于重新体验和再次认识文本产生所处的历史时期。在施莱尔马赫看来，解释者的目的就是"首先要像作者一样好地理解文本，然后甚至要比作者更好地理解文本"。伽达默尔说这是浪漫主义诠释学的理论，"理解被看成对一原始产品的复制"④。为了达到这一目的，我们必须创造性地重新认识或重新构造作者的思想，"解释的首要任务不是要按照现代思想去理解古代文本，而是要重新认识作者和他的听众之间的原始关系"⑤。这种重认或重构，施莱尔马赫是用"设身处地"的理论来解释的，"解释的重要前提是，我们必须自觉地脱离自己的意识而进入作者的意识"⑥。

---

① ［法］柏格森：《形而上学导言》，刘放桐译，商务印书馆1963年版，第33页。
② ［法］柏格森：《形而上学导言》，刘放桐译，商务印书馆1963年版，第3—4页。
③ 以下关于诠释学的叙述，除有特别注明者外，主要参考了以下两种文献：（1）洪汉鼎：《诠释学——它的历史和当代发展》，人民出版社2001年版；（2）洪汉鼎：《编者引言：何谓诠释学?》，《理解与解释：诠释学经典文选》（修订本），东方出版社2006年第2版。
④ ［德］汉斯-格奥尔特·伽达默尔：《真理与方法》（上卷），洪汉鼎译，上海译文出版社2004年版，第382页。
⑤ ［德］施莱尔马赫：《诠释学讲演》，洪汉鼎译，载洪汉鼎主编《理解与解释：诠释学经典文选》（修订本），东方出版社2006年第2版，第56页。
⑥ ［德］施莱尔马赫：《诠释学讲演》，洪汉鼎译，载洪汉鼎主编《理解与解释：诠释学经典文选》（修订本），东方出版社2006年第2版，第23页。

"同情的理解"略说

狄尔泰（W. Dilthey，1833—1911年）的毕生任务就是要为人文科学奠定认识论基础，最终把施莱尔马赫的普遍诠释学发展成人文科学的普遍诠释学。按照狄尔泰的看法，自然科学与人文科学同样都是真正的科学，只不过自然科学是从外说明（Erklären）世界的可实证的和可认识的性质，而人文科学则从内理解（Verstehen）世界的精神生命。因而，"说明"与"理解"分别构成了自然科学与人文科学各自独特的方法，即"我们说明自然，我们理解心灵"。这样，关于理解和解释的诠释学就被规定为人文科学的普遍方法论。人文科学的对象是过去精神或生命的客观化物，而理解就是通过精神的客观化物去理解过去生命的表现。为此，狄尔泰提出了"体验"（Erleben）、"再体验"（Nacherleben）及"同情"（Sympathie）、"移情"（Einfühlung）等概念。如果说对于施莱尔马赫来说，理解就是重新构造作者的思想和生活，那么对于狄尔泰来说，理解就是重新体验过去的精神和生命。狄尔泰曾经说过这样的话，"对陌生的生命表现和他人的理解建立在对自己的体验和理解之上，建立在此二者的相互作用之中"[①]。

按照当代诠释学研究者的划分，施莱尔马赫、狄尔泰的诠释学理论可归类为"独断型诠释学"（die dogmatische Hermeneutik）。"独断型诠释学"认为，文献或作品中的意义是早已固定不变的和清楚明了的，其意义也是唯一的，他们所持的是一种所谓客观主义的诠释学态度。按照这种态度，作品的意义只是作者的意图，我们解释作品的意义，只是发现作者的意图。作品的意义是一义性，因为作者的意图是固定不变的和唯一的，我们不断对作品进行解释，就是不断趋近作者的唯一意图，并把这种意义内容应用于我们当前的现实问题。与作为方法论和认识论性质的"独断型诠释学"相对，"探究型诠释学"（die zetetische Hermeneutik）以研究或探究文本的真正意义为根本任务，其重点在于：我们为了获得真正的意义而必须要有哪些方法论准备。"探究型诠释学"就是重构作品的意义和作者原初所想的意义，这种重构可能正确也可能不正确，因此相对于"独断型诠释学"，任何"探究型诠释学"都有真有假。这种诠释

---

① ［德］狄尔泰：《对他人及其生命表现的理解》，李超杰译，载洪汉鼎主编《理解与解释：诠释学经典文选》（修订本），东方出版社2006年第2版，第93页。

学不是实践性的,而是理论性的。"探究型诠释学"认为,作品的真正意义并不存在于作品本身,而是存在于它的不断再现和解释中。我们要理解作品的意义,光发现作品的意义是不够的,还需要发明。对作品意义的理解,或者说,作品的意义构成物,永远具有一种不断向未来开放的结构,理解的本质不是"更好理解",而是"不同理解"(Andersverstehen)。在笔者看来,作为创立了"新心学"体系、并以此赫然名家的哲学家贺麟①,实又超越了"独断型诠释学"的层次而入于"探究型诠释学"之域。套用冯友兰的话说,贺麟对古代思想(尤其是陆王心学)不仅要"照着讲",而且要"接着讲",故而他又由哲学史家跃升为哲学家。

三 如何可能

(一)理解的前提:人同此心,心同此理

不管是陈寅恪也好,还是贺麟也好,其"同情的理解"均预设(presuppose)了一个共同的理论前提:"人同此心,心同此理",即人类均具有共同的人性或本心。换句话说,只有承认"人同此心,心同此理",理解才能在根本上成为可能。进而言之,人类只有凭借本心,并从本心出发去理解他人,并且在感情上发生共鸣,才能使人与人之间互相理解。所谓"同情的理解",在理论上实即奠基于此。今试从三个方面条分缕析。

从语源学来考察,西语中的"同情"("Sympathy"或"Sympathie")一词,来源于希腊文"sym"(共同)和"pathos"(感情)②,意即"人之共同的感情"。在西方解释学史上,施莱尔马赫、狄尔泰等人都曾经主张,理解的根据应建立在人类共同的人性之上。狄尔泰认为,作者与读者乃是同一种精神的表现,并将其称为"同质性"。伽达默尔分析说,"狄尔泰在这里追随一种古老的学说,这种学说认为理解的可能性在于人类本性的同质性(Gleichartigkeit)。……所以他声称,只有同情(Sympathie)才使真正的理解成为可能。……狄尔泰在这里追随兰克,因为兰克

---

① 参见彭华《贺麟的文化史观》,《湖南科技学院学报》2006年第3期。
② [英]参见布宁、余纪元编著《西方哲学英汉对照辞典》,人民出版社2001年版。

认为历史学家的职责在于对一切事物的同情（Mitleidenschaft des Alls）"①。（自20世纪以来，这一观点被批评为一种心理学观点而被抛弃，在此姑且存而不论）就中国话语而言，亦复如是。《诗·小雅·巧言》云："他人有心，予忖度之。"熊十力引《诗经》此语后接着说，"不独并时人之心可以忖度而知，古人往矣，其行事在传记者，亦可忖度而知"②。《孟子·告子上》亦云："口之于味也，有同耆焉；耳之于声也，有同听焉；目之于色也，有同美焉。至于心，独无所同然乎？心之所同然者何也？谓理也，义也。圣人先得我心之所同然耳。"作为心学创始人的陆九渊，其话语最为经典，"四方上下曰宇，往古来今曰宙，便是吾心，吾心即是宇宙。千万世之前，有圣人出焉，同此心同此理也；千万世之后有圣人出焉，同此心同此理也；东南西北海有圣人出焉，同此心同此理也"③。

个中奥义，贺麟是"于我心有戚戚焉"（《孟子·梁惠王上》）。早在1934年发表的《近代唯心论简释》一文中，贺麟就明确指出，"一物之色相意义价值之所以有其客观性，即由于此认识的或评价的主体有其客观的、必然的、普遍的认识范畴或评价准则。若用中国旧话来说，即由于'人同此心，心同此理'"④。1941年，他又在《儒家思想的新开展》中说，"故求儒家思想的新开展，第一，必须以西洋的哲学发挥儒家的理学。儒家的理学为中国的正宗哲学，亦应以西洋的正宗哲学发挥中国的正宗哲学。因东圣西圣，心同理同"⑤。在《当代中国哲学》（后易名为"五十年来的中国哲学"）一书中，贺麟又多次论及此旨。贺麟评说欧阳渐（1871—1943年）的贡献在于融会儒、佛，特意引欧阳渐《论语读》

---

① ［德］汉斯-格奥尔特·伽达默尔：《真理与方法》（上卷），洪汉鼎译，上海译文出版社2004年版，第301—302页。
② 熊十力：《明心篇》，《熊十力全集》第7卷，湖北教育出版社2001年版，第217页。
③ （宋）陆九渊：《杂说》，《象山集》卷22《杂著》，文渊阁《四库全书》本。另可对照《宋史》卷434《陆九渊传》："他日读古书至'宇宙'二字，解者曰'四方上下曰宇，往古来今曰宙'，忽大省曰：'宇宙内事乃己分内事，己分内事乃宇宙内事。'又尝曰：'东海有圣人出焉，此心同也，此理同也。至西海、南海、北海有圣人出，亦莫不然。千百世之上有圣人出焉，此心同也，此理同也。至于千百世之下有圣人出，此心此理亦无不同也。'"
④ 贺麟：《近代唯心论简释》，《哲学与哲学史论文集》，商务印书馆1990年版，第131页。
⑤ 贺麟：《儒家思想的新开展》，《文化与人生》，商务印书馆1988年版，第8页。

叙①之语,"东海有圣人焉,此心同此理同也。西海有圣人焉,此心同此理同也。……般若直下明心,孔亦直下明心";贺麟分析,"心同理同之心,亦即是性"。对于梁漱溟(1893—1988年)1921年发表的《东西文化及其哲学》一书,贺麟说既有长处也有短处,长处是"以事实作根据而推测",短处是"缺乏文化哲学的坚实基础";尤其是"他只是撷拾许多零碎的事例,说西洋有宗教,中国无宗教,说中国人富于理性,西洋人只有理智,缺乏理性,不惟对文化的本质,宗教的本质,宗教在文化中地位等问题,缺乏哲学的说明,且亦有违陆象山'人同此心,心同此理'的根本原则了"②。至于陈寅恪,在学理上亦当不出此樊篱。

(二)理解的中介:史料扩充,诗史互证

毫无疑问,文献资料(传世的或出土的③)是我们进入古人精神世界的桥梁和通道;诚如老子对孔子所云,"子所言者,其人与骨皆已朽矣,独其言在耳"(《史记·老子韩非列传》)。比如说,后人之于孔子,其情形亦即如此。④ 西汉大史学家司马迁所云"余读孔氏书,想见其为人"(《史记·孔子世家》),南朝梁文学理论家刘勰所云"开辟草昧,岁纪绵邈。居今识古,其载籍乎"(《文心雕龙·史传》)。"知音其难哉!音实难知,知实难逢;逢其知音,千载其一乎!……夫缀文者情动而辞发,观文者披文以入情;沿波讨源,虽幽必显。世远莫见其面,觇文辄见其心。"(《文心雕龙·知音》)犹斯旨也。在此层面上,作为史学家的陈寅恪深有体悟。诚如研究者所言,陈寅恪对于"探索史学逻辑",对于研讨"历史中的因果与偶然","似乎全无理论兴趣",其贡献"只能限于史料扩充和方法改进","其最大突破在诗文与史志互证之法","他的史学兴趣主要在原料的发掘和考释","他对新史学的贡献,首推史料扩充"⑤。

---

① 按:贺麟所引《论语读》叙之语,出自欧阳渐《论语十一篇读叙》,系欧阳渐1931年10月为其所编《论语》读本所作"序言",后收入《孔学杂著》一书。
② 贺麟:《五十年来的中国哲学》,辽宁教育出版社1989年版,第8、11页。
③ 此指传世文献或出土文献,即王国维所说的"二重证据"(《古史新证——王国维最后的讲义》,清华大学出版社1994年版,第2—3页)。
④ 参见彭华《孔子的人格魅力——以〈论语〉为考察中心》,《西南民族大学学报》(人文社科版)2005年第11期。
⑤ 许冠三:《新史学九十年》,岳麓书社2003年版,第229—230、261页。

"同情的理解"略说

客观而言，这不失为进入古人精神（心灵）世界的有效途径。但是，我们同时不能忽视的是（诚如陈寅恪所言），"吾人今日可依据之材料，仅为当时所遗存最小之一部"。对于古人、古代历史、古代思想的理解，后人和今人确实只能感叹"无可奈何花落去"。为什么呢？因为后人和今人已经不可能起古人于地下而与之共语，即使是通过考古发掘而起孔子、朱熹或秦始皇、汉武帝于地下，但他们早已是一堆朽骨（"其人与骨皆已朽矣"）。但可慰勉的是，确如李学勤所述，"考古学发现的东西，当然是物质的，但很多都是反映精神的"①。

（三）理解的实现：设身处地，论世知人

由"论世"而"知人"，在古代中国有着颇为久远的传统。孟子说："颂其诗，读其书，不知其人可乎？是以论其世也。是尚友也。"（《孟子·万章下》）由此可知，孟子已经注意到了作品、作者和时代之间有着必然的联系。诚如焦循在《孟子正义》中引顾镇《虞东学诗》之言："夫不论其世，欲知其人，不得也。不知其人，欲逆其志，亦不得也。"② 朱熹在《孟子集注》卷10中解释说："论其世，论其当世行事之迹也。言既观其言，则不可以不知其为人之实，是以又考其行也。"③ 意谓为了便于了解历史人物，当先论述其所处之时代背景。刘向、刘歆父子亦取此路数，"校书诸叙论，既审定其篇次，又推论其生平"。班固《汉书·艺文志》之《诸子略》《诗赋略》《兵书略》，"凡遇史有列传者，必注'有列传'三字于其下，所以使人参互而观也"（《校雠通义》卷3《汉书·六艺篇》）。《四库全书总目提要》高度重视这一方法，屡屡提到"俾读者论世知人"（卷58），"寓论世知人之义"（卷190），"于论世知人之学，亦不为无补"（卷153），"每书先列作者之爵里，以论世知人"（卷首三《凡例》）。在王国维看来，由"论世"而"知人"具有更为宽泛的方法论意义，"欲知古人，必先论其世；欲知后代，必先求诸古；欲

---

① 李学勤：《走出疑古时代》，辽宁大学出版社1994年版，第2页。
② （清）焦循撰：《孟子正义》，沈文倬点校，中华书局1987年版，第639—640页。
③ （宋）朱熹：《四书章句集注》，中华书局1983年版，第324页。

知一国之文学,非知其国古今之情状、学术不可也"①。

诚能"论世"而"知人",方可合理、合情地解读古人之言行,即如孟子所云,"故说诗者,不以文害辞,不以辞害志。以意逆志,是为得之"(《孟子·万章上》)。按照朱熹的理解,孟子此语已有设身处地、同情理解的意蕴,"言说诗之法,不可以一字而害一句之义,不可以一句而害设辞之志,当以己意迎取作者之志,乃可得之"②。章学诚说,"不知古人之世,不可妄论古人文辞也;知其世矣,不知古人之身处,义不可遽论其文也"(《文史通义·文德》),意思更为鲜明。王国维糅合孟子上述二说,认同这一理解方法,"是故由其世以知其人,由其人以逆其志,则古诗虽有不能解者寡矣"③。

试举例而言,比如,今人有从白居易言及歌伎的诗中读出他是个"老流氓"的形象。④ 何以如此,症结即在于不明了唐世之社会风气,由不能"论世"而不能"知人"。其实,陈寅恪早就指出,"夫唐世士大夫之不可一日无妾媵之侍,乃关于时代之习俗,自不可以今日之标准为苛刻之评论"⑤。若以唐言唐,此正极寻常之事也。⑥ 正面而言,陈寅恪对元稹的评价(《元白诗笺证稿》)、对钱谦益的评价(《柳如是别传》)、对梁启超的评价(《读吴其昌撰梁启超传书后》),均堪称显例。⑦

于此,贺麟亦有清醒的认识,且多有佳例。贺麟尝就评价的一般层面而言:"批判绝非简单地赞成这个,反对那个,拥护这个,推翻那个之谓,真正的批判建基于研究和了解上面,与有作用的、主观的、党同伐

---

① 王国维:《译本〈琵琶记〉序》,《静庵文集续编》,《王国维遗书》,上海古籍书店1983年,第5册,第35页。

② (宋)朱熹:《四书章句集注》,中华书局1983年版,第306页。

③ 王国维:《玉溪生诗年谱会笺序》,《观堂集林》卷23,《王国维遗书》,上海古籍书店1983年版,第4册,第23页。

④ 参见舒芜《伟大诗人的不伟大一面》,《读书》1997年第3期。

⑤ 陈寅恪:《元白诗笺证稿》,生活·读书·新知三联书店2001年版,第92页。

⑥ 参见罗志田《"诗史"倾向及怎样解读历史上的诗与诗人》,《二十世纪的中国思想与学术掠影》,广东教育出版社2001年,285—297页。

⑦ 在《"了解之同情"——陈寅恪先生的阐释学》(《国学今论》,辽宁教育出版社1991年版,第149—168页)一文中,刘梦溪对此有很好的论述。另外,可同时参见刘梦溪《"了解之同情"——陈寅恪〈冯友兰中国哲学史上册审查报告〉简释》,《江西社会科学》2004年第4期。

异不同。只要本于客观的研究,同情的了解,对于一思潮自能作公正的批评。这好像学生之对于老师,先是虚心受教,终可青出于蓝。外在的批判,最不足重视,因为这种批判的态度是主观的,内容是肤浅的,结论是偏狭的。"①贺麟对杨墨、诸葛亮、王安石的评价②,亦均堪称显例。这一评价准则与宗旨,贯穿于《当代中国哲学》全书,"本册里所提到的几十位在中国哲学上有贡献的人……篇中对于他们的哲学思想的叙述,固然表示我对于他们的著作之客观的同情的了解"。与此相对,他对钱穆的《中国近三百年学术史》不无微词,因为该书原先对于章太炎一字不提,直至章太炎逝世后"方特别著一篇长文,讲述章氏在中国学术上的贡献"。他还说,"这种态度我认为是不妥的,不健全的。第一,这种态度假定著述家评述时人只有标榜与诋毁两途,没有其他合理的持中平正的路途,如同情的了解,客观的欣赏,善意的批评等,这未免自贬著述家的品格"③。对于冯友兰的《中国哲学史》,贺麟也从是否具有"同情的理解"的角度进行了批评,"惟下卷中,于中国佛学部分,或有须得更求改进的地方。且对陆、王学说太乏同情,斥之为形而下学,恐亦不甚平允"④。

如何由"论世"而"知人",如何设身处地、同情地理解古人及其思想,先贤和时彦都不约而同地注目于编年体著作,尤其是年谱一类著作。宋人吕大防(1027—1097年)为杜甫、韩愈作年谱,特别强调"论世知人"的意旨,"予苦韩文、杜诗之多误,既雠正之,又各为年谱,以次第其出处之岁月,而略见其为文之时,则其歌时伤世、幽忧切叹之意,粲然可见"(《分门集注杜工部诗·杜工部年谱后记》)。在《中国近三百年学术史》一书中,梁启超专门列有《谱牒学》,"加以知人论世,非灼有见其时代背景,则不能察其人在历史上所占地位为何等"⑤。

---

① 贺麟:《五十年来的中国哲学》,辽宁教育出版社1989年版,第62页。
② 参见贺麟《杨墨的新评价》《诸葛亮与道家》《陆象山与王安石》《王安石的哲学思想》,载《文化与人生》,商务印书馆1988年版。
③ 贺麟:《当代中国哲学原序》,《五十年来的中国哲学》,辽宁教育出版社1989年版,第2页。
④ 贺麟:《五十年来的中国哲学》,辽宁教育出版社1989年版,第21页。
⑤ 梁启超:《中国近三百年学术史》九《谱牒学》,《梁启超全集》第15卷,北京出版社1999年版,第4594—4599页。

鲁迅《〈且介亭杂文〉序言》云："分类有益于揣摩文章，编年有利于明白形势，倘要知人论世，是非看编年的文集不可的。现在新作的古人年谱的流行，即证明着已经有许多人省悟了此中的消息。"① 陈寅恪推崇"司马君实李仁甫长编考异之法"②，即本斯旨。贺麟作《现代西方哲学讲演集》往往先述哲学家所处之时代及其生平，亦本斯旨。贺麟所作《德国三大哲人处国难时之态度》，尤为典范。③

除此之外，陈寅恪非常注重对作品中古典、今典的辨认和疏证，研究者认为这是陈寅恪"学术上的重大创获"，在其"独创的阐释学中实占有核心位置"④。但无论如何，陈寅恪辨认和疏证古典、今典，其目的仍在"同情的理解"古人。附带叙述一点，学界津津乐道的"以诗证史"，其实并非陈寅恪首创。比如，清人姜炳璋（1736—1813年）即明言："以诗证史，其谬立见。"⑤ 而且同出一辙的是，前人"以诗证史"的目的亦在"知人论世"。如清人王昶（1725—1806年）在《〈湖海诗传〉序》中云："以诗证史，有裨于知人论世。"

"设身处地""感同身受""同情的理解"历史人物，在西方亦有持此论者，堪称"人同此心，心同此理"。比如说，英国当代历史学家赫伯特·巴特菲尔德（Herbert Butterfield，1900—1979年）就曾经说过这样的话："无论如何，历史学家必须把自己置于历史人物的位置上，必须感受其处境，必须像那个人一样思想。如果没有这种艺术，不仅不可能正确地讲述故事，而且也不可能解读那些重构历史所依靠的文件。传统的历史写作强调富于同情的想象（sympathetic imagination）的重要性，目的是要进入人类的内心。"⑥

---

① 鲁迅：《鲁迅全集》第6卷，人民文学出版社1981年版，第3页。
② 陈寅恪：《杨树达论语疏证序》，《金明馆丛稿二编》，上海古籍出版社1980年版，第232页；生活·读书·新知三联书店2001年版，第262页。
③ 参见贺麟《德国三大哲人处国难之态度》，独立出版社1934年版。书中介绍了歌德、黑格尔、费希特三大哲人的生平和思想，对他们的爱国主义思想和言论进行了详细的叙述。
④ 刘梦溪：《"了解之同情"——陈寅恪先生的阐释学》，《国学今论》，辽宁教育出版社1991年版，第168页。
⑤ （清）姜炳璋：《诗序补义》卷22，文渊阁《四库全书》本。
⑥ William Dray: Laws and Explanation in history, Oxford: Oxford University Press, 1957, pp. 119 – 120, 转引自李剑鸣《历史解释建构中的理解问题》，《史学集刊》2005年第3期。

四　结语

  毋庸置疑，后人在理解古人或前人及其历史与思想时，都不可避免地具有自己的"先入之见"（"先行具有""先行视见"和"先行掌握"等），"解释从来就不是对先行给定的东西所做的无前提的把握"[①]，所谓恰如其分地"感同身受"，实际上只能是无限地"逼近"而已。换句话说，后人对古人、前人的理解，确实有程度的高下、量度的大小之区别，甚至有大方向的、本质性的差异，但我们仍然坚信，只要大方向是合理的、正确的，我们就有信心通过不断的探索、体验、理解（"善意同情的理解"），直接"升堂入室"而进入古人、前人的"心灵世界"，并无限地逼近古人、前人的"心灵深处"，直至恰如其分、一如其人地"感同身受"。

2009年10月，初稿于成都

2010年1月，修订于成都

【本文初稿载《"中国传统学术的近代转型"国际学术研讨会论文集》，上海，2009年10月，第436—446页。修订稿载舒大刚主编《儒藏论坛》第5辑，四川文艺出版社2010年版，第32—58页；《中国传统学术的近代转型》，上海人民出版社2011年版，第333—346页；《孔孟学报》（台北）2012年第90期。压缩稿载《善道》创刊号，四川·成都，2010年7月，第15—20页。收入本书时，改订了少许文字】

[①] [德]海德格尔：《存在与时间》，陈嘉映、王庆节译，生活·读书·新知三联书店1999年第2版，第176页。

贺麟与唐君毅

——人生经历、社会交往与学术思想

风云激荡而又异彩纷呈的现代思想史、哲学史、学术史,大师巨子、鸿儒大哲辈出,一时呈现出群星璀璨的辉煌局面。四川籍的哲学家、哲学史家——贺麟与唐君毅,便是其中杰出的代表人物。

他们二人有颇多惊人相似之点,也有巨大差异之处,将他们二人加以比较,不但可以凸显那一时代之总体特色,亦可昭显个人之独有特色,而比较既是发人深思的,也是予人启迪的。

对于这两位成就卓著的学者、建树丰伟的思想家,本文无暇全盘评价,仅撷拾其一二,从人生经历、社会交往、学术思想三个角度稍加比较,略陈管见数点以就正于方家。

一 生平及其交往

就籍贯而言,贺麟与唐君毅虽然同为四川人,但在具体地点上却有所不同。贺麟出生于金堂县五凤乡杨柳沟村,该地位于成都平原,千里沱江之首,那里恰好是四川的腹心地带,堪称正宗的"天府之国"[①]。而唐君毅的家世则颇具"客家"色彩。唐君毅的先世是广东五华人,六世祖因岁荒迁徙至四川省南部的宜宾县柏溪镇普安乡,以糖工起家;后于

[①] 本文所述贺麟生平事迹,主要取材于笔者所编制的一份贺麟年谱。初稿原名"贺麟年谱简编",载黄枬森主编《思想家》第 1 辑,巴蜀书社 2005 年版,第 110—124 页;后经修订、增补,易名为"贺麟年谱新编",刊于《淮阴师范学院学报》(哲学社会科学报)2006 年第 1 期。凡引用者,以修订、增补稿为准。

金沙江畔置地务农，遂为四川宜宾人。唐君毅柏溪之老家，距金沙江只有数十丈，出门便可遥望江水，对岸是绵亘的青山，有"东去江声流汩汩，南来山色莽苍苍"之胜。① 孔子说"知者乐水，仁者乐山；知者动，仁者静；知者乐，仁者寿"（《论语·雍也》），子贡说"学不厌，智也；教不倦，仁也"（《孟子·公孙丑上》）。按照这样的标准来衡量，贺麟和唐君毅都属于"仁且知（智）"者，而唐君毅尤为典型。

虽然同为四川人，但两人一生的绝大多数时光都不是在四川度过的。贺麟于1919年秋以优秀的成绩考入清华学堂（后更名为"清华学校"，清华大学的前身），随后便很少回四川长期居住。唐君毅于1925年毕业于重庆联中，随即北上北京、南下南京读书；其后，除抗日战争期间在重庆执教外，唐君毅便极少驻足巴蜀；1949年6月，唐君毅和钱穆移居香港，终其后生便以海外游子身份客居港台，直至埋骨台北。② 唐君毅虽然大半生离乡在外，但对家乡一直怀有深厚的感情。他在《怀乡记》中说："为了我自己，我常想只要现在我真能到死友的墓上、先父的墓上、祖宗的墓上与神位前，进进香，重得见我家门前南来山色，重闻我家门前东去江水，亦就可以满足了。"③

就生命历程而言，贺麟虽然年长唐君毅不足7岁，但寿命却比唐君毅长了21个年头。贺麟生于清光绪二十八年八月十九日（1902年9月20日），卒于1992年9月23日，享年90岁，堪称耄耋高寿。唐君毅生于清光绪三十四年十二月二十六日（1909年1月17日），卒于1978年2月2日，享年69岁，未足古稀之年。唐君毅的门生弟子、亲朋故友扼腕叹息，若天假其年，其贡献更不可限量。

二人虽然出生地不同，出生年月不同，但都受到了良好的早期教育，而且他们的早期教育都来自家庭。贺麟的父亲贺松云是晚清秀才，卒业于金堂正精书院，曾主持过乡里和县里的教育事务——当过金堂中学校

---

① 这是唐君毅的父亲唐迪风在门上书写的一副对联，可以说非常"写实"（唐君毅：《怀乡记》，《唐君毅全集》第5卷，台北：台湾学生书局1991年版，第598页）。

② 本文所述唐君毅生平，主要取材于唐端正《唐君毅先生年谱》，载《唐君毅全集》第29卷，台北：台湾学生书局1991年版。

③ 唐君毅：《怀乡记》，《唐君毅全集》第5卷，台北：台湾学生书局1991年版，第603页。

长、县教育科长;居家期间,贺松云常教贺麟读《朱子语类》《传习录》。唐君毅幼年读书,皆由母教。两岁时,即由母亲陈大任教读识字。随后,又由其父唐迪风教读《老子》、唐诗、《诗品》,又命其背诵《说文解字》。早期良好的传统教育,给他们打下了深厚的旧学根基,也为他们日后"会通"中西(印)奠定了扎实的国学基础。①

但就西学之"习得"(learn)而言,贺、唐二人却有着天壤之别。贺麟之接触西学,初始于清华学校;而其濡染西学,则有着"直捣黄龙的气魄"②——直接负笈西洋求取"真经"。1926年,贺麟自清华学校毕业,随即远涉重洋赴美求学。他先插班入俄亥俄州的奥柏林(Oberlin)大学哲学系三年级学习,1928年毕业后又转入芝加哥大学专攻哲学。同年9月,贺麟因"不满于芝加哥大学偶尔碰见的那种在课上空谈经验的实用主义者",遂转入哈佛大学,"目的在于进一步学习古典哲学家的哲学"③。1929年,贺麟从哈佛大学毕业,获哲学硕士学位。次年夏,为了真正掌握黑格尔哲学的精髓,贺麟谢绝了乌尔夫教授要他继续攻读博士学位的挽留,离开美国赴德国柏林大学专攻德国古典哲学。1931年8月,贺麟结束了5年的欧美求学生涯,自柏林出发经欧亚铁路回到祖国。

在唐君毅的生平履历表上,从未有过海外留学的经历。唐君毅西学之习得,少部分来自先贤师辈的课堂传授和课后交流,而大部分来自个人的勤奋自修和慧思领悟。求学于北京大学哲学系时,唐君毅的老师有熊十力、汤用彤、张东荪、金岳霖诸先生。转读南京东南大学(后改名为"中央大学")哲学系时,唐君毅的老师有方东美、宗白华等,并常往佛学大师欧阳竟无处请教。和诸多现代新儒家大师一样,唐君毅以西方哲学研究为其学问的起点。他最初对英美的新实在论颇感兴趣,后转向黑格尔的精神现象学;唐氏自陈,"三十岁左右,便走到喜欢西方唯心论的路上去,这真是始料所不及。由此再来看中国先秦儒家、宋明理学、

---

① 宋祖良、范进编有《会通集:贺麟生平与学术》一书(生活·读书·新知三联书店1993年版),以"会通"二字命名,非常贴切地揭示了贺麟治学"中西会通"的特色和风格。识者多谓唐君毅治学不但"会通"中西,而且"打通"中西印,此论非虚妄之语。
② 贺麟:《五十年来的中国哲学》,辽宁教育出版社1989年版,第24页。
③ 贺麟:《现代西方哲学讲演集》,上海人民出版社1984年版,第161页。

佛学，才知先秦儒家、宋明理学、佛学，又有超过西方唯心论者之所在"①。

从上文的揭示可以看出，这两位四川籍的哲学家，其早期的人生轨迹一如两条平行线，各自发展而无接触；进入中期以后，"二线"方峰回路转般地交叉了。就目前所掌握的材料而言，他们人生的交往始于抗日战争时期。抗日战争时期（20世纪40年代初），贺麟与唐君毅多次会晤。②而二人思想的交流，则可追溯至30年代末。贺麟在1938年7月9日的日记中写道："我读《重光杂志》中唐君毅的文章，觉得唐君的文字明晰，见解弘通，于中西哲学皆有一定的研究。其治学态度、述学方法、所研究之问题，均与余相近似，是基于'人同此心，心同此理'的原则。"③ 1945年，贺麟在《当代中国哲学》中评价了唐君毅及其《人生之路》，认为"唐君毅先生不仅唯心论色彩浓厚，而他的著作有时且富于诗意"，并且指出唐君毅"讨论自我生长之途程，多少有似黑格尔《精神现象学》的方法"④，而《人生之路》便是"根据黑格尔的《精神现象学》的方法来写的一部唯心论著作"⑤。

唐君毅在1978年归隐道山之后，贺麟仍然对其深情不忘。1980年，贺麟发表《康德黑格尔哲学东渐记》一文，特意提及唐君毅之《人生之路》，"这是他根据黑格尔的《精神现象学》的方法来写的一部唯心论著作。但对我们理解黑格尔哲学有一定帮助……唐君毅是香港、台湾、扬名海外的伟大之哲学家，著作等身，弟子很多，传继其学派。可惜已于一九七八年逝世"。接着又提到了唐君毅的《生命存在与心灵境界》，"他最重要，也是他集大成的著作为《生命存在与心灵境界》，是二千多页的两巨册"，贺麟还提及自己撰写的另外一篇文章，"我曾写了一篇《唐君毅先生的早期思想》作为他二八卷本的'读后感言'，并曾于一九八四

---

① 唐君毅：《人文精神之重建》，《唐君毅全集》第5卷，台北：台湾学生书局1991年版，第571页。
② 唐君毅一直保持着写日记的习惯，但因其1948年以前的日记遗失，故他与贺麟交往的详情不得而知。唐君毅1948年以来的日记，收入台湾学生书局版《唐君毅全集》第27至28卷。
③ 贺麟：《唐君毅先生早期哲学思想》，《哲学与哲学史论文集》，商务印书馆1990年版，第201—202页。
④ 贺麟：《五十年来的中国哲学》，辽宁教育出版社1989年版，第46页。
⑤ 贺麟：《五十年来的中国哲学》，辽宁教育出版社1989年版，第114—115页。

年,在香港报纸上发表过"①。

1983年秋冬(10月至11月),贺麟应香港中文大学新亚书院之邀至港讲学一月。讲学内容包括黑格尔哲学、宋明理学,讲稿发表于《求索》1985年第1期。在香港讲学期间,唐君毅夫人谢廷光女士邀请贺麟前去府上瞻仰唐君毅的遗物,并在九龙设宴款待,由唐君毅的入室弟子李杜、唐端正、陈特及霍韬晦等作陪。李杜等均以著作相赠,谢廷光并以唐君毅的主要著作《生命存在与心灵境界》一套相赠(后谢廷光又曾两度前往北京,贺麟和周辅成予以热情接待)。②回来后,贺麟撰写了《唐君毅先生早期哲学思想》一文(后收入《哲学与哲学史论文集》),谈论唐君毅的早期思想及他们二人在思想上、精神上的契合之处,以为纪念。

二　思想发展历程及其时代际遇

众所周知,新儒家在传统哲学研究方面之所以能超越前人,是因为他们在浸淫于中国古代典籍的同时,又能深入探讨西方思想并与之相参照比勘。新儒家中的大多数人不但是国学巨擘,在西学方面亦堪称大家。如贺麟、唐君毅之于黑格尔哲学的深造自得,牟宗三之于康德哲学的精深研究及在此基础上所达至的创造性成果,均为世界所公认,而且都足以傲视学林。

贺麟自回国之后,便开始了"儒化"或"华化"(借用贺麟语)的过程,译介西学(斯宾诺莎、康德、黑格尔等),阐释国学,构建体系;最终"会通"中西,赫然而为一代哲学大家,形成了独具特色的"新心学"哲学思想。他在20世纪40年代先后出版的《近代唯心论简释》(1942年)、《当代中国哲学》(1945年)(后易名为"五十年来的中国哲学")、《文化与人生》(1947年)等著作,就是反映其"新心学"哲学

---

① 贺麟:《五十年来的中国哲学》,辽宁教育出版社1989年版,第114—115页。《康德黑格尔哲学东渐记》原载《中国哲学》第2辑,生活·读书·新知三联书店1980年版;后略加修订,收入其《五十年来的中国哲学》,作为上篇的"附录",改名为"康德、黑格尔哲学在中国的传播——兼论我对介绍康德、黑格尔哲学的回顾"。

② 贺麟:《唐君毅先生早期哲学思想》,《哲学与哲学史论文集》,商务印书馆1990年版,第201页。

思想的代表作，并因此而奠定了他的"新儒家"学者的地位。相较于梁漱溟的"新孔学"、熊十力的"新唯识论"、冯友兰的"新理学"而言，贺麟的"新心学"在现代新儒家的阵营中是比较晚出的新儒家哲学，它产生于20世纪40年代。"新心学"虽然起步较晚，但它在新儒学的思想发展史上具有十分重要的地位。或许正因其晚出，才能对此前的新儒学思潮做出公正而恰当的评判和总结，也才能合理地吸收他人（家）的经验与教训，在很大程度上克服了前人的理论缺陷，从而使"新心学"的面貌与其他新儒学颇为不同，而且更具圆融色彩。①

贺麟学贯中西，在中西哲学方面均有极高的造诣，《现代西方哲学讲演集》（1984年）、《黑格尔哲学讲演集》（1986年）是贺麟治西方哲学的重要成果。1986年7月由上海人民出版社出版的《黑格尔哲学讲演集》，被评论界认为"是迄今为止黑格尔研究方面最为深广、最为全面、最有影响的成果"②。周谷城评价贺麟的学说，"博而不杂，专而不窄"；周辅成认为贺麟在融贯中西方面是"一位勇敢而有成绩的开拓者"，"既不作夜郎自大的民族主义者，也不作奴颜婢膝的民族虚无主义者"；张岱年指出，"贺麟先生学贯中西，对于康德、黑格尔哲学及宋明理学研究尤深。在20世纪30年代，贺先生已被称为'黑学'专家"。③ 此言此语，绝非妄言妄语！

但就客观的历史情境而言，贺麟在哲学体系上的构建基本上集中于1949年以前，其后便几乎没有什么创新和发展了。故学术界评论说，"从1931年回国后到1937年抗日战争爆发前，是贺麟学术思想的勃发期"，而"八年抗战，是贺麟生命最为昂扬，思想最为活跃，因而也收获最为丰厚的时期"；相反，自1957年"反右"开始，"贺麟的学术重点放在翻译和'客观介绍'上，学术锋芒逐渐消减"④。相对而言，早慧的唐君毅不但慧思早发，而且续有增发；身处海内外两地的两位哲学家，在后半

---

① 笔者另撰有《贺麟的文化史观》一文，比较详细地论说了贺麟的文化史观，读者不妨参看。补充说明：拙文刊于《湖南科技学院学报》2006年第3期。
② 张学智：《贺麟选集·前言》，吉林人民出版社2005年版，第11页。
③ 宋祖良、范进编：《会通集：贺麟生平与学术》，生活·读书·新知三联书店1993年版，第1、4、39页。
④ 张学智：《贺麟选集·前言》，吉林人民出版社2005年版，第4、13页。

生走过了两条颇为不同的人生之路。

唐君毅"会通"中西印,巍然而为大哲学家、哲学史家、现代新儒家的代表人物,被牟宗三誉为"文化意识宇宙中之巨人"①,并被西方有的学者誉为"中国自朱熹、王阳明以来的杰出哲学家"②。唐君毅的学问渊博,学贯中西,对中西印哲学思想无不尽心钻研,尤用力于中西印三大文化传统中所体现的人文精神。他的学术思想进路,被海外学者概括为:以黑格尔型的方法及华严宗型的系统,展开其"生命存在与心灵境界"都为"一心"所涵摄的文化哲学体系,名曰"唯心论的本体——文化论的哲学系统"。国内外学术界评说,"(唐)先生著述之丰,在当代学人当中,可谓无出其右者","其著述内容广博,体大精深,长于辨析,善于综摄,驰骋于东西哲学之中,而一归于中国圣贤义理之学"③。

"山重水复疑无路,柳暗花明又一村。"1949年之后的贺麟和唐君毅,虽然经历了不同的政治境遇,从而影响了各自的哲学命运;但就各自的心路历程、思想历程而言,却又"殊中有同"。贺麟出于身不由己的境遇,迫不得已地改宗唯物论,改宗马列主义;唐君毅虽然身处相对宽松的政治环境,但他在思想的创新、哲学的突破上却无多少进展。唐君毅曾经在其集大成的哲学著作《生命存在与心灵境界》的"自序"中说,"吾今此书之根本义理,与对宇宙人生之根本信念,皆成于三十岁以前","吾今此书之规模亦不能出于此二书(按:即早期著作《人生之体验》《道德自我之建立》)"。贺麟一直偏好哲学家的早期思想,他也非常贴切地指出,唐君毅的早期著作极端重要,"晚年著作的根本义理,根本信念,全书(笔者按:即《生命存在与心灵境界》)的规模均不出此之外","而且早期著作,富有文学性,情理双融,不偏于论证与论辩"④。李杜也同样指出,晚年的唐君毅,"他的思想不再有方向性的改变,而只

---

① 牟宗三:《悼念唐君毅先生》,载《唐君毅全集》第30卷,台北:台湾学生书局1991年版,第26页。
② 《简明不列颠百科全书》(汉译本)第7卷,中国大百科全书出版社1985年版,第677页。
③ 《唐君毅先生事略》,《唐君毅全集》第30卷,台北:台湾学生书局1991年版,第6页。
④ 贺麟:《唐君毅先生早期哲学思想》,《哲学与哲学史论文集》,商务印书馆1990年版,第208页。

有深度与广度的开展"①。历史，居然在这两位哲人的身上惊人的相似！

相似之二，两人都对德国大哲学家黑格尔情有独钟。贺麟译介黑格尔著作之功、绍述黑格尔哲学之绩、借鉴黑格尔思想之精，早已不遑多言（见上文）；而唐君毅之于黑格尔，则需略笔舌。让我们先来看一份时间表。

1928年，唐君毅阅读康德、菲希特（费希特）、黑格耳（黑格尔）、柏拉得莱（布拉德莱）、鲍桑奎之书。据唐端正的《唐君毅先生年谱》记载，唐君毅在28岁前"对黑格耳（黑格尔）之后之洛慈、柏拉得莱、鲍桑奎、罗哀斯等客观唯心论与绝对唯心论之重要书籍，皆无不读"，"先生于西方哲学家中，最欣赏菲希特与黑格耳之由纯粹自我或纯思中之理性出发，以演绎出此世界之存在之形而上学"。1936年，唐君毅在《中山文化教育馆季刊》冬季号上发表《庄子的变化形而上学与黑格尔的变化形而上学之比较》。1940年，唐君毅与李长之（1910—1978年）相偕往访牟宗三，"先生不喜唯物论，但不反对辩证法，相见之初，即表示唯物辩证法讲不通，精神生活之辩证法可以讲。牟先生于1931年曾与张东荪先生等从逻辑观点写辩证唯物论批判，又知先生精黑格尔哲学，乃请其略述大义。先生纵谈至英国新黑格尔派布拉德莱之消融的辩证，牟先生觉其玄思深远，郁勃而出，因而顿悟辩证之意义与其可能之理据，并知先生确有其深度与广度，非浮泛小慧者可比"②。1956年，唐君毅发表的文章有《黑格尔哲学论文集》之《黑格尔之精神哲学》。

许多研究者都已经注意到，作为新儒家的代表们，几乎每一位的背后都有着西方哲学家的影子，如柏格森之于梁漱溟，新实在论之于冯友兰，康德之于牟宗三，而唐君毅的哲学体系所受黑格尔的影响，业已得到世人的公认。对于黑格尔的精神哲学，唐君毅有着极为精深而系统的了解和体会，其思维方式是黑格尔式的。唐君毅自己坦言，"对于西方哲学，现在来说，我喜欢的还是黑格尔，近代的是怀特海"③。比如其早期

---

① 李杜：《唐君毅先生的哲学》，台北：台湾学生书局1982年版，第12页。
② 牟宗三：《哀悼唐君毅先生》，《联合报》1978年3月15日。
③ 唐君毅：《病里乾坤·民国初年的学风与我学哲学的经过》，《唐君毅全集》第3卷，台北：台湾学生书局1991年版，第144页。

著作《人生之路》,便是"根据黑格尔的《精神现象学》的方法来写的一部唯心论著作"①。同属早期著作的《爱情之福音》(1945年出版),"其黑格尔式的辩证思考模式综贯全书"②。至于其晚年的总结性的哲学巨著《生命存在与心灵境界》,则"融会中西而贯通儒佛道,收摄哲学、宗教,建构起一个博大精深的哲学体系",实可以比照于黑格尔的"哲学全书"③。当然,我们说唐君毅深受黑格尔的思维方式或哲学方法之影响,并非说此乃唯一来源。唐氏弟子刘国强指出,"在唐先生的哲学中,最为广泛被运用,而同时表现了唐先生哲学的精神的,即为超越的反省法,或超越的反省精神",如"契会法""层层转进法""超越反省法""开阖法",而"此四者是互为贯通,而以超越反省法为基本,开阖法为更根本之大法"④。

三 几点感想

对贺麟、唐君毅这两位先哲的人生经历、社会交往、思想发展历程及时代际遇等略作比较之后,数点感想油然而生,兹陈述于下。

(一)以文化为终极关怀

笔者曾经指出,王国维、陈寅恪均以文化为终极关怀(ultimate concern)⑤;而作为新儒家的贺麟和唐君毅,又何尝不是如此?

人类学家认为,文化是人类有别于动物的标志,因此,所谓"文

---

① 贺麟:《五十年来的中国哲学》,辽宁教育出版社1989年版,第114—115页。
② 黄兆强:《唐君毅先生及其爱情哲学》,载《唐学论衡》,中国文史出版社2005年版,上册,第140页。
③ 黄玉顺:《唐君毅思想的现象学奠基问题——〈生命存在与心灵境界〉再探讨》,《思想家》第1辑,巴蜀书社2005年版,第32页;《唐学论衡》,中国文史出版社2005年版,下册,第82页。此前,赵德志也注意过这一问题(《〈生命存在与心灵境界〉述评——兼论唐君毅与黑格尔哲学》,《孔子研究》1995年第1期)。
④ 刘国强:《唐君毅之哲学方法》,载《唐学论衡》,中国文史出版社2005年版,下册,第47—54页。
⑤ 参见彭华《陈寅恪的文化史观》,《史学理论研究》1999年第4期。

化"，实即"人的文化"——贺麟称之为"人文化"①。贺麟所理解的"文化"，尤侧重于人类精神一端，认为文化"应该以道，以精神，或理性作本位"②，"所谓文化，乃是人文化，即是人类精神的活动所影响、所支配、所产生的。又可说文化即是理性化，就是以理性来处理任何事，从理性中产生的，即谓文化。文化包括三大概念：第一是'真'，第二是'美'，第三是'善'。"③ 自发蒙之日起，贺麟即嗜好书籍，书籍为他打开了一扇超越时空的窗口，他暗暗立下志愿，"我要读世界上最好的书，以古人为友，领会最好的思想"。他自己的志趣是"平淡的生活，高尚的思想，在一架书里走遍古今中外"④，立志成为一位博古通今、勤于思考的哲人。

在贺麟的理论视野里，儒家思想是中华民族的中流砥柱，是中国文化的主流、主体、主干，虽然说"宋以后的中国文化有些病态，宋儒思想中有不健康的成分"，但切不可因此妄自菲薄，而只能说"须校正宋儒的偏弊"，进而"发扬先秦汉唐的精神"，此"尤为我们所应努力"⑤。贺麟说："民族复兴的本质应该是民族文化的复兴。民族文化的复兴，其主要的潮流、根本的成分就是儒家思想的复兴，儒家文化的复兴。"⑥ 贺麟后来的所作所为，完全践行了这一崇高而神圣的文化理念。

唐君毅十四五岁之时，即有希圣希贤之志；青少年时期的唐君毅业已相当自负，"决不甘于为一普通人"⑦，立志博览群书，构建思想大系统，从而推动文化教育事业，重建中华文化，以贡献于中华民族和世界人类。年方三十，俨然而有哲人气象。1949年秋，唐君毅临别告母："儿

---

① 贺麟：《文化、武化与工商化》，《文化与人生》，商务印书馆1988年版，第280页。
② 贺麟：《文化的体与用》，《哲学与哲学史论文集》，商务印书馆1990年版，第354页。
③ 贺麟：《文化、武化与工商化》，《文化与人生》，商务印书馆1988年版，第280页。
④ 张祥平、张祥龙：《从唯心论"大师"到信仰唯物主义的革命者》，《人物》1987年第6期。
⑤ 贺麟：《宋儒的新评价》，《文化与人生》，商务印书馆1988年版，第197页。
⑥ 贺麟：《儒家思想的新开展》，《文化与人生》，商务印书馆1988年版，第4—5页。
⑦ 唐君毅：《致廷光书》，《唐君毅全集》第25卷，台北：台湾学生书局1991年版，第145页。

未尝为官吏,亦不隶政党,唯儿上承父志,必以发扬中华文教为归。"①何等自觉的认识,何等崇高的抱负,何等神圣的担当!在《花果飘零及灵根自植》及《海外中华儿女之发心》二文中,唐君毅又念念不忘地指出中国人对自己的文化与学术之自尊自重,自信自守之道,希望中国人之一念自觉,当下发心,而"共负再造中华,使中国人之人文世界,花繁叶茂","而使中国在二十一世纪,成为人的文化之中国,而世界人士之共努力,则可使二十一世纪,成为一真正的人的世纪"②。1961年,唐君毅在香港《祖国周刊》第35卷第1期发表《中华民族之花果飘零》一文,感慨中华民族之无所保守,移民他国的中国人,皆以学习他国之文化为荣,虽情有可原,但"风劫之存在于当今,则整个表示中国社会、中国文化与中国人之人心,已失去一凝摄自固的力量",中华民族就像"一园中大树之崩倒,而花果飘零,遂随风吹散;只有在他人园林之下,托荫避日,以求苟全;或墙角之旁,沾泥分润,冀得滋生。此不能不说是华夏子孙的大悲剧"③。此等言语,均为唐君毅以文化为终极关怀之绝佳注脚!

(二)瘁心于中华文化

贺麟自学成回国后、唐君毅自大学毕业后,即著书立说,开馆授徒,传道授业,目的在于中华文化之绵延赓续。其中,唐君毅更是十足的楷模与典范,是真正的"鞠躬尽瘁,死而后已"。

在贺麟宏大的理论视野里,儒家思想无疑是中华民族的中流砥柱,是中国文化的主流、主体、主干,虽然说"宋以后的中国文化有些病态,宋儒思想中有不健康的成分",但切不可因此妄自菲薄,而只能说"须校正宋儒的偏弊",进而"发扬先秦汉唐的精神",此"尤为我们所应努力"④。贺麟将"中国新哲学"冠之以"现代新儒家"之名,使他成为中国现代文化史上明确、正式提出"新儒家"概念的第一人。贺麟说,"广

---

① 唐君毅:《母丧杂记》,《唐君毅全集》第3卷,台北:台湾学生书局1991年版,第67页。
② 唐君毅:《唐君毅全集》第7卷,台北:台湾学生书局1991年版,第68、74页。
③ 唐君毅:《唐君毅全集》第7卷,台北:台湾学生书局1991年版,第12页。
④ 贺麟:《宋儒的新评价》,《文化与人生》,商务印书馆1988年版,第197页。

义的新儒家思想的发展或儒家思想的新开展,就是中国现代思潮的主潮","无论政治、社会、学术、文化各方面的努力,大家都在那里争取建设新儒家思想,争取发挥新儒家思想"①。纵使在艰难困苦的抗日战争岁月,贺麟仍然信心百倍地高扬民族精神,力倡"精神抗战"与"学术建国"②。1949年以后,贺麟转而以译介西方哲学著作(尤其是黑格尔著作)为学术生命。

中国文化之绵延赓续,素重师承,"华夏学术最重传授渊源"③。身为人者师的贺麟,堪称个中楷模。陈修斋说:"有些人当了一辈子教师,教过的学生确是不少,但未必有几个名实相符,真正从他得到教益并对他怀有老师应有的敬爱之情的学生。而在贺先生的学生中,真正因受到先生的教诲、培养、陶冶而成才或自感得益,并衷心对老师怀着敬仰、爱戴和亲切的情谊的人,则确实不在少数……可说是真正的'桃李满天下'。"④ 姜丕之说,"贺麟教授那种乐于助人和诲人不倦的精神,给我留下了深刻的印象"⑤。

唐君毅之瘁心于中华文化,此处仅标举其在港时期。移港之后,唐君毅、钱穆等以布衣之身,筚路蓝缕创建了新亚书院。新亚书院的设立,目的在于提倡"新亚精神",其中心主旨是"讲求中华传统文化精神的现代化"。1959年11月5日,唐君毅致函张君劢,约请张氏至新亚书院讲学,当时即动之以"保留文化种子"之热切。唐君毅在信中写道:"总之私意当前吾人所能致力者乃主要在学术,现在新亚略具基础,能聚集若干大体上志同道合之人,及若干书籍,共同讲学,当可为后代留下若干种子。"⑥

唐君毅主张"独尊孔孟""同存朱陆",认为"儒学植根于人性,人性不灭,儒学即不死"。1978年2月1日,唐君毅听说《历史研究》刊文开始恢复孔子的名誉,欢欣雀跃,欣慰不已,为中国文化的前途庆幸,

---

① 贺麟:《儒家思想的新开展》,《文化与人生》,商务印书馆1988年版,第1页。
② 贺麟:《抗战建国与学术建国》,《文化与人生》,商务印书馆1988年版,第18—23页。
③ 陈寅恪:《论韩愈》,载《金明馆丛稿初编》,上海古籍出版社1980年版,第285页。
④ 陈修斋:《愿他的精神永垂千古!——沉痛悼念敬爱的老师贺麟先生》,《哲学杂志》1993年第1期。
⑤ 姜丕之:《现代西方哲学讲演集》,上海人民出版社1984年版,"序"第7页。
⑥ 唐君毅:《唐君毅全集》第26卷,台北:台湾学生书局1991年版,第22页。

立刻致电学生赵潜,请他把自己的今著分别邮寄一套给大陆的北京大学和南京大学——两所唐君毅曾经就读的母校。① 2月2日唐君毅去世后,唐夫人谢廷光对前来吊慰的学生、朋友说:"他(唐君毅)看到昨天(2月1日)报上说大陆开始恢复孔子的名誉,心里很高兴,要把他的著作,寄给大陆的三个图书馆。"② 唐君毅于1978年去世之后,徐复观运思搦管,以饱蘸浓情之笔写就《悼唐君毅先生》③。文章写道:"唐先生之死,引起我最大的感慨是,想为自己的国家民族,在文化上尽一番责任的中国学人所遭遇的横逆和艰苦,大概是其他国家的学人所无法想象得到的","一九四九年,唐先生来港,与钱宾四、张丕介两先生,合力创办新亚书院,有一个共同的志愿,即是要延续中国文化的命脉于海外。……我可以这样断定,香港之有一点中国文化气氛,有少数人愿站在中国的立场做中国学问,是从新亚书院开始的"。此诚非过誉之辞! 弟子唐端正说唐君毅"一直以传教士之精神,传孔子之教"④,此言信矣!

(三) 思想与语言齐美

有以文化为终极关怀之高深立意与坚韧追求,有以弘扬中华文化为职志之远大抱负与勤勉耕耘,此诚难能可贵矣! 二者之践行与实施,又在于不可脱离语言与文字。语言是物质的外壳,文字是思想的载体;著书立说,传道授业,都在于不可脱离语言文字。优美、典雅、流畅的语言文字,大可为思想锦上添花、如虎添翼。此旨此意,笔者曾经一再强调。⑤

阅读贺麟的著作,不管是作为"新心学"代表作的《近代唯心论简释》《当代中国哲学》《文化与人生》,还是作为哲学史经典作品的《现

---

① 唐君毅:《唐君毅全集》第29卷,台北:台湾学生书局1991年版,第377页。
② 徐复观:《悼唐君毅先生》,《中国知识分子精神》,华东师范大学出版社2004年版,第63页。
③ 参见徐复观《悼唐君毅先生》,《中国知识分子精神》,华东师范大学出版社2004年版;载《唐君毅全集》第30卷,台北:台湾学生书局1991年版。
④ 唐端正:《唐君毅先生年谱》,载《唐君毅全集》第29卷,台北:台湾学生书局1991年版,第178页。
⑤ 参见彭华《追求学术语言的个性》,《社会科学报》1998年11月12日第3版;彭华《史学研究如何走出深闺》,《社会科学报》1999年4月3日第3版;彭华、张波:《重视学术规范 发挥史学功能》,《淮阴师范学院学报》(哲学社会科学报)2002年第4期。

代西方哲学讲演集》《黑格尔哲学讲演集》，以及大量的翻译作品《知性改进论》、《伦理学》、《哲学史讲演录》（4卷）、《小逻辑》等，笔者都深为其文字之美所折服。相对而言，唐君毅则稍逊一筹。

唐君毅林林总总凡千万言的作品，其文字可谓早（朝）胜于晚（夕）。其早年作品，如"以诗人的情调写出的《人生之体验》一书，文字优美，内容层层转进，将读者带进一种理想的人生境界中而不自觉，为当时一般知识青年所乐读"[1]。又如《人生之路》，贺麟赞誉其"富于诗意"[2]。而其中晚期作品，则回环缠绕，拖沓冗长，文字之美大不如前！霍韬晦认为，此与唐君毅之性情有关，唐君毅"性情宽厚"，"开合诸家总是先看人之是，始言其不足，于是行文缴绕，旨意曲折蜿蜒而出"，"结果辞繁不杀"，唐君毅"亦引以为憾"[3]。

泰山其颓，哲人其萎；风范长存，惠泽长留！

2006年2月9日，改于宜宾

【本文原载《宜宾学院学报》2006年第8期。收入本书时，有所修订】

---

[1] 徐复观：《中国知识分子精神》，华东师范大学出版社2004年版，第64页。
[2] 贺麟：《五十年来的中国哲学》，辽宁教育出版社1989年版，第46页。
[3] 霍韬晦：《编后记》，载《唐君毅全集》第30卷，台北：台湾学生书局1991年版，第697—698页。

贺麟与蜀学

——关于现代蜀学的梳理与思考

引子：考察的理路与审查的范围

"蜀学"者，蜀地之学也，蜀人之学也。博考载籍、钩稽众说，"蜀学"一名而含三义：学人、学校、学术。① 蜀学之"学"主要是学术，其重点在文史哲（含宗教学），其核心是思想、理论。② 其实，移换视角，尚可将"蜀学"另做剖分，或许不无新意。

就本话题而言，首先应当注意者，即在于"继承"与"发扬"二端。总体而言，举凡某学派、某流派（如儒家、道家、佛家），或某区域文化（如鲁学、蜀学、湘学），之所以能源远流长、一脉相承者，端在有"学"可以绍述，有"学"可以皈依，有"学"可以践履，有"学"可以发扬。于此，试举证。

众所周知，中国文化之绵延赓续，与素重师承之传统密切相关。儒家之"道统"③，佛家之"灯录"④，汉学之"师承记"，宋学之"渊源记"⑤，即其力证。因此，一代大儒荀子曾高屋建瓴地指出，"有师法者，人之大宝也；无师法者，人之大殃也"（《荀子·儒效》）；著名史家陈寅

---

① 参见舒大刚《晚清"蜀学"的影响与地位》，《社会科学研究》2007年第3期。
② 参见胡昭曦《浅议蜀学与巴蜀哲学》，《旭水斋存稿》，四川大学出版社2012年版。
③ 如，《宋史·道学传三·朱熹》："尝谓圣贤道统之传散在方册，圣经之旨不明，而道统之传始晦。"于此，可参见蔡方鹿《中华道统思想发展史》，巴蜀书社2003年版。
④ 其典型者，如宋人普济之《五灯会元》、道原之《景德传灯录》。
⑤ 清代学者江藩，撰有《国朝汉学师承记》《国朝宋学渊源记》二书。

恪也曾一针见血地指出,"华夏学术,最重传授渊源"①。

宋人郑樵云:"学之不专者,为书之不明也。书之不明者,为类例之不分也。有专门之书,则有专门之学。有专门之学,则有世守之能。人守其学,学守其书,书守其类,人有存没而学不息,世有变故而书不亡。"② 郑樵于此所抒发之论调与感叹,虽就古书之"校雠"与编次之"类例"而言,实则具有广泛的、一般的学术意义。比如说,郑樵所区分的"书""学""能"(人),实则具有莫大的、高远的指导价值。这是"一分为三"的做法。

此前,笔者曾经指出:作为中华文化之主干与核心的儒学文化,不但成就了中华民族,而且维系了中华民族。大致而言,可以将儒学文化划分为三大层面:(1)经典("书")——民族记忆的传承;(2)思想("学")——民族智慧的结晶;(3)实践("行")——民族实体的赓续。③ 这也是"一分为三"的做法。

糅合以上两种分法,可将"蜀学"分别部居,区析为四:书、学、人、行。这是"一分为四"的做法。进一步分门别类,则又可将此四者"一分为二":"书"与"学"为一阕,"人"与"行"为一阕。因此,本文在论说"贺麟与蜀学"时,"行迹"部分侧重于"人"与"行","精神"部分侧重于"书"与"学"。

行迹:贺麟与蜀人的交往与影响

贺麟,字自昭,四川金堂人。著名哲学家、哲学史家、黑格尔研究专家、教育家、翻译家,现代新儒家的代表人物之一。早在20世纪40年代,贺麟就建立了"新心学"思想体系,成为"中国现代新儒家思潮中

---

① 陈寅恪:《论韩愈》,载《金明馆丛稿初编》,上海古籍出版社1980年版,第285页。关于此旨更详尽的论述,可参见拙作《陈寅恪的文化史观》第三部分"奖掖后学,开启来学:文化赓续的途径"(《史学理论研究》1999年第4期)。

② (宋)郑樵:《通志·校雠略·编次必谨类例论》,中华书局1987年影印本,第831页;(宋)郑樵撰:《通志二十略》,王树民点校,中华书局1995年版,第1804页。

③ 参见彭华《儒学文化的三大层面及其当代价值——以文化自觉与文化自信为审察视角》,初稿载《大学的文化自觉与文化自信论文集》,四川·成都,2011年11月;修订稿载谢和平主编《大学的文化自觉与文化自信》,四川大学出版社2012年版。

声名卓著的重镇"①,"代表了新儒家运动的一个主要方向"②。识者云,"贺麟的学术活动、著作和学说,以其内在的思想素质和成就,在他那个时代的哲学界中属于最出色之列"③。

和许多从事哲学研究的四川籍人士（如唐君毅、萧萐父等）一样,贺麟一生的绝大多数时光也都不是在四川度过的。贺麟于1919年秋以优秀的成绩考入清华学堂（后更名为"清华学校",清华大学的前身）,随后便很少回四川长期居住。④

1937年,贺麟因父亲贺明真（1880—1937年）病重返川。其间,适逢贺氏准备重修族谱（贺氏原有同治年间族谱）,贺麟为此撰写了《重修贺氏族谱序》。⑤ 1985年4月,贺麟偕夫人黄人道回金堂老家探亲,并在老房坝中与贺氏族人合影;同时,向金堂淮口中学捐赠奖学金。其间,贺麟应邀至四川大学、西南师范学院、武汉大学讲学。5月,四川大学哲学系、外国哲学史四川分会在四川大学举办了"西方哲学史讲座",贺麟的讲座题目是"对黑格尔辩证法的新理解"。他认为,唯物主义要反对唯心主义,应从唯心主义自身发展中出现的矛盾进行批判,而不是乱戴帽子。⑥

贺麟虽然很少回四川居住,但这并没有影响他与四川学人的交往,而且,他热情地关注四川文化的发展,热心地总结四川学人的成就。在此,仅略举以下六人为例（以哲学研究者为主）:张颐、陈铨、唐君毅、

---

① 宋志明:《贺麟学案》,载方克立、李锦全主编《现代新儒家学案》,中国社会科学出版社1995年版,中册,第225页。

② 中国社会科学院哲学研究所西方哲学史研究室编:《出版说明》,载《贺麟先生百年诞辰纪念文集》,中国社会科学出版社2009年版,第1页。

③ 张祥龙:《〈贺麟全集〉出版说明》,载《近代唯心论简释》,上海人民出版社2009年版,第2页。

④ 关于贺麟之生平与行旅,可参见彭华以下二文:(1)《贺麟年谱新编》,《淮阴师范学院学报》（哲学社会科学版）2006年第1期,后全文收入《现当代学人年谱与著述编年》,上海三联书店2007年版;(2)《贺麟先生学术年表》,附录于贺麟《近代唯心论简释》,商务印书馆2011年版。说明:《近代唯心论简释》系"中华现代学术名著丛书"之一。

⑤ 曾加荣、方磊《贺麟家世考》在文末全文引录了《重修贺氏族谱序》,载《蜀学》第3辑,巴蜀书社2008年版。

⑥ 参见四川大学哲学系傅益珍整理:《贺麟、汪子嵩等学者在四川讲学》,《哲学动态》1985年第8期。

萧萐父、杨祖陶、杨宪邦。

张颐（1887—1969 年），字真如，四川叙永人。张颐著有《黑氏伦理研究》《黑格尔与宗教》《圣路易哲学运动》等，是中国现代专门研究黑格尔哲学的先驱，对西方古典哲学尤其是黑格尔哲学有精深的研究。

1907 年，张颐在永宁中学读书时加入同盟会。其后，毕业于四川高等学堂理科。1911 年辛亥革命后，任蜀军政府秘书。1913 年赴美国入密歇根大学，获文学学士、教育学硕士及哲学博士学位。1919 年入英国牛津大学，再获哲学博士学位，是中国第一位牛津大学哲学博士学位获得者。1921 年赴德国进入埃尔朗根大学研究康德哲学和黑格尔哲学，后赴法国、意大利考察，为英国皇家学会会员。1924 年回国，主持北京大学哲学系，讲授康德和黑格尔的哲学，是西方古典哲学进入近代中国大学之始。至此，"西方古典哲学才开始真正进入了中国近代大学的哲学系"，"我们中国才开始有够得上近代大学标准的哲学系"①。

1926 年，任厦门大学教授兼文学院长、代理校长。1936 年任四川大学教授、文学院院长，1937 年 6 月任代理校长。其后，任武汉大学教授。抗日战争胜利后，任北京大学教授。1948 年底回川，"一心想终老本乡，不再复出"②。中华人民共和国成立后，任四川省文史馆馆员。1957 年返北京大学任教，指导研究生。

在贺麟看来，康德、黑格尔哲学在中国的传播可以分为三个时期——前期（"戊戌变法"至五四运动）、中期（五四运动至中华人民共和国成立）、后期（中华人民共和国成立以后），而张颐是中期"最早研究黑格尔哲学首屈一指的人物"，"他的那本《黑格尔伦理学》是用英文写成的，书名是《黑格尔伦理学说的发展、意义及其局限》。……这书在国外是有不少影响的"，"张颐先生对黑格尔哲学独创的看法可以从他对黑格尔《逻辑学》中范畴关系的解释看出"，但令人遗憾的是，"张颐先生回国

---

① 贺麟：《五十年来的中国哲学》，辽宁教育出版社 1989 年版，第 96、25 页。按：贺麟两处文字均云 1923 年，实属记忆之误。张颐于 1924 年 4 月回国，7 月就任北京大学哲学系教授，详见张文达：《张颐年谱》，附录于侯成亚、张桂权、张文达编译《张颐论黑格尔》，四川大学出版社 2000 年版，第 256—257 页。

② 熊伟：《恩师张颐》，《自由的真谛——熊伟文选》，中央编译出版社 1997 年版，第 323 页。

后，除了讲课外，很少再有这方面的论著发表，致使国人很少了解他的哲学见解"①。而尤其遗憾的是，张颐用英文写成的博士学位论文《黑格尔伦理学》，直至 2000 年才有中文译本问世。②

贺麟之翻译《黑格尔学述》，曾经得到过张颐的帮助，"此稿译成后，曾经两三位朋友校阅过。吾国研究黑格尔学先进张真如先生曾校阅大部分，哈佛同学谢幼伟君曾对照原文看过一遍"③。贺麟的弟子洪汉鼎说，"贺先生蛮佩服张颐的"，"贺先生经常跟我说，他的前辈就是张颐，认为张颐搞得不错"④。

陈铨（1905—1969 年），原名大铨，字涛西，别名陈正心，笔名 T、涛西，四川富顺人。著名话剧作家。1921 年入清华学校留美预科班，1922 年入清华学校西方语言系学习。其时，吴宓为旧制留美预备部高年级学生开设选修课《翻译》（外文翻译），讲授翻译的原理和技巧，并辅之以翻译练习。当时仅有贺麟、张荫麟、陈铨等学生选修此课，三人后被称为"吴门三杰"；而且，陈铨为"清华四才子"之一（另三人为李长之、钱锺书、张荫麟）。1928 年毕业后赴美国奥柏林学院留学，先后获文学学士（1930 年）、哲学硕士学位（1931 年）。旋即赴德国留学，获德国克尔大学哲学博士学位（1934 年）。回国后，先后在武汉大学、清华大学、西南联合大学、同济大学任教。1940 年 4 月，与林同济（1906—1980 年）、雷海宗（1902—1962 年）等创办《战国策》杂志，并与林、雷等人在重庆《大公报》开辟"战国副刊"，是"战国策派"主要人物之一（人称雷海宗、林同济、陈铨三人为"三驾马车"）。中华人民共和国成立后，任复旦大学教授、南京大学德文教研室主任。

陈铨在 1936 年出版专著《中德文学研究》，全面评述了中国小说、戏剧、抒情诗在德国的传播和影响。文学著作有《天问》《野玫瑰》《黄鹤楼》《狂飙》《金指环》《无情女》《兰蝴蝶》等，另有哲学著作《从叔本华到尼采》等。

---

① 贺麟：《五十年来的中国哲学》，辽宁教育出版社 1989 年版，第 104—105 页。
② 参见侯成亚、张桂权、张文达编译《张颐论黑格尔》，四川大学出版社 2000 年版。
③ 贺麟：载《黑格尔 黑格尔学述》，上海人民出版社 2012 年版，"译序"第 174 页。
④ 洪汉鼎：《客居忆往：哲学人生问答录》，中国人民大学出版社 2016 年版，第 208 页。

与张颐、贺麟、唐君毅、萧萐父等人一样，陈铨亦是桑梓情深。陈铨之友浦江清（1904—1957年）说，"陈君是四川人。其所写多四川风味，亦杂以四川土语"①。

唐君毅（1909—1978年），四川宜宾人。哲学家、哲学史家，现代新儒家的代表人物之一。曾就读于中俄大学、北京大学，毕业于中央大学哲学系。青年时代的唐君毅，颇受梁启超、梁漱溟、熊十力等人的影响。曾任教于华西大学、中央大学、金陵大学，任过江南大学教务长。1949年6月，唐君毅和钱穆移居香港。终其后生便以海外游子身份客居港台异乡，直至埋骨台北。②

唐君毅学问渊博，学贯中西，对中、西、印哲学思想无不尽心钻研，尤用力于中、西、印三大文化传统中所体现的人文精神。唐君毅被牟宗三誉为"文化意识宇宙中之巨人"③，并被西方有的学者誉为"中国自朱熹、王阳明以来的杰出哲学家"④。他的学术思想进路，被海外学者概括为：以黑格尔型的方法及华严宗型的系统，展开其"生命存在与心灵境界"都为"一心"所涵摄的文化哲学体系，名曰"唯心论的本体——文化论的哲学系统"。

唐君毅的著述极其宏富，主要著作有《道德自我之建立》《人生之体验》《中国哲学原论》《生命存在与心灵境界》等。台湾学生书局于1991年推出的《唐君毅全集》，有皇皇30卷之巨，蔚为壮观。

唐君毅虽然大半生离乡在外，但对家乡一直怀有深厚的感情。他曾经在《怀乡记》中饱含深情地说："为了我自己，我常想只要现在我真能到死友的墓上、先父的墓上、祖宗的墓上与神位前，进进香，重得见我

---

① 浦江清：《清华园日记·西行日记》（增补本），生活·读书·新知三联书店1999年第2版，第29页。

② 关于唐君毅之生平与学术，可参看唐端正《唐君毅先生年谱》，载《唐君毅全集》第29卷，台北：台湾学生书局1991年版，第1—243页。

③ 牟宗三：《悼念唐君毅先生》，载《唐君毅全集》第30卷，台北：台湾学生书局1991年版，第26页。

④ 《简明不列颠百科全书》（汉译本）第7卷，中国大百科全书出版社1985年版，第677页。

家门前南来山色，重闻我家门前东去江水，亦就可以满足了。"① 惜乎哉，唐君毅终究未能"叶落归根"！

就目前所掌握的材料而言，贺麟与唐君毅的交往当始于抗日战争时期。抗日战争时期（20 世纪 40 年代初），唐君毅在重庆中央大学任教，贺麟与唐君毅多次会晤。② 而二人思想的交流，则可追溯至 20 世纪 30 年代末。1938 年 7 月 9 日，贺麟在日记中写道："我读《重光杂志》中唐君毅的文章，觉得唐君的文字明晰，见解弘通，于中西哲学皆有一定的研究。其治学态度、述学方法、所研究之问题，均与余相近似，是基于'人同此心，心同此理'的原则。"③ 1945 年，贺麟又在《当代中国哲学》中评价了唐君毅及其《人生之路》，认为"唐君毅先生不仅唯心论色彩浓厚，而他的著作有时且富于诗意"，并且深刻地指出，唐君毅"讨论自我生长之途程，多少有似黑格尔《精神现象学》的方法"④，而《人生之路》便是"根据黑格尔的《精神现象学》的方法来写的一部唯心论著作"⑤。

唐君毅于 1978 年 2 月 2 日归隐道山之后，贺麟仍然对其深情不忘。1980 年，贺麟发表《康德黑格尔哲学东渐记》一文。文中，贺麟特意提及唐君毅的《人生之路》，"这是他根据黑格尔的《精神现象学》的方法来写的一部唯心论著作。但对我们理解黑格尔哲学有一定的帮助……唐君毅扬名海外的伟大之哲学家，著作等身，门弟子很多，传继其学派。可惜已于一九七八年逝世"；接着又提到了唐君毅的《生命存在与心灵境界》，"他最重要，也是他集大成的著作为《生命存在与心灵境界》，是二千多页的两巨册"；贺麟还提及自己撰写的另外一篇文章，"我曾写了一篇《唐君毅先生的早期思想》作为他二八卷本的'读后感言'，并曾于一

---

① 唐君毅：《怀乡记》，《唐君毅全集》第 5 卷，台北：台湾学生书局 1991 年版，第 603 页。

② 唐君毅一直保持着写日记的习惯，但因其 1948 年以前的日记遗失，故他与贺麟交往的详情不得而知。唐君毅 1948 年以来的日记，收入台湾学生书局版《唐君毅全集》第 27 至 28 卷。

③ 贺麟：《唐君毅先生早期哲学思想》，《哲学与哲学史论文集》，商务印书馆 1990 年版，第 201—202 页。

④ 贺麟：《五十年来的中国哲学》，辽宁教育出版社 1989 年版，第 46 页。

⑤ 贺麟：《五十年来的中国哲学》，辽宁教育出版社 1989 年版，第 114—115 页。

九八四年，在香港报纸上发表过"①。

1983年秋冬（10月至11月），贺麟应香港中文大学新亚书院之邀，至港讲学一月。讲学内容包括黑格尔哲学、宋明理学，讲稿发表于《求索》1985年第1期。在港讲学期间，唐君毅夫人谢廷光女士邀请贺麟前去府上瞻仰唐君毅的遗物，并在九龙设宴款待，由唐君毅的入室弟子李杜、唐端正、陈特及霍韬晦等作陪。李杜等均以著作相赠，谢廷光亦以唐君毅的主要著作《生命存在与心灵境界》一套相赠（后谢廷光又曾两度前往北京，贺麟和周辅成予以热情接待）。②讲学归来后，贺麟撰写了《唐君毅先生早期哲学思想》一文（后收入《哲学与哲学史论文集》），谈论唐君毅的早期思想以及他们二人在思想上、精神上相契合之处，以为纪念。③

萧萐父（1924—2008年），祖籍四川井研，生于成都。1943年，考入当时西迁乐山的武汉大学哲学系，受教于张颐、万卓恒、金克木教授门下，尤其是张颐的授业，使萧萐父"得闻黑氏哲学要旨"④。1949年5月入党，12月受党组织委派作为军管会成员参与接管华西大学，后留任该校马列主义教研室主任。1956年，进中央党校高级理论班深造。同年，应李达（1890—1966年）校长的邀请回武汉大学重建哲学系。1957年正式调入武汉大学哲学系，之后长期在此任教，直至2008年9月17日去世。

萧萐父治学严谨、著书等身，在国内外发表学术论文百余篇，主编《中国哲学史》（上、下卷）、《中国辩证法史稿》（第一卷）、《哲学史方法论研究》、《众妙之门——道教文化之谜探微》、《"东山法门"与禅宗》、《熊十力全集》等，著有《吹沙集》、《吹沙二集》、《吹沙三集》、

---

① 贺麟：《五十年来的中国哲学》，辽宁教育出版社1989年版，第114—115页。说明：《康德黑格尔哲学东渐记》原载《中国哲学》第2辑，生活·读书·新知三联书店1980年版；后略加修订，收入其《五十年来的中国哲学》，作为上篇的"附录"，改名为"康德、黑格尔哲学在中国的传播——兼论我对介绍康德、黑格尔哲学的回顾"。

② 参见贺麟《唐君毅先生早期哲学思想》，《哲学与哲学史论文集》，商务印书馆1990年版，第201页。

③ 以上论述文字，来源于彭华《贺麟与唐君毅——人生经历、社会交往与学术思想》，《宜宾学院学报》2006年第8期。

④ 萧萐父：《吹沙二集》，巴蜀书社1999年版，第739页。

《明清启蒙学术流变》、《王夫之评传》、《中国哲学史史料源流举要》、《萧萐父文选》（上下）等。对中国古代辩证法史、先秦儒道思想、明清哲学、近现代文化思潮等，均有较深的研究。坚持史论结合、中西比较、古今贯通的治学原则，强调德业双修、学思并重、做人与为学的统一。

萧萐父与贺麟的交往是比较多的，并且留下了相关文字记载。比如，1956年春，萧萐父至北京中央党校高级理论班学习，后又入北京大学进修中外哲学史。其间，萧萐父常去汤用彤、贺麟家中侍坐求教。[1]再比如，20世纪50年代，蒙文通偶然赴京，贺麟为之设宴于颐和园，并招汤一介和萧萐父侍坐；席间，蒙文通、贺麟等论及蜀学的哲思传统、巴蜀学风与荆楚学风之异同等，"是日饮谈甚欢"[2]。又比如，1986年10月9日至11日，为纪念贺麟从事教学、研究、翻译工作55周年，中国社会科学院哲学研究所、北京大学哲学系、民盟中央、中华全国外国哲学史学会联合在北京举行了"贺麟学术思想讨论会"，萧萐父尝"谨献拙句，用表微忱"[3]。1990年12月5日，萧萐父至北京出席"冯友兰思想国际会议"。会议之余，萧萐父等专程拜访了当时已经88岁高龄的贺麟。

难能可贵的是，萧萐父不但对四川抱有诚挚深厚的感情，而且特别注重对蜀学的表彰与弘扬。萧萐父弟子郭齐勇说，"在我的记忆中，萧先生课上课下，经常是廖季平、蒙文通不离口"[4]。对于经史名家、蜀学大家蒙文通，萧萐父专门撰有《蒙文通与道家》[5]、《蒙文通先生〈理学札记与书束〉读后》[6]。对于英年早逝的蜀学俊彦刘咸炘，萧萐父特意为其遗著《推十书》作序，尚觉意犹未尽，遂搦管挥毫而成《刘鉴泉先生的

---

[1] 参见郭齐勇《史慧欲承章氏学 诗魂难扫瑄人愁——萧萐父教授学述》，载萧汉明、郭齐勇编《不尽长江滚滚来——中国文化的昨天、今天、明天》，东方出版社1994年版；田文军《锦里人文风教永 诗情哲慧两交辉——萧萐父教授学术生涯掠影》，载郭齐勇、吴根友编《萧萐父教授八十寿辰纪念文集》，湖北教育出版社2004年版。
[2] 萧萐父：《吹沙二集》，巴蜀书社1999年版，第739页。
[3] 萧萐父：《吹沙二集》，巴蜀书社1999年版，第739页。
[4] 郭齐勇：《萧萐父先生与近代蜀学》，《四川师范大学学报》（社会科学版）2011年第4期。
[5] 参见萧萐父《蒙文通与道家》（1996年），载《吹沙二集》，巴蜀书社1999年版。
[6] 参见萧萐父《蒙文通先生〈理学札记与书束〉读后》，《社会科学研究》1981年第5期。

学思成就及其时代意义》。① 对于哲学大家、现代新儒家唐君毅，萧萐父在1995年8月的"第二届唐君毅思想国际研讨会"上发表了题为"富有之谓大业"的发言②，在一定程度上弥补了贺麟专论蜀学的缺失。

杨祖陶（1927—2017年），四川达县人。1945—1950年，就读于西南联合大学和北京大学哲学系，师从金岳霖、汤用彤、贺麟、郑昕、洪谦诸教授，毕业后留校任教。1959年调武汉大学执教，任西方哲学教研室主任。逝世前为武汉大学哲学系教授、博士生导师、中华全国外国哲学史学会顾问、湖北省哲学史学会名誉会长。著有《欧洲哲学史稿》③、《德国古典哲学逻辑进程》④ 等，译有《康德三大批判精粹》⑤ 等。杨祖陶曾经撰文评述贺麟对黑格尔《小逻辑》的翻译与研究，尤其对贺麟的译文深自景仰与佩服，"读起来也同听先生讲课一样，有如坐春风之感"⑥。

杨宪邦（1922—2020年），四川南充人。1944年入南充西山书院，1945年入内江东方文教研究院，1950年入北京大学文科研究所从事康德、黑格尔、马克思主义哲学研究，1952年调入中国人民大学马列主义研究班哲学分班，1954年调回北京大学。自1955年迄今，历任中国人民大学哲学系讲师、副教授、教授、中国哲学史教研室主任，兼中国哲学史学会常务理事、秘书长，中国无神论学会常务理事。主编《中国哲学通史》、《哲学名词解释》（下册），参编《中国哲学史》《中国大百科全书·哲学卷》《当代中国社会科学手册》《中国国情》等，撰有《精神文化篇》《孙中山评传》《从启蒙哲学到马克思主义哲学》《中国哲学与中华民族精神》《从普遍性和特殊性的结合把握中国哲学史的特色》《易传

---

① 萧萐父：《〈推十书〉成都影印本序》（1996年）、《刘鉴泉先生的学思成就及其时代意义》（1998年），载《吹沙二集》，巴蜀书社1999年版，第454—459、460—470页。补充说明：刘咸炘遗著《推十书》，于1996年由成都古籍书店影印出版。
② 萧萐父：《"富有之谓大业"——1995年8月在宜宾唐君毅思想国际研讨会上的发言》，载《吹沙二集》，巴蜀书社1999年版，第487—498页。
③ 参见杨祖陶、陈修斋《欧洲哲学史稿》，湖北人民出版社1983年版。
④ 参见杨祖陶《德国古典哲学逻辑进程》，武汉大学出版社1993年初版，2003年修订版。
⑤ 参见杨祖陶、邓晓芒编译《康德三大批判精粹》人民出版社2001年版。
⑥ 杨祖陶：《贺麟与黑格尔的〈小逻辑〉》，载《德国哲学》（2007年卷），中国社会科学出版社2007年版。

哲学》等。贺麟百年诞辰之时，杨宪邦特撰长文纪念。①

杨祖陶、杨宪邦二人，都是贺麟的学生，并且均从事哲学研究。贺麟说，"1949至1950这一学年内，我在北京大学教授《黑格尔哲学研究》一科，班上有杨宪邦、张岂之、杨祖陶、陈世夫、梅得愚诸同学，并有王太庆、徐家昌二同志参加"②。二人后来研究中西哲学，踵武贺麟治学之路，既可以说是"渊源有自"，也可以说是"传承有道"。

精神：贺麟对蜀学的论述与体现

当笔者提笔写下"贺麟对蜀学的论述"八字之时，倍感惶恐，颇觉为难。何以如此？"文献不足故也"③，"巧妇难为无米之炊"也。就笔者寡闻与陋目所及，贺麟并没有专论蜀学或蜀人的论文。在其三部论文集《近代唯心论简释》、《当代中国哲学》（后改名为"五十年来的中国哲学"）、《文化与人生》中④，所出现的蜀学人物亦是屈指可数。所可考见者，仅仅是他人的转述（如萧萐父），属于一鳞半爪、吉光片羽而已。或许，在未来公布的书信、日记中⑤，可以找到贺麟专门评说蜀学或蜀学人物的文字。

根据萧萐父回忆，贺麟曾与蒙文通等人在聚会中谈论过蜀学，"五十年代中，蒙文通师偶赴京，贺师为之设宴于颐和园，招一介和我侍坐。贺师论及蜀学有哲思传统，蒙师举严遵之后续以扬雄为例应之，又论巴蜀学风与荆楚学风之异同等"，故萧萐父有"蜀学玄莹美，君平续子

---

① 参见杨宪邦：《贺麟融会中西的文化哲学》，《贺麟先生百年诞辰纪念文集》，中国社会科学出版社2009年版。
② 贺麟：《小逻辑》，上海人民出版社2009年版，"译者引言"第24页。
③ 《论语·八佾》："夏礼吾能言之，杞不足征也；殷礼吾能言之，宋不足征也。文献不足故也，足则吾能征之矣。"
④ 关于此三书的基本情况，可参见彭华《贺麟代表作三种提要》，载《善道》"贺麟诞辰110周年纪念特刊"（总第8期），四川·成都，2012年9月，第12—14页。
⑤ 据悉，上海人民出版社陆续推出的《贺麟全集》，"包括贺麟先生的专著、译著、学术论文、学术讲义及其他重要的文章、札记、书信、日记等"。张祥龙：《〈贺麟全集〉出版说明》，载《近代唯心论简释》，上海人民出版社2009年版，第3页。

云"① 之句。至于贺麟如何理解和阐释"蜀学有哲思传统"这一观点，我们不得其详。在笔者看来，这应该是贺麟一以贯之的看法。早年的贺麟曾经概括过蜀人的特性，"余觉重真情重真理，每有超世俗而不受其羁绊之风，是蜀人之特性"②。客观而言，蒙文通、贺麟、萧萐父谓"蜀学有哲思传统"，与刘咸炘所论如出一辙，堪称"英雄所见略同"。

刘咸炘认为，蜀学有"深玄之风"；但他同时又指出，"蜀学崇实，虽玄而不虚"。所谓"深玄之风"，即蜀学有进行哲理思辨（玄思，speculation）的传统；而所谓"蜀学崇实""玄而不虚"，即蜀学以史为基（基础）③、以文为具（工具），"统观蜀学，大在文史"，"隋前成书，仅存十数，蜀得其二"（即陈寿《三国志》、常璩《华阳国志》），"唐后史学，莫隆于蜀"，"唐宋八家，晚学所祖，蜀得其三"（即"眉山三苏"）④。

以哲学为例。今人指出，巴蜀哲学的主要特点有：（1）蜀学之魂，长于思辨；（2）多元会通，兼容开放；（3）释经创新，超越前说；（4）沟通道欲，情理结合；（5）躬行践履，注重事功，批判专制。⑤ 所谓"长于思辨"、所谓"多元会通"、所谓"创新超越"，是对蜀学的概括与总结，而用之于贺麟，亦实无不可。

以会通为例。1930年8月，贺麟完成了其学术生涯中具有里程碑意义的论文《朱熹与黑格尔太极说之比较观》。贺麟试图把儒家传统哲学同西方哲学融合起来，以推进儒家哲学的现代化，这是他开始从事中西哲学比较的标志。贺麟说，"（该文）着重比较两位讲太极的大师思想的异

---

① 萧萐父：《吹沙二集》，巴蜀书社1999年版，第739页。
② 贺麟：《哈佛日记》，载姜文闵编著《哈佛大学》，湖南教育出版社1988年版，第162页。
③ 在笔者看来，更确切的说法，应该是"以经史为基"（所谓"经"，除"经学"外，还包括辅翼经学的"小学"）。于此之详细论述，可参看拙文《蜀学之形神与风骨综论——以文史哲或经史子集为考察对象》，载《"湖湘文化与巴蜀文化交流高层论坛"论文集》，湖南·长沙，2012年12月；修订稿载《殷都学刊》2014年第3期。
④ 以上引文，出自刘咸炘《蜀学论》，《推十书》之《推十文》卷1，成都古籍书店1996年版（影印本）。
⑤ 参见蔡方鹿、刘俊哲、金生杨《巴蜀哲学的特点、历史地位和影响》，《四川大学学报》（哲学社会科学版）2012年第4期。

同,以促进相互理解,而启发读者的颖思。这种对中西文化、哲学的比较研究在我还是较早的尝试"①。"我是想从对勘比较朱熹的太极和黑格尔的绝对理念的异同,来阐发两家的学说。这篇文章表现了我的一个研究方向或特点,就是要走中西哲学比较参证、融会贯通的道路。"② 可以说,"比较参证"是手段和过程,"融会贯通"则是追求和目的。诚如贺麟所云,"谈学应打破中西新旧的界限,而以真理所在实事求是为归",对各种学说要以"求真、求是的眼光去评判"③。

为节省篇幅,下文将引述他人对贺麟的评价,从而彰显贺麟对蜀学"会通"学风的继承与弘扬。对于贺麟的学思与成就,中外人士是有目共睹的,并且予以高度褒扬;而所用褒扬赞誉之语,则又不约而同地集中于"渊博""会通""专精"三者。

周谷城对贺麟学说的评价是,"博而不杂,专而不窄";周辅成认为,贺麟在融贯中西方面是"一位勇敢而有成绩的开拓者","既不作夜郎自大的民族主义者,也不作奴颜婢膝的民族虚无主义者";张岱年指出,"贺麟先生学贯中西,对于康德、黑格尔哲学及宋明理学研究尤深"④。李景源认为,"在中国哲学界,贺先生是较早走上中西哲学融会贯通、比较参证的道路的先驱者。在他的学术生涯中,中西哲学形影不离,相得益彰"⑤。张祥龙(贺麟弟子)指出,"贺麟先生一生最大的两个成就是:(一)沟通中西主流思想的方法论,由此而为中国古代思想,特别是儒家,找到一条新路。……(二)对西方哲学、特别是黑格尔和斯宾诺莎哲学的精当阐发和翻译,使之生意盎然地传入中国"⑥。

笔者亦尝指出,在中国哲学史上,贺麟起到了一种会通、融合的作

---

① 贺麟:《黑格尔哲学讲演集》,上海人民出版社2011年版,"序言"第1页。
② 贺麟:《五十年来的中国哲学》,辽宁教育出版社1989年版,第119页。
③ 贺麟:《〈黑格尔学述〉译序》,《黑格尔哲学讲演集》,上海人民出版社2011年版,第607页。
④ 宋祖良、范进编:《会通集:贺麟生平与学术》,生活·读书·新知三联书店1993年版,第1、4、39页。
⑤ 李景源:《纪念贺麟先生百年诞辰座谈会上的开幕词》,载《贺麟先生百年诞辰纪念文集》,中国社会科学出版社2009年版,第4页。
⑥ 张祥龙:《〈贺麟全集〉出版说明》,载《近代唯心论简释》,上海人民出版社2009年版,第2页。

用（融通中西文化、打通理学心学）；在哲学方法上，贺麟自觉地把儒家的思想方法与黑格尔的辩证法结合起来，从而形成了一个将直觉方法与抽象方法相结合的方法论系统。[①] 换句话说，在贺麟身上，蜀学的"深玄之风"得到了体现与彰显，蜀学的"哲思传统"得到了继承与弘扬。

展望：蜀学未来发展方向之臆想

《诗经·大雅·荡》云："虽无老成人，尚有典刑。"（郑玄笺："犹有常事故法可案用也。"）宋人苏轼云："功利争先变法初，典型独守老成余。"（《次韵子由送蒋夔赴代州学官》）宋人苏舜钦（1008—1049年）云："天为移文象，人思奉典型。"（《代人上申公祝寿》）昔人往矣，其学存焉；仰慕先贤，后学师焉！

在笔者看来，最能代表蜀学之形神与风骨者，有汉之扬雄、唐之李白、宋之苏轼、明之杨慎以及近现代之蒙文通与郭沫若诸人。以上蜀学大师之所作所为、所言所行，堪称典型，可资师法。蜀学未来之发展，一言以蔽之，当以往昔之蜀学大师为仪型，且以继承为始，以弘扬为终。换句话说，我们今天研究蜀学，是为了更好地继承蜀学；而继承蜀学的最终目的，是为了更好地弘扬蜀学。

于此，谨以"三苏"（苏洵、苏轼、苏辙）之蜀学与本文之人物为例，略述蜀学之"会通"学风。"眉山三苏"是两宋巴蜀文化的杰出代表，而"苏氏蜀学"则是两宋区域文化的璀璨成果。通观"三苏"之所学所思与所行所为，堪称蜀学形神与风骨之辉煌展示。具体而言，"苏氏蜀学"立意"打通古今"，注重"融通百家"，力求"会通三教"，可谓集历史文化之大成，兼具百科全书之气度。"三苏"及其蜀学，岸然而为不可超越之高峰，洵然而为后世学习之榜样。[②] 晚近以来，尤其是进入晚清民国之后，巴蜀人士已然不满于古中国固有儒释道"三教"之援引与

[①] 参见彭华《贺麟的文化史观》，《湖南科技学院学报》2006年第3期。
[②] 于此之详细论述，可参看笔者以下二文：（1）《苏轼与禅师的交往及其影响——兼论苏氏蜀学与三教会通》，载《宋代文化研究》第18辑，四川文艺出版社2010年版；（2）《博求"三通"：苏氏蜀学的形神与风骨》，《孔子研究》2012年第4期。

会通，更进而广泛及于欧美西学（王国维称之为"第二之佛教"①）之援引与会通。就"会通中西"一端而言，本文所述张颐、贺麟、唐君毅、萧萐父诸人，便是其中显例。②

当然，"会通"不是目的而是手段，不是指归而是途径。诚如刘咸炘所特意强调的那样，蜀学有"深玄之风"，而"蜀学复兴，必收兹广博以辅深玄"③。易言之，即经由"博通"与"会通"，达于"集成"与"创新"。以哲学为例，贺麟曾经旗帜鲜明地指出，"今后中国哲学的新发展，有赖于对于西洋哲学的吸收与融会"④，所谓"吸收与融会"，亦即"华化"或"儒化"西洋哲学。

因此，笔者以为，未来蜀学之发展，自然不能无视蜀学先贤之仪轨与范型，且当接续往圣之令绪与馨香，并合理借鉴大师巨匠之努力与追求，即在"打通古今""融通三教""会通中西"十二字上用力。⑤诚如贺麟所说，"凡在文化领域里努力的人，他的工作和使命，应不是全盘接受西化，亦不在残缺地保守固有文化，应该力求直接贡献于人类文化，也就是直接贡献于文化本身"⑥。如此，巴蜀文化（或中华文化）未来之发展与辉煌，或可待矣！

---

① 王国维：《论近年之学术界》，载谢维扬、房鑫亮主编《王国维全集》第1卷，浙江教育出版社，广东教育出版社2009年版，第121页；彭华选编：《王国维儒学论集》，四川大学出版社2010年版，第328页。

② 在笔者所撰以下四文中，均有绍介贺麟、唐君毅"会通中西"的文字：（1）《贺麟的文化史观》，《湖南科技学院学报》2006年第3期；（2）《"同情的理解"略说——以陈寅恪、贺麟为考察中心》，载陈勇、谢维扬主编《中国传统学术的近代转型》，上海人民出版社2011年版；（3）《唐君毅的中国哲学史研究——关于方法论的讨论与比较》，《宜宾学院学报》2001年第1期；（4）《贺麟与唐君毅——人生经历、社会交往与学术思想》，《宜宾学院学报》2006年第8期。

③ 刘咸炘：《蜀诵·绪论》，《刘咸炘论史学》，上海科学技术文献出版社2008年版，第267页。

④ 贺麟：《中国哲学与西洋哲学》，《哲学与哲学史论文集》，商务印书馆1990年版，第127页。

⑤ 笔者此论，尝形诸《苏轼与禅师的交往及其影响——兼论苏氏蜀学与三教会通》《博求"三通"：苏氏蜀学的形神与风骨》二文。另外，在《宋育仁与近代蜀学》一文中（《蜀学》第5辑，巴蜀书社2010年版，第23—32页），笔者亦表达过部分相近的意思。

⑥ 贺麟：《文化的体与用》，《近代唯心论简释》，上海人民出版社2009年版，第202页。

2012年9月28日，初稿于四川成都
2013年1月21日，修订于四川成都
2013年6月16日，修订于四川成都

【本文初稿载《"蜀学与中国哲学"学术研讨会论文集》，四川·成都，2012年10月，第204—211页；修订稿载《蜀学与中国哲学》，四川文艺出版社2013年版，第465—481页；修订稿又载《西华师范大学学报》（哲学社会科学版）2013年第4期。收入本书时，有所修订】

贺麟代表作三种提要

说明：本文提要的对象，是贺麟"新心学"体系的三种代表作，即《近代唯心论简释》、《当代中国哲学》（后改名为"五十年来的中国哲学"）、《文化与人生》。

《近代唯心论简释》

《近代唯心论简释》，贺麟著。

贺麟，字自昭，四川金堂人。著名哲学家、哲学史家、黑格尔哲学专家、教育家、翻译家，现代新儒家的代表人物之一。识者云，"贺麟的学术活动、著作和学说，以其内在的思想素质和成就，在他那个时代的哲学界中属于最出色之列"[1]。

早年就读于当地私塾和小学，1917 年考入成都石室中学。1919—1926 年，求学于清华学校（清华大学的前身），深受梁启超、吴宓等人的影响。1926—1931 年，先后留学美国奥柏林大学、芝加哥大学、哈佛大学和德国柏林大学。回国后，历任北京大学、西南联合大学、中国社会科学院教授、研究员。[2]

---

[1] 张祥龙：《贺麟全集》，上海人民出版社 2009 年版，"出版说明"第 2 页。
[2] 关于贺麟之生平与学术，可参看彭华撰写诸文。(1)《贺麟年谱新编》，《淮阴师范学院学报》（哲学社会科学报）2006 年第 1 期。全文收入《现当代学人年谱与著述编年》，上海三联书店 2007 年版，第 303—332 页。(2)《贺麟先生学术年表》，附录于贺麟：《近代唯心论简释》，商务印书馆 2011 年版。说明：《近代唯心论简释》系"中华现代学术名著丛书"之一。(3)《贺麟的文化史观》，《湖南科技学院学报》2006 年第 3 期。(4)《贺麟与唐君毅——人生经历、社会交往与学术思想》，《宜宾学院学报》2006 年第 8 期。(5)《"同情的理解"略论——以陈寅恪、贺麟为考察中心》，初稿载《"中国传统学术的近代转型"国际学术研讨会论文集》，上海，2009 年 10 月，第 436—446 页；修订稿载舒大刚主编《儒藏论坛》第 5 辑，四川文艺出版社 2010 年版，第 32—58 页；《中国传统学术的近代转型》，上海人民出版社 2011 年版，第 333—346 页。

贺麟先生著述宏富，著有《德国三大哲人处国难时之态度》、《近代唯心论简释》、《当代中国哲学》、《文化与人生》、《现代西方哲学讲演集》、《黑格尔哲学讲演集》、《哲学与哲学史论文集》等，译有《黑格尔学述》、《致知篇》（后改名为《知性改进论》）、《伦理学》、《小逻辑》、《哲学史讲演录》（与王太庆合译）、《精神现象学》（与王玖兴合译）等。近年来，上海人民出版社陆续推出《贺麟全集》，将为学术界提供一套研究贺麟思想和学术的最具权威性的定本。

《近代唯心论简释》出版于1942年，是贺麟的第一本学术论文集。该书与1947年出版的《当代中国哲学》、1947年出版的《文化与人生》一起，共同确立了贺麟在当代中国哲学、特别是新儒家学术潮流中的重要地位，是贺麟"新心学"思想体系的三大代表作。

《近代唯心论简释》实际上是贺麟1934年发表的一篇论文，堪称贺麟"哲学思想的宣言"，"此后的许多文章，都是此文所阐述的基本思想的扩充与引申"。《近代唯心论简释》的发表，标志着贺麟草创"新心学"的开端。贺麟重视此文、宝爱此文，故1942年6月独立出版社出版其第一本论文集时，遂以此为书名。该书（《贺麟全集》本）收论文15篇，包括《近代唯心论简释》《文化的体与用》《五伦观念的新检讨》《宋儒的思想方法》《知行合一新论》《时空与超时空》《辩证法与辩证观》等重要论文。书末有三份"附录"：一是贺麟译作《最近五十年来的西洋哲学》；二是《代序与本书自述》；三是胡绳、徐梵澄、谢幼伟、陈康关于该书的评论。

《近代唯心论简释》出版后，迅即引起强烈反响。徐梵澄说，"其努力融会贯通中西哲学，显而易见。无论有没有偏颇的地方，却处处能见其大，得到平正通达的理解"。胡绳说，"本书作者非常正确地把自己归于唯心论阵营中，不像有些扭扭捏捏装作什么物心综合论者那样叫人作呕。本书在同类著作中是算得比较有见解的，比较的能成一系统的"[①]。

该书版本有独立出版社1942年6月初版本，1944年7月再版本；上海书店1991年"民国丛书"影印本；上海人民出版社2009年8月《贺

---

① 胡绳：《一个唯心论者的文化观——评贺麟先生著〈近代唯心论简译〉》，载贺麟《近代唯心论简释》，上海人民出版社2009年版，第272页。

麟全集》本；商务印书馆2011年12月"中华现代学术名著丛书"本。《贺麟全集》本《近代唯心论简释》以"民国丛书"影印的1944年再版本为底本，增加了"代序"与"自述"，且个别文字有所修订，是为最善之本。

《当代中国哲学》(《五十年来的中国哲学》)

《当代中国哲学》，贺麟著。关于贺麟之介绍与评价，详见"《近代唯心论简释》"条。

1945年，贺麟在《五十年来的中国哲学》一文的基础上，写成《当代中国哲学》一书。1947年1月，《当代中国哲学》由胜利出版公司出版，系潘公展、叶溯主编"当代中国学术丛书"之一。1989年，辽宁教育出版社印行新版，更名为"五十年来的中国哲学"（书前有任继愈作的"序"），"在不影响原书的体系及主要论点的前提下，作了适当的修改和补充"。2002年，商务印书馆再版《五十年来的中国哲学》。

《五十年来的中国哲学》分为上篇和下篇。上篇包括"中国哲学的调整与发扬""西方哲学的绍述与融会""时代思潮的演变与剖析"三章，"附录""康德、黑格尔哲学在中国的传播——兼论我对康德、黑格尔哲学的回顾"。上篇从"新心学"的角度出发，总结了中华人民共和国成立之前约五十年时间中国接受西方哲学影响，以及西方哲学在中国的传播等内容。上篇论述了1894年至1945年五十年间中国传统哲学思想的发展，对西洋哲学的介绍与研究，以及知行问题的探讨。全书先后评介了康有为、谭嗣同、梁启超、章太炎、欧阳竟无、梁漱溟、熊十力、马一浮、胡适、冯友兰、汤用彤、严复、王国维、张东荪、金岳霖、郑昕、陈康、沈有鼎、谢幼伟、施友忠、唐君毅、牟宗三、方东美、黄建中、黄方刚、赵紫宸、谢扶雅、宗白华、朱光潜、蔡元培、吴宓、孙中山、蒋介石等几十人的哲学思想、著述、译述。下篇包括"知行合一新论""《孙文学说》的哲学意义——引言""知行合一问题——由朱熹、王阳明、王船山、孙中山到《实践论》"，深入探讨了"知行"学说问题。

有人认为，"(《当代中国哲学》)这本书应与黄宗羲的《宋元学案》

与《明儒学案》并立,是黄宗羲以后第一部历史上不朽的作品"①。

该书版本有胜利出版公司1947年1月初版本,辽宁教育出版社1989年3月新版,上海书店1991年"民国丛书"影印本,商务印书馆2002年再版本,上海人民出版社2012年6月《贺麟全集》本。

《文化与人生》

《文化与人生》,贺麟著。关于贺麟之介绍与评价,详见"《近代唯心论简释》"条。

《文化与人生》,是贺麟继《近代唯心论简释》《当代中国哲学》之后,所推出的表述其"新心学"思想体系的又一部代表作,于1947年11月由商务印书馆出版。1988年8月,商务印书馆推出是书新版。1988年新版与1947年旧版相比,在内容上增加了一些文章,在编次上也有较大的调整。

新版除"新版序言""序言"外,共收录文章42篇。所收录的论文,均写于抗日战争期间(1937—1945年)。所收录的重要论文,有《儒家思想的新开展》《法治的类型》《五伦观念的新检讨》《抗战建国与学术建国》《学术与政治》《战争与道德》《论英雄崇拜》《论人的使命》《信仰与生活》《理想与现实》《乐观与悲观》《自然与人生》《诸葛亮与道家》《宋儒的新评价》《杨墨的新评价》《功利主义的新评价》《陆象山与王安石》《王安石的哲学思想》《王船山的历史哲学》《文化、武化与工商化》等。

该书之内容,涉及人生观和对文化问题的见解,在同情、理解、发挥中国固有文化的优点的同时,也介绍西洋文化的意义、西洋人的近代精神和新人生观。是书之内容,侧重于文化与人生问题,其基本思想与《近代唯心论简释》一致。比如说,贺麟认为,"中国近百年来的危机,根本上是一个文化的危机。……儒家思想在中国文化生活上失掉了自主权,丧失了新生命,才是中华民族的最大危机。"贺麟提出,"民族复兴

---

① 孙雷舫:《我所认识的贺麟教授及其思想》,《贺麟先生百年诞辰文集》,中国社会科学出版社2009年版,第220页。

本质上应该是民族文化的复兴。民族文化的复兴，其主要的潮流、根本的成分就是儒家思想的复兴，儒家文化的复兴。……换言之，儒家思想的命运，是与民族的前途命运、盛衰消长同一而不可分的。"因此，"书中每一篇文字都是为中国当前迫切的文化问题、伦理问题和人生问题所引起，而根据个人读书思想体验所得去加以适当的解答"①。

该书也是贺麟极其重视的作品之一。贺麟在"序言"中自陈，"这书似乎多少可以表现出三个特点"，"一、有我。书中绝少人云亦云地抄袭现成公式口号的地方。每一篇都是自己的思想见解和体验的自述，或自己读书有得有感的报告。""二、有渊源。虽说有我，但并非狂妄自大，前无古人。我的思想都有其深远的来源，这就是中国传统的文化和儒家思想。""三、吸收西洋思想。有渊源，发扬传统文化，却并不顽固守旧。"在"新版序言"中，贺麟特意提道："至于《文化与人生》一书，我的老朋友徐复观先生……他写信告诉我，《文化与人生》是他带在身边的书籍之一"，"一位朋友借给我一册韦政通著《伦理思想的突破》一书……我读了他的一部分文章，好似空谷足音。国内有的学者，多不加理会，甚至有对它作过左的批评者。……真令我感到'海内存知己，天涯若比邻'了。"贺麟对于《文化与人生》之重视与宝爱，由此可见一斑。

是书之主要版本，有商务印书馆1947年初版本、（台湾）地平线出版社1973年新版本、商务印书馆1988年新版本、上海书店1991年"民国丛书"影印本（据1947年商务本影印）、2011年上海人民出版社《贺麟全集》本。

《贺麟全集》本《文化与人生》，以（北京）商务印书馆1988年新版本为底本，参校初版本及部分文章初次发表时的报刊，个别文字并据贺麟自用本标记校改，是为最善之本。

【本文原载《善道》"贺麟诞辰110周年纪念特刊"（总第8期），四川·成都，2012年9月】

---

① 贺麟：《文化与人生》，商务印书馆1988年版，"序言"第1页。

近代蜀学

华阳王秉恩学行考

王秉恩是晚清民国时期比较重要的藏书家、文献家、书法家、诗人，在学术上多有所建树，且亦有不少事功，但学术界对他关注甚少。[①] 有鉴于此，本文根据所搜集的相关资料，对他的生平事迹略做钩稽，并扼要介绍其著述，以彰显其学与行。

一 生平事略

王秉恩（1845—1928年），字雪澂、雪澄、雪岑、雪丞、雪尘，一字息存，号茶龛，别署息尘庵主，晚号华阳真逸，室名元尚居、明耻堂、野知厂、强学籍、养云馆，华阳（今四川双流）人。

王秉恩少卓荦，负奇气。自为诸生之时，即善为偶俪之文，文章高出侪辈。[②] 同治五年（1866），王秉恩与缪荃孙同受业于阳湖汤秋史（汤

[①] 以笔者阅读范围所及，学术界迄今尚无专文全面评述王秉恩的生平与学行，仅有少数三两篇论文零星地评说其校勘成就（见本文注释）。再以传记而言，除《民国华阳县志》（1934年刻印）有王秉恩小传外，多卷本《清代人物传稿》（中华书局1984—1991年版）无王秉恩传记，即使是专门收录1840至1985年去世的四川人物的《四川省志·人物志》（四川省地方志编纂委员会编纂，四川人民出版社2001年版）亦无王秉恩。

[②] 以下关于王秉恩生平事迹的介绍，除有特别注明者外，基本上参阅以下一书：陈法驾、叶大铿等修，曾鉴、林思进等纂：《民国华阳县志》卷15《人物列传》第7之8，《中国地方志集成·四川府县志辑》第3册，巴蜀书社1992年［据1934刻本影印］，第190—191页。

成彦），并与之订交，终生往来甚密。① 同治十二年（1873），王秉恩乡试中举。时张之洞（1837—1909年）任四川乡试副考官，在闱中叹其闳丽，一见语合，意曰："子不仅以文章显。"王秉恩闻之而退，谓其友乔树楠（1849—1917年）曰："吾不喜得举人，喜得知己也。"故王秉恩一生从张之洞，官阀声名，皆由此起。

光绪元年（1875），四川学政张之洞在四川省城成都创设尊经书院，提倡经世致用之学，四川学风为之一变。王秉恩随之入尊经书院，且与杨锐、廖平、宋育仁等被张之洞推为院中所得"高才生"。② 光绪五年（1879），经四川总督丁宝桢（1820—1886年）五次函约，王闿运始离湘赴蜀，出掌尊经书院，前后凡八年。王闿运一反八股试帖，提倡经史词章等学，以"通经致用"号召生徒，蜀中学风为之大变，一时人文蔚起。其时，尊经书院在原有刻书基础上正式设立尊经书局，而王闿运是尊经书院历任山长中对书局贡献最大者。尊经书院的"刻本注重内容，讲究质量"，"刻本校勘精审，内容错讹甚少"③。王秉恩所辑《石经汇函》，即于1890年由尊经书局刻印（见下文）。

其后，因父任贵州施秉县令，王秉恩遂随父至贵州，且参军幕，在书局任纂修。在贵州期间，王秉恩曾对张之洞《书目答问》做了大量补正，是为"贵阳本"；并与贵阳人罗文彬合撰《平黔纪略》20卷，详尽地记述了清咸丰、同治年间贵州各族人民举行武装起义的全过程。（二书之介绍，均见下文）叙功，以知县用，将补官。时张之洞总督两广，王秉恩遂奏调至广东。

王秉恩曾经两度入张之洞幕，入幕时间分别为1884年和1889年，1897年和1903年仍在其幕。④ 督粤期间（1884—1889年），张之洞对王秉恩深为器重，"凡文襄前后所经营，无虑数十事，悉令录之"。在广州期间，王秉恩协助张之洞创办广雅书院及广雅书局，并充广雅书局提调。

---

① 参见李晓宇《尊经·疑古·趋新：四川省城尊经书院及其学术嬗变研究》，博士学位论文，四川大学，2009年，第67、214页。
② 参见杨洪生《缪荃孙研究》，上海古籍出版社2008年版，第128页。
③ 黄海明：《概述四川尊经书院的刻书》，《四川大学学报》（哲学社会科学版）1992年第4期。
④ 尚小明：《清代士人游幕表》，中华书局2005年版，第254页。

光绪十三年（1887），两广总督张之洞在广州城南（明南园故址，今文德路62号广东省中山图书馆）兴建广雅书局，系清代五大官书局[①]之一。广雅书局的前身是广东书局，但广东书局刻印书籍不多。张之洞委派王秉恩为广雅书局提调，专门管理雕刻印刷事宜。其后，王秉恩组织了一大批学者从事收集、校刻之役。由南海廖廷相（泽群，1842—1897年）充总校（专司文字校勘），下设分校多人，江阴缪荃孙（筱珊，1844—1919年）、武进屠寄（敬山，1856—1921年）、元和王仁俊（捍郑，1866—1913年）、长洲叶昌炽（鞠裳，1849—1917年）、番禺陶福祥（春海，1834—1896年）、遵义郑知同（伯更，1831—1890年）等任校勘。在张之洞调离广东转任湖广总督之前，其中一部分书籍已经刻印，但还有一些没有来得及刻印。广雅书局前后刻书300余种，出版图书3096册、5746卷，是广东书院中刻书最多者。代表性书刻有《学海堂丛刻》初二函、《广雅丛书》、《聚珍版丛书》、《岭南遗书》、《海山仙馆丛书》等，其中以《广雅丛书》最为著名。《广雅丛书》刊刻于光绪十四年（1888），"行格疏朗，字体端正，板框较大，以校勘精审著称"[②]。广雅书院由张之洞创建，位于广州城西北五里源头乡。广雅书院动工于光绪十三年（1887）闰四月，由知府方功惠（柳桥，1829—1899年）、同知王秉恩充总办，后于光绪十四年（1888）完工，六月八日行开馆典礼。广雅书院是当时两广的最高学府，梁鼎芬（1859—1920年）为首任山长。光绪二十八年（1902），广雅书院改为高等学堂，现为广雅中学。1988年，广雅中学举行百年校庆，在旧址建张之洞亭。

1889年，张之洞由两广总督调任湖广总督，王秉恩亦随同前往。为启发商智、联络商情，张之洞于光绪二十五年（1899）设立汉口商务局，特以候补道王秉恩、程仪洛总理其事，并选举通晓时务之商人数名为总董。

中华民国时期之后，王秉恩寓居上海兆丰路，与陈散原（1853—

[①] 所谓五大官书局即金陵书局、浙江书局、江苏书局、淮南书局、湖北崇文书局和后起的广雅书局。

[②] 方人定：《广东板刻纪事》，原载《广东图书馆学刊》1982年8月第3期；转引自上海新四军历史研究会印刷印钞分会编《历代刻书概况》，印刷工业出版社1991年版，第513页。

1937年)、朱古微(1857—1931年)并称为"虹口三老"。① 在上海期间,王秉恩与沈曾植(1850—1922年)、罗振玉(1866—1940年)、王国维(1877—1927年)等均有直接交往,并互有书信往来。此以王国维为例。② 王国维尊之为前辈,在书信中称王秉恩为"雪澄仁丈大人""雪澄先生大人""老伯大人""王雪老""雪老"等,而他本人则自称"晚学"。③ 寓居上海之时,王国维尝往访王秉恩(如1916年12月13日④),王秉恩亦曾回访王国维。⑤ 但王秉恩时已老病,故王国维不忍多加烦扰,"海上藏书推王雪澄方伯为巨擘,然方伯笃老,凡取携书籍,皆躬为之,是讵可以屡烦耶"(《丙辰日记》"正月初二条")⑥。1916年夏,罗振玉尝托王国维转赠王秉恩金文拓片90余种,并扇面一叶。⑦ 又,某年王国维曾将"雪堂书稿抄出奉阅"于王秉恩。⑧

在上海期间,王秉恩还参加了超社、逸社和东方学会。其中超社是沪上最重要的诗社。超社成立于1913年4月9日(三月三日),以瞿鸿禨(1850—1918年)、沈曾植为核心,成员多达官显宦,但基本上都是清遗老。社集性质为同人联谊酬唱,基本不直接涉及政治。超社终止于1915年初,后其成员又另结逸社。逸社始于1915年3月10日,迄于1917年,性质沿袭超社,实际上就是超社的延续。⑨

1923年8月,王秉恩、柯劭忞、陈三立、辜鸿铭、郑孝胥、朱祖谋、

---

① 参见郑逸梅《艺林散叶》,《郑逸梅选集》第3卷,黑龙江人民出版社1991年版,第78页。
② 个中详情,可参看笔者所撰《王国维与巴蜀学人》,载《"王国维与中国现代学术"国际学术研讨会论文集》,中国·上海,2010年5月,第265—279页;《淮阴师范学院学报》(哲学社会科学版)2011年第3期。
③ 参见吴泽主编《王国维全集·书信》,中华书局1984年版。
④ 参见王国维《致罗振玉》,载《王国维全集·书信》,中华书局1984年版。
⑤ 1922年8月7日,王国维致信王秉恩,"前蒙贲临,有失迎候,罪甚"(《王国维全集·书信》,中华书局1984年版,第324页)。
⑥ 房鑫亮:《王国维丙辰日记注考》,《中华文史论丛》2006年第4期。
⑦ 参见王国维《致王文焘》,载《王国维全集·书信》,中华书局1984年版。
⑧ 王国维:《致王秉恩》,载《王国维全集·书信》,中华书局1984年版,第456页。按:该信无年月。据信中所云"阅后仍希寄还,以乙老尚欲一览也",可知该函当作于沈曾植1922年去世之前数年。
⑨ 关于超社和逸社,已经有专题论文(朱兴和:《超社逸社诗人群体研究》,博士学位论文,华东师范大学,2009年)。

章钰、徐乃昌、陈毅、金梁、刘承干、王国维、罗振玉等20人联名发起成立东方学会。东方学会计划设立董事会和理事会，由柯劭忞（1850—1933年）任董事长，尉礼贤（1873—1930年）和今西龙（1875—1932年）为董事①，学会拟定简章10条，宣称"以研究中华文物制度为己任，研究古代经籍和历史的关系，以图洞悉国家和社会治乱之根源"②。学会中拟设印刷局、图书馆、博物馆和通信部，印刷图书数十种。

王秉恩富收藏，是有名的藏书家。每至一地，王秉恩必重金购书。藏书有数十箧，书满其屋，颇多善本、稿本。侨居杭州时，筑有九峰书屋，"收藏明末、清初史籍稗乘之书"③，另多藏金石字画。与藏书家、目录学家缪荃孙交往甚密，书信来往常谈及藏书、刻书之事。藏书家伦明（1875—1944年）与王秉恩相识，曾观其所藏，自大门以内，列庋若甬道，木箱罗列，"古书字画，目不暇接"④。藏书楼名强学簃、养云馆等，藏书印有"王雪澄经眼记"朱文方印等。辛亥革命后，因家境贫困，所藏书籍字画多以易米。

比如，王氏所藏徐松之《宋会要》稿本，原为广雅书局当年拟与《明会要》并刊者，后即归于嘉业堂。再如，王氏所藏汪刻《汉书》《五代史》及严可均辑《全上古三代秦汉三国六朝文》即归于丁福保。又如，上海古籍书店曾收得其所藏《玉光剑气集》稿本。⑤另如康熙、雍正间刻本《贯道堂集》4卷、《失编》1卷，系四川新繁（今新都）人费锡璜（费经虞之孙、费密之子）作品，历经杨文荪、戴望递藏，后归于王秉恩，最终入藏四川省图书馆。谢国桢1979年3月至四川省图书馆访书时，曾翻阅此书并有题识。⑥

王秉恩工书法，隶书承汉魏，行书似晋人。近年以来，在拍卖行不

---

① 参见王庆祥、萧立文校注，罗继祖审定《罗振玉王国维往来书信》，东方出版社2000年版。
② 转引自张国刚《德国的汉学研究》，中华书局1994年版，第41—42页。
③ 谢国桢：《江浙访书记》，生活·读书·新知三联书店2008年第2版，第157页。
④ 叶昌炽、伦明等著：《藏书纪事诗（附补正）·辛亥以来藏书纪事诗（附校补）》，上海古籍出版社1999年版，第37页。
⑤ 参见（清）张怡撰《玉光剑气集》，魏连科点校，中华书局2006年版。
⑥ 参见谢国桢《江浙访书记》，生活·读书·新知三联书店2008年第2版，第157—158页。

时可见王秉恩的手迹（如卓克艺术网①）。

二 著述举要

（一）校刻与编辑

王秉恩精于版本、校勘、目录之学，又性喜校书、刻书、编书，尝辑刻《石经汇函》，校补《书目答问》，校刻《方言》《文史通义》《校雠通义》，手校《淮南子》《云麓漫钞》《王荆公诗注》，编辑《张园展觐倡酬集》等。王秉恩喜谈金石、校勘之学，推崇贵州郑珍②、莫友芝③二人，开口必谈郑、莫之学④。富商出身的藏书家蒋汝藻（1877—1954），与沈曾植、朱祖谋、王秉恩等来往密切，得诸人之助不少。

1. 辑刻《石经汇函》

《石经汇函》共计收书10种45卷，但实际上只刻印了9种44卷（许多工具书著录多有不确切之处）。由四川尊经书局于光绪十六年（1890）刊刻，分装为16册。中国国家图书馆、四川大学图书馆、成都市图书馆藏。经笔者目验，四川大学图书馆藏本（编号1474）钤印"四川国学馆图书之记""四川大学图书馆"，每册均有"元尚居校刊"字样，半页11行，行24字。

（1）《石经考》1卷，（清）顾炎武撰。

（2）《石经考异》2卷，（清）杭世骏撰。以上第1册。

（3）《汉石经残字考》1卷，（清）翁方纲撰。卷末署"华阳徐道宗

---

① 卓克艺术网，http：//www.zhuokearts.com/artist/art_display.asp? keyno=257292。
② 郑珍（1806—1864年），字子尹，晚号柴翁，又号五尺道人，巢经巢主，贵州遵义人。通经学、小学，精诗、明史。著有《仪礼私笺》、《轮舆私笺》、《凫氏为钟图说》、《巢经巢集经说》、《说文逸字》、《说文新附考》、《汗简笺正》、《遵义府志》（与莫友芝合撰）、《郑学录》、《亲属记》、《巢经巢文集》、《巢经巢诗集》等。
③ 莫友芝（1811—1871年），字子偲，号郘亭，晚号眲叟，贵州独山人。精经学、小学、版本学、目录学，工书法。学术上与郑珍齐名，并称"郑莫"。著有《声韵考略》《韵源流》《唐写本说文解字木部笺异》《宋元旧本书经眼录》《郘亭知见传本书目》《金石题识》《梁石记》《郘亭诗抄》《郘亭遗诗》《郘亭遗文》等；又辑有《黔诗纪略》，为黔人明代诗歌总集。
④ 比如，据叶昌炽《缘督庐日记》记载，癸丑（1913年）五月二十六日，"雪澂来，谈金石，谈校勘，谈贵州莫郑之学"。金梁：《近世人物志》，《清代传记丛刊》第62册名人类21，周骏富辑，台北：明文书局1985年版，第396页。

海方覆斛"。以上第2册。

（4）《魏三体石经遗字考》1卷，（清）孙星衍撰。第1册总目录于此下钤朱文三字"原未刻"，表示实未刊刻。《中国丛书综录》（一）第619页著录此书而无交代，实误。

（5）《唐石经校文》10卷，（清）严可均撰。扉页有朱文文字，"光绪八年九月重镌四录堂类集本华阳徐道宗署检"。以上第3至6册。

（6）《蜀石经残字考》1卷，（清）王昶撰。正文题名"后蜀毛诗石经残本"。

（7）《北宋汴学篆隶二体石经记》1卷，（清）丁晏撰。以上第7册。

（8）《石经考文提要》13卷，（清）彭元瑞撰。以上第8至11册。

（9）《石经补考》11卷，（清）冯登府撰。以上第12至15册。

（10）《仪礼石经校勘记》4卷，（清）阮元撰。以上第16册。

检视总目录，有"尚余数种续刊附入"字样。据此可知，《石经汇函》本有续刻计划，但终未付诸实施。在尊经书院所刻诸书中，"流通最广、影响最大的，首推丛书二部"，一即《石经汇函》，另一即《四益馆经学丛书》[①]。据《中国丛书综录》记载，《石经汇函》为全国25所大型图书馆所收藏，遍布全国11个省市[②]；《四益馆经学丛书》（光绪十二年成都刊本）为首都图书馆、北京师范大学图书馆、上海图书馆、重庆图书馆所收藏[③]。

2. 校补《书目答问》

《书目答问》，张之洞撰，时张之洞任四川学政（1873—1876年）。是书完成于光绪元年（1875），当年即有刻本（成都市图书馆、崇庆县图书馆、大邑县图书馆有藏本）。[④] 光绪二年（1876），初刻本即广为流行。光绪三年（1877），张之洞重加勘定，在京师为诸生授读。光绪五年（1879），王秉恩刊刻《书目答问》于贵阳，是为"贵阳本"。"贵阳本"对《书目答问》做了大量补正（增补200多处），为较善之本。

[①] 参见黄海明《概述四川尊经书院的刻书》，《四川大学学报》（哲学社会科学版）1992年第4期。

[②] 参见上海图书馆编《中国丛书综录》（一），上海古籍出版社1982年新一版。

[③] 参见上海图书馆编《中国丛书综录》（一），上海古籍出版社1982年新一版。

[④] 参见成都市图书馆编著《成都市古籍联合目录》，成都市图书馆出版1992年版。

据王秉恩光绪五年（1879）贵阳重刻本《书目答问》跋云："丁丑（1877年）春在京，师（按：即张之洞）以二种（按：即《书目答问》与《輶轩语》）定本授读，冬仲携回贵阳，假者愈众。"由此可知，王秉恩校补《书目答问》当始于1877年末。

在《书目答问》众多的版本中①，王秉恩校勘的贵阳刻本是一个较好的重刻本；惜其流传不广，鲜为人所知。与范希曾《书目答问补正》相似的是，王秉恩校补本大体上也是着重于"补"和"正"两个方面——有补书名、卷数、作者、版本者，有改正原版错误者，有改书名、卷数、作者、按语、刊刻时间者；特别是在"国朝著述诸家姓名略总目"中，增补了有姓名无字号、籍贯者22人，为各种版本所无。简言之，"贵阳本"对原刻做了不少订讹补阙工作，纠正了初印的不少错误，补充了许多材料，在诸多版本中确实属于善本。这一点，最早表彰贵阳刻本价值的柴德赓已经认识到了。他说："夫刻本之改正原刻者，莫贵阳本若，使范氏得见贵阳本，宁不欣喜欲狂，惜乎其终未得见，此贵阳本之不幸，亦学林之憾事也。"② 因此，中华书局在1963年重印《书目答问补正》时，便根据贵阳刻本作了多处校改；上海古籍出版社在1983年重印《书目答问补正》时，亦以"贵阳本"作为最重要的校本。此足证"贵阳本"具有重要价值。2004年，贵州人民出版社推出了由吕幼樵校补、张新民审补的《书目答问校补》。该校补本以王秉恩校刊的贵阳刻本为底本，参考了多种校刊版本，既补记了《书目答问》刊行后近130年间漏记的版本，又补充了一些新刊的版本，更便于初涉目录学的读者使用。

3. 校刻《方言》

《方言》13卷，全称《輶轩使者绝代语释别国方言》，（汉）扬雄撰，（晋）郭璞注。1913年傅增湘藏园刻本，后附王秉恩《方言校记》1卷。范希曾《书目答问补正》有著录，但未指明作者（"江安傅氏双鉴楼影宋

---

① 关于《书目答问》的版本，可参看以下二文：(1) 郑伟章：《〈书目答问〉版刻、校补纪略及著作人归属问题》，载《书林丛考》（增补本），岳麓书社2008年版；(2) 常虹：《国家图书馆馆藏〈书目答问〉版本叙录》，《图书馆工作与研究》2009年第3期。

② 柴德赓：《记贵阳本〈书目答问〉兼论〈答问补正〉》，载《史学丛考》，中华书局1982年版，第219页。

刊本，附校记一卷"①），概疏于检点也。

王秉恩在致缪荃孙信中尝谈及校勘《方言》之事，"《方言》已校勘完，容面缴"②。卷前有王氏"自序"一篇，对《方言》校本有评论，"《方言》，戴《证》最详，卢《校》最精。惟戴仅见明景曹毅之本，卢书成始见李文授本，此本后于李本。今据戴、卢两本，凡有同异著之，余概弗及。刘氏台拱《端临遗书》、钱氏绎《方言笺疏》，有折中两本者，间采及之，倘有鄙见，今以案识之"。王氏此书共出校记471条，多辨戴、卢本同异，再以宋本加以厘正。当今有学者评价说，"今案"是王秉恩对《方言》的心得，"较之前贤，多有可取之处"，甚至认为，"晚清学者中除王国维外，无人能出其右"，而这无疑是与宋本的发现与利用有很大关系，当然，"王氏校语中也有武断乃至不确之处"，有的犯了与郭庆藩同样的错误。③

4. 校刻《文史通义》与《校雠通义》

《文史通义》8卷（内篇5卷，外篇3卷），《校雠通义》3卷，清章学诚撰。二书最早的刊本是大梁本，由章学诚次子章华绂刻印于开封，时为道光十二年（1832）。清末的多种刻本，都出自大梁本。光绪丁丑（1877年），章学诚曾孙章季真"游幕黔臬"，"得交贵筑罗植旎、西蜀王雪澂两君，因谋重刻，两君慨为校雠"，"始于丁丑二月付雕，至戊寅（1878年）七月竣事"（章季真《文史通义》"跋"），是为贵阳重刊本。据王秉恩《文史通义》"跋"，他与罗植旎校勘《文史通义》与《校雠通义》时，所用底本即大梁本，并与粤雅堂本对勘，但"虽经屡勘，而卒多未正者"。

以下三书，均将王秉恩《文史通义》"跋"作为"附录"收入。（1）仓修良编：《文史通义新编》，上海古籍出版社1993年版。（2）仓修良编注：《文史通义新编新注》，浙江古籍出版社2005年版。（3）严杰、武秀成译注：《文史通义全译》，贵州人民出版社1997年版。

5. 手校《淮南子》

王秉恩手校的是21卷本《淮南子》。这是王秉恩晚年在上海殷勤校

---

① 张之洞著，范希曾补正：《书目答问补正》，上海古籍出版社2001年版，第63页。
② 顾廷龙校阅：《艺风堂友朋书札》（下），上海古籍出版社1981年版，第711页。
③ 参见曹小云《〈方言〉学史札记二则》，《黄山学院学报》2003年第3期。

勘之书，用功甚深。据伦明云，"岁辛酉（1921年），重见于沪滨，须发如银，年逾八十矣。所藏尽散，案头惟手校《淮南子》数册，遍上下密行细字。自云一切异本，靡不迻录"①。何宁撰《淮南子集释》时，利用了上海图书馆所藏王秉恩手校本，题名是"校异本淮南子"，并说成书年代是某年至1915年。②但对照伦明所目睹情形（见上），何宁所云成书年代当有误。

6. 手校《云麓漫钞》

《云麓漫钞》15卷，宋赵彦卫撰。王秉恩晚年手校之书，其子王君复（文焘）誊录，上钤印章累累，有"秉恩""息堪""耷瘦""息叟八十以后校勘记"等印。现藏于山东大学古籍整理研究所（原为陆澹安所藏）。1957年，古典文学出版社据《涉闻梓旧》本标点，将《云麓漫钞》收入"古典文学参考资料小丛书"梓行。1996年，中华书局推出"唐宋史料笔记丛刊"，亦收有此书，系由傅根清参考诸本重新点校而成。但是，以上两种本子均不知有王秉恩手校本，当然也就谈不上吸收王秉恩校勘成果了。研究者发现，王秉恩《云麓漫钞》手校本是"一部未见著录、不为人知，很有参考价值的校本"③。

7. 手校《王荆公诗注》

《王荆公诗注》50卷，宋李壁注，清沈钦韩补注，4册。广雅书局校录格钞本，朱墨笔批校。正文卷端题"王荆公集诗之甲"，钤印"中央图书馆收藏"朱文长方印。台北"国家图书馆"藏。

8. 编辑《张园展觐倡酬集》

《张园展觐倡酬集》，王秉恩辑。清宣统十八年（1926）王文焘朱格抄本，1册。台北"国家图书馆"藏。

（二）诗文与著述

王秉恩不但事功有著，亦长于诗文，是晚清民国时期著名的诗人之

---

① 伦明：《辛亥以来藏书纪事诗》，载《辛亥以来藏书纪事诗（外二种）》，北京燕山出版社1999年版，第37页。
② 参见何宁《淮南子集释》附录一"淮南子书目"，中华书局1998年版。
③ 张雷：《新见〈云麓漫钞〉王秉恩手校本》，《中国典籍与文化》2000年第4期。

一。在汪辟疆（1887—1966年）看来，"近代诗家，可以地域系者，约可分为六派：一湖湘派；二闽赣派；三河北派；四江左派；五岭南派；六西蜀派。此六派者，在近代诗中，皆确能卓然自立蔚成风气者也"。"蜀中近代诗家，以富顺刘光第、成都顾印愚、荣县赵熙、中江王乃徵为领袖，而王秉恩、杨锐、宋育仁、傅增湘、邓镕、胡琳章、林思进、庞俊羽翼之。此派诗家，体在唐宋之间，格有绵远之韵，清而能腴，质而近绮。""雪岑精目录校勘之学，收藏甚富，偶事吟咏，自然淡雅。"① 固此，推允王秉恩为一代诗家，洵然不为过也。

除上述编校之书外，王秉恩撰有《息尘庵诗稿》《强学宦杂著》《养云馆诗存》《王母许太夫人事略》《平黔纪略》，编绘《光绪肇庆府属基围图》，协修《广东舆地图说》，编写《史学丛刊目》，留存《王雪澂日记》等。

《息尘庵诗稿》6卷。今存中华民国十五年（1926）年著者手定底稿本（泽存书库），6册。台北"国家图书馆"藏。正文卷端题"息尘盦诗稿第一集"，钤"中央图书馆收藏"，朱文长方印、"息尘盦主"朱文方印。

《强学宦杂著》不分卷。今存手定底稿本（"泽存书库"），4册。台北"国家图书馆"藏。正文卷端题"强学宦杂著"，钤"中央图书馆收藏"朱文长方印。

《养云馆诗存》，见《民国华阳县志》卷26。

《王母许太夫人事略》，有清宣统元年（1909）刻本。

《平黔纪略》20卷。罗文彬②、王秉恩合撰。

贵州各族人民起义失败后一年（1874年），贵州巡抚曾璧光奏准成立修书局，以贵东道易佩绅总其事，以周继煦为提调，集中力量，开始着手搜集资料，准备编撰专书记其事。1876年，书局聘请罗文彬、王秉恩

---

① 汪辟疆：《近代诗派与地域》，《汪辟疆说近代诗》，上海古籍出版社2001年版，第18、46、48页。

② 罗文彬（1845—1903年），字质庵，一作植盦，贵州贵阳人。同治庚午（1870年）举人，次年成进士，授礼部仪制司主事，历充会典馆纂修，出任云南永昌府知府。另编纂有《四川盐法志》40卷。《贵州通志·人物志》有传。

二人担任编纂，于1879年编辑完成此书。①

该书有以下诸本：(1) 稿本，光绪五年（1879）写，1册；(2) 抄本，书成之后，罗文彬、王秉恩各有抄本一部，另曾抄写一部送高心泉；(3) 铅印本，由贵阳县政府主持，1928年由贵阳文通书局铅印，6册，是本据高氏抄本铅印，因"限于时日，仓促抄写，缺少精校，讹误既多，更有错简"（杨恩元《平黔纪略序》）；(4) 排印本，收入"黔南丛书"，任可澄等辑，1938年至1941年由贵阳文通书局排印，丛书本以罗氏抄本与文通书局铅印本对勘，详加校正，但错讹亦复不少；(5) 影印本，收入《丛书集成续编》第25册，上海书店出版社1994年出版；(6) 影印本，收入《中国西南文献丛书》第二辑《西南稀见丛书文献》第15—17册，系"黔南丛书"之一，戴文年等主编，兰州大学出版社2003年出版；(7) 点校本，"贵州古籍集粹丛书"之一，由贵州大学历史系中国近代史教研室点校，贵州人民出版社1988年出版，有罗尔纲序（1987年）、杨恩元序（1938年），是本以"黔南丛书"本为底本，用高藏抄本对校，为目前最佳之本。

该书以编年体形式编写，采用当时大量的往来奏折、禀报、咨移和对当事人的采访记录，详尽地记述了清咸丰、同治年间贵州各族人民举行武装起义及被清政府镇压的全过程。全书跨时20年，起自咸丰四年（1854）二月二十七日，独山州斋教杨元保起义；迄于同治十二年（1873）十二月六日，丹江被清军占领。"此书对材料的搜集比较广泛，著录态度也较严谨，既是'官书'，必然以官方资料为主。至于起义军内部实际情况，只能从清兵及地方团练的奏章、禀报间接反映，真实性相对较差。"②

《广东舆地图说》。在任广雅书局任提调期间，王秉恩任《广东舆地图说》坐办，协修《广东舆地图说》一书。有影印本。清廖廷相等纂：《广东舆地图说》，《中国方志丛书》第107号，成文出版社1967年版

---

① 《平黔纪略》，贵州人民出版社1988年版，"点校前言"第1页。以下关于《平黔纪略》版本（1—4）的介绍，参考了该"点校前言"。

② 《贵州通史》编委会：《贵州通史》第3卷《清代的贵州》，当代中国出版社2002年版，第805页。

［据宣统元年（1909）十月重印本影印］。

《光绪肇庆府属基围图》（舆图），王秉恩编绘。光绪二十九年（1903），石印本，1册。中国国家图书馆藏。图凡48幅，单色，山形用晕渲法表示。此图重点绘出府境河岸基围，故山水村庄等类近基围者较详细，远基围者从略。

《史学丛刊目》7卷，王秉恩编。草稿本，1册。中国国家图书馆藏，藏书卡片云成书于民国时期（1912—1949年）。查阅《艺风堂友朋书札》，王秉恩在致缪荃孙的信中尝云，"史学汇函目拟定再尘"[1]，所说"史学汇函目"盖即此。说明：台北"国家图书馆"藏有王秉恩所撰相似图书一种，题名为"广雅书局拟刻史学丛书目定本"，正文卷端题"国朝史学丛书目一"，1册。年代是清光绪庚寅年（1890），系王秉恩手定绿格底稿本。有藏印，"中央图书馆收藏"朱文长方印、"雪澄手校"朱文方印。笔者推测，二者当是同一种著作，台北"国家图书馆"所藏系底稿本，中国国家图书馆所藏系定本或修订本。

《王雪澂日记》不分卷，手稿本，31册。台北"国家图书馆"藏。钤"爕丞"朱文方印、"养云翰墨"白文方印、"中央图书馆收藏"朱文长方印、"臣本蜀人"白文方印、"生于乙巳"朱文方印等。日记自同治七年（1868）起至宣统三年（1911）止，共44年之久。日记题名都不一致，如《寄安室日记》（1861年手稿本）、《甲戌日记》、《养云山墅日记》、《养云山馆日记》、《归蜀日记》、《塔山日记》、《粤游日记》、《息盦日记》、《补管斋日记》、《石桃寄庐日记》、《憩桐书屋日记》、《抱珥山人日记》等，不一而足。

三 结语与希望

通过上文对王秉恩事迹的钩稽及著述的介绍，或许可以说，它们已可约略彰显王秉恩之学与行。进一步说，这大概可以印证本文开篇的判断，"王秉恩是晚清民国时期比较重要的藏书家、文献家、书法家、诗

---

[1] 顾廷龙校阅：《艺风堂友朋书札》（下），上海古籍出版社1981年版，第708页。

人，在学术上多有所建树，且亦有不少事功"。笔者的一点希望是，请学术界多多关注王秉恩。

【本文原载《中国典籍与文化》2011年第3期。后收入《川大史学·文化史卷》第2辑，四川大学出版社2016年版。收入本书时，有所修订。】

文献大家傅增湘

傅增湘（1872—1949年）[①]，先字润沅，后改字沅叔，号姜庵，别署有"书潜""清泉逸叟""长春室主人""双鉴楼主人""藏园居士""藏园老人""西峰老农"等，四川江安人。

傅增湘早年从事教育活动，是中国现代公立女学的创办者，曾任直隶提学使、北洋政府教育总长，是名副其实的教育家。退出政坛之后，傅增湘主要从事文献收藏与文献整理，是中华民国以来最著名的大藏书家、杰出的文献大家。他不但藏书甚富，而且校书尤精，又性喜刻书，在版本学、目录学、校勘学方面取得了卓越成就，堪称一代宗师。[②] 傅增湘亦长于文艺，其书法艺术、文学艺术卓然自成一家。

一　生平事迹简介

同治十一年九月初八（1872年10月9日），傅增湘出生于四川江安县城内的一个官宦家庭。祖父傅诚，官至河北白河通判，性喜藏书，父亲傅世榕，历任河北藁城、怀安知县。

傅增湘幼年随父宦游出川，光绪六年（1880）始定居天津。在本家长兄的悉心指点下，傅增湘博览群书，勤于研习，学业为之大进。光绪十四年（1888），参加顺天府乡试，得中举人。光绪十七年（1891），入

[①] 说明：有的辞书将傅增湘的卒年写作1950年，实误。如梁淑安主编《中国文学家大辞典·近代卷》，中华书局1997年版，第441页。

[②] 识者云，"傅增湘是现代赫赫有名的一个大藏书家，无论是在藏书、校书方面，还是目录学、版本学方面，确实堪称一代宗主"，"傅氏为近现代文献大家，堪称宗主"。［郑伟章、李万健：《中国著名藏书家传略》，书目文献出版社1986年版，第236页；郑伟章：《文献家通考（清—现代）》，中华书局1999年版，下册，第1408页］

保定莲池书院，师从"曾门四弟子"、安徽桐城著名古文家吴汝纶（1840—1903年）[1]，学业因之精进。

光绪二十四年（1898），参加会试，得中进士（二甲第六名），选翰林院庶吉士（后散馆为编修）。授内阁中书，充内阁部院办事之职。尤其令人称道的是，江安傅家在12年中竟然相继考中三名举人、三名进士。长兄傅增淯（字雨农，1856—1925年）于光绪十一年（1885）中举人，光绪十八年（1892）中进士（二甲第七十六名），选翰林院庶吉士。光绪二十年（1894）散馆，次年授编修。后任贵州学政（1897—1899年），两度充顺天乡试同考官（1902年、1904年）。次兄傅增濬（字学渊，1870—1909年）于光绪十七年（1891）中举人，三十年（1904）中进士（二甲第九十二名），选翰林院庶吉士。未散馆，分授吏部主事。[2] 三兄弟先后高中，一时传为美谈，傅家也有"一门三进士两翰林""江安三傅"之美誉。

光绪二十四年（1898），戊戌变法发动。傅增湘与"戊戌六君子"之刘光第、杨锐有交往。六君子殉难之后，傅增湘尝著文力辩其冤。是年秋，傅增湘请假回四川省亲。后因义和团事起，八国联军入侵，京师动乱频仍，傅增湘遂索性安居于四川，在家乡度过了4年时光。其间，尝"西上锦城，南入黔中，得览西南山川之胜"（《藏园居士六十自述》）。

光绪二十八年（1902），袁世凯在保定训练新军，想在莲池书院高才生中选择幕僚。在友人吴彭秋的推荐下，傅增湘于是年春赴保定，就职入新军幕府。同年秋，袁世凯任直隶总督，傅增湘又随入直隶总督幕府。

光绪二十九年（1903）散馆考试，傅增湘以一等第一名授翰林院编修（《藏园居士六十自述》）。7月，任顺天乡试考官。光绪三十一年（1905），傅增湘奉命在直隶创办女子学校。傅增湘在其夫人凌氏等人的大力支持下，不久即在天津创建了北洋女子公学、北洋高等女学堂和北洋女子师范学堂（现天津美术学院）三所学校，并任北洋女子师范学堂

---

[1] 吴汝纶，字挚甫，安徽桐城人。著有《书说》3卷、《易说》3卷、《诗文集》5卷、《深州风土记》20卷、《日记》12卷、《吏游丛录》4卷等。

[2] 关于傅增湘兄弟之仕进，材料来源于李朝正编著《清代四川进士征略》，四川大学出版社1986年版，第246—247页。

总办，成为我国公立女学的创办者。他聘请地理学家张相文（1866—1933年）、女诗人吕碧城（1883—1943年）等知名学者任教，培养出了中国第一批受新式学校教育的女知识分子。

自此，傅增湘辞去幕僚之职，专力于教育事业。光绪三十三年（1907），傅增湘奉命在北京筹建京师女子师范学堂；次年，任京师女子师范学堂第一任总理（即校长）。宣统元年（1909），兼任直隶提学使。在任此职的3年中，傅增湘大力推广小学教育，尤其重视乡村小学的建设。他逐年赴全省各地视察学校，旁听讲课，并亲自指授，评定优劣，使"风习得以周知，士气为之奋发"。另外，他还在保定、天津、滦县、邢台四地创设初级师范学堂，为全省广储教师。1911年6月20日，学部奏设中央教育会，张元济（1867—1959年）、傅增湘被推为副会长。

1911年10月，辛亥革命爆发。12月，傅增湘加入了以唐绍仪（1862—1938年）为首的北方议和代表团，南下上海议和。和议未成，遂辞职返津。不久，因母亲刘太夫人去世，居家守制。

1912年1月，中华民国成立。1914年，傅增湘任四川省选出的全国约法会议议员。后又任袁世凯政府肃政使，直至1916年。

1917年12月，傅增湘出任北洋政府王士珍（1861—1930年）内阁教育总长，并在其后两届内阁中留任教育总长。在任职期间（1917年12月—1919年5月），他主持整顿全国各级学校，重视师范教育与实业教育，重视为国培养专门人才，还支持主送徐悲鸿等有为青年出国留学，被传为佳话。

1919年，五四运动爆发。北洋政府意欲解散北京大学，傅增湘坚决反对，并以辞职力争；北京大学校长蔡元培亦愤然辞职出京。同年5月15日，傅增湘也因反对镇压学生和拒绝副署罢免蔡元培北京大学校长的命令，在内阁会议上遭到围攻，由是愤而辞职，以示抗议。5月19日，北京学生再次实行总罢课，并向北洋军阀政府提出"拒绝在巴黎和约上签字""惩办卖国贼""挽留傅增湘、蔡元培""维持上海和议"等条件。

愤然下野的傅增湘，此时对官场已然心灰意冷。下野之后，傅增湘便着力于典籍的收藏与研究，或寄情山水，以示无意再入仕途。1922年，傅增湘被友人坚邀入阁，经多次推拒无效后，不得已方避重就轻，又任了一年非阁员的财政整理委员会督办。51岁那年，傅增湘遂坚决退隐。

退出官场后的傅增湘，自号"书潜"，表示从此潜心于典籍。此后，傅增湘还担任过一些社会职务，但基本上都是与文化和典籍有关的。1927年，傅增湘担任故宫博物院管理委员会委员兼图书馆馆长；后来又担任过东方文化事业总委员会图书筹备委员、东方文化协议会副会长、北京辅仁大学（现北京师范大学）董事长等诸多文化、学校、商业、慈善、公益等各社会团体的会长、董事、委员。傅增湘在担任故宫博物院图书馆馆长期间，为了解日本收藏中国古籍的情况，于1929年9月东渡日本搜访中国古籍。

1930年秋，傅增湘授课于清华大学研究所。抗日战争爆发后，傅增湘仍居住北京，终日以校书为业。其间（1938—1939年），曾任《绥远通志》总纂。1944年春，73岁的傅增湘罹患脑血栓，以致半身偏枯，长期卧病在床。1948年，病情加重。

1948年秋，北平即将解放，胡适先后两次至傅增湘寓所拜访，称当局愿以专机安全护送傅增湘及其眷属和全部书籍去台湾，并保证其在台的一切生活费用无虞，但均被傅增湘坚辞拒绝。

1949年9月12日、10月15日，至北京参加中国人民政治协商会议的挚友张元济，两次至寓所看望病榻上的傅增湘，其后以面告和函呈两种方式求告于陈毅，希望政府及时救援贫病中的傅增湘。周恩来最后过问了此事。当专人持陈毅原信及周恩来的批示前往探视时，傅增湘已于10月20日在藏园病逝，终年78岁。

傅增湘长眠于北京西郊的福田公墓，安息在王国维、钱玄同等旧识附近。

二 海内藏书名家

傅增湘是继吴兴陆氏（皕宋楼）、钱塘丁氏（八千卷楼）、聊城杨氏（海源阁）、常熟瞿氏（铁琴铜剑楼）这清末四大藏书家之后的又一位海内外闻名的大藏书家。其搜书之勤、藏书之富、版本之精，为近代藏书家之首，与湖南湘潭叶德辉（1864—1927年）有"北傅南叶"之称，傲然而为一代藏书名家。

傅家其实都是爱书之人，原本有少量藏书。其祖父傅诚曾"锐意以收书为事"(《双鉴楼善本书目序》),同治四年(1865)官金陵时,尝得元刊《资治通鉴》("兴文署本"),是为傅家藏书之始。[①] 傅增湘幼受薰习,即有嗜书之癖。"弱冠以来,无日不与书卷相亲","手理缥缃,目寓丹椠,如寒之思衣,饥之思食,岑寂之思友朋,甚至如性命之相依倚"。其四十岁以前(1911年前)所收书,多出于求学之所用,尚无暇顾及善本("四十岁以前,多缘求学所资,而吾家未有者为急,以云善本,殆未遑也")(引文均见《双鉴楼善本书目序》)。其所购藏宋本之第一部,为《新刊诸儒批点古文集成》。

1911年后,傅增湘即开始倾力于搜藏善本,而其开始大规模收藏古书,则始于1919年愤然下野之后。

为访求古籍珍本,傅增湘一生不遗余力。他主动求购,四处搜访。数十年间,足迹遍于大江南北,并及日本。在北京,傅增湘经常流连于琉璃厂、隆福寺等著名书肆,对荒摊冷肆也加以注意。他还多次专程赴扬州、南京、苏州、上海、杭州、绍兴、宁波等文化兴盛之地访书。访书之所除书肆外,傅增湘兼及公私藏家。公家所藏,如北平图书馆、故宫图书馆、江南图书馆、商务印书馆涵芬楼等;私家所藏,如瞿氏铁琴铜剑楼、杨氏海源阁、卢氏抱经楼、潘氏滂喜斋,以及杨守敬、缪荃孙、沈曾植、李盛铎、徐乃昌、张元济、董康、章钰、陶湘、袁克文、刘承干、莫友芝、蒋汝藻、王秉恩[②]、徐森玉、张允亮等。1929年9—10月,傅增湘专程东渡日本,至京都、东京、日光、箱根等地访书,遍观日本宫内省图书寮、内阁文库、岩崎氏静嘉堂(其藏书多为中国原皕宋楼旧藏)、内藤氏恭仁山庄、前田氏尊经阁和西京诸古刹所藏宋、元刻本。[③] 今人云,"傅增湘先生以其丰富的版本校勘经验和识见,不仅向国人展示了日本所藏的珍本秘籍,而且他也纠正了日本方面的诸多讹误之处"[④]。

---

① 傅增湘《百衲宋本资治通鉴书后》云:"昔同治乙丑岁,先大父励生公官金陵,得《资治通鉴》胡注,即世所谓'兴文署本'者。……是为吾家藏书之鼻祖。"《藏园群书题记》,上海古籍出版社1989年版,第106页。

② 关于王秉恩之生平学行,请参见彭华《华阳王秉恩学行考》,《中国典籍与文化》2011年第3期。

③ 关于傅增湘在日本的访书情况,可参见傅熹年整理《〈藏园日记钞〉摘录》,《文献》2004年第2期。

④ 王玮:《傅增湘日本访书考略》,《图书情报工作》2004年第3期。

傅增湘所得薪金，除去日常生活等必需的开支外，全部用于购书，有时甚至不惜举债收书，或者以旧换新，"舍鱼而取熊掌，余心固有甘焉"（《藏园群书题记》卷6《宋内府写本洪范政鉴书后》）。倘若资金不足，或是主人不愿出让，也力求一见，借书阅读校勘。徐坊（1864—1916年）所藏宋绍兴监本《周易》单疏本，伦明（1875—1944年）推为"宋本经部第一，海内无第二本"[①]，傅增湘"幸获一睹，惊为旷世奇宝"，"时时往来于怀"。该书散出后，"人求之甚急"，傅增湘亦"怦然心动"，"然其悬价高奇，殊骇物听"。1935年，傅增湘毅然举债1.3万元购得，"虽古人之割一庄以易《汉书》，无此豪举也"（引文均见《藏园群书题记》卷1《宋监本周易正义跋》）。1944年购南宋初蜀刻本《南华真经》，亦是举债得之，"视唐人所谓十金易一字，百金易一编者，殆有过焉"（《藏园群书题记》卷1《宋蜀刻安仁赵谏议本南华真经注跋》）。

1916年，傅增湘收得端方（1861—1911年）旧藏宋绍兴二年（1132）两浙东路茶盐司刊本《资治通鉴》，将其与祖遗之元刊本《资治通鉴》胡注相配，题其藏书之所为"双鉴楼"（《藏园群书题记》卷2《百衲宋本资治通鉴书后》）。1928年春，他以高昂的代价（"斥去日本、朝鲜古刻书三筐"）收得南宋淳熙十三年（1186）内府写本《洪范政鉴》24卷12册（原藏盛昱郁华阁）。该书是仅存的孤本书，也是传世的唯一一部完整的宋代写本，是极为珍贵的善本古籍。于是，傅增湘改以宋本《洪范政鉴》和宋本《资治通鉴》相配，合称"双鉴"。新配对的"双鉴"更为珍贵，在藏书界名重一时。

1918年，傅增湘定居北京后，贮书于宅旁园中。其住处有山石花木之胜，遂取宋代大文豪苏东坡"万人如海一身藏"诗意（《病中闻子由得告不赴商州三首》之一），命名为"藏园"[②]，自号"藏园居士"。园内书斋有"素抱书屋""食字斋""长春室""池北书堂""龙龛精舍""莱娱

[①] 伦明等：《辛亥以来藏书纪事诗》（外二种），杨琥点校，北京燕山出版社1999年版，第30页。

[②] 藏园位于北京西四北五条，明代称石老娘胡同，后曾为军阀张宗昌（1881—1932年）的官邸。

室”“启麟轩”等。

经过数十年的专意搜求，傅增湘共收藏了古籍20万卷。其中有宋刊本180余种3400余卷，金元刊本60种3500余卷，明清精刻本、名钞本、名校本则不计其数。其藏书印有“傅印增湘”“书潜”“藏园老人”“藏园”“藏园居士”“双鉴楼主人”“双鉴楼”“长春室”“龙龛精舍”“莱娱室”“启麟轩”“江安傅增湘沅叔珍藏”“江安傅沅叔收藏善本”“傅沅叔藏书记”“藏园秘籍”“藏园秘籍孤本”“双鉴楼主人珍藏宋本”等。其长子傅忠谟（1905—1974年，字晋生）藏书印有“忠谟继鉴”“江安傅忠谟晋生珍藏”等。

晚年的傅增湘，已深知私人藏书不利于书籍的长期保存和长久流传。他在《双鉴楼藏书续记序》中写道：“物之聚散，速于转轮。举吾辈耽玩之资，咸昔贤保藏之力，又焉知今日矜为帐秘者，他日宁不委之覆瓿耶！天一（阁）散若云烟，海源（阁）躏于戎马，‘神物护持’，殆成虚语！而天禄旧藏，重光藜火，液池新筑，突起岑楼，瑶函玉笈，富埒瑯嬛。信知私家之守，不敌公库之藏矣！”因此，他决心将所藏之书和手校之书捐入公库。

1944年春，傅增湘因身患重病，自知不能再事校勘，便准备将私家藏书捐赠公家。1947年7月，他将自己珍藏的善本古籍373种（4300余册、16000余卷）捐赠给北平图书馆。1948年，傅增湘病重，叮嘱长子傅忠谟将“双鉴”捐赠给国家，并嘱身后所遗善本精粹不能分散。1949年10月20日，傅增湘逝世，家人恪遵遗命，将“双鉴楼”所珍藏的善本图书和手校之书480种（3500册）捐献给北京图书馆（今中国国家图书馆），成为中华人民共和国成立后藏书家向国家捐献的第一批珍贵善本，并且受到新成立的中华人民共和国政府的表彰。其后，家人又于1950年将另一批明清以来之普通古籍（34000余卷）捐赠给家乡四川，现藏于重庆图书馆与四川大学图书馆（与初拟捐赠书目有出入）。1957年，傅晋生将一批普通本古书售予中国书店。1992年，傅熹年（傅增湘之孙）和家人又慨然将珍藏的一册宋浙刻本《大方广佛华严经》捐赠给中国国家图书馆，与周叔弢（1891—1984年）家所捐合为全帙

(周叔弢家在捐赠时恰好缺此一册)。① 中国国家图书馆著录的傅氏所藏善本书,就有280种之多。②

三　古籍整理大家

　　与众多藏书家不同的是,傅增湘藏书不是为了炫奇斗富,而是为了校勘典籍,研治版本目录之学。傅增湘毕生致力于目录、版本、校勘之学,因此又赫然而为版本学家、目录学家、校勘学家,巍然而为一代古籍整理大家。

　　傅增湘博览群书,见闻广博,眼光敏锐,对于版本的鉴别极为精审。著名目录学家余嘉锡(1884—1955年)曾经这样称赞傅增湘,"藏园先生之于书,如贪夫之陇百货,奇珍异宝,竹头木屑,细大不捐,手权轻重,目辨真赝,人不能为毫发欺。盖其见之者博,故察之也详。吾尝侍坐于先生,闻其谈板本异同,如数家珍。有以书来者,望而知为何时、何地所刻,几于暗中摸索能别媸妍者"(《藏园群书题记序》)。字里行间,可见余嘉锡对傅增湘的极度推崇。

　　由于长期的校勘与博览,傅增湘对古书的真伪烂熟于心。傅增湘与近代出版家张元济交谊甚笃,张氏在主持商务印书馆辑印《四部丛刊》《续编》《续古逸丛书》《百衲本二十四史》时,选择底本多与傅增湘共同商定,而底本借自傅氏者亦多。③

　　与其他藏书家不同,傅增湘不但藏书,且能校书,并以校勘与传播为己任,"余生平雅嗜校雠,频年从事丹铅"(《藏园群书题记·抱经堂汇刻书序》)。傅增湘藏有古籍20万卷,单是自己亲手校过的就有16000卷

---

① 关于傅增湘及其后人捐赠藏书的情况,可参见傅熹年《记先祖藏园老人与北京图书馆的渊源》,《北京图书馆馆刊》1997年第3期。

② 本处的统计数字,采自郑伟章、李万健《中国著名藏书家传略》,书目文献出版社1986年版,第238页。

③ 据《张元济年谱》附录二"《百衲本二十四史》各书出版日期及所用版本情况一览",1933年12月版《南齐书》借傅增湘双鉴楼宋蜀大字本影印,1934年12月版《魏书》借傅增湘双鉴楼宋蜀大字本等影印,1936年12月版《新唐书》阙卷以傅增湘双鉴楼藏宋本等配补,1931年8月版《五代史记》借傅增湘双鉴楼藏宋庆元本影印。详见张树年主编《张元济年谱》,商务印书馆1991年版,第593—594页。

（傅熹年《藏园群书题记·整理说明》），近 800 种。其校书之专，在历代藏书家、校勘学家中都是极其少见的。

傅增湘少年为学时，痛感古籍流传过程中讹误太多。辛亥革命后，在与著名校勘学家杨守敬、沈曾植、缪荃孙等人的长期交往过程中，傅增湘更加感到校勘古籍对于学术的重要性，决心毕生校勘古籍，为后人治学创造条件。他说："独于古籍之缘，校雠之业，深嗜笃好，似挟有生以俱来，如寒之索衣，饥之思食，无一日之可离。"（《校本文苑英华跋》）从 1893 年到 1944 年，傅增湘一校就是 50 余年。1911 年以后，校书愈益勤勉，白天时间不够，就深夜苦校，以致校书成痴，"数十年来曾无经旬之辍"。到了晚年，他仍天天伏案校书。

从 1936 年 9 月底开始，65 岁高龄的傅增湘着手对《文苑英华》进行校勘。《文苑英华》是宋太宗太平兴国七年（982）李昉（925—996 年）、扈蒙（915—986 年）、徐铉（917—992 年）、宋白（936—1012 年）等人奉敕编纂的一部大型诗文总集，雍熙三年（986）成书，共 1000 卷，为"宋四大类书"之一。自 1938 年正月开始，傅增湘给自己作了规定，每天校书 2 卷，"日晷不足，则继以深宵，人事相缠，则避之别馆"（《校本文苑英华跋》）。经过数度春秋，傅增湘写下了数十万字的校勘记，于 1939 年 7 月最终完成了这一工作，使《文苑英华》日臻完善。2006 年 6 月，《文苑英华校记》由北京图书馆出版社出版。精装本，全 10 册，32 开，共计 7040 页，蔚然而为皇皇巨著。

傅增湘每校一书，必兼采众本，以采众家之长，有时一本书要校上几遍，其间反复推求各版本之间的优劣与流变，并详细记录下自己的校勘经过。在《藏园群书题记序》中，余嘉锡又如此赞誉傅增湘对古籍的校勘，"至于校雠之学，尤先生专门名家。平生所校书，于旧本不轻改，亦不曲徇，务求得古人真面目，如段若膺所谓'以郑还郑，以孔还孔'。其于向、歆父子虽未知何如，至于宋之刘原父、岳倦翁，清之何义门、顾千里，未能或之先也"。傅增湘所校之书，在当时即被公认为名家校本。

傅增湘每读一书，常为题跋一篇，叙版本之异同，辨字句之谬误及作者传略、著书意旨。傅增湘一生共校勘古籍 16300 余卷，近 800 种，撰写题跋 500 多篇，校记数十种。因傅增湘在版本学、目录学方面成果卓著,故学术界有"海内外之言目录者,靡不以先生为宗"之说。①

傅增湘不但勤于古籍的校勘,而且注重古书的刊布。张之洞《劝刻书说》云:"凡有力好事之人,若自揣德业学问不足过人,而欲求不朽者,莫如刊布古书一法。……其书终古不废,则刻书之人终古不泯。……且刻书者,传先哲之精蕴,启后学之困蒙,亦利济之先务,积善之雅谈也。"②张元济在致傅增湘信函中说:"吾辈生当斯世,他事无可为,惟保存吾国数千年之文明、不致因时势而失坠,此为应尽之责。能使古书多流传一部,即于保存上多一分效力。吾辈炳烛余光,能有几时,不能不努力为之也。"③此乃张元济、傅增湘之共识。傅增湘曾说:"文字典籍,天下公器,此殊尤绝异之品,宁终必为吾有?"(《双鉴楼藏书续记序》)他认为,"夫文章公器,非可自私。聚万卷之奇秘,归之一人,以累代之湮没,显于一旦。此其付畀之意,非徒诩鸿富、饰观美而已。必发扬昌大,使光气精神,藉吾手而被于天下。庶几上无负于古人,而下亦自慰其辛苦"(《藏园居士六十自述》)。意思是说,古书版本既然择善而定,便应大力传播,以利于学术研究。为此,他不惜巨款,举债刊刻"双鉴楼丛书"12种,影印了《周易本义》《龙龛手鉴》《方言》《困学纪闻》《资治通鉴》《太平广记》《永乐大典》等珍稀藏本,嘉惠学林。

傅增湘还向很多学者慷慨提供藏书借阅,王国维④、章钰、张森楷、吴廷燮、朱希祖、陈垣、王献唐、刘文典、胡适等都曾得到过傅增湘的帮助。故傅增湘在《藏园居士六十自述》中说:"余之藏书,手校者十居八九,传播者十居四五,职是故也。"这一点是极其难能可贵的,体现了傅增湘"始之以鉴存,继之以校勘,卒之以传播"的藏书思想。

傅增湘在竭力访求古书的同时,还着手将馆藏图书编成目录,以便按图索骥。他先后嘱谭新嘉和韩梯云编目,书目告成后兴奋不已,为书

---

① 参见伦明等:《辛亥以来藏书纪事诗》(外二种),杨琥点校,北京燕山出版社1999年版,第55页。
② 张之洞著,范希曾补正:《书目答问补正》,上海古籍出版社2001年版,"附一"第256页。
③ 张元济、傅增湘:《张元济傅增湘论书尺牍》,商务印书馆1983年版,第145页。
④ 个中详情,请参见彭华《王国维与巴蜀学人》,《淮阴师范学院学报》(哲学社会科学报)2011年第3期。

目撰写一篇序文,谓此书目"义例翔明,区分有法,虽不能企七阁四库之类备,以例夫新编之《江宁图书馆书目》,固以南北遥相辉映矣"。这是天津图书馆第一部古籍书目,收书12755种,其中明版书1000余部,抄本逾500部,尤以史、集两部书居多。他亦以身作则,将访求所见皆笔于录。傅增湘逝世之后,其孙傅熹年将其加以整理,编成《藏园群书经眼录》19卷,于1983年9月由中华书局出版。该书凡19卷(经部2卷、史部4卷、子部5卷、集部8卷),记录了傅增湘几十年来访书、购书、读书中所见之珍贵图书,计4500余种,百万余言。其四部分类以四库为基准,是一部目录学巨著。傅熹年所作《藏园群书经眼录〈整理说明〉》说,该书经"前后三十余年积累而成","录书五千种,近代流传的重要善本基本包括在内",是"了解近代所存善本的概貌和流传、存佚情况的重要史料"。

傅增湘收集所撰题跋近700篇,题名"藏园群书题记",于1933—1934年由天津《大公报》排印,分为4集。又《藏园群书题记续集》共6卷,也于1938年排印。又有《双鉴楼藏书续记》,1930年傅氏自刻。1943年,又编有《藏园群书题记初集》8卷(傅氏排印本)。傅熹年又整理《藏园群书题记》原初集、续集、三集各跋,按四库分类法重编,以傅氏《双鉴楼藏书杂咏》和著述22篇附后,凡20卷,共581篇,50余万言,于1989年6月由上海古籍出版社出版。对于贵州独山著名学者莫友芝(1811—1871年,自号邵亭)的《邵亭知见传本书目》,傅增湘极其重视,不断对其加以订补。傅增湘去世后,其手稿由傅熹年整理成书,题名"藏园订补邵亭知见传本书目",于1993年6月由中华书局出版(全4册)。

《藏园群书经眼录》《藏园群书题记》和《藏园订补邵亭知见传本书目》,是中国目录学力作,"以上三大著作均可信今而传后,足以说明傅增湘为民国间第一版本大家"[1]。今人评价说,"在民国时代私家藏书楼中,论藏书数量、质量,能与双鉴楼相伯仲的还有几家。他们或也编书目、藏书志,却不能写出像傅增湘那样高水平的藏书题记来"[2]。

作为四川人的傅增湘,对故乡怀有深厚的感情,但自1920年离乡之

---

[1] 杜泽逊:《文献学概要》,中华书局2001年版,第125页。
[2] 严佐之:《近三百年古籍目录举要》,华东师范大学出版社1994年版,第219页。

后，他却一直未能回川。诚挚的思乡之情，使他油然而生回报之愿，"生为蜀人，宜于故乡薄有建树"。中华民国时期，傅增湘编成《蜀文丛录》（今存稿本）。晚年的傅增湘，更是致力于乡邦文献的收集与蜀学的弘扬。他前后花费13年时间，亲手编订《宋代蜀文辑存》100卷（补编1卷），收录作者450余人，辑录文章2600余篇，均为宋代蜀人遗稿。1943年，为筹集此书的印刷费用，傅增湘不惜出售所藏宋元刻本100余种。2005年，《宋代蜀文辑存》由北京图书馆出版社出版，全书凡7册。2014年，吴洪泽补辑《宋代蜀文辑存》，由重庆大学出版社，全书凡6册，370万字。对于明代蜀人诗作，傅增湘又钞集而成《明蜀中十二家诗钞》。1986年，《明蜀中十二家诗钞》由巴蜀书社出版。为进一步传播蜀人著作，他又精选善本书12种，由当时名家雕版，编成《蜀贤遗书》。可以说，为了传承蜀学，傅增湘倾注了大量心血。

傅增湘著作等身，除上举诸书外，他还著有《双鉴楼善本书目》（1929年编订刊行）、《双鉴楼藏书续记》（1930年编订刊行）、《藏园续收善本书目》（未刊稿本）、《双鉴楼珍藏宋金元秘籍目录》（未刊稿本）、《双鉴楼主人补记莫氏知见传本书目》（未刊稿本）、《藏园校书录》（未刊稿本）、《藏园序跋集录》（未刊稿本），以及《清代殿试考略》（天津《大公报》社1933年版）、《避暑山庄》（商务印书馆1915年版）、《双鉴楼杂咏》《藏园游记》（印刷工业出版社1995年版）等。

四　艺术自成一家

傅增湘以藏书丰富而为著名的大藏书家，又以校书精审而为版本、目录、校勘学家，而其书法艺术、文学艺术亦卓然自成一家。

傅增湘的书法，以楷书和行书为主。楷书兼容欧、柳，晚年又间些魏碑笔意，字迹端庄典雅。行书以二王为基础，融唐碑笔意，于俊秀中添加了豪气，在转折处颇见楷书功底。尤其是他写在书后的跋文，工整流畅且活泼多姿，为文人字之典范。1995年，印刷工业出版社出版了《藏园老人遗墨：江安傅增湘先生自书诗笺册》。

提到傅增湘的书法，往往要提到久负盛名的《平复帖》。《平复帖》是西晋著名文学家陆机（261—303年）书写的一封信件，为我国存世最早的书法真迹。因此信的首行中有"平复"二字,故名"平复帖"。晚清以来,《平复帖》一直为恭王府所藏。1937年,溥心畬(1896—1963年)丧母,欲出让《平复帖》以办丧事。在此期间,一些清朝遗老如阿联、孟锡圭、朱蓬寿等,以及清朝最后一位状元刘春霖等,都曾致函溥心畬,对《平复帖》易手表示惋惜,生怕像恭王府出让的唐韩干《照夜白图》那样流失海外。诸人在致溥心畬的信函中说,现已入中华民国,丧事可否从俭,《平复帖》可否暂押盐业银行,并托傅增湘向溥心畬致意:此帖为祖传,还是留在本族为好。

傅增湘谕意,张伯驹(1898—1982年)生怕此帖流失海外,早已有收购之意,并且他曾为《照夜白图》事致信宋哲元(1885—1940年)请求保护该图。虽然说张家财势时下已大不如前,但以此推断,他不会做出分外的事。另外,溥心畬世兄(傅增湘与载瀛贝勒有交,故称溥心畬为世兄)对《照夜白图》事,总有覆水难收的歉疚,曾说我邦家之光已去,此帖由张丛碧(张伯驹号丛碧)收藏也好,并且回绝了出高价的画商。傅增湘还对大家说,此帖易手木已成舟,让价大洋4万块已经议定,请大家不要为此事太伤感。此事经傅增湘从中斡旋,最后《平复帖》易手张伯驹。1956年,张氏夫妇将《平复帖》捐献国家。

傅增湘还是一位出色的古文家。在傅增湘所作诗文中,所存游记16卷便颇具特色。它们既能博征文献,又重实地考证,笔力雄放,工于比拟,情景交融。傅增湘所作《双鉴楼藏书杂咏》七律144首,仿《藏书纪事诗》体例,自咏所藏宋金刻本,逐句注解,文采斐然,堪称七言组律诗中的佳作。①

2014年9月23日,改订于四川成都
2015年12月27日,校补于四川成都

【本文原载《巴蜀文献》第2辑,四川大学出版社2015年版,第107—123页】

---

① 本段文字,采自李殿元、李松涛《巴蜀高勋振玄风——巴蜀百贤》,四川人民出版社2001年版,第281页。

宋育仁与近代蜀学

一 引子

博考载籍,"蜀学"一名而含三义:学人、学校、学术。① 其中,精神文化层面的学术是"蜀学"的精髓和精华。也就是说,精神文化层面的"蜀学",是巴蜀文化的灵魂。本文所论"蜀学",主要集中于精神文化层面,兼及巴蜀学人的事功所展现之蜀学精神与风骨。②

统观蜀学,峰回路转,在历史上曾经出现过三次大的高潮,并且每次高潮都对中国学术、思想、文化的发展作出了重要贡献。蜀学的第一次高潮,出现在汉晋时期。西汉之时,文翁兴学,一度使"蜀学比于齐鲁"(《华阳国志·蜀志》)。文学方面,"汉赋四大家",蜀人独揽三席(司马相如、王褒、扬雄)。哲学方面,蜀学渊渊,夙重哲思,君平以后,子云续之。③ 蜀学的第二次高潮,出现在两宋时期。文学方面,"唐宋八大家",蜀人独得其三("三苏")。史学方面,"唐后史学,莫隆于蜀",

---

① 关于"蜀学"之定义与界说,当今学界尚未统一。有兴趣的读者,可参看:(1)胡昭曦:《蜀学与蜀学研究刍议》,《天府新论》2004年第3期;(2)舒大刚:《晚清"蜀学"的影响与地位》,《社会科学研究》2007年第3期;(3)舒大刚:《代序——论晚清"蜀学"》,载舒大刚主编《儒藏论坛》第2辑,四川大学出版社2007年版;(4)粟品孝:《"蜀学"再释》,载《蜀学》第3辑,巴蜀书社2008年版。

② 更为详细的论述,不妨参看:(1)彭华:《博求"三通":苏氏蜀学的形神与风骨》,《孔子研究》2012年第4期;(2)彭华:《蜀学之形神与风骨综论——以文史哲或经史子集为考察对象》,《殷都学刊》2014年第3期。

③ 据萧萐父云,"五十年代中,蒙文通师偶赴京,贺师(按:即贺麟)为之设宴于颐和园,招一介和我侍坐。贺师论及蜀学有哲思传统,蒙师举严遵之后续以扬雄为例应之",故萧萐父有"蜀学玄莹美,君平续子云"之句(《吹沙二集》,巴蜀书社1999年版,第739页)。

"隋前存书有二（按：即《华阳国志》《三国志》），唐后莫隆于蜀"①。经学方面，《易》学特别发达，有"《易》学在蜀"之盛誉。学派方面，"三苏"之"蜀学"，与二程之"洛学"、王安石之"新学"鼎足而三。蜀学的第三次高潮，出现在晚清民国时期，以出思想、出人才著称全国。蜀学第三次兴盛之重要契机，其一即四川省城尊经书院的设立。宋育仁诸人，即出自尊经书院之门。

宋育仁，字芸子，又字芸岩，号道复，别署问琴阁主，四川富顺人。近代学者、思想家，四川维新派核心人物。1875 年就读于尊经书院，1882 年中举人。1886 年中进士，选翰林院庶吉士，1888 年散馆，1889 年授检讨。1894 年，出任英、法、意、比四国参赞。1895 年解职回国，参加"强学会"（为都讲），主讲"中国自强之学"，主张君主立宪。1896 年，任四川商务局、矿务局监督。1897 年 11 月，与潘清荫、杨道南等创办《渝报》（四川近代最早的报刊）。1898 年，出长尊经书院，印行"蜀学丛书"，发起组织蜀学会，并与杨道南、吴之英、廖平等创办《蜀学报》，宣传维新变法，推动四川维新变法运动的发展。戊戌变法失败后，解职回京赋闲。1908 年离京，入湖广总督杨士骧幕，企图在湖北地区进行一些改革。辛亥革命后，出任国史馆纂修，反对袁世凯称帝，主张复辟清帝，被袁押解回原籍。1916 年，受聘任四川通志局总纂，主修《四川通志》，晚年续修《富顺县志》。此后十年，退隐成都东郊"东山草堂"。于 1931 年去世。② 宋育仁一生著述宏富，现存有《时务论》《时务论外篇》《借筹记》《泰西各国采风记》《经世财政学》《经术公理学》《庚子秋词》《哀怨集》《三唐诗品》等，并有"问琴阁丛书"传世。

本文将以宋育仁为个案，试对近代蜀学略作考察。同时，适当联系同时代其他诸人，以与宋育仁对比相较，并综合而观。由此以行，近代蜀学之新貌与旧观，庶几以见焉；由此以行，蜀学之风骨与形神，庶乎昭昭焉。

---

① 刘咸炘：《蜀学论》，《推十书》，成都古籍书店 1996 年版（影印本）。
② 以上关于宋育仁生平的介绍，主要采自《四川省志·人物志》（四川省地方志编纂委员会编纂，四川人民出版社 2001 年版，第 458—461 页）。

二 本论

（一）经史为基，国学为本

本处所说的"经史"，包括经学、史学及辅翼经史之学的小学（文字、音韵、训诂等）。经史为治学之基、国学之本，此本属士人之共识与通识，但晚近以来则晦暗不明。① 自巴蜀之地而言，300余年来则反复无常，先则弃置不为，中则奋起而为，后则淡然无为，今则矻矻而为。② 清初以降，蜀学衰微，"自制艺取士以来，群好帖括，经史百家每束高阁"（《名山县志》卷11《学校》，1930年刊本）。康熙四十三年（1704）所创办的通省性质的锦江书院，例以制艺贴括为主（"大抵惟科举是务，虽曰习经，涉猎而已，未有专业教者"③），学风浮华不实，兼之作弊成风，致使"十无一真"④。有鉴于此，简放四川学政的张之洞决议整顿学风、改革教育，从而培养人才、振兴蜀学。于是，尊经书院便应运而生。尊经书院之创设，其初衷即"以通经学古课蜀士"，"欲诸生绍先哲，起蜀学"，从而培养出"通博之士，致用之才"（张之洞《四川省城尊经书院记》，以下简称《书院记》）⑤。这是张之洞的高明之举，诚如陈衍（1856—1937年）所说，"为学总须根柢经史，否则道听途说，东涂西

---

① 四川大学蒙默教授（1926—2015年）在重新编辑蒙文通《经学抉原》时，于此深有感触，"经之为学，与世相忘久也。自清末以来，经学已渐若存若亡，迄于今日，近百年矣"（《重编前言》，载《经学抉原》，上海人民出版社2006年版，第1页）。

② 本处所说"矻矻而为"，姑可举四川大学古籍整理研究所主持编纂的《儒藏》为例。

③ 伍肇龄：《尊经书院课艺二集序》，光绪十七年（1891）尊经书局刊本，四川大学图书馆藏。按：伍肇龄曾任锦江书院山长（1874—1886年），后又任尊经书院山长（李朝正编著：《清代四川进士征略》，四川大学出版社1986年版，第50页）。

④ 张之洞：《川省随棚录遗片》，苑书义等主编《张之洞全集》，河北人民出版社1998年版，第1册，第2页。按：张之洞此文作于光绪元年（1875）七月，其一即针对作弊而言。其文云："川省积弊，录遗一场，大率代替，十无一真。缘七月中旬以前，本生到者寥寥，若竟听其假冒，殊非政体。"（第2页）

⑤《四川省城尊经书院记》作于光绪二年（1876），沔阳庐氏慎始斋刊行（封面题"四川尊经书院"）。西南师范大学（今西南大学）图书馆藏有原刊本，四川省图书馆、四川大学图书馆藏有拓本（封面题"四川省城尊经书院记"）。四川大学胡昭曦教授将二者对校，整理移录入其《四川书院史》（四川大学出版社2006年版，第352—360页）。本文凡引《四川省城尊经书院记》之文字，均据胡昭曦教授整理本（仅标点略有改动）。特此说明。

抹，必有露马脚狐尾之日。交好中远如严几道、林琴南，近如冒鹤亭，皆不免空疏之讥"①。

尊经书院严禁士子学习制艺贴括，将八股时文排斥于外；因为张之洞认为，"凡学之根柢必在经史。读群书之根柢在通经，读史之根柢亦在通经，通经之根柢在通小学，此万古不废之理也"（《书院记》）。因此，张之洞要求尊经书院的学生，在经学方面"必先求之学海堂《经解》"（按：即《皇清经解》)，小学方面"必先求诸段注《说文》"（按：即段玉裁《说文解字注》)，史学方面"必先求诸三史"（按：即《史记》《汉书》《三国志》)，而"总计一切学术，必先求诸《四库提要》"（《书院记》）。张之洞视此为读书治学之不二法门，"以此为主，以余为辅，不由此入，必无所得"（《书院记》）。为了指导尊经书院的学生和全省的士子，张之洞于1875年编纂了《书目答问》和《輶轩语》，并将二书馈送学员。

张之洞恪守经史为国学之本（"凡学之根柢必在经史"），但并没有因此而故步自封，亦未驻足不前，而是要求士子在专精经史小学之后（"务本"），尚须通博（"经史小学、舆地推步、算术经济、诗古文辞，皆学也"），因为"非博不通，非专不精"。在他看来，"苟有其本，以为一切，学术沛然，谁能御之"（《书院记》）。虽然"江山代有才人出"，但"无所不通者，代不数人"，故士子当据其性之所近、志之所存，"择而为之，期于必成"（《书院记》）。

张之洞力倡以经史为治学之基、国学之本，但并不主张因此而不闻世事、闭门造车；相反，他极力倡扬经世致用，"读书宜读有用书。有用者何？可用以考古，可用以经世，可用以身心三等"②。"要其终也，归于有用。"（《书院记》）

张之洞的这些思想与主张，在其《书目答问》（作于1875年）、《輶轩语》（作于1875年）和《四川省城尊经书院记》（作于1876年）中均

---

① 钱锺书：《石语》，载《写在人生边上·人生边上的边上·石语》，生活·读书·新知三联书店2002年版，第476页。
② 张之洞：《輶轩语·语学》，《张之洞全集》，河北人民出版社1998年版，第12册，第9793页。

有透彻表述，并且一脉相承。

> 由小学入经学者，其经学可信；由经学入史学者，其史学可信；由经学、史学入理学者，其理学可信；以经学、史学兼词章者，其词章有用；以经学、史学兼经济者，其经济成就远大。①

> 不通小学，其解经皆燕说也；不通经学，其读史不能读表志也；不通经史，其词章之训诂多不安，事实多不审，虽富于词，必俭于理。故凡为士，必知经学、小学。……要其终也，归于有用。天下人材出于学，学不得不先求诸经。②

> 经济之道，不必尽由学问，然士人致力，舍书无由，兹举其博通切实者。士人博极群书，而无用于世，读书何为，故以此一家终焉。③

> 扶持世教，利国利民，正是士人分所应为。……国家养士，岂仅望其能作文字乎？通晓经术，明于大义，博考史传，周悉利病，此为根柢。④

张之洞的这些理念，为嗣后的尊经书院山长所继承，并且得到较好的贯彻。其最典型者，恐怕莫过于王闿运。

王闿运认为，"凡国无教则不立。蜀中之教，始于文翁遣诸生诣京师，意在进取，故蜀人多务于名，遂有题桥之陋。今究其弊，必先务于实"⑤。因此，王闿运在四川首倡今文经学，宣传经世致用的思想，强调

---

① 张之洞著、范希曾补正：《书目答问补正》附二《国朝著述诸家姓名略总目》，上海古籍出版社2001年版，第258页。张之洞时任四川学政。所引之文，系笔者重新标点。

② 张之洞：《四川省城尊经书院记》，转引自《四川书院史》，四川大学出版社2006年版，第354页。

③ 张之洞著、范希曾补正：《书目答问补正》附二《国朝著述诸家姓名略总目》，上海古籍出版社2001年版，第271页。按：《书目答问》附录二依次将清朝著述诸家划分为经学家、史学家、理学家、经学史学兼理学家、小学家、文选学家、算学家、校勘之学家、金石学家、古文家、骈体文家、诗家、词家、经济家，共计14家，而以经济家殿其终。

④ 张之洞：《輶轩语·语行》，《张之洞全集》，河北人民出版社1998年版，第12册，第9773页。

⑤ 本处所引诸语本于王闿运光绪四年（1878）十二月二十八日日记（《湘绮楼日记》，岳麓书社1997年版，第720页）。

要以经、史、词章等实学来教育学生，分科授业，按时讲解，严格要求。王闿运到尊经书院后，"院生喜得于师，勇于改辙，宵昕不辍，蒸蒸向上；而先生乐其开敏，评改涂乙，不厌详说"［《尊经书院初集》序，光绪十一年（1885）尊经书院刊印］。自王闿运任山长后，尊经书院的学生进步很快，他对此十分欣喜，"蜀中士习甚驯，吾乡不能也"，"此邦人欣欣向学，可喜也"（王闿运《湘绮楼日记》）。

尊经书院设立后，"风气所趋，人人皆知读书之有益矣"（伍肇龄《尊经书院课艺二集序》）。四川士林风气亦为之一变。"先是文襄未来时，蜀士除时文外，不知读书，至毕生不知《史》《汉》。文襄以纪、阮之学相号召，创立尊经书院，重锓五经四史，风气为之一变。湘潭王壬秋先生又来主尊经讲席，一时人文蔚起，比于齐鲁。"①"蜀学勃兴矣。"（《名山县志》卷11《学校》，1930年刊本）。

宋育仁，便成长于这一环境。1875年，宋育仁就读于尊经书院，与井研廖平、绵竹杨锐、名山吴之英合称"院中四杰"，其中宋育仁、杨锐尤为突出，尊经书院山长王闿运说，"入蜀办学八年，英才辈出，其尤者宋玉、扬雄"。尊经书院注重经史、小学的治学理念，提倡经世致用的求实学风，在廖平、宋育仁、吴之英等人的身上展现了出来，并且陆续有所发展。吴之英素重经学和小学②，并以此而为名家；而廖平、宋育仁则进一步将王闿运的思想"发皇光大"，推衍出"托古改制"的观点，"为维新变法思想在四川的传播准备了理论基础"③。1880—1889年，廖平写出了《穀梁春秋经传古义疏》《今古学考》《知圣篇》《辟刘篇》等，主张尊今抑古，托古改制。1884年，宋育仁写成《周礼十种》和《周官图谱》，《周官图谱》已然为其托古改制理论奠定了基础（详见下文）。

嗣后，宋育仁又创办报刊、组织学会，仍然一本此旨。1897年11

---

① 廖宗泽：《六译先生行述》，载廖幼平编《廖季平年谱》，巴蜀书社1985年版，第85页。
② 吴之英《音均戴固》云："资中讲舍，五学（按：即五经）训学僮，同术诸子（按：当时宋育仁、吴之英、廖平、吕翼文等同在资州艺风书院讲学），以读书先字，识字先音，为得音，原始韵读注归，不可意为典要。"（《吴之英诗文集》，四川大学出版社2008年版，第194页）据此可知，以经学、小学为治学之基，属当时蜀中学人之共识与通识。
③ 隗瀛涛主编：《四川近代史稿》，四川人民出版社1990年版，第272页。

月,《渝报》第 1 期在重庆正式出版,该期载有宋育仁之《学报序例》。宋育仁在文中明白标示,"驰骛于末流"的新学和"墨守于肤受"的旧学,实均各有其偏蔽,"今约同志论撰博采,而必反于经论",此即以经学为基、以国学为本;"讲学:无论中西,取其切于实用",此即经世致用之旨。《渝报》第 1 期还刊有宋育仁《复古即维新论》一文,其指归即通经致用、复古改制,"天下竟言维新,不必言维新也,复古而已","今日救时之务,必先复古学校之制"。1898 年,宋育仁等人在成都创办《蜀学报》、组建蜀学会,报纸和学会的宗旨亦复如斯。宋育仁亲手拟定了《蜀学会章程》,随即将其刊于《蜀学报》第 1 期(1898 年 3 月出版)。章程共计 28 条,其开篇第一条即畅然明示,蜀学会"以通经致用为主,以扶圣教而济时艰",在紧随其后的第二、三、四条中,又相继标明,"入会皆以忠信为本,孝弟为先","此会以经训为主,与祖尚西人专门学者有别","学会原为发扬圣道,讲求实学"。斯言斯旨,晓畅明白,无须赘言。

宋育仁以经史为基、国学为本的治学精神,一直保持至其晚年。1916 年,宋育仁被袁世凯以"危害民国"的罪名押解回原籍。时廖平掌四川国学学校,遂邀请宋育仁任主讲。其后,宋育仁继任四川国学学校校长,兼四川通志局总纂。在四川国学学校,宋育仁所主讲的科目正是经学,并相继撰成《诗经毛传义今疏》《尔雅今释》《孝经正义》《礼运确解》《周官古经举例》等书。纂修《四川通志》之时,宋育仁又对史学进行研究,写成《论史学方志》。宋育仁于小学功夫亦深,撰有《说文部首笺正》《夏小正文法今释》诸书。时人评论说,宋育仁"于书无所不读,而为学以通经致用为主"(宋维彝等撰《宋芸子先生行状》),又谓宋育仁"谈新政最早,治经学最深"(《哀怨集序》),诚非妄语浮论。

(二)但开风气,经世致用

儒家有"或坐而论道,或作而行之"之说,"坐而论道,谓之王公。作而行之,谓之士大夫"(《周礼·考工记》)。于广大士大夫而言,自当"作而行之"。孔子云:"我欲载之空言,不如见之于行事之深切著明也。"

（《史记·太史公自序》引）① 通观孔子生平，他不仅是"孜孜不倦的传道者"，也是"身体力行的践履者"②。荀子云："不闻不若闻之，闻之不若见之，见之不若知之，知之不若行之。学至于行之而止矣。"（《荀子·儒效》）古之士大夫如此，近代士大夫亦复如斯，且注入了鲜活的时代内蕴。

近代中国风云激荡、翻天覆地，堪称"数千年未有之钜劫奇变"③。值此文化巨变、国运危急关头，"启蒙"与"救亡"遂为时代之主题，"文化启蒙"与"救亡图存"便成为时代的主旋律（"文化启蒙"在很大程度上后为"救亡图存"所遮蔽④）。在器物层面，先有以魏源为代表的"师夷长技以制夷"，后有洋务运动的"富国强兵"。之后，由器物层面的学习进而至于制度层面的学习（以康有为、梁启超的戊戌变法为代表）。再后来，则由制度层面的学习进而至于文化心理层面的学习（至五四运动前后演变为"全盘西化论"）⑤。作为华夏禹域之一的四川，实亦概莫能外；作为中华士子之一的宋育仁，实则三者具于一身，并且身体力行。宋育仁在这三大层面的所作所为、所言所论，一本经世致用之旨，且开一时之风气。

1. 发展经济，实业救国

古有士、农、工、商"四民"之谓，工、商位居其末。但对于身处社会转型时期的近代中国的士大夫而言，"开眼看世界"的时代已经不太容许他们孤芳自赏地枯守此说——尤其是在甲午战争失败、戊戌变法流产之后。于是，许多士大夫反身而起，坦然从事一向被鄙弃的工商之业，希冀能以"实业救国"。四川虽地处僻远，但风气所及，亦自不例外，且有不甘落后之势。

---

① 孔子此言，不见于《论语》《礼记》《孔子家语》等先秦典籍，《史记·太史公自序》引作"子曰"云云。宋人亦以此语为孔子之言，如李明复《进春秋集义表》云："汉董仲舒记孔子之言曰：我欲载之空言，不如见之于行事之深切著明也。知孔子者，亦谓春秋即行事矣。"

② 彭华：《孔子的人格魅力——以〈论语〉为考察中心》，《西南民族大学学报》（人文社科版）2005年第11期。

③ 陈美延、陈流求编：《陈寅恪诗集》，清华大学出版社1993年版，第11页。

④ 李泽厚力言"救亡图存"压倒"文化启蒙"（《启蒙与救亡的双重变奏》，《中国现代思想史论》，人民出版社1987年版），但笔者不甚同意此说（因为文化启蒙一直存于世间，虽然有若隐若现之别），故此处表为"文化启蒙在很大程度上后为救亡图存所遮蔽"。

⑤ 在《陈寅恪的文化史观》一文中（《史学理论研究》1999年第4期），笔者尝语及此。

  1891年重庆"森昌火柴"字号的创立,"标志着四川民族资本主义经济的产生";由于受到中外反动势力的摧残和压迫,"引起民族工商业的强烈不满,自由地发展民族资本主义经济,成为普遍的要求"①。

  1896年春,翰林院代奏宋育仁《呈清理财折》,引起清廷重视,户部奏复"次第推行"。《呈清理财折》条陈四端——开矿、铸币、设行、行票,而作为实业之一的开矿,宋育仁认为应当先行("首先开矿")。是年,经国子监祭酒张百熙推荐,宋育仁被保举担任四川商务局、矿务局监督。回川后,宋育仁创办了四川第一批实业公司,在重庆先后创办了洋烛、煤油、煤矿、玻璃、白蜡、卷烟、药材等公司,并着手创设重庆、上海商人合办的"川省火油公司"。

  1897年创办的《渝报》,提出了振兴商务、发展民族资本主义的主张和学习西方开源节流、增加财政收入的措施。②《渝报》站在民族资产阶级的立场上,以英、日为榜样,要求改变传统的"重农抑商"的政策,提高商人的地位,减轻封建官府对民族工商业的束缚和榨取,以便自由地发展民族资本主义经济。

  宋育仁以实业救国的举措,其思想源头至少可以上溯至《时务论》③。《时务论》盛赞西方国家"以商立国,以富为本"的经济政策,提出了政治、经济、军事、法律、文化等方面的改革主张。在亲临其地考察之后,宋育仁将西方的富强之道概括为:"外国以富为本,富强在工,辅之以商,而提纲在钱币。"④但原其所出,仍不外中西文化之对比与争论,且以中例西,而又归本中华,"以余观圣人之论治,先富而后教,由兵而反礼⑤。

---

 ① 周勇主编:《重庆通史》第2卷,重庆出版社2002年版,第563页。
 ② 更详尽的论述,可参见周勇主编:《重庆通史》第2卷,重庆出版社2002年版,第563—565页。
 ③ 《时务论》作于1891年,1895年进呈光绪帝。光绪乙未(1895年)冬月,袖海山房石印发行。1897年《渝报》创刊后,自第3期起予以连载。
 ④ 宋育仁:《泰西各国采风记》,载《郭嵩焘等使西记六种》,生活·读书·新知三联书店1998年版,第362页。
 ⑤ 按:宋育仁此论,来源于孔子。《论语·子路》:"子适卫,冉有仆。子曰:'庶矣哉!'冉有曰:'既庶矣,又何加焉?'曰:'富之。'曰:'既富矣,又何加焉?'曰:'教之。'"《论语·颜渊》:"子贡问政。子曰:'足食,足兵,民信之矣。'子贡曰:'必不得已而去,于斯三者何先?'曰:'去兵。'子贡曰:'必不得已而去,于斯二者何先?'曰:'去食。自古皆有死,民无信不立。'"

其始务在富强，其术具在六经，而《周官》尤备。外国富强之故，隐合于圣人经术之用"（《渝报》第3期）；而约其指归，仍不出张之洞《劝学篇》"中学为体，西学为用"之论旨①，今日维新之最佳办法"莫如因敌国已睹之效，以明经术之用"（《渝报》第5期）。

2. 改革政制，变法维新

刻意学习西方的"坚船利炮"之术，终未能使中国免于失败之命运。一系列的沉痛打击和丧权辱国，使中国人猛然"警醒"：除了学习西方的物质文明外，制度文明（政治制度）的学习亦不可或缺。于是乎，政治体制（政制）的改革似又迫在眉睫，且迅即被提上议事日程。宋育仁在这方面虽然远远不及康有为、梁启超，但确实属于有心之人。

早在《时务论》中，宋育仁即提出了师法西洋的主张，并且已经由"器"（坚船利炮等）而及于"制"（政治体制等）。他批评洋务派之学习西方，是"未闻其道，欲一切易中国以洋法，不求其意，惟称其法；不师其法，惟仿其器"（《渝报》第3期）。1894年，宋育仁以参赞名义随公使龚照瑗出使英、法、意、比四国。宋育仁来往于伦敦、巴黎等地，与著名政治家麦格、牛津大学博士麻利公爵、日本政治家望明小太郎、名记者下田歌子等往还。随后，便有《泰西各国采风记》问世。宋育仁深入考察了西方的议会制（误解与错误难免存乎其间），赞成在中国设立议院，并且提出了在中国开设议院的一些具体建议。② 主办《渝报》时期的宋育仁，一如既往地主张政体改革，亦大力推崇西方的代议制，"外国凡有举废，皆询于上下议院。两院议成而后谋定，国主报可而后施行"（《渝报》第14期）。为此，他提出了立学校、兴民权、明君权的主张，"为之立学校以达其才"，"欲明君权，先兴民权。民权既立，君权乃大"（《渝报》第3期），从而达至"君民共治"。

但究其实，宋育仁所论不过是"效法西方资本主义政治制度，在不

---

① 吴庆坻（1849—1924年）在任四川学政期间，曾致函沈曾植，信中谈及张之洞《劝学篇》对四川的影响，"南皮公《劝学》一编，实有补大回澜手段，现刊官本，编颁学林，为功于天下，不独一蜀。而蜀士因南皮昔日所裁成，今之学子，火尽薪传，其人人乃更深耳"（转引自许全盛：《沈曾植年谱长编》，中华书局2007年版，第214页）。此可为旁证之一。

② 这方面的专题论文，可参见刘菊素《宋育仁对西方议会制的追求》，《历史档案》2008年第3期。

根本触动封建统治基础的前提下,要求政治改良"①。其话语背景,仍然不离中西文化之争。据实而观,宋育仁虽然身衣新学之"华衮",但仍然掩饰不住旧学之"皮袍",深情眷念不忘、本然无奈而归的仍然是经史与国学,所谈所论仍然是"复古改制"之老调。在宋育仁的眼里,"制定宪法之书,即《周礼》是也","《周官》圣人经世之术,外国略得其意而其效立著",比如,《周礼》已有议院之制②,"《周礼》询群臣、询群吏、询万民,朝士掌治朝之位,有众庶在焉。然则《周礼》并有上议院在,治朝且令众庶得入,而听政更宽于今之西制"(《泰西各国采风记》卷1)。故"中国如设议院,进士流而相与议政,先有礼义为持议之本,遇事奉经制为法守,有疑引圣言为折中,较外国事易而功倍。三代之治可复,名教之美益彰"③。

3. 文化启蒙,中体西用

立意于维新变法的志士们,已经清醒地认识到:利用传媒、制造舆论,这不但实属必要,而且行之有效。于是,设书局、办报刊、著新书,须臾间而为一时风尚,"中倭之役……朝野奋发振兴,乃有京师官书局《汇报》,以通民志。继有上海《时务报》……湖南《湘学报》接踵而起"。《渝报》之创设,便直接上承《时务报》《湘学报》而来。其章程规定,"本局为广见闻,开风气而设","凡有关经世时务、中外交涉条约"者皆予以刊印(《渝报》第1期)。副主笔梅际郇(1873—1934年)说,《渝报》"凡论皆天下之大务,救世良言"④。

《渝报》以介绍国内外政治经济形势、宣传改良思想为己任;而究其宗旨,除为维新变法清扫道路、制造舆论外,其所预期的更深远的目标,当为开启民智,从而建文化启蒙之功。同人黄英(1867—1928年)说,"开智欲速且广,厥有二法:一曰开报馆,一曰著新书"(《筹蜀论》卷

---

① 周勇主编:《重庆通史》第2卷,重庆出版社2002年版,第562页。
② 早期维新人士在阐释西方的议会制度时,有不少人持中国"古已有之"的观点。梁启超还专门为此写了《古议院考》(1896年),认为古中国虽无议院之名、但有议院之实,"若其意则在昔哲王所恃以均天下也"(《梁启超全集》第1卷,北京出版社1999年版,第61—62页)。两相比较,宋育仁之论议院,与梁启超如出一辙。
③ 宋育仁:《泰西各国采风记》,载《郭嵩焘等使西记六种》,生活·读书·新知三联书店1998年版,第349页。
④ 梅际郇:《说渝报》,《渝报》第1期。

上）；副主笔梅际郇说，"其所开报馆之利与阅报之益，必曰究新学也，天下情也，振陋风也，动众耻也"，故"报馆于天下有益无损"①。而《渝报》寓刊于报的独特形式，诚如其章程所言，是"阅报而购书即在其中"（《渝报》第1期）。《渝报》主张改革科举制度，废除八股试帖，兴办新式学校。宋育仁在《时务论》中指出，"学术之衰久矣，自以大卷试贴白折课翰詹，而幸获者多，空疏者众。国计安危，民生休戚，或茫然而无知。言之而不切，则欲益而反损"（《渝报》第2期）。《渝报》一再呼吁教育制度的改革，主张参照西式教育体制建立各级新式学校（小学、中学、大学），实行专业教育（"分科而课业"），并且力求"所教即所学"（《渝报》第6期），因为"只有教育二字，方可转弱为强"，除此外"莫得第二个药方"（黄英《筹蜀论》卷下）。

宋育仁等人嗣后在成都创办的《蜀学报》，实际上是《渝报》的继续。其间，又翻印了《天演论》《原富》《法意》等，宋育仁又亲自为《法意》作注，写出《法意钞案》。《蜀学报》亦大力提倡学习西学、兴办学校、开启民智，"上下齐愤，振新西学"，"以结固民心、振兴民学、广开民智为本原"②，"时事多艰，需才孔亟，非屏弃贴括，讲求实学，无以造就有用之才"（《蜀学报》第10期）。对于西学，《蜀学报》亦特注重实用之学，"意主推行，力求实用，言各有当，不嫌并行"（《蜀学报》第1期）。对于中学与西学，《蜀学报》认为"各有长短"，而"去短取长是为交易"（《蜀学报》第2期）。而原其立场，亦复尊"中体西用"之论，"俟风气渐开，再行添入泰西机器新法"（《蜀学报》第1期）。

（三）反哺乡土，弘扬蜀学

宋育仁怀有浓厚的桑梓之情，一生着意于反哺乡土、弘扬蜀学。1898年，宋育仁由渝入蜀，在成都主持尊经书院，印行"蜀学丛书"，发起组织蜀学会，联合创办《蜀学报》。蜀学会之创建、《蜀学报》之创办，其宗旨之一即弘扬蜀学。《蜀学会章程》说，《蜀学报》"为蜀中开风气

---

① 梅际郇：《论报馆之有益无损》，《渝报》第7期。
② 黄英：《四川利害论》，《蜀学报》第8期。

而设","蜀中更立此报者,意在昌明蜀学,开通邻省"。研究者说,"蜀学会是一个宣传维新变法的社会团体,是振兴蜀学、通经致用的学术中心,也是尊经书院的院外教学阵地"①。晚年的宋育仁,又于1916年接受聘请,担任四川通志局总纂,主修《四川通志》。后又应富顺知事之聘,续修《富顺县志》。1931年,《四川通志》初稿完成,宋育仁也于是年去世,诚可谓"鞠躬尽瘁,死而后已"。

三 结语

在本文之末,笔者将结合上述三方面的内容,在这三方面略作推延,以为简短之结语。

(一)以经史、小学为治学之基、国学之本,晚清民初的蜀学接续了这一传统,并出现了挺拔伟岸之俊彦英杰。仅就治经史、小学的学人而言,即有廖平、吴之英、宋育仁、张森楷(1858—1928年)、吴虞(1872—1949年)、林思进(1873—1953年)、龚道耕(1876—1941年)、向楚(1877—1961年)、谢无量(1884—1964年)、赵少咸(1884—1966年)、郭沫若(1892—1978年)、李思纯(1893—1960年)、蒙文通(1894—1968年)、向宗鲁(1895—1941年)、庞石帚(1895—1964年)、刘咸炘(1896—1932年)等。晚清民初的巴蜀学人,"一改清人破碎大道之习,将经学研究向系统化、体系化推进","开拓近代经学史研究的新局面",从而开创了清代学术的新阶段。② 其后,在时代风云之吹拂下,经学曾经一度若存若亡、黯然沉晦。③

但是,时下并非全然不可为,实则尚可积极有为。④ 蜀中有志之士,当奋身而起、勉力而为。换言之,探赜索隐经史、小学,以之为治学之

---

① 胡昭曦:《尊经书院与近代蜀学》,载舒大刚主编《儒藏论坛》第2辑,四川大学出版社2007年版,第343页。
② 舒大刚:《晚清"蜀学"的影响与地位》,《社会科学研究》2007年第3期。
③ 舒大刚曾以四川大学为例,梳理了这一历史过程(《百年学府开新运,再向儒林续逸篇——四川大学经学教育与研究的前世、近世和现世》,载舒大刚主编《儒藏论坛》第3辑,四川大学出版社2008年版)。
④ 四川大学古籍整理研究所之主持编纂《儒藏》,或可为显例之一。

基，据以为国学之本，由此培筑雄浑深厚之学养根柢，又胸怀兼容并包之学术气度。至其通才硕学，则又淹贯子集，旁综佛道，会通中西；大师巨匠，庶几出焉（如蒙文通、郭沫若、贺麟、唐君毅等）。

（二）通经以致用，或曰为学以求经世致用，晚清民初以来的巴蜀，可谓代代不乏其人。或托（复）古改制以求变法维新（"以复古为解放"①），如廖平、宋育仁、吴之英等；或径直投身革命、改造社会，如杨锐、刘光第、张澜、吴玉章等。就前者而言，虽有其高明之处，但亦自有其不足。比如宋育仁，他虽然也"主张经学直接为政治改良服务，比廖平进步"，但"与同时代康有为的变法理论相比较，又相形见绌了"，"由于宋育仁在理论上的突破不及康有为，因而，还不敢像康有为那样否定封建经典，所以，产生的社会效果就逊色了"②。另一方面，由于时代风气、个人学养、地理环境等方面的限制，宋育仁之援引西学、以西学为变法维新之助，亦多有所未安、未确之处。诚如前文所言，虽然宋育仁一本"中学为体，西学为用"之旨，但仍然难脱以中例西之窠臼，流于简单比附之陋习。相对于后出之张颐、贺麟、唐君毅等而言，宋育仁自然不可与之同日而语。当然，我们不应苛求"古人"，而应具"了解之同情"③，即"加以善意同情的理解"④。

"伐柯伐柯，其则不远"（《诗经·豳风·伐柯》）。反观历史，百年前巴蜀先贤通经致用、经世致用的所作所为、所思所得，仍然具有不可忽视的借鉴意义。当今四川，又逢其时（西部大开发、建构和谐社会等⑤）；勤勉而为，当有作为。

（三）早在先秦时期，巴蜀文化便已与中原、齐鲁等并列为中国"七大文化区"。⑥ 中历汉魏，降至两宋，辉煌青史，沾溉百世。元明兵燹，

---

① 梁启超：《清代学术概论》，上海古籍出版社1998年版，第7页。
② 周勇主编：《重庆通史》第2卷，重庆出版社2002年版，第566—567页。
③ 陈寅恪：《冯友兰中国哲学史上册审查报告》（1930年），载《金明馆丛稿二编》，上海古籍出版社1980年版，第247页。
④ 贺麟：《儒家思想的新开展》，《文化与人生》，商务印书馆1988年版，第17页。
⑤ 笔者与舒大刚合作撰写的《忠恕与礼让——儒家的和谐世界》（四川大学出版社2008年版，四川大学"和谐社会思想、文化与艺术"丛书之一），其主旨之一即钩稽儒家的和谐思想，以贡献于和谐社会的建设。
⑥ 李学勤：《东周与秦代文明》（增订本），文物出版社1991年第2版，第11—12页。

无可兴焉。肇及晚清，始得勃兴①（晚清以来，蜀学贞下起元，一度跃居为中国学术的重心之一②）。对蜀学的研究与弘扬，此乃巴蜀士人分内之事，固当义不容辞。前哲先贤（如傅增湘、蒙文通、徐中舒、缪钺、邓少琴等），多所注力。此宏志伟业，大家共力焉！

作为近代蜀学中心和策源地的四川大学③，更是责无旁贷。运笔至此，使笔者不由得联想到陈寅恪77年前所说的一段话。兹引其语，以结束本文。

> 今日国虽幸存，而国史已失其正统，若起先民于地下，其感慨如何？……夫吾国学术之现状如此，全国大学皆有责焉，而清华为全国所最嘱望，以谓大有可为之大学，故其职责尤独重，因于其二十周年纪念时，直言不讳，拈出此重公案，实系吾民族精神上生死一大事者，与清华及全国有关诸君试一参究之。④

【本文原载《蜀学》第5辑，巴蜀书社2010年版，第23—32页。收入本书时，改写了部分文字】

---

① 此处数语，摘自笔者所撰《挽萧萐父教授》，载《悼念萧萐父先生唁电唁函汇编（九）》，武汉大学哲学学院网站，http://philosophy.whu.edu.cn/show.asp?id=1133。

② 李学勤说："从晚清以后，中国传统文化发展的中心位置有所转移，当时迁移的重心，笔者认为，一个是'湘学'，一个是'蜀学'。'湘学'与'蜀学'是在那时新形势下形成的人文学术的两大中心。"李学勤：《弘扬国学的标志性事业》，《西南民族大学学报》（人文社科版）2005年第9期。

③ 李学勤说："今天在这里组织和完成《儒藏》这项辉煌事业的四川大学，就是继承了'蜀学'的传统，也是近代'蜀学'的中心和策源地。"李学勤：《发扬蜀学传统，开展儒学研究——"四川大学〈儒藏〉工程"笔谈摘要》，《四川大学学报》（哲学社会科学版）2005年第6期。

④ 陈寅恪：《吾国学术之现状及清华之职责》，载《金明馆丛稿二编》，上海古籍出版社1980年版，第317页。

一代名流谢无量

——生平志业、学术成就与蜀学因缘

谢无量（1884—1964年），谱名谢锡清；原名蒙，字大澄，号希范；后易名沉，字无量，别字仲清，别署啬庵。祖籍四川梓潼，生于四川乐至，长于安徽芜湖。谢无量一生经历了清王朝、中华民国、中华人民共和国三个大时代，是近百年中国最好的见证人之一。

谢无量是中国近现代著名的社会活动家、诗人、书法家、学者，是富有成就、颇有影响的一代名流与著名学人。谢无量学识渊博，举凡文学、史学、哲学（含佛学）及西学等，均有研究和论撰。谢无量著作等身，生前成书28种（卒后成书4种），另有大量诗词歌赋、政论时文等，"卓然成为一代宗匠"[①]。

谢无量曾经一度声名满天下，近则人间寂寞罕问津。有鉴于此，本文将择要论述谢无量的生平志业、学术成就及蜀学因缘。[②]

[①] 陈雪湄：《漫谈谢无量的书法及其他》，《文史杂志》1986年第1期。说明：本文在引用此文时，改动了部分标点（如增加书名号）。

[②] 关于谢无量的基本情况（生平事迹与学术著述），除了特别注明者外，主要采自以下文献：（1）《谢无量先生传略》，载陈恩林、舒大刚、康学伟主编《金景芳学案》（上），线装书局2003年版，第436—444页；（2）刘长荣、何兴明：《国学大师谢无量》，中国文史出版社2006年版；（3）彭华：《谢无量年谱》，载舒大刚主编《儒藏论坛》第3辑，四川大学出版社2009年版，第132—163页；（4）彭华：《〈谢无量年谱〉订补》，载舒大刚主编《儒藏论坛》第10辑，四川大学出版社2015年版，第310—323页。温馨提醒：（3）（4）二文如果有与本文表述不一致者，请以本文的表述为准。

一 冠盖满京华——生平志业

清人赵翼（1727—1814年）云："江山代有才人出，各领风骚数百年。"（《论诗》）有识者又云：世之天才，往往成群结队，纷至沓来。谢无量所生活的那个年代，便是天才辈出、人才涌现的年代。

谢无量启蒙甚早，在儿童时期即表现出过人的天赋，被人称为"神童"。谢无量4岁随父母至安徽芜湖，6岁学习作诗并习书法，8岁学习作文。谢无量爱读史书、古散文和五七言诗，尤好史书，喜论古今成败史事；但不喜八股文，鄙视科举而不屑应试。10岁之时，谢无量写出《咏风筝》诗："儿童心怀巧，剪纸作飞鸢。不是麻绳系，乘风直上天。"

1898年，谢无量在芜湖拜父执汤寿潜（1856—1927年）为师。谢无量喜欢汤寿潜的治学精神和政治态度，是为谢无量接受新思想的开始。与此同时，谢无量又结识了汤寿潜女婿马一浮（1883—1967年），二人义结金兰，是肝胆相照的终生至交。

1900年7月，谢无量取道上海，北上京津，再经张家口转太原，一路目睹慈禧、光绪仓皇出奔时沿途的骚然情况及北方的民生疾苦，革命意识为之激发。谢无量后来回忆说，这次远行"第一次启发我的革命意识，是为我少年时代的一件大事"①。

1901年，谢无量考入南洋公学特班（今上海交通大学前身），与李叔同（弘一法师，1880—1942年）、胡仁源（1883—1942年）、黄炎培（1878—1965年）、邵力子（1881—1967年）等同学。南洋公学中文系主任蔡元培振兴民族的言行，使谢无量很感动。课余，谢无量与马一浮、马君武（1881—1940年）等在上海创建"支那翻译会社"，创办《翻译世界》杂志（马君武主编）②，介绍西洋文学和新思潮。同时，谢无量与章太炎、邹容、章士钊等交游，为名重一时的《苏报》《国民日日报》等撰稿。1903年7月（闰五月），《苏报》案发，章太炎、邹容、章士钊被

---

① 谢无量：《自传》（手稿本），陈雪湄藏。转引自杨伟立、马宣伟《谢无量》，载严如军、宗志文主编《民国人物传》第9卷，中华书局1997年版，第380页。
② 丁守和主编：《辛亥革命时期期刊介绍》第3集，人民出版社1983年版，第43—46页。

捕，谢无量积极撰文并想方设法营救。① 在章士钊出狱后，谢无量与之逃亡日本，在东京补习日文、英文、德文。

1904年5月，马一浮自美国转赴日本留学，并带回两部《资本论》，将一部赠送给好友谢无量。谢无量在获赠《资本论》后，即细心阅读。（马一浮、谢无量阅读《资本论》的时间，较陈寅恪早了7个年头。②）1905年，马一浮与谢无量携手回国，同至杭州翻阅文澜阁《四库全书》，并博览社会科学名著，学问因之精进。

1907年1月，谢无量赴京任《京报》主笔，撰写社论和评论时事。其时，东三省改设巡抚，直隶候补道段芝贵（1869—1925年）署黑龙江巡抚之职。御史赵启霖（1859—1935年）上书光绪，检举段芝贵以贿赂"夤缘得官"③。谢无量撰文揭露这一丑闻，一时舆论哗然。段芝贵被撤职，但《京报》也被查封，并勒令停刊。

1910年，存古学堂在成都开办。经华阳乔树楠（1849—1917年，学部左丞、法政学堂首创者）、彭山周紫庭（1860—1927年，名凤翔，四川高等学堂总理）等推荐，谢无量任四川存古学堂首任监督（校长），其时年仅27岁。学堂分经学、史学、词章三门（科）。课程有理学、经学、史学、词章、声韵、小学（文字学）等主课，后增设地理、算学、篆刻、书画等。主要教员有张森楷（1858—1928年）（经学）、曾学传（1858—1930年）（经学）、杨赞襄（约1858—1918年）（史学）、吴之英（词章）、罗时宪（声韵、小学），以及徐炯等，均属名家宿儒。谢无量自知根基尚浅，谦逊地拜名山吴之英为师，并与井研廖平等厚相友善。谢无量后来回忆说："廖吴把臂谈经学，齐鲁风流嗣古人。"④

1909年10月，四川咨议局成立，蒲殿俊（1875—1934年）为议长、

---

① 参见彭华《章太炎与巴蜀学人的交往及其影响》，《淮阴师范学院学报》（哲学社会科学报）2013年第4期。
② 陈寅恪（1890—1969年）阅读《资本论》的时间是1911年，地点是瑞士，"十月，先生闻国内武昌起义，急从图书馆借《资本论》阅之"。卞僧慧纂，卞学洛整理：《陈寅恪先生年谱长编（初稿）》，中华书局2010年版，第57页。
③ 段芝贵以万二千金鬻名歌妓杨翠喜以行贿农工商部尚书贝子载振（奕劻之子），"又以十万金为奕劻寿，夤缘得官"（事见《清史稿》卷221）。
④ 郭君穆：《一代才人谢无量》，《四川近现代文化人物》，四川人民出版社1989年版，第195页。

罗纶（1876—1930年）为副议长。谢无量与张澜等一起参加立宪运动，并受托撰写《国会请愿书》。谢无量在请愿书中呼吁当局，"亟盼速定大计而开国会，以顺人心。宗社安危，在此一举"①。1911年6月17日，四川"保路同志会"在成都成立，谢无量与张澜等人参加"保路运动"，堪称辛亥革命的元老。

1912年2月，存古学堂改名为四川国学馆，仍由谢无量任校长。6月，国学院迁入存古学堂内，并与之合并，称"四川国学院"。吴之英任四川国学院院正，谢无量、刘师培（1884—1919年）任院副。9月，刘师培、谢无量、廖平、吴虞等共同发起成立"四川国学会"，附设于国学馆。

1917年，经杨庶堪（1881—1942年）、熊克武（1885—1970年）介绍，谢无量在上海结识孙中山，"这是他一生的转折点"②。7月，孙中山函约谢无量至寓所见面，相谈极欢洽。当时，孙中山正写《建国方略》，亦向谢无量征求意见，谢无量也大胆提出自己的想法。陈雪湄（1911—1994年，谢无量续弦）回忆说，谢无量的"许多意见都被采纳"③。

1923年3月，孙中山在广州成立大元帅府，谢无量被聘为大元帅府大本营参议。1924年5月，孙中山又任命谢无量为大元帅府特务秘书（机要秘书）。是年秋，谢无量跟随孙中山北上。1925年3月12日，孙中山病逝于北京。谢无量悲痛不已，作诗、联痛悼。孙中山去世后，蒋介石、汪精卫执掌大权，谢无量对时局颇为失望。从1926年起，谢无量潜心改志，将大部分精力用于教育、学术和艺术。

1930年初，谢无量出任台湾台局"主管部门"重要职务。1931年"九一八"事变后，谢无量、阿英（1900—1977年）等在上海创办《国难月刊》，主张改组政府，抗击日寇。1932年"一·二八"事变后，谢无量与蔡元培、宋庆龄、鲁迅、杨杏佛、李公朴等发起组织"中国民权保障同盟"。1936年5月，谢无量又参加沈钧儒等在上海组建的"全国各界救国联合会"。

---

① 引文见中央文史研究馆编《中央文史研究馆馆员传略》，中华书局2001年版，第204页。

② 陈雪湄：《漫谈谢无量的书法及其他》，《国学大师谢无量》，中国文史出版社2006年版，"附录"第319页。

③ 陈雪湄：《漫谈谢无量的书法及其他》，《国学大师谢无量》，中国文史出版社2006年版，"附录"第320页。

1937年"七七事变"后，抗日战争全面爆发。1938年春，谢无量应邀赴澳门、香港讲学。谢无量曾讲"屈原精神"，受到热烈欢迎，亦被地方当局监视。1940年，谢无量返回重庆、成都。其间，生活清苦，靠鬻文卖字为生，但仍不忘讲学和教育。1940年12月和1941年6月，谢无量曾经两次至乐山复性书院，"由学生自由提问，随机讲学"①。1943年，经蒙文通（谢无量执掌存古学堂时期的学生）向四川大学学校当局推荐，谢无量任四川大学（城内部）中文系主任。除主讲《庄子》外，谢无量还开出一门特别的课程《汉以后学术思想变迁史》，对玄学、佛学、道学、理学融会贯通，作类比综合评述。

1948年，谢无量至南京参加"国民党代表大会"。选举总统时，谢无量只投居正（1876—1951年）一票，未选蒋介石。会议未结束，谢无量以病假去上海。

中华人民共和国成立后，谢无量历任川西文物管理委员会委员、川西行署参事、川西博物馆馆长、四川博物馆馆长、四川省文史研究馆馆员、四川省政协委员等职。

1956年1月，谢无量以特约委员身份，入京参加全国政协第二届第二次会议。其间，谢无量受到毛泽东接见，并被邀请合影留念。合影在画报刊布，举国崇仰，叹为不世之荣。

1956年8月，由周恩来提名，中国人民大学校长吴玉章聘请谢无量为特约教授和顾问，在大学讲授《文心雕龙》、中国哲学史等。谢无量主讲《文心雕龙》之时，"其他教授、讲师也乐于聆听"②。1960年8月6日，谢无量被聘为中央文史研究馆副馆长（馆长章士钊）③。士林同声称善，认为这是一个最为恰当的安排。

1964年12月10日，谢无量病逝，享年80岁。《人民日报》《光明日报》《四川日报》及英、美报纸（如《泰晤士报》）都有报道。周恩来还专门派人送来花圈，以示哀悼。随后，谢无量被安葬于八宝山革命公墓。

---

① 丁敬涵：《马一浮与复性书院》，《四川近现代文化人物续编》，四川人民出版社1989年版，第398页。
② 邓穆卿：《名流谢无量》，《成都旧闻》，成都时代出版社2005年版，第106页。
③ 《国务院秘书厅关于聘任徐森玉、陈寅恪、沈尹默、谢无量、邢詹亭、商衍鎏为文史研究馆副馆长的通知》，《中华人民共和国国务院公报》1960年8月5日。

谢无量曾经对朋友说，"我早年能见到孙中山先生，晚年又能有机会同毛主席在一起，平生得两位伟大领袖的优礼相待，我很幸运"，"毛主席问我做诗学的哪一家，写字学的哪一派？我一时就答不出来，今后真得好好学习"①。此非虚语，足以自豪！

冯其庸（1924—2017年）曾经这样评价谢无量："综观谢无量的一生，他一直是时代的先驱。从光绪十年（1884）到1912年（1岁至29岁），他反对科举，崇尚实学，在20岁前，他就读到了《资本论》，产生了对马克思主义的向往。在辛亥革命前后，他始终站在历史进步的前沿，反对封建，宣传民主，宣传革命，最后受到了孙中山的知遇，追随孙中山先生，直到孙中山先生不幸逝世。在孙中山先生逝世后，他又能清醒地认识到蒋介石等人的虚伪面目，不与同流，以致受到秘密监视。中华人民共和国成立后，他最早受到毛泽东的礼遇和高度的评价，并为人民的教学事业尽力。所以，谢无量先生可以毫不夸张地说，他的一生，一直是站在时代的前沿，是历史的先驱。"②此非虚誉，足以服人！

由中央文史研究馆组织编写的《中央文史研究馆馆员传略》，如此评价谢无量，"他的诗古雅含蓄，声情并茂，有感而发，寓意深远，亦独具风范"，"他是一位正直的爱国人士，是一位传统文化系统研究的先驱，也是一位在诗词、书法、文史研究、文物鉴赏等方面卓有成就的方家。在学术界声望很高"③。平实客观，恰如其分！

二 累累硕果存——学术成就

谢无量聪慧过人而又读书勤奋，"天资加上勤奋，使他的功力不断提高"④。谢无量不但学识渊博，而且学问精深，并且勤于笔耕，给世人留

---

① 郭君穆：《一代才人谢无量》，《四川近现代文化人物》，四川人民出版社1989年版，第195页。

② 冯其庸：《怀念国学大师谢无量先生——谢无量先生文集序》，《冯其庸文集》第5卷《剪烛集》，青岛出版社2014年版，第44页。

③ 中央文史研究馆编：《中央文史研究馆馆员传略》，中华书局2001年版，第206页。

④ 郭君穆：《一代才人谢无量》，《四川近现代文化人物》，四川人民出版社1989年版，第196页。

下了累累硕果。初步统计,其著述超过2000万字。除大量诗词歌赋、政论时文(文)外,结集出版的著述(书)共计有32种(含卒后成书4种)之巨。① 谢无量的著述,集中出版于1914至1932年,其中尤以20世纪10年代最为密集。为直观起见,谨将其著述列表如下:

表1

序号	书名	署名	出版地、出版社	出版时间	备注
1	《(新制)哲学大要》(师范学校适用)	谢蒙	上海:中华书局	1914年初版	50页,25开
2	《(新制)哲学大要参考书》	谢蒙	上海:中华书局	1914年初版,1915年再版	136页,25开
3	《新制国文教本》	谢无量	上海:中华书局	1914年初版;1919年第8版,第1册	全4册
4	《伦理学精义》	谢蒙	上海:中华书局	1914年初版	148页,25开
5	《阳明学派》	谢无量	上海:中华书局	1915年初版,1920年第4版,1925年第7版,1928年第9版,1934年第11版	"学生丛书"之一,196页,32开
6	《孔子》	谢蒙	上海:中华书局	1915年初版,1918年再版,1924年第6版,1926年第6版,1928年第9版,1928年第10版	"学生丛书"之一,228页,32开
7	《韩非》	谢蒙	上海:中华书局	1916年初版,1923年第4版,1928年第6版,1932年第7版	"学生丛书"之一,208页,32开

---

① 关于这些著作提要性质的介绍,请参见彭华《谢无量年谱》,载舒大刚主编《儒藏论坛》第3辑,四川大学出版社2009年版,第157—163页。

续表

序号	书名	署名	出版地、出版社	出版时间	备注
8	《朱子学派》	谢无量	上海：中华书局	1916年初版，1919年第3版，1927年第7版，1932年第9版	"学生丛书"之一，262页，32开
9	《佛学大纲》	谢蒙	上海：中华书局	1916年初版，1923年第6版，1930年第9版，1936年第11版	472页，25开
10	《中国哲学史》	谢无量	上海：中华书局	1916年初版，1923年第5版，1930年第10版，1940年第12版	458页，22开
11	《中国妇女文学史》	谢无量	上海：中华书局	1916年初版（9月印刷、10月发行），1921年第3版，1931年第8版	353页，22开
12	《中国六大文豪》	谢无量	上海：中华书局	1916年初版，1927年第4版，1929年第5版，1933年第6版	"学生丛书"之一，440页，25开
13	《国民立身训》	谢无量	上海：中华书局	1917年初版，1930年第6版，1933年第7版	222页，32开
14	《新制国文教本评注》	谢无量编、朱宝瑜评注	上海：中华书局	1917年—1922年初版；1917年初版，第3册，1919年第6版；1922年初版，第4册	《中华书局图书总目（1912—1949）》云："全书4册，1、2册未见。内容包括论著、序录、书牍、诗赋等。文言体。"①

---

① 中华书局编辑部：《中华书局图书总目（1912—1949）》，中华书局1987年版，第252—253页。

续表

序号	书名	署名	出版地、出版社	出版时间	备注
15	《实用文章义法》	谢无量	上海：中华书局	1917年初版，1928年第7版	上、下册
16	《实用美文指南》	谢无量	上海：中华书局	1917年初版	上、中、下卷，302页，32开
17	《妇女修养谈》	谢无量	上海：中华书局	1917年初版，1919年再版，1930年第7版	"女学丛书"之一，206页，32开
18	《王充哲学》	谢无量	上海：中华书局	1917年初版，1918年再版，1922年第4版，1928年第8版	"学生丛书"之一，230页，32开
19	《中国大文学史》	谢无量	上海：中华书局	1918年初版，1919年再版，1926年第10版，1928年第13版，1931年第16版，1932年第17版，1940年第18版	大32开，636页
20	《诗学指南》	谢无量	上海：中华书局	（1）1918年初版，1922年第6版，1930年第14版，1933年第15版，1934年第16版，112页，32开。（2）后收入"初中学生文库"，1935年初版，1940年第3版，1941年第4版，108页，32开	无记载

续表

序号	书名	署名	出版地、出版社	出版时间	备注
21	《词学指南》	谢无量	上海：中华书局	（1）1918年初版，1921年第4版，1922年第5版，1933年第14版，98页，32开（2）后收入"初中学生文库"，1935年初版，1941年第4版，94页，32开	未记载
22	《骈文指南》	谢无量	上海：中华书局	1918年初版，1919年第3版，1922年第5版，1925年第7版，1931年第10版	92页，32开
23	《诗经研究》	谢无量	上海：商务印书馆	1923年初版，1923年再版，1924年第4版，1931年第6版，1933年再版	"国学小丛书"之一，148页，32开
24	《楚词新论》	谢无量	上海：商务印书馆	1923年初版，1925年第3版，1930年第5版，1933年又再1版，1935年又再2版	"国学小丛书"之一，76页，32开
25	《古代政治思想研究》	谢无量	上海：商务印书馆	1923年初版，1927年第3版	"国学小丛书"之一
26	《平民文学之两大文豪》	谢无量	上海：商务印书馆	1923年初版，1926年第3版，1930年第4版，1935年又再1版（改名为"罗贯中与马致远"）	114页，32开

续表

序号	书名	署名	出版地、出版社	出版时间	备注
27	《李白》	谢无量	上海：三通书局	1932 年	"三通小丛书"之一
28	《中国古田制考》	谢无量	上海：商务印书馆	1932 年初版	95 页
29	《谢无量自写诗卷》	谢无量	北京：中国文联出版社	1987 年	55 页，16 开
30	《谢无量书法》	谢无量	成都：四川美术出版社	1988 年	上、下册
31	《二十世纪书法经典·谢无量卷》	王镛主编	石家庄·广州：河北教育出版社·广东教育出版社	1996 年	121 页，8 开
32	《谢无量书风》	程重庚、袁融主编	重庆：重庆出版社	1999 年	"中国历代书风系列"之一，16 页

以上 32 种著述，显示了谢无量治学领域的广博与精深，展示了谢无量学术精神的魅力与特色，昭示了谢无量的文化关怀与人文风貌。"仁者见仁，智者见智"，不同学科、不同专业的读者与学人，对谢无量著述的评述自然就言人人殊。在此，笔者将着眼于"通"（会通）、"艺"（文艺）两端，略述管见一二。

（一）打通文史哲，会通中西印

前几年，笔者在考察以"眉山三苏"（苏洵、苏轼、苏辙）为典型表率、杰出代表的巴蜀文化和巴蜀学术时，曾经指出："三苏"父子之学思，展示了蜀学之形神与风骨；"苏氏蜀学"立意"打通古今"，注重"融通百家"，力求"会通三教"，集历史文化之大成，有百科全书之气度。① 其后，笔者又广泛考察儒释道三教、经史子集四部、文史哲三科，对古往今来的蜀学之形神与风骨进行宏观论述，认为蜀学特别注重"打通古今""融通三教""会通中西"，而巴蜀文苑的超迈之士，往往能够

---

① 参见彭华《博求"三通"：苏氏蜀学的形神与风骨》，《孔子研究》2012 年第 4 期。

开创一代风气,引领时代风尚,并且表仪一时。① 现在,笔者又将指出:在谢无量身上,蜀学之形神与风骨得到了良好而经典的展示。换句话说,谢无量其实也是蜀学之杰出代表。

谢氏学识渊博,其治学领域与研究范围,淹贯经史子集四部,覆盖文学、史学、哲学、经学等多个领域,函括中(国学)、西(西学)、印(佛学)三大学术体系,甚至对马克思主义(辩证法、《资本论》等)亦有涉猎与探究,并且具有非凡的开创性、良好的代表性、可贵的前瞻性,堪称"好学深思,心知其意"的一代学问大家。

为节省篇幅,兹谨枚举谢无量各学科领域著作数种及诸人之相关评价,以此管窥一斑,并引以为实证。

1.《楚词新论》

在中国文学史上尤其是在楚辞学史上,谢无量的《楚词新论》是一部具有重要意义的著作。② 20 世纪初叶,疑古成为风行一时的思潮,胡适、廖平等人都曾经怀疑,以致否定屈原及《楚辞》,而谢无量的《楚词新论》、游国恩的《楚辞概论》则起到过扭转风气的作用。方铭说,"1923 年出版的著名的文学史和哲学史家谢无量先生的《楚辞新论》是反击解构屈原及其《楚辞》的一部极为重要的著作","应该说,谢无量先生《楚辞新论》在反击胡适等人的屈原解构观点的同时,已经开始建构新的楚辞学,并能从思想传统、文化背景、艺术特点的差别诸方面入手,探讨屈原作品的特点,从楚国的地理、音乐、屈原的政治抱负三方面入手,探讨屈原的爱国思想和超人间思想的来源。这些都是全新的认识和见解"③。方铭后来又说,"谢无量 1923 年出版的《楚辞新论》、特别是游国恩先生于 1926 年出版的《楚辞概论》,把对楚辞的综合研究提升到了一个新的高度"④。

---

① 参见彭华《蜀学之形神与风骨综论——以文史哲或经史子集为考察对象》,《殷都学刊》2014 年第 3 期。

② 笔者所见今人论著,多将此书名误作"楚辞新论"。敬请读者留意。

③ 方铭:《20 世纪新楚辞学建立的过程考察》,《淮阴师范学院学报》(哲学社会科学报)2000 年第 4 期。

④ 方铭:《楚辞文本研究对楚辞研究的重要性——以楚辞研究史为视点看周秉高先生〈楚辞解析〉》,2004 年楚辞学国际学术研讨会暨中国屈原学会第十届年会论文,四川·成都,2004 年 10 月 15 日至 18 日。

2.《中国大文学史》

一般认为,林传甲(1877—1922年)的《中国文学史》(1910年6月校正再版,1914年第6版),是"清末问世的我国第一部以'中国文学史'为题名的著作"①。实际上,黄摩西(1866—1913年)的《中国文学史》要早于林传甲的《中国文学史》,"黄人(摩西)的《中国文学史》,其编撰时间比林传甲的《中国文学史》的出版年代(1910年)整整要早6年,应属国人所著第一部本国文学史"②。但就体系、体例、内容与影响而言,黄摩西与林传甲的《中国文学史》实则无法与谢无量的《中国大文学史》同日而语。

谢无量的《中国大文学史》于1918年10月初版,较黄摩西与林传甲的《中国文学史》分别晚了14年、8年,但自其出版问世以来,可谓好评如潮。陈玉堂指出,谢无量的《中国大文学史》是"早年较有影响的一部文学史","唯范围扩及经学、文字学、诸子哲学,乃至史学及理学,反不若作者此前的另一部著作《中国妇女文学史》"③。吉平平、黄晓静高度评价谢无量的《中国大文学史》,认为该书"是早年较有影响的第一部由上古至清代的系统文学史专著","是我国率先出现的一部体制庞大、内容广博的文学史,具有开创意义。至今,不仅有丰富珍贵的资料价值,而且具有较高的学术价值"④。董乃斌亦高度评价此书,"谢无量的《中国大文学史》比林、黄二书晚出,是20世纪20年代之前出版的体系最严整的一部文学通史"⑤。袁行霈对《中国大文学史》的评价非常全面、非常到位,"二三十年代编写文学史的风气很盛,共有二十多部。其中谢无量的《中国大文学史》(中华书局1918年版)影响最大,可以作为这个时期文学史著作的代表。就这部书而言,已经建立了比较完整的文学史著作的体系。此书共分十卷五编,五编为绪论、上古文学史

---

① 北京图书馆编:《民国时期总书目(1911—1949)》(文学理论·世界文学·中国文学),书目文献出版社1992年版,第197页。

② 徐斯年:《黄摩西的〈中国文学史〉》,《鲁迅研究月刊》2005年第12期。

③ 陈玉堂:《中国文学史书目提要》,黄山书社1986年版,第11页。

④ 吉平平、黄晓静编著:《中国文学史著版本概览》,辽宁大学出版社1992年版。按:此处所谓"第一部"云云,有误。

⑤ 董乃斌:《论文学史范型的新变——兼评傅璇琮主编的〈唐五代文学编年史〉》,《文学遗产》2000年第5期。

（先秦及秦）、中古文学史（汉至隋）、近古文学史（唐至明）、近世文学史（清）。既包括正统诗文，也包括戏曲、小说，既包括重要作家的评介，也包括一些主要文学流派的说明，已经具备了后来文学史著作的规模。其所谓大文学史，是广义的文学史，既包括纯文学，也包括学术，以及与文学相关的文章。联系整个学术文化来研究文学史，这在当时是具有前瞻性的。近十几年来，我们许多学术界的朋友正是朝着这个方向努力，并取得了可喜的成果"[1]。所谓"前瞻性"云云，预示着《中国大文学史》在未来还将继续放射光芒。

3.《中国哲学史》

谢无量的《中国哲学史》，初版于 1916 年 10 月，至 1940 年共发行了 12 版。《中国哲学史》论述从先秦到清末各时期哲学的渊源、发展、变迁及各时期哲学家的主要观点。全书分三编：《上古哲学史》（包括古代及儒、道、墨诸家及秦代），《中古哲学史》（包括两汉、魏晋六朝、隋唐），《近代哲学史》（主要为宋、元、明、清）。这是近代中国的第一部《中国哲学史》，早于胡适的《中国哲学史大纲》（卷上）和冯友兰的《中国哲学史》（上、下册）。

谢无量的《中国哲学史》系统地梳理了传统哲学思想，并凝练出"并存异学，求其会通""因世论人，述变推原""时代为经，学派为纬""分类述之，条纪贯串""约其精蕴，无取繁词"的哲学史方法论。在形式和体例方面，谢无量虽然未能将自己的想法完全贯彻实施，"但是为后人重写中国哲学史奠定了基础，也树立了参照，其重要贡献不可磨灭"[2]。

4.《王充哲学》

《王充哲学》初版于 1917 年 5 月，至今已有将近百年的历史。但在今天看来，这部著作依然具有可观的参考价值和重要的借鉴意义。以体例与内容而言，《王充哲学》便与时下的著述若合符节。（《王充哲学》全书分为两编，第一编是"序论"，有"王充生平事迹""王充学术之渊

---

[1] 袁行霈：《守正出新及其他——关于中国文学史的编写与教学》，《中国大学教学》1999 年第 6 期。

[2] 覃江华：《"兼总百家，必归于儒"——谢无量的中国哲学史研究》，《理论月刊》2013 年第 12 期。

源及其著作之旨趣"两章；第二编是"本论"，第一章是"形而上学说"（"宇宙原理论""命论""感应论""祸福论""死与鬼""妖祥""卜筮"），第二章是"伦理学说"（"性善论""道德与时势""儒生与文吏""成功与善心""人格标准论"），第三章是"评论哲学"（对物理、文学、历史、礼俗之评论）。

相关资料显示，毛泽东曾经高度称赞《王充哲学》。谢无量的女儿谢祖仪在回忆其父亲的文章中说，"此书（引者按：即《王充哲学》）在中华人民共和国成立后，曾受到毛主席的称赞"①。毛泽东在评价谢无量时，特意提到《王充哲学》并且赞扬《王充哲学》，"谢无量先生是很有学问的，对中国古典文学和哲学都很有研究，思想也很进步，在苏联十月革命以前就写了《王充哲学》。这本书是提倡唯物史观的"②。

5.《佛学大纲》

谢无量一生著作颇富，但佛学著作却只有这一本《佛学大纲》。在当时，这是第一部系统介绍佛教理论的书籍。该书 1916 年 8 月初版，1923 年 6 月发行至第 6 版，1930 年 2 月发行至第 9 版，1936 年 8 月发行至第 11 版。《佛学大纲》得到广大读者的广泛喜爱，由此可见一斑。

谢无量之于佛学，是有正宗的、地道的师承渊源的。1909 年，谢无量至南京，和太虚同入杨文会门下，在金陵刻经处"祇园精舍"学佛。谢无量此次学佛，为其后来撰写《佛学大纲》打下了良好的基础。《佛学大纲》出版后，"曾经受到太虚法师的高度赞扬"③。

6. 其他（时贤的推挹）

渊博、精深、纯粹如马一浮者，对谢无量亦是刮目相看、"青眼"有加。1916 年 12 月，蔡元培出任北京大学校长。他诚邀马一浮至北京大学任教，马一浮辞而不往。12 月 24 日，马一浮在答书中举荐谢无量。书云："谢无量淹贯众学，理无不融，浮不能及。先生若为诸生择师，此其

---

① 谢祖仪：《回忆父亲谢无量》，《重庆文史资料》1984 年第 23 辑，后作为"附录"，收入《国学大师谢无量》，中国文史出版社 2006 年版，第 331 页。
② 徐鲁：《世间已无谢无量》，《中华读书报》2015 年 5 月 20 日第 14 版。
③ 陈雪湄：《漫谈谢无量的书法及其他》，载《国学大师谢无量》，中国文史出版社 2006 年版，"附录"第 320 页。

人也。"① 在与友朋交谈中，马一浮又平心而论谢无量："平生所遇友朋之间，天才之高，莫能先之。对人从不作庄语，其教书门类甚广，马克思辩证法之类，夕披览而朝讲授。其著书信笔写去，而文字工整，少有能及之者。"②

众所周知，鲁迅心比天高、心高气傲，并世俊彦少所嘉许，但对谢无量却有些另眼相看。鲁迅在写作《汉文学史纲要》时，仅胪列少数参考书，而谢无量的《诗经研究》《楚词新论》及《中国大文学史》均榜上有名。③ 鲁迅在其《中国小说史略》印讫后，以事先未见谢无量的《平民文学之两大文豪》为憾，特于"后记"中补充说明，"于谢无量《平民文学之两大文豪》第一编知《说唐传》旧本题庐陵罗本撰，《粉妆楼》相传亦罗贯中作，惜得见在后，不及增率"④。1933 年 12 月 20 日，鲁迅致信曹靖华（1897—1987 年），在谈及中国文学研究的参考书目时，又专门提到谢无量的《中国大文学史》，并且是首先提到的一本，"至于史，则我以为可看（一）谢无量：《中国大文学史》，（二）郑振铎：《插图本中国文学史》（已出四本，未完），（三）陆侃如、冯沅君：《中国诗史》（共三本），（四）王国维：《宋元词曲史》，（五）鲁迅：《中国小说史略》"⑤。

（二）诗文与书法，才情共飞扬

十多年前，笔者曾经以史学为例，就史学功能的发挥表达过一些浅见，其中之一即关涉学术语言。笔者当时指出，"重视文字技巧和语言风格，在中外都有其传统"，"学术自有其规范，但这并不排斥学术语言的个性化、风格化"，"个性化的风格，是写作者成熟的表现，也是著作的

---

① 马一浮：《答蔡鹤厂（元培）书》，载《中国现代学术经典：马一浮卷》，河北教育出版社 1996 年版，第 713 页。

② 王培德等编次：《马一浮先生语录类编》，载《马一浮集》，浙江古籍出版社·浙江教育出版社 1996 年版，第 3 册，第 1086 页。

③ 鲁迅：《汉文学史纲要》，人民文学出版社 2006 年版，第 14、27、38、44、49、54、63、74、85 页。

④ 鲁迅：《中国小说史略》，人民文学出版社 2006 年版，第 304、305 页。

⑤ 鲁迅：《鲁迅书信集》上卷，人民文学出版社 1976 年版，第 463 页。

魅力之所在"①。谢无量的语言文字，富有个性，具有魅力。尤其难能可贵的是，谢无量不但诗词文兼工，而且是卓越的大书法家，使其作品赏心悦目，极富艺术价值和收藏价值，这是绝大多数学人与作家不能具备的优势。

郑逸梅（1895—1992年）说，"无量诗文瑰诡渊古，别饶奇气"，"他工书法，往往纵其笔势，气充神旺。有时故作稚拙，如出孩儿之手，但是别有一种风格"②。郭君穆（1915—1994年）说，谢无量是"近代史上一位才华横溢的诗人，著述等身的学者，自成一体的卓越书法家。他的诗，古体与近体兼工；他的文，散文和骈文并妙；他的书法，素为海内名家推重"。"他的古体诗往往峭拔雄奇，近体诗大都渊雅清丽"，"而抗日战争中的一些作品，又复沉郁顿挫"，"几乎篇篇蕴蓄着忧国忧民之念"③。郑逸梅和郭君穆的感受，兼及谢无量之诗文与书法，这是比较全面、比较深刻的感受与评价。

谢无量是杰出的大书法家，已然进入一代书法大家的行列。谢无量的字结体听其自然，不受拘束，运笔如行云流水，天趣盎然，世人誉之为返璞归真的"孩儿体"。谢无量的书法，"师法二王，游心篆隶和南北朝碑刻"，已经达到了"绚丽至极，归于平淡"的境界。世纪之交，谢无量被人推为20世纪十大书法家之一。④ 实至名归，谢无量当之无愧。

于右任曾说，谢无量的书法"笔挟元气，风骨苍润，韵余于笔，我自愧弗如"⑤。沈尹默（1883—1971年）也说："无量书法，上溯魏晋之

---

① 彭华、张波：《重视学术规范　发挥史学功能》，《淮阴师范学院学报》（哲学社会科学报）2002年第4期。
② 郑逸梅：《南社丛谈》，《郑逸梅选集》第1卷，黑龙江人民出版社1991年版，第285页。
③ 郭君穆：《一代才人谢无量》，《四川近现代文化人物》，四川人民出版社1989年版，第191、196—197页。
④ 2000年8月，经过当代35位书法专家的投票评选，"中国20世纪十大杰出书法家"揭晓（依得票多少为序）：吴昌硕（35票）、林散之（35票）、康有为（35票）、于右任（35票）、毛泽东（26票）、沈尹默（26票）、沙孟海（25票）、谢无量（22票）、齐白石（19票）、李叔同（15票）。
⑤ 转引自马宣伟：《谢无量及其书法艺术》，《文史杂志》2002年第2期。

雅健，下启一代之雄风，笔力扛鼎，奇丽清新。"[1] 书法家余中英（1899—1983年）是谢无量故交，对谢无量知之颇深。他对谢无量书法的评价甚是中肯，"无量之字，好就好在随意挥毫，无意求工，纯任自然。一经落墨，便涉笔成趣，别有风致，不能以点画苛求之"[2]。在林思进（1873—1953年）看来，谢无量是康有为后第一人，"近代书法，以康南海为第一；南海而后，断推无量"[3]。

吴丈蜀（1919—2006年）曾经直言不讳地对人说："当代书法家，我最佩服的有两个人，一是于右任，一是谢无量。"在为《中国书法鉴赏大辞典》撰写"谢无量书法赏析"一节时，吴丈蜀对谢无量的书法艺术成就进行了精当的评述，"由于他博古通今，含蕴深厚，兼之具有诗人气质，襟怀旷达，所以表现在书法上就超逸不凡，形成了他独特的风格，在书坛独树一帜。从他的手迹中可以看出，他对魏晋六朝的碑帖曾下过相当的功夫。从行笔来看，受钟繇、二王及《张黑女墓志》的影响极为明显。从形体来看，则可窥见《瘗鹤铭》及其他六朝造像的迹象。尽管他师承这些碑帖，但决不做他们的奴隶，而能融会贯通，博采众长，创造出自己的书体，在中国书法上确立了自己的流派。显然，谢氏是书法界中的革新派，是书法创新的先驱"[4]。

难能可贵的是，谢无量之书法作品拥有深厚的学养支撑，以学问为根基、以学术为底蕴，远远超越了单纯的技巧层面的临摹与创作，非一般书家所能望其项背。换句话说，谢无量已然超越"匠人"层次，跃然而入"大家"境界。"长哦挥洒，以为真乐"（《宣和书谱》），才情与学识同挥洒、共飞扬。

清人刘熙载（1813—1881年）在《艺概》卷6《书概》中云："书者，如也：如其学，如其才，如其志，总之曰如其人而已。"[5] 今人云，

---

[1] 转引自李行百：《天葩吐奇芬——谢无量和他的书法艺术》，《中国书法》1986年第9期。

[2] 邓穆卿：《名流谢无量》，载《成都旧闻》，成都时代出版社2005年版，第103页。

[3] 刘君惠：《谢无量先生自写诗卷引言》，转引自刘长荣、何兴明《国学大师谢无量》，中国文史出版社2006年版，第43页。

[4] 刘正成主编：《中国书法鉴赏大辞典》，天地出版社1989年版。

[5] （清）刘熙载撰，袁津琥校注：《艺概注稿》，中华书局2009年版，第810页。

"谢无量的学术经历和书法风格,再次印证了这句话的合理性"[①]。谢无量续弦陈雪湄假其升堂入室、耳濡目染之优势,命笔而作《漫谈谢无量的书法及其他》[②],鞭辟入里地揭示了这一层面的意蕴。文中,陈雪湄特别强调了谢无量对老庄与禅宗的研究与体悟,并且特意点明谢无量的书法与老庄、禅宗的关系,以及其中所蕴含的"书如其人"的真谛。"在成都卖字期间,他研究禅宗,和贾题韬往还甚密。我俩时常用《指月录》中高僧的警句,打机锋以赌胜负","道家经典,无量更是爱不释手了。在青城山疗养期间,我俩将庙中的《道藏辑要》全部看完。他对老庄的研究,则从未中断"。"老庄哲学已深深地印入他的脑海了。""无量书法的形成,一部分归功于他对老庄哲学的研究","他写的条幅,法度端严,洋溢着虚澹萧散气氛。从白云书诀,可以推断,书以劲利取势,以虚和取韵,方能妙造深微,外柔而内刚,这一特点,不仅塑造了无量的性格,也使他的书法,曲尽'神实形空'之妙。老庄哲学对他影响的深远,于此可见"。"另外,他知恬交养,柔和淡泊,葆其天真,使他的书法气扬采飞,卓立千古。"总之,谢无量的书法,"也和其诗、文一样,以气为主,以自然为宗,以俊逸高畅为贵"。

三 巴蜀不了情——蜀学因缘

对于家乡四川,谢无量抱有一种浓厚的桑梓情怀,这一情怀伴随其一生,挥之不去,割舍不下,是为"巴蜀不了情"。

谢无量与巴蜀的情缘,除投身文教、教育人才外(见上文),还团结同好组织蜀学会(机构)、呼吁学人编纂《蜀藏》(文献),并从学理层面梳理与总结蜀学(学术)。

(一) 蜀学会

在近代史上,曾经存在过三个蜀学会,分别成立于北京、成都、上

---

① 李林:《谢无量学术研究倾向对其书法艺术风格的影响》,《商丘师范学院学报》2014年第8期。

② 陈雪湄:《漫谈谢无量的书法及其他》,《文史杂志》1986年第1期。

海。三个蜀学会各有千秋，而谢无量组织的蜀学会更富有学术意义和建设意义。

1898年3月，刘光第、杨锐联合在京川籍官绅，在北京四川会馆观善堂旧址成立蜀学会。参加蜀学会的有73人，如骆成骧（1865—1926年）、王乃徵（1861—1933年）等。该蜀学会以讲新学、开风气为宗旨，并办有蜀学堂，培养通晓西学的人才。

1898年4月，由宋育仁、廖平、吴之英等人发起，在四川成都成立蜀学会，同时创办《蜀学报》。该蜀学会"以通经致用为主，以扶圣教而济时艰"，"发扬圣道，讲求实学"。《蜀学报》"为蜀中开风气而设"，积极宣传维新变法，推动四川维新变法运动的发展。[①] 北京与成都的蜀学会，都成立于维新变法时期，自然带有强烈的时代特色与政治诉求。这两个蜀学会互相支持，可谓志同道合。戊戌变法失败后，蜀学会、《蜀学报》均被禁斥。

1907年，谢无量秘密离京至沪，与四川籍进步人士周紫庭等恢复蜀学会，与成都蜀学会遥相呼应。三年后，谢无量翩然回川。1910年，谢无量出任四川存古学堂首任监督（校长）。1912年，谢无量就任四川国学院院副。在此期间，他将蜀学会料理得井井有条，使其焕发出勃勃生机。兹以《蜀学会叙》所述为例。[②]

根据《蜀学会叙·叙礼》的陈述，蜀学会是"蜀人公创论学之会"（第一条）。"蜀学会在佐蜀人兴起于学，修其所有者，以达其所未有者。无关于学，则一切不论。"（第二条）这两条表明蜀学会是一个学术性的专业性的学会，一切以学术为尚。"蜀学会以［推］进全蜀智识学问为旨，凡吾乡荐绅先生、硕士、秀民，于义皆当赞成。凡得本会会员介绍，即可入会。如在远方，而愿为本会会员者，亦可投书讲论，提名会籍。"（第四条）"外省人有志蜀学者，亦可由本会会员介绍入会。"（第二十三条）这两条一则继续强调蜀学会的学术性，二则突出蜀学会的开放性——立足四川而又放眼全国，立足蜀人而又吸纳国人。蜀学会还有谋建"大藏

[①] 参见彭华《宋育仁与近代蜀学略论》，《历史教学问题》2011年第2期。
[②] 《蜀学会叙》，谢无量撰，民国时期油印本，中国国家图书馆藏。《蜀学会叙》分为三部分，第一部分是《叙捷》，第二部分是《叙通》，第三部分是《叙礼》。

书楼"（第十三条）、订购图书报章（第十二条）、筹建"完全之大学校于成都"（第十四条）、出版《蜀学报》（第十五条）等构想与计划。

在当今的四川、重庆及全国其他各地，以"巴蜀""四川""重庆"等为名的机构、学会及其会刊、辑刊等，其数字已然不在少数之列，有的已经形成规模、产生影响，这是可喜可贺的事情。追根溯源，今人的构思、计划与工作，与一百多年前的三个蜀学会，实又不无共同之处。唯因如此，我们还得向宋育仁、廖平、谢无量等巴蜀先贤致敬。

（二）《蜀藏》

笔者曾经指出，蜀地有注重"文献之传"的传统。巴蜀大地的学人，往往能自觉担当"文献之家"，尤其注重"文献之传"。就川籍对巴蜀文献的收集与整理而言，可谓代有其人。比如，明人杨慎编有《全蜀艺文志》，清人张邦伸编有《全蜀诗汇》《锦里新编》，清人孙桐生编有《国朝全蜀诗钞》，近人傅增湘编有《宋代蜀文辑存》《明蜀中十二家诗钞》[1]，今人李谊编有《历代蜀词全辑》《历代蜀词全辑续编》，等等。目前正在紧锣密鼓进行中的《巴蜀全书》[2]，是收录现今四川和重庆两省市古文献的大型丛书，将对周秦两汉至1949年历代汉文文献中的巴蜀文献，进行系统的调查、收集、整理和研究，将实现对巴蜀文献有史以来规模最大、体例最新、使用最方便的编录和出版。

回到本题。晚清民初，宋育仁、谢无量等巴蜀士人即着手编纂巴蜀文献。1898年，宋育仁由渝入蜀，在成都主持尊经书院，当时即致意于"蜀学丛书"的印行。谢无量撰写的《蜀学会叙》，其"叙礼"部分之十六云："本会拟渐次刊行蜀乡先辈遗书，名曰《蜀藏》。并广征蜀中私家著述，为之表章。""名曰《蜀藏》"，可见其气度之大、计划之宏，着实令后人肃然起敬！

---

① 参见彭华《文献大家傅增湘》，载《巴蜀文献》第2辑，四川大学出版社2015年版。
② 《巴蜀全书》是国家社会科学基金重大委托项目（批准号：10@ZH005）、四川省社科规划重大委托项目（批准号：SC10Z001）、四川省重大文化工程［川宣（2012）110号］的研究成果。

(三) 蜀学

谢无量热爱巴山蜀水，对巴蜀文化情有独钟，曾经从学理层面梳理与总结蜀学（学术）。1912年10月至1913年1月，谢无量在《四川国学杂志》第2—5号连载《蜀易系传（蜀学系传之一）》（第3号改名为"易学系传"）。1912年，《蜀学会叙》刊于《独立周报》第8号。1913年2月，《蜀学原始论》刊于《四川国学杂志》第6号。1914年，《蜀学发微》刊于《蜀风报》第4、5期。上文所引中国国家图书馆藏中华民国时期油印本《蜀学会叙》，内容最为完整，也最能代表谢无量对蜀学的见解。

谢无量对于蜀学的见解，集中于《蜀学会叙》的第一部分《叙揔》。谢无量考察的类别有四，即儒、释、道三教与文章。（1）儒教。"儒之学，蜀人所创"，即由大禹创立"原始儒学"（儒家学派）；"《三易》者，《连山》蜀人所作，已灭不见；而《归藏》《周易》不坠于地，唯蜀人之功"，其后又有"《周易》自汉盛至今，亦惟蜀人能传之"，如商瞿（成都人）传《易》学。（2）道教。"道者，蜀人所创"，道有"三宗"（原始之道、养生之道、符咒之道），"三宗亦自蜀始"，"蜀道之大别惟三宗，三宗所繇兴以蜀"。（3）释教。"释家者，异邦之学，蜀所传者二宗"，一为马祖道一所传禅宗，一为宗密所传华严宗。（4）文章。"文章，惟蜀士独盛"，计有"四始"，一为南音（"涂山氏创，《离骚》所出"）；二为赋（"或曰赋始荀卿，然《汉志》录赋实首屈原，原所生即今巫山地"）；三为古文（"陈子昂复兴"）；四为词曲（"李白创"）。由此，谢无量得出结论，"蜀有学，先于中国"，"惟儒惟道，其实皆蜀人所创"，"若夫其学，不自蜀出，得蜀人始大；及蜀人治之独胜者，并著以为型，而衍众人遗说"。谢无量打了个比方，"蜀之于中国，其犹埃及之于欧洲乎（欧洲学术出于埃及）"。

数年前，笔者乍读此文，惊愕不已，舌挢不下。近年来，学者研究发现，谢无量此文此论，其实是自足自洽的，并且是可以自圆其说的。从阐释谢无量的《蜀学会叙》入手，可以初步总结出"蜀学"的一些特征：比如，大禹所创《洪范》"五行"、《连山》"阴阳"等观念，为后世儒家奠定了哲学基础；再比如，在孔子"六经"、汉人"五经"和唐人"九经"的构架上，蜀学率先构建起"七经"和"十三经"的经典体系，并为正统儒学所接受；又比如，蜀中自古流传的"皇人"信印、仙道传统，造成了老子入蜀修仙的传说，也成就了张道陵入蜀创教的功绩。①

四 感想与期望——略抒己见

欧阳修有诗云："一双明月都无价，寂寞人间第二人。"② 一代名流与著名学人谢无量，虽然曾经一度声名满天下，身后际遇则不免有些寂寞，这是不大正常的现象。

笔者的这一判断，来自两个具有说服力的数据与信息。一是谢无量著述的完整出版与结集发行；二是对谢无量研究之论著（论文与著作）的多与寡。

（一）谢无量著述的完整出版与结集发行

非常遗憾的是，时至今日，出版界依然没有推出完整而齐全的"谢无量全集"，仅有屈指可数而尚可观瞻的《谢无量文集》。2011年，中国人民大学出版社出版《谢无量文集》9卷，其细目如下：第一卷为《孔子》《韩非》；第二卷为《中国哲学史》；第三卷为《朱子学派》《阳明学派》《王充哲学》；第四卷为《佛学大纲》；第五卷为《中国妇女文学史》；第六卷为《中国六大文豪》《罗贯中与马致远》；第七卷为《诗学指南》《词学指南》《骈文指南》《诗经研究》《楚词新论》；第八卷为《实用文章义法》《中国古田制考》《古代政治思想研究》；第九卷为《中国大文学史》。明眼人一望而知，这次结集出版的9卷本《谢无量文集》，所收录者的都是"成书"（即此前已经结集出版的现成的"书"，但尚有所遗漏），而没有新编成册的"新书"（即将原"书"之外的旧"文"按类汇编成"书"）。名之曰"文集"，实属差强

---

① 参见李冬梅、舒大刚《"蜀学"五事论稿——读谢无量先生〈蜀学会叙〉札记》，《湖南大学学报》（社会科学版）2015年第6期。

② （明）赵琦美编：《欧阳文忠公诗帖》，《赵氏铁网珊瑚》卷3，文渊阁《四库全书》本。

人意。

（二）谢无量研究之论著（论文与著作）的多与寡

专门研究谢无量的著作，就笔者孤陋寡闻所及，仅有区区两部：一部是刘长荣、何兴明的《国学大师谢无量》（中国文史出版社 2006 年版），一部是李林的《谢无量书法艺术研究》（中州古籍出版社 2009 年版）。而专门研究谢无量的文章（部分文章并非严格意义上的论文），其实也为数不多。2016 年 7 月 27 日 15 点 15 分，笔者以"谢无量"为篇名，在"中国知网"上进行检索，检索所得的相关文献数目是 70 篇。需要说明的是，"中国知网"所收录的专题文献，实际上不到 70 篇；因为有重复收录者，如笔者所撰《谢无量年谱》和《〈谢无量年谱〉订补》，均被收录两次。

我们再来看一看谢无量的至交好友马一浮的情况。（1）就著作的整理与出版而言：先有《马一浮集》（全 3 册，浙江古籍出版社 浙江教育出版社 1996 年版），后有《马一浮全集》（全 6 卷 10 册，浙江古籍出版社 2013 年版），将马一浮的著述囊括殆尽，蔚为大观。（2）以研究著作而言：据不完全统计，已有近 20 种之众（来源于在中国国家图书馆的检索结果）。（3）以研究论文而言：2016 年 7 月 27 日 15 点 25 分，笔者以"马一浮"为篇名，在"中国知网"进行检索，检索所得的相关文献数目是 389 篇。

就以上两大类别、三个数据的比较而言，谢无量与马一浮相较，实在是太寒碜、太冷清、太寂寞了。如斯人也，身后寂寞，实非正常！

"往昔不可追，来日犹可待。"笔者相信，随着 9 卷本《谢无量文集》及其他单行本的出版与发行，谢无量将会再次进入世人关注的领域，谢无量也将会成为学人研究的重点。这是笔者的殷切期望，也是笔者的真诚祝愿！

2016 年 7 月 30 日，完稿于四川成都

【本文原载《关东学刊》2016 年第 7 期】

唐君毅的中国哲学史研究

——关于方法论的讨论与比较

唐君毅,四川宜宾柏溪人,中国著名学者、哲学家、哲学史家、现代新儒家代表人物,被牟宗三誉为"文化意识宇宙的巨人"①,并被西方有的学者誉为"中国自朱熹、王阳明以来的杰出哲学家"②。唐君毅一生涉猎广博,学贯中西,对中、西、印哲学思想无不尽心钻研,尤用力于中、西、印三大文化传统中所体现的人文精神;唐君毅著述宏富,在诸多领域均有不俗的探讨与研究,兼之他本人身体力行(被钱穆称许为"大儒"),故而其人其事其书颇值得研究。

作为哲学家和哲学史家,唐君毅贡献给世人的是他的两部具有代表性质的巨著,一部是《生命存在与心灵境界》;另一部是《中国哲学原论》③。按照贺麟的说法,《生命存在与心灵境界》是唐君毅"最重要,也是他集大成的著作"④(按:贺麟此语当是就作为哲学家和思想家的唐君毅而言);而作为学者和哲学史家,《中国哲学原论》毫无疑问又是唐君毅研究中国哲学史的力作与巨著。

限于篇幅,本文不打算全面论述、综合评判唐君毅的哲学思想及其哲学史研究(新儒家的传人及唐君毅研究者们业已做过这一层面的工作)。另外,为使论旨集中,本文只好坚守老子"损之又损"的原则(陈

---

① 牟宗三:《时代与感受》,鹅湖出版社1984年版。
② 《简明不列颠百科全书》(汉译本)第7卷,中国大百科全书出版社1985—1986年版,第677页。
③ 《中国哲学原论》是一部系列著作,分为"导论篇""原性篇""原道篇""原教篇"几大部分,共6大册,皇皇3000多页、2000多万字。
④ 贺麟:《五十年来的中国哲学》,辽宁教育出版社1989年版,第114—115页。

寅恪当年即如此①），对于唐君毅在中国哲学史研究中所持的具体的论点，不做过多的铺陈与展示。而笔者切入问题的视角，主要是在"方法论"这一层面，并且在行文过程中试图将唐君毅的"方法论"置入近现代学界这一"上下文"（context）中，以与他人进行比较。

一　历史与哲学："即哲学史以研究哲学"

冯友兰曾经将历史区分为"本来的历史"（客观存在的历史）和"写的历史"（历史家以主观认识和研究为根据而撰写的历史），所以"写的历史也永远要重写，历史家也永远有工作可做"，而所谓"哲学史是哲学发展的历史。它并不等于哲学。在这里，也有本来的哲学史和写的哲学史之分"②。换言之，"本来的历史"（包括哲学史）是客观存在的已经过去了的历史，后人无法改写，也无法创造，只能加以认识（并且是永远求之不尽的认识），从而也就有了"写的历史"。英国历史学家卡尔（Edward Hallett Carr, 1892—1982年）认为，所谓历史研究，是研究者（历史学家）与历史之间永恒的连续的"对话"③。此话言之有理。

应当说，这是相当理性、客观而公正的认识，并且切实可行、行之有效。在对历史（包括哲学史）进行研究时，研究者都应当恪守这一原则与准则。在训练有素、研究有成的大师们（如陈寅恪）看来，如果不把基本的研究材料和历史事实弄清楚，就急着要论"微言大义"，就急着要作主观的进一步的义理的阐发，其所得的结论还是不可靠的。④ 放眼当时的学术界，陈寅恪的所作所为及研究取向，可以说既是有的放矢，也是对学术规范（criterion）的严格遵守。当时中国学术界存在的弊端之一就是以今拟古、以己度人，"流于穿凿附会之恶习"，"今日之谈中国古代

---

① 陈寅恪：《朱延丰突厥通考序》，载《寒柳堂集》，上海古籍出版社1980年版，第144页。
② 冯友兰：《中国哲学史新编》，人民出版社1982年第3版，第1册，第1—2、33—35页。
③ ［英］卡尔：《历史是什么？》，吴柱存译，商务印书馆1981年版，第28页。
④ 参见赵元任《忆寅恪》，转引自蒋天枢《陈寅恪先生编年事辑》（增订本），上海古籍出版社1997年版。

哲学者，大抵即谈其今日自身之哲学者也。所著之中国哲学史者，即其今日自身之哲学史者也。其言论愈有条理统系，则去古人学说之真相愈远。此弊至今日之谈墨学而极矣"①。

胡适曾经有过一种论调，认为历史（"实在"）是可以任由人摆布的"很服从的女孩子"，"她百依百顺地由我们替她涂抹起来，装扮起来"②，但是，胡适又有过所谓"十字真言"之说——"大胆地假设，小心地求证"③。相对而言，后者恐怕才代表着胡适的治学路数与研究真谛，因为胡适的本色仍然是一位历史学家和具有历史眼光、历史意识的思想家和学者，也非常注重证据（曾有"拿证据来"的呐喊④），非常注重客观的研究（如校勘、训诂等）。

经历过近代风云历程的唐君毅，对当时学术研究中所呈现的是是非非及纷纭争执，肯定早有耳闻目睹，并且深有感触。所以，唐君毅在做中国哲学史研究时，力求"打通"哲学与历史两极，所采取的是"即哲学史以研究哲学，或本哲学以言哲学史"的方式。所谓"即哲学史以研究哲学"，也就是"即哲学思想之发展，以言哲学义理之种种方面与其联系"⑤。洋洋洒洒的《中国哲学原论》，就是唐君毅按照"即哲学史以研究哲学"完成的一部鸿篇巨制。该书紧扣中国传统哲学的中心概念（如"道""理""心""性"），同时结合自己的生命体验和哲学体系，既有客观的历史的梳理与阐释，也有主观的哲学的发扬与创新。依照他本人的说法，"其大体顺时代之序而论述，类哲学史；其重辨析有关此诸道之义理之异同及关联之际，则有近乎纯哲学之论述，而亦有不必尽依时代之先后而为论者"⑥。言下之意，至于真正"纯哲学之论述"，可进一步参看《生命存在与心灵境界》。

---

① 陈寅恪：《冯友兰中国哲学史上册审查报告》，《金明馆丛稿二编》，上海古籍出版社1980年版，第247页。

② 胡适：《实验主义》，《胡适哲学思想资料选》（上），华东师范大学出版社1981年版，第65页。

③ 胡适：《介绍我自己的思想》，《胡适哲学思想资料选》（上），华东师范大学出版社1981年版，第208页。

④ 胡适：《胡适哲学思想资料选》（上），华东师范大学出版社1981年版，第237页。

⑤ 唐君毅：《中国哲学原论·原性篇》，台北：台湾学生书局1984年版，"自序"第4页。

⑥ 唐君毅：《中国哲学原论·原道篇》第1卷，新亚研究所1976年版，第5页。

在具体的哲学史研究方法中，唐君毅遵守的是先明历史事实之真实、后做哲学义理之阐发的原则。为明历史事实之真实，就必须合理借鉴和充分吸纳中国传统学术研究中注重校勘、音韵、训诂的优良传统。这是为汉人和清人治学所注重的研究路数，有人称之为"汉学"或"朴学"。而这一研究路数的弊端和不足，又是显而易见的。诚如陈寅恪所言，清儒治学，"止于解释文句，而不能讨论问题"，"但能依据文句各别解释，而不能综合贯通，成一有系统之论述"①。在陈寅恪的心目中，史学（其实也包括哲学史研究）应当是"解释文句"与"讨论问题"的统一，实证与议论的统一②，以达到"在史中求史识"③。唐君毅与陈寅恪在此问题上是"心有戚戚焉"，他一方面肯定这一方法"求真之意重"，另一方面又责备其"立教之意疏"④。与"汉学"或"朴学"相对立的是"宋学"，它特别注重义理的发挥（"六经注我"）；但这种发挥有时又未免显得空疏、玄虚，甚至出现言之无据的情形。为合理吸收和批判继承中国传统的学术研究的方法，唐君毅提出了"训诂和义理交相明"的方法。注重"训诂"，是对"汉学"或"朴学"的合理继承；注重"义理"，是对"宋学"的充分吸纳。

与其他新儒家如出一辙的是，唐君毅最器重的仍然是中国儒家的"心性之学"；因为在他们看来，"心性之学"毕竟"为中国之学术文化之核心所在"，"不了解中国心性之学，即不了解中国之文化"，而"中国传统的心性之学，则以性善论为主流"，遗憾的是，中国"（心性之学）同为今日之中国人与西方人所忽略"⑤。

需要特别指出的是，唐君毅在《中国哲学原论》中仍然没有走出"从文本到文本"（from text to text）的怪圈。也就是说，他沿袭的仍然是

---

① 陈寅恪：《陈垣元西域人华化考序》，《金明馆丛稿二编》，上海古籍出版社1980年版，第238—239页。

② 参见彭华《"解释文句"与"讨论问题"》，载《社会科学报》，上海古籍出版社1980年版，1998年6月11日第4版。

③ 陈寅恪：《冯友兰中国哲学史上册审查报告》，《金明馆丛稿二编》，上海古籍出版社1980年版，第248页。

④ 参见唐君毅《中国哲学研究之一新方向》，香港中文大学出版社1966年版。

⑤ 唐君毅等：《中国文化与世界》，载张祥浩编《文化意识宇宙的探索——唐君毅新儒学论著辑要》，中国广播电视出版社1992年版，第342—347页。

就传世文献而论（传世文献中的）中国哲学的传统路子，丝毫没有顾及当年王国维倡导并为广大学者所交口称赞和严格遵守的"二重证据法"，即充分结合"纸上之材料外"（传世文献）与"地下之新材料"（出土文献）以展开研究。① 王国维的"二重证据法"虽然说主要是针对史学研究而言的，但仍然不失其作为学术研究方法的普遍价值。对于王国维的"二重证据法"，陈寅恪有过详细而严密的论述，"一曰取地下之实物与纸上之异文互相释证"；"二曰取异族之故书与吾国之旧籍互相补正"；"三曰取外来之观念与固有之材料互相参证"，并且认为，"吾国他日文史考据之学，范围纵广，途径众多，恐亦无以远出三类之外"②。其中的"参证"层面，就堪为中国哲学史师法。比如20世纪70年代出土于湖南长沙马王堆的汉墓帛书，比如90年代出土于湖北荆门郭店的战国楚简（唐君毅当然无缘见及），就具有弥足珍贵的中国哲学史研究价值。杜维明在阅读了郭店楚简之后明言，"郭店竹简出土以后，整个中国哲学史、中国学术史都需要重写"，"甚至对整个中国传统文化，都需要重新定位"③。

二　古人与今人："仁义礼智之心"

"古今"问题，一如"天人""心物"，曾经是中国哲学探讨的一个重要问题。今人思想体系的建立与阐发，离不开对古人思想的继承与弘扬，而研究古人及其思想，无疑就是一条重要的渠道，并且行之有效。贺麟说："在思想和文化的范围里，现代决不可与古代脱节。任何一个现代的新思想如果与过去的文化完全没有关系，便有如无源之水，无本之木，绝不能源远流长，根深蒂固。"④

但研究古人及其思想，又并非易事。1950年，杨树达（1885—1956

---

① 参见王国维《古史新证——王国维最后的讲义》，清华大学出版社1994年版。
② 陈寅恪：《王静安先生遗书序》，《金明馆丛稿二编》，上海古籍出版社1980年版，第219页。
③ 杜维明：《郭店楚简与先秦儒道思想的重新定位》，载《郭店楚简研究》（《中国哲学》第20辑），辽宁教育出版社2000年第2版，第1—6页。
④ 贺麟：《儒家思想的新开展》，原刊《思想与时代》第1期（1941年8月1日出版），后收入其《文化与人生》，商务印书馆1947年版。

年)在致陈寅恪的信中谈道:"古来大诗人,其学博,其识卓,彼以其丰富卓绝之学识发为文章,为其注者亦必有与彼同等之学识,而后其注始可信。否则郢书燕说,以白为黑,其唐突大家已甚矣。"① 可见,杨树达业已道出了研究大家在知识结构与学术素养层面的要求。而陈寅恪的"真了解说"则更进一步,直接触及研究大家在社会阅历与人生体验层面上的要求,"所谓真了解者,必神游冥想,与立说之古人,处于同一境界,而对于其持论所以不得不如是之苦心孤诣,表一种之同情,始能批评其学说之是非得失,而无隔阂肤廓之论……但此种同情之态度,最易流于穿凿附会之恶习"②。陈寅恪申述此论的时间,是1930年;而杨树达的来信,则在1950年。杨树达之受陈寅恪影响,可以想见矣!

颇可注意的是,陈寅恪、杨树达的这一论调与主张,在当时及嗣后的学界影响颇为深远。1941年,贺麟在《儒家思想的新开展》中说:"在我们看来,只要能对儒家思想加以善意同情的理解,得其真精神与真意义所在,许多现代生活上,政治上,文化上的重要问题,均不难得合理合情合时的解答"③,其立意主旨甚至遣词造句,都颇近陈寅恪之语,但又有所不同④。至于唐君毅,亦未脱出此一理路。在1966年出版的《中国哲学研究之一新方向》中⑤,唐君毅写道:"以我之主观思想,了解他人之主观思想,已为不易;而若他人之思想,乃远较我之思想,为高远博大者,则我以凡俗卑近之心,更决不能有相应而深入了解",走的是杨树达的路子。接着他又说,"吾人真欲了解历史上之大哲学家或圣哲,必待于吾人自身对哲学本身之造诣,又必赖吾人先对彼大哲圣哲之哲学,有一崇敬之心;乃能自提升其精神,使自己之思想向上一著,以与所欲客观了解之哲学思想相契接",糅合了陈寅恪和杨树达的论点及主

---

① 杨树达:《与陈寅恪书》,《积微居小学述林》卷7,中国科学院1954年版,第308页。
② 陈寅恪:《冯友兰中国哲学史上册审查报告》,《金明馆丛稿二编》,上海古籍出版社1980年版,第247页。另可参见彭华《陈寅恪的文化史观》,《史学理论研究》1999年第4期。
③ 贺麟:《儒家思想之开展》,《文化与人生》,商务印书馆1947年版。按:贺麟此语中的"我们"二字,颇可注意;即倡言"我"之所言,并非由"我"首倡,且并非仅"我"一人持此论。
④ 更详尽的论述,请参见彭华《"同情的理解"略说——以陈寅恪、贺麟为考察中心》,载舒大刚主编《儒藏论坛》第5辑,四川文艺出版社2010年版,第32~58页。
⑤ 参见唐君毅《中国哲学研究之一新方向》,香港中文大学出版社1966年版。

张。在《中国文化与世界》中，唐君毅、牟宗三、徐复观等新儒家的用语、立意与主旨均与陈寅恪几乎完全一致，"（西方人）仍不能对亚洲民族文化之特殊性，加以尊重与同情的了解"①。

就儒学研究的方法论而言，唐君毅倡导的是"兼本吾人之仁义礼智之心，以论述昔贤之学"。他说："吾今之所谓即哲学史以为哲学之态度，要在兼本吾人之仁义礼智之心，以论述昔贤之学。古人往矣，以吾人之心思，遥通古人之心思，而会得其义理，更为之说，以示后人，仁也。必考其遗言，求其训诂，循其本义而评论之，不可无据而妄臆，智也。古人之言，非仅一端，而各有所当，今果能就其所当之义，为之分疏条列，以使之各得其位，义也。义理自在天壤，唯贤者能识其大。尊贤崇圣，不敢以慢易之心，低视其言，礼也。吾人今果能兼本此仁义礼智之心，以观古人之言，而论述之，则情志与理智俱到，而悟解自别。今若更观此所悟解者之聚合于吾人之一心，而各当其位，则不同历史时代之贤哲，所陈之不同义理，果皆真实不虚，即未尝不宛然有知，而如相与揖让于吾人之此心之中，得见其有并行不悖，以融和于一义理之世界者焉。斯可即哲学义理之流行于历史之世代中，以见其超越于任何特定之历史世代之永恒普遍的哲学意义矣。"②

对照前文所揭橥的史实，就可发现：唐君毅此论并非其个人所首倡，且亦非十分高妙。对古圣先贤的思想进行研究、继承和发扬，历史上曾经有过"六经注我"和"我注六经"的传统方法与研究理路。客观而言，这两种方法都各有其弊端与不足，或许正是出于这一考虑并试图在此二法之间做出理想抉择且欲图弥缝，唐君毅才提出了他自以为独到而理想的"兼本吾人之仁义礼智之心，以论述昔贤之学"这一主张。话虽如此，但真正在研究实践中践履，绝非易事一桩。更何况，唐君毅的个人气质与陈寅恪、杨树达（甚至贺麟）又不可同日而语，他并非一介客观、纯正而中正、理性的思想研究者（学者），而更多的是一介感情丰富、仁爱

---

① 唐君毅等：《中国文化与世界》，《文化意识宇宙的探索——唐君毅新儒学论著辑要》，中国广播电视出版社1992年版，第366页。

② 唐君毅：《中国哲学原论·原性篇》，台北：台湾学生书局1984年版，"自序"第7—8页。

慈祥而又富于思想创新、善于建构体系的思想家（哲学家）。①

在唐君毅看来，哲学探索和哲学研究并非丝毫不切现实，它与现实有着丝丝入扣的关系，"人之所以欲自拔于世俗，则由世俗之事物，却有无价值，或反价值者，其中之有价值者，又恒与无价值、反价值者，相夹杂混淆"，"凡人在感到世俗之污浊性时，人直下生起之第一念，亦恒是求自拔于此污浊，而自保其一身之心灵之清洁、生命之清洁"②。

具体而言，儒家和道家的哲学思想都有助于"自拔于此（按：指世俗）污浊"。如庄子之"道"，"乃在直下扣紧人生之问题，而标出人之成为至人、真人、天人、神人之理想"③，而道家这一理想，具有永恒的价值，"若人类社会永有污浊，人亦永有此道家式之精神意识之生起"，"任何个人在见世俗之污浊时，皆可直接生起一'此求自拔于污浊，以自清，而向于高远'之道家式意念或理想"④。而儒家之言道德实践，直接融摄入唐君毅构拟的"天德流行境"，"所谓天德流行境，乃切于吾人当下之生命存在与当前世界而说"⑤。

三 中国与西方："周流融贯的会通精神"

早在1911年，近代国学大师王国维就指出，"学无新旧也，无中西也"，"中西二学，盛则俱盛，衰则俱衰，风气既开，互相推助"⑥，并且断言，"异日昌大吾国固有之哲学者，必在深通西洋哲学之人无疑也"⑦。也就是说，中学西学，共为一体，切不可将它们截然分割，但援引西学以"为我所用"并非生吞活剥的单纯引入，而是需要有一个"能动化合"

---

① 1948年6月19日，唐君毅在日记中写道："我为人过于仁柔，处处苦口婆心……"（《唐君毅全集》第27卷，台北：台湾学生书局1991年版，第5页）。
② 唐君毅：《中国哲学原论·原道篇》第1卷，新亚研究所1976年版，第260—261页。
③ 唐君毅：《中国哲学原论·原道篇》第1卷，新亚研究所1976年版，第342页。
④ 唐君毅：《中国哲学原论·原道篇》第1卷，新亚研究所1976年版，第261页。
⑤ 唐君毅：《生命存在与心灵境界》，台北：台湾学生书局1986年版，下册，第156页。
⑥ 王国维：《观堂别集》卷4《国学丛刊序》（1911年），载《观堂别集》（外二种），河北教育出版社2001年版，第875、877页。
⑦ 王国维：《哲学辨惑》（1903年），《王国维全集》第14卷，浙江教育出版社·广东教育出版社2009年版，第9页。

的过程,"即令一时输入(西洋思想),非与我中国固有之思想相化,决不能保其势力"①。与王国维"风义平生师友间"的陈寅恪,也明确断言,"窃疑中国自今日以后,即使能忠实输入北美或东欧之思想,其结局当亦等于玄奘唯识之学,在吾国思想史,既不能居最高之地位,且亦终归于歇绝者。其真能于思想史上自成系统,有所创获者,必须一方面吸收输入外来之学说;一方面不忘本国民族之地位"②。

除了保守如辜鸿铭(1857—1928年)、倭仁(1804—1871年)者,王国维、陈寅恪之论业已获得公开的认同,几乎成为近现代学界的公论;而其后的新儒家们,自然也不例外。

新儒家们援引西学的目的,并不在于"为学术而学术""为研究而研究",而在于"儒化"西学以"为我所用",从而更好地建构中国文化、弘扬中国文化。这几乎也是当时学术界和思想界的一大共识,无须赘言。就儒家思想而言,亦复如是。贺麟早在1941年就明言,"儒家思想的新开展,第一,必须以西洋的哲学发挥儒家的理学","第二,须吸收基督教的精华以充实儒家的礼教","第三,须领略西洋的艺术以发扬儒家的诗教"③。

许多研究者都已经注意到,作为新儒家的代表们,几乎每一位的背后都有着西方哲学家的影子,如柏格森之于梁漱溟,新实在论之于冯友兰,康德之于牟宗三,而唐君毅的哲学体系所受黑格尔的影响,早已无须具言,业已得到世人的公认。对于黑格尔的精神哲学,唐君毅有着极为精深而系统的了解和体会,其思维方式是黑格尔式的。④

但是,唐君毅的文化之根仍在中国文化,坚守的仍是"中国文化本位论",只是中国文化在近代"生病"了,需要救治,需要复兴。在一份

---

① 王国维:《论近年之学术界》,《王国维全集》第1卷,浙江教育出版社·广东教育出版社2009年版,第125页。

② 陈寅恪:《冯友兰中国哲学史下册审查报告》,《金明馆丛稿二编》,上海古籍出版社1980年版,第252页。

③ 贺麟:《儒家思想的新开展》,《文化与人生》,商务印书馆1988年版,第8—9页。

④ 在《病里乾坤》所辑《民国初年的学风与我学哲学的经过》一文中,唐君毅自己坦言,"对于西方哲学,现在来说,我最喜欢的还是黑格尔,近代的怀特海"。转引自林继平《由〈病里乾坤〉看新儒家的发展》,载罗义俊编著《评新儒家》(增补本),上海人民出版社1991年第2版,第658页。

文化宣言中，唐君毅等人写道："中国文化正在生病，病至生出许多奇形怪状之赘疣，以致失去原形。但病人仍有活的生命。我们要治病，先要肯定病人生命之存在。"① 唐君毅之发此论，所针对的正是中国文化在近代的困境，"中国近百年来之文化问题，皆表现于西方文化对中国之冲击"②。为此，他在《人文精神之重建》中指出，"我们现在讲人文思想，是要直接承续中国的人文思想，而加以开拓，以摄受西方的思想。而此中所摄受要的，却并非以西方的人文思想为主，而是以西方之超人文、非人文的思想为主。这样才能截长补短"。并提出了三条纲领性的意见：(1) 反本开新；(2) 回流反哺；(3) 回应挑战。③

在《中国哲学原论》中，唐君毅指出，中国哲学自有其内在的独立的义理，业已形成一个相对自足的义理世界，但也可旁通于世界哲学，而该书的撰写，其目的本在于"打通"中学与西学（及作为泰西之学的印度佛学），体现的是唐君毅"周流融贯的会通精神"④。对中、西、印三大哲学系统，唐君毅无不尽心研究，而用力尤深的是其中所表现的人文主义精神；而他的学术思想进路，被海外学者概括为以黑格尔型的方法及华严宗型的系统，展开其"生命存在与心灵境界"都为"一心"所含摄的文化哲学体系，名曰"唯心论的本体——文化论的哲学系统"。而唐君毅所走的这一理路，如果真的切实可行的话，那么在他身上也体现了中国文化的特色，因为"中国文化之超越敌对而致广大之精神早已形成"⑤，亦即中国文化具有强大的开放性、宽容性和融摄性。

与王国维、陈寅恪等相比较而言，梁漱溟、唐君毅等新儒家走得更远，他们非但认为中国文化该摄取西方文化，而且认为西方人应该至少在五个方面向东方文化（包括中国文化）学习，如学习东方"当下即是"

---

① 唐君毅、牟宗三等：《中国文化与世界》，《文化意识宇宙的探索——唐君毅新儒学论著辑要》，中国广播电视出版社1992年版，第332页。

② 唐君毅：《中国文化之创造》（上），《文化意识宇宙的探索——唐君毅新儒学论著辑要》，中国广播电视出版社1992年版，第381页。

③ 参见唐君毅《人文精神之重建》，台北：台湾学生书局1984年版，第45页等。

④ 蔡仁厚：《唐君毅先生的生平与学术》，载罗义俊编著《评新儒家》（增补本），上海人民出版社1991年第2版，第503页。

⑤ 唐君毅：《中西文化精神形成之外缘》，《文化意识宇宙的探索——唐君毅新儒学论著辑要》，中国广播电视出版社1992年版，第316页。

之精神与"一切放下"之襟抱、"圆而神"的智慧、温润而恻隐或悲悯之情、如何使文化悠久的智慧、天下一家之情怀。①

附带提及的是,唐君毅借以构建中国文化的,主要是西方的精神文化,对西方的科学取拒斥的态度,"西方科学文明、科学精神之传入中国,直到现在为止,整个来说,对中国文化破坏之功多于建设之效,我们所受之害,多于所得之利,是一无可争辩的事实"②。唐君毅此论,与梁漱溟等几无差别,他们同受法兰克福学派对现代科技文明批判的鼓舞和启发,不仅剖析和揭露现代科技文明对西方的极度危害,同时否定和抨击科学精神对中国社会的不良影响。在这一点上,笔者认为新儒家们在开历史的倒车,连孔子和朱熹都不如。③ 就此而言,作为对中国哲学史研究有素的唐君毅等,为什么对孔子和朱熹开创的优良传统又熟视无睹呢?真的是匪夷所思!

四 结语:一点扩充

唐君毅虽然说也是研究中国文化及中国哲学史的大方之家,但他终究没有成为严谨的历史学家,也没有成为单纯的哲学史家,抑或成为浪漫的文学家、艺术家、作家,最终仍然成为一介举世闻名的修养有素、造诣有成的哲学家(新儒家)。追根究底,恐怕与他一贯坚持的中国文化立场有关,"欲了解中国文化,必须透过其哲学核心去了解,而真了解中国哲学,又还须再由此哲学之文化意义去了解"④。

进而言之,唐君毅"即哲学史以研究哲学,或本哲学以言哲学史"的研究路数,其本义恐怕仍然在于梳理中国哲学史以发展自己的哲学体

---

① 参见唐君毅等:《中国文化与世界》,《文化意识宇宙的探索——唐君毅新儒学论著辑要》,中国广播电视出版社1992年版。

② 唐君毅:《科学的理智之限制与仁心》,香港《民主评论》第6卷第13期,1955年7月。

③ 孔子之重视科学,可以参看《史记·孔子世家》和《国语·鲁语》中的相关记载;关于朱熹之重视科学技术,可以参看葛荣晋的《程朱的"格物说"与明清的实测之学》及乐爱国、高令印的《朱熹的科技伦理思想》(二文均载《孔子研究》1998年第3期)等。

④ 唐君毅等:《中国文化与世界》,《文化意识宇宙的探索——唐君毅新儒学论著辑要》,中国广播电视出版社1992年版,第336页。

系。但从本质来说，唐君毅的这一哲学取向恐怕也是"其来有自"，即冯友兰早已勾勒而出并且明确宣称的"照著讲"和"接著讲"①。这又是新儒家们的一个共同走向，既要研究中国（及外国）哲学，又要纷纷构筑自己的哲学体系。

可以这样说，研究中国哲学史是唐君毅的治学中介，构筑自己的哲学体系才是唐君毅的终极旨归。换言之，哲学史家是唐君毅的外在表象，哲学家才是唐君毅的内在本色，这是唐君毅思想和学术的两个向度、两个层面。

但也毋庸置疑，作为哲学史家和哲学家的唐君毅，他对中国哲学史的研究、他对自己哲学体系的建构，其中所表露和援引的思想理路和研究方法，并非"空穴来风"，而是"其来有自"。并且诚如上文所言，其思想理路和研究方法，并非尽善尽美、无懈可击。所以，唐君毅既是可继承的，也是可超越的。

2001年4—5月，草于宜宾
2002年12月，改于上海

【本文原载《宜宾学院学报》2001年第1期。收入本书时，有所修订、增补】

---

① 参见冯友兰：《新理学》，《三松堂全集》第4卷，河南人民出版社1986年版。

蜀学内外

王国维与巴蜀学人

王国维，字静安（庵），又字伯隅，号观堂、永观等，浙江海宁人。王国维是近代中国享有国际声誉的杰出学者，是世人公允的国学大师。王国维一生涉猎广泛，举凡文学、哲学、美学、教育学、古文字学、文献学、历史学等均有专门研究，并且在如此众多的学术领域都取得了不可磨灭的成就，诚可谓造诣精深、论著丰赡，巍然而为一代学术巨擘。

王国维与国内外学者有着比较广泛的交往，但学术界所关注的仅仅是其中的少数诸人，比如国外的伯希和、藤田丰八、内藤虎次郎、铃木虎雄、狩野直喜、神田信畅等，国内的吴昌绶、沈曾植、张尔田、缪荃孙、罗振玉、马衡、陈垣、陈寅恪等；而关于王国维与巴蜀学人[①]的交往，迄今尚未见系统梳理者。

在短短50年的人生旅程中，王国维从未"乃眷西顾"（《诗经·大雅·皇矣》），巴蜀大地自然无缘领受大师之润泽；但化泽所及，巴蜀学人实又有缘沾溉，而"后之学者，幸莫大焉"（胡顺父《南轩易说序》）。兹谨枚举15人（其中附带2人，旁及1人），稍加分类，略为陈说。

---

① 本文曾经提交"王国维与中国现代学术国际学术研讨会暨《王国维全集》出版座谈会"交流（上海·海宁，2010年5月28—30日）。本文所说的"巴蜀学人"，既包括现在的四川省籍学人，也包括现在的重庆市籍学人，还包括长期寓蜀的外省籍学人（如徐中舒等）。

一　前辈与时彦

（一）前辈：王秉恩（附带王乃徵，旁及刘复礼）

王秉恩，字雪澂、雪岑、雪丞、雪尘，一字息存，号荼龛，别署息尘庵主，晚号华阳真逸，室名元尚居、明耻堂、野知厂、强学簃、养云馆，华阳（今四川双流）人。同治十二年（1873）举人，张之洞门生。后入四川省城尊经书院，与杨锐、廖平、宋育仁等被张之洞推为院中所得"高才生"①。

张之洞督粤时期（1884—1889年），王秉恩入其幕，协助创办广雅书院及广雅书局，并充广雅书局提调。1889年，张之洞由两广总督调任湖广总督，王秉恩亦随同前往，主持汉口商务局。中华民国时期之后，寓居上海兆丰路，与陈散原（1853—1937年）、朱古微（1857—1931年）并称为"虹口三老"②。

工书法，富收藏。每至一地，必重金购书。藏书有数十箧，书满其屋，颇多善本、稿本。在杭州筑有九峰书屋，收藏明末清初史籍稗乘之书极富，另多藏金石字画。辛亥革命后，家境贫困，所藏书籍字画多以易米。精于版本、校勘之学，曾手校《淮南子》数册，"遍上下密行小字"，"自云一切异本，靡不移录"③；又尝手校《云麓漫钞》，是"一部未见著录、不为人知，很有参考价值的校本"④。长于目录之学，曾对《书目答问》做了大量补正，是为"贵阳本"［光绪五年（1879）刊刻于贵阳］。惜乎"贵阳本"流传不广，柴德赓深以范希曾作《书目答问补正》时（1931年印行）未及见"贵阳本"而惋惜。⑤ 留意地方史乘，曾与罗文彬合撰《平黔纪略》。另撰有《息尘庵诗稿》《强学宦杂著》《养云馆诗存》《王母许酜夫人事略》《平黔纪略》，编绘《光绪肇庆府属基

---

① 杨洪生：《缪荃孙研究》，上海古籍出版社2008年版，第128页。
② 郑逸梅：《艺林散叶》，《郑逸梅选集》第3卷，黑龙江人民出版社1991年版，第78页。
③ 伦明：《辛亥以来藏书纪事诗》，《藏书纪事诗（附补正）·辛亥以来藏书纪事诗（附校补）》，上海古籍出版社1999年版，第37页。
④ 张雷：《新见〈云麓漫钞〉王秉恩手校本》，《中国典籍与文化》2000年第4期。
⑤ 参见柴德赓《记贵阳本〈书目答问〉兼论〈答问补正〉》，载《史学丛考》，中华书局1982年版。

围图》,协修《广东舆地图说》,编写《史学丛刊目》,留存《王雪澂日记》等著有《养云馆诗存》及手定《文稿》8卷、《读书随笔》数卷、《公牍稿》若干卷。① 子王文焘。

王秉恩与沈曾植、罗振玉、王国维均有直接交往,并互有书信往来。王国维尊之为前辈,在书信中称王秉恩为"雪澂仁丈大人""雪澂先生大人""老伯大人""王雪老""雪老"等,而他本人则自称"晚学"。② 寓居上海之时,王国维尝往访王秉恩(如1916年12月13日③),王秉恩亦曾回访王国维④。但王秉恩时已老病,故王国维不忍多加烦扰,"海上藏书推王雪澂方伯为巨擘,然方伯笃老,凡取携书籍,皆躬为之,是讵可以屡烦耶"(《丙辰日记》"正月初二"条)⑤。1916年夏,罗振玉尝托王国维转赠王秉恩金文拓片90余种,并扇面一叶⑥。又,某年王国维曾将"雪堂书稿抄出奉阅"于王秉恩。⑦ 1919年2月19日,沈曾植招同人集寓所,在座者有郑孝胥、王乃徵、王秉恩、缪荃孙、朱祖谋、陈衍、杨钟义、刘复礼、王国维。⑧ 同座10人中,共有川籍人士3位(王秉恩、王乃徵⑨、刘复礼⑩)。

---

① 笔者另撰有《华阳王秉恩学行考》,全面考订王秉恩之生平事迹和著述学说。载《中国典籍与文化》2011年第3期。
② 参见吴泽主编《王国维全集·书信》,中华书局1984年版。
③ 参见王国维《致罗振玉》,《王国维全集·书信》,中华书局1984年版。
④ 1922年8月7日,王国维致信王秉恩,"前蒙贲临,有失迎候,罪甚"(《王国维全集·书信》,中华书局1984年版,第324页)。
⑤ 房鑫亮:《王国维丙辰日记注考》,《中华文史论丛》2006年第4期。
⑥ 王国维:《致王文焘》,载《王国维全集·书信》,中华书局1984年版,第113页。
⑦ 王国维:《致王秉恩》,《王国维全集·书信》,中华书局1984年版,第456页。按:该信无年月。据信中所云"阅后仍希寄还,以乙老尚欲一览也",可知该函当作于沈曾植1922年去世之前数年。
⑧ 参见许全胜《沈曾植年谱长编》,中华书局2007年版。
⑨ 王乃徵(1861—1933年),字聘三,一字蘱三、病山,晚号潜道人,四川中江人。光绪十六年(1890)进士,十八年(1892)授翰林院编修。官至福建道监察御史、湖北度支使、贵州布政使。1912年隐居春申江(今上海黄埔),以卖字为生,艰难度日。喜书法,尤长北碑(李朝正编著:《清代四川进士征略》,四川大学出版社1986年版,第5页)。著有《嵩洛吟草》《天目纪游草》《病山诗稿》等。
⑩ 刘复礼,字洙源,号离明,出家后法名昌宗,又称白云法师,四川中江人。初入成都尊经书院,从廖平、王闿运学。旋进京师大学堂深造。后归川,创办离明书院,又在成都大学、四川大学讲授经学。初以经学扬名蜀中,后以佛学知名于世,而经学名声反为所掩。佛学著作有《佛法要领》《唯识纲要》《华严经序》等,均刊行于世(唐振彬:《精于经学和佛学的刘洙源》,载《四川近现代文化人物续编》,四川人民出版社1989年版,第258—263页)。

其中，王乃徵亦属王国维前辈（王国维称之为"病老"），二人后"在津曾谈数次"①。

并世学人，王国维少所称许，王秉恩自不在称许之列。1922年，王国维因拟撰《古监本五代两宋正经正史考经》，于8月7日致信王秉恩。信中虽有诸如"祈赐教一二""并请赐示"之语，但在王国维的心目中，王秉恩恐怕主要为一介藏书家，"长者于经、小学书蒐罗最备，当有其书"，"如插架有赵刊《字样》（笔者按：即赵意林所刊《九经字样》），即拟趋候起居并一观也"②。在另外一通致王秉恩的信函中，所谈亦为藏书而非论学："乡先辈周松霭先生遗书箧中，无有其所撰《西夏书》15卷，亦未刻入遗书中，《海昌备志》仅据写本著录，是未必有刊本也。长者见闻最博，曾见有此书否？"③ 由此，可以推想矣。

（二）时彦：傅增湘

傅增湘，先字润沅，后改字沉叔，号姜庵，别署有"书潜""清泉逸叟""长春室主人""双鉴楼主人""藏园居士""藏园老人"等，四川江安人。桐城古文家吴汝纶弟子。光绪十四年（1888）举人；二十四年（1898）进士，选翰林院庶吉士；二十九年（1903）散馆，授编修。1902年入直隶总督袁世凯幕府，后奉命在直隶创办北洋女子公学、北洋高等女学堂和北洋女子师范学堂等。辛亥革命后，参加北方议和代表团，南下上海议和。和议未成，辞职返津。中华民国成立后出任公职，一度连任北洋政府教育总长。五四运动爆发后，愤而辞职下野。随后，即着力于典籍之收藏与研究。

傅增湘是中华民国以来最著名的大藏书家、杰出的文献大家。他不但藏书甚富（时有"北傅南叶"之称），而且校书尤精，又性喜刻书，在版本学、目录学、校勘学方面取得了卓越的成就，堪称一代宗师。④ 著有《藏园群书经眼录》《藏园群书题记》《藏园订补郘亭知见传本书目》，辑

---

① 王国维：《致蒋汝藻》，《王国维全集·书信》，中华书局1984年版，第412页。
② 王国维：《致王秉恩》，《王国维全集·书信》，中华书局1984年版，第324页。
③ 王国维：《致王秉恩》，《王国维全集·书信》，中华书局1984年版，第455页。
④ 郑伟章说："傅氏（笔者按：即傅增湘）为近现代文献大家，堪称宗主。"[《文献家通考（清—现代）》，中华书局1999年版，下册，第1408页]

有《宋代蜀文辑存》《明蜀中十二家诗钞》，亲手校毕《文苑英华》，另有《藏园老人遗墨：江安傅增湘先生自书诗笺册》《张元济傅增湘论书尺牍》等。

王国维与傅增湘的间接交往，可以上溯至1909年。这一年，时任学部图书局编辑的王国维为陈敬如之事托诸罗振玉，罗振玉商之傅增湘（傅时任直隶提学使），"傅君满口允许，但云不能立时报命，然暂恐无效"①。陈敬如其人不详，所托之事亦不详，或许与谋事有关。王国维与傅增湘的直接交往，基本上是围绕着书（借书、校书）而展开的。而其最著者，一为《水经注》，一为《圣武亲征录》。

王国维一生校勘古籍达192种②，而《水经注》是其毕生用力最勤者之一。王国维之校勘《水经注》，始于1916年，终于1925年。王国维前后用以校勘《水经注》的本子，共计8个：宋刊残本，孙潜夫、袁寿阶手校本，海盐朱氏藏明抄本，吴琯《古今逸史》本，《永乐大典》本，黄省曾本，全祖望本，戴校聚珍本。③ 其中，宋刊残本即借自傅增湘，时间是1923年。④ 宋刊《水经注》残本不足12卷（傅增湘云"通存卷十有二"，王国维云"凡十一卷有奇"），二人均推断为南宋初刊本。⑤ 王国维《水经注》的原刊原校本，后由母校（华东师范大学）的袁英光、刘寅生两位老师加以整理，以《水经注校》为名出版（上海人民出版社1984年版）。

王国维在其生命历程的最后两年（1925—1927年），致力于蒙古史和元史研究，其突出贡献在于"对有关资料进行了精审校勘和注释，并作了精辟的考证"⑥。《圣武亲征录》一书因所记多蒙古开国时事，故

---

① 罗振玉：《罗振玉致王国维》，载王庆祥、萧立文校注《罗振玉王国维往来书信》，东方出版社2000年版，第1页。
② 参见赵万里《王静安先生手批手校书目》，《国学论丛》1928年4月第1卷第3号。
③ 参见吴泽、袁英光《王国维与〈水经注〉校勘》，《王国维学术研究论集》（一），华东师范大学出版社1983年版，第156—167页。
④ 参见王国维《致蒋汝藻》，载《王国维全集·书信》，中华书局1984年版，第375页。
⑤ 参见傅增湘《宋刊残本水经注书后》，载《藏园群书题记》，上海古籍出版社1989年版；王国维《宋刊水经注残本跋》，《观堂集林》卷12，载《王国维遗书》，上海古籍书店1983年版（据商务印书馆1940年版《海宁王静安先生遗书》影印，第2册）。
⑥ 袁英光：《新史学的开山——王国维评传》，上海人民出版社1999年版，第182页。

王国维亦勤加校注。王国维最初所得乃桐庐袁重黎刻张穆、何秋涛校本，而起初用以对校的本子共计3个：一为傅增湘藏明弘治《说郛》本，1925年借校；一为陶湘藏万历抄《说郛》本，1926年借校（此本信息系由傅增湘提供）；一为汪鱼亭家钞本。"合三本互校，知汪本与何氏祖本同出一源，而字句较胜，夺误亦较少；《说郛》本尤胜，实为今日最古最备之本。"① 王国维后又据他本相互比勘、详加考订，于1926年夏以《圣武亲征录校注》为名刊入《蒙古史料四种校注》②，其后又收入《王国维遗书》第13册（上海古籍书店1983年据商务印书馆1940年版影印）。

王国维虽然与傅增湘有着间接的、直接的交往，但仅视对方为藏书家，并不认可对方为学问家。《王国维全集·书信》收集书信500余封，无一封及于傅增湘。而在王国维与他人的通信中，举凡涉及傅增湘者，亦无一语道及傅增湘之学术，所陈述者亦仅为古书之收购（如兰雪堂活字本《白氏长庆集》）③、收藏（如泽存堂原《广韵》本）④、借阅（如上文所述二书）及藏书目录之编制⑤而已。有人分析说，当年（1938年）余嘉锡为傅增湘《藏园群书题记》作序，余在序中"大骂黄荛圃"，而在描写作者傅增湘时，"又俨然使读者看到了一位极精明的老书贾形象"；黄丕烈题跋之不足道，"也正是《题记》中弱点所在"（"多数只能说一些皮毛话，没有真知灼见"）⑥。此或可为一大旁证。但高明学问家如王国维者，千虑一失亦时或有之。比如，《覆五代刊本尔雅跋》（《观堂集林》卷21）认为8行16字本的《周礼》《礼记》《孟子》等源出五代、北宋监本，此固精确不移，但云"前人皆误以此为蜀大字本"，则不免失误。因为从字体来看，它们"确实都属于标准的蜀本风格"，"应是四川眉山

---

① 王国维：《圣武亲征录校注序》，载谢维扬、房鑫亮主编《王国维全集》第11卷，浙江教育出版社、广东教育出版社2009年版，第410页。
② 参见袁英光、刘寅生《王国维年谱长编》，天津人民出版社1996年版。
③ 参见王国维《致罗振玉》，《王国维全集·书信》，中华书局1984年版；《罗振玉王国维往来书信》，东方出版社2000年版。
④ 参见王国维《致罗振玉》，《王国维全集·书信》，中华书局1984年版；《罗振玉王国维往来书信》，东方出版社2000年版。
⑤ 参见王国维《致蒋汝藻》，《王国维全集·书信》，中华书局1984年版。
⑥ 黄裳：《傅增湘》，《珠还记幸》，生活·读书·新知三联书店1985年版，第43页。

重刻旧监本，前人以为蜀大字本不能算错"[1]。又如，《残宋本三国志跋》（《观堂集林》卷21）认为傅增湘所藏《史记》是北宋监本，但研究表明，该本其实是北宋时江南重刻监本，南渡后又经补刊，而不是北宋监中原刻。[2] 与此相对，博厚藏书家如傅增湘者，千虑一得亦往往有之。如上举半页8行16字本的《周礼》，傅增湘即从字体断为蜀大字本。[3]

二 弟子与后学

（一）弟子：六人（周传儒、杜钢百、余永梁、谢星朗、黄绶、徐中舒）（旁及张昌圻）

本处所列举的"弟子"，均出自王国维生前执教的清华国学研究院（1925—1927年）。约略而言，清华国学研究院先后举办四届，共录取77人（第一届33人，第二届30人，第三届11人，第四届3人），实际到校71人（第一届29人，第二届28人，第三届11人，第四届3人）[4]；其中，四川省籍学子6人（第一届4人，第二届1人，第三届1人），长期寓蜀的外省籍学子1人（均属报到入学者），占实际到校者的10%。

（二）周传儒

周传儒（1900—1988年），号书舲，四川江安人。1925年入清华国学研究院，1926年毕业后又留校继续研究一年。毕业后至暨南大学执教两年，随后赴东北大学任教（1929—1931年）。1932年留学英国，

---

[1] 黄永年：《论王静安先生的版本学》，载《王国维学术研究论集》（二），华东师范大学出版社1987年版，第306页。

[2] 参见黄永年《论王静安先生的版本学》，载《王国维学术研究论集》（二），华东师范大学出版社1987年版。按：据第307页注①，黄永年（1925—2007年）此说来源于傅斯年《北宋刊南宋补刊十行本史记集解跋》、劳榦《北宋刊南宋补刊十行本史记解后跋》（均刊于《历史语言研究所集刊》第18本）。

[3] 参见傅增湘《藏园群书经眼录》，中华书局1983年版。

[4] 关于清华国学研究院历届的录取名额及报到人数，相关论著说法不一，互有差异。本处的统计数字采自苏云峰所著《从清华学堂到清华大学（1911—1929）：近代中国高等教育研究》（生活·读书·新知三联书店2001年版），因其统计来自《清华周刊》（前二届）和孙敦恒《清华国学研究院史纪事》（《清华汉学研究》第1辑，清华大学出版社1994年）（后二届），所据材料最为可信。

先入政治经济学院，后入剑桥大学。1934 年转学至德国柏林大学，1936 年获博士学位。1937 年毕业归国，历任山西大学、西北大学、兰州大学教授。1945 年任四川大学教授，1952 年至沈阳东北教育学院、沈阳师范学院任教。1957 年以后，度过了 21 年坎坷岁月，1979 年回辽宁大学复职。[①]

主要论著有《中国古代史》（讲义）、《书院制度考》《甲骨文字与殷商制度》《意大利现代史》《西伯利亚开发史》《纠正叶恭绰论中俄密约》《李鸿章环游世界与一八九六年中俄密约》《中日历代交涉史》《日本人唐化考》《史学大师梁启超与王国维》《史学大师王国维先生》《兰亭序的真实性与中国书法发展问题》《戊戌政变轶闻》等。

周传儒在清华国学研究院的指导教师，应该是梁启超和王国维二人。从周传儒在清华国学研究院的研究题目看（见下文），当时的直接指导者应当是梁启超；而从其学术成果看（如《甲骨文字与殷商制度》），王国维实际上也是其指导者；从周氏后来的自我陈述看，其指导者确实是梁启超和王国维二人。[②] 周传儒第一年所登记的研究题目是"中国近世外交史"，毕业论文题目是"中日历代交涉史"，成绩是甲六；因成绩优良而获奖学金（共计 16 人，每人 100 元）。[③] 第二年的专修科目是《中国文化史》，专题研究题目是"中国教育史"（1927 年未排成绩等级，也没有发奖学金，仅举行了成绩展览）。王国维逝世后，周传儒曾作长词《宝鼎现》一首，"悼王静安师词，寄调宝鼎现"[④]。

---

① 以上关于周传儒的简历，综合参考以下二文：（1）周传儒：《周传儒自述》，载高增德、丁东编《世纪学人自述》第 1 卷，北京十月文艺出版社 2000 年版；（2）晓吟：《我国著名的历史学家周传儒教授》，《辽宁大学学报》1984 年第 3 期。

② 晚年的周传儒深情回忆这一段求学经历，有"在追随梁王二师若干年中"诸语（《史学大师梁启超与王国维》，《社会科学战线》1981 年第 1 期），并尊称梁、王二人为"梁任公师""王静安师"，而对于陈寅恪、赵元任、李济均不缀"师"字且直呼其名（参见《周传儒自述》，载《世纪学人自述》第 1 卷，北京十月文艺出版社 2000 年版）。

③ 自此以下关于诸位弟子在清华国学研究院的学习情况，除特别说明者外，均采自以下二书：（1）孙敦恒编著：《清华国学研究院史话》，清华大学出版社 2002 年版；（2）苏云峰：《从清华学堂到清华大学（1911—1929）：近代中国高等教育研究》，生活·读书·新知三联书店 2001 年版。

④ 周传儒：《王静安传略》，载《中国现代社会科学家传略》第 1 辑，山西人民出版社 1982 年版。

清华国学研究院的两年求学，使周传儒获益颇深（周氏自云"收获甚丰硕"）。暮年的周传儒，依然深情不忘这一段宝贵的求学经历，在文中特意列举出清华国学研究院的六点好处，认为这是"值得推荐的"，并概说成为一名学者的三大条件，而其中一个重要的条件就是机会，"包括优良的时代、优越的环境、优异的良师益友"①。毫无疑问，清华国学研究院自然是首当其冲者（当然也包括他留学英德时期的剑桥大学和柏林大学）。周传儒亦善自珍惜、勤加探研，在校期间即成果不菲，是"一位杰出的学生"②，而其后来所取得的成就，也证明他是清华国学研究院最著名的毕业生之一③。但周传儒30岁以后即不再专注于中国史，兼之时乖运蹇，故而未能"展尽底蕴无所隐"（《新唐书·魏徵传》）。就此而言，周传儒自又不可与姜亮夫（1902—1995年）、王力（1900—1986年）、徐中舒（1898—1991年）等同日而语。

（三）杜钢百

杜钢百（1903—1983年），原名文炼，字钢百，以字行，四川广安人。1920年入成都高等师范学校文史部，并随廖平研习经学。1924年赴北京，就读于北京大学国学研究所。1925年考入清华国学研究院，从王国维、梁启超研究经史。1926年夏毕业，尝往庐山拜谒康有为，相与谈论经学。随后返川，任四川省图书馆馆长。1927年大革命失败后离川东下，隐居于杭州西湖广化寺，与熊十力、马一浮游，旋受聘为大学院著作委员会委员。次年赴武汉，任武汉大学教授兼武昌文华图书馆学专科学校教授。1929年秋，东游日本。一年后回国，先后任中山大学教授、暨南大学教授兼图书馆馆长、中国公学教授。同时，还积极参加进步活动，曾任上海各大学教职员联合会常委、中外文化协会副理事长等。抗

---

① 周传儒：《周传儒自述》，载《世纪学人自述》第1卷，北京十月文艺出版社2000年版，第351—355页。
② 苏云峰：《从清华学堂到清华大学（1911—1929）：近代中国高等教育研究》，生活·读书·新知三联书店2001年版，第333页注释①。
③ 苏云峰说："他们在教学之外，也勤于研究，发表专书和论文众多，尤以姜亮夫、姚名达、王力、王静如、徐中舒、吴其昌、周传儒、陆侃如、杨鸿烈、卫聚贤、谢国桢、蒋天枢等最为著名，是清华创校以来国学和人文教育的一项重大成就。"（苏云峰：《从清华学堂到清华大学（1911—1929）：近代中国高等教育研究》，生活·读书·新知三联书店2001年版，第333页）

日战争和解放战争时期,在重庆先后创办草堂国学专科学校及东方人文学院,以研习经史为主要内容。其间,又与杜桴生(1905—1970年)等共同组织建国教育社等团体,同时与严郁文等发起成立重庆图书馆协会,任副理事长。中华人民共和国成立后,任西南师范学院历史系教授。[①]

论著有《名原考异》、《先秦经学微故》(未发表)、《群经概论》、《经学通史》、《经字考释与经名溯原》、《中庸伪书考》、《春秋讲义》、《诗经研究》(未付印)、《老子章句述义》(未付印)、《通假字典》(未付印)、《三易考略》(未付印)、《孔氏撰修春秋异于旧史文体考》、《公羊穀梁为卜商或孔商讹传异名考》、《与冯友兰论孔子哲学》等。

杜钢百在清华国学研究院所登记的研究题目是"佛(儒)家经录之研究"[②],毕业论文题目是"周秦经学考",成绩是乙十四。入王国维之门的巴蜀学人,绝大多数从事史学研究,唯有杜钢百一人治经学。惜乎其经学著作多未正式出版,学术界亦未多加重视。

(四) 余永梁

余永梁(1904—1951年),字绍孟,四川忠县人。1925年由东南大学考入清华国学研究院,1926年毕业。在清华所登记的研究题目是"古文字学",毕业论文有三篇之多——《说文古文疏证》《殷墟文字考》《金文地名考》,成绩是甲二,因成绩优良而获奖学金100元。曾任清华国学研究院助教,后供职于中山大学语言历史研究所。

主要从事甲骨学、民族学研究,重要论文有《殷墟文字考》《殷墟文字续考》《新获卜辞写本后记跋》《记散氏盘》《金文地名考》《〈柴誓〉的时代考》《西南民族的婚姻》《西南民族起源的神话——盘瓠》《易卦爻辞时代及其作者》等,著作有《西南民族研究》等。

[①] 以上关于杜钢百的简历,综合参考以下文献:(1)赵彦青:《杜钢百传略》,载《中国当代社会科学家》第7辑,书目文献出版社1986年版;(2)四川省地方志编纂委员会编纂:《四川省志·人物志》,四川人民出版社2001年版。

[②] 苏云峰:《从清华学堂到清华大学(1911—1929):近代中国高等教育研究》作"佛家经录之研究"(生活·读书·新知三联书店2001年版,第299页),疑排印有误,"佛家"当作"儒家"。

不管是就研究题目及毕业论文而言，还是就同门之回忆而言①，余永梁毋庸置疑而为王门之标准弟子。王国维去世后，余永梁与程憬（1902—1950年）、杨筠如（1903—1946年）等会于厦门，拟创静安学会，"以为先生永久纪念"②。

（五）谢星朗

谢星朗（1899—1957年），字明霄，四川梓潼人。1925年入清华国学研究院，1926年毕业。在清华登记的研究题目是"春秋时代之男女风纪"，毕业论文三篇——"春秋时代婚姻的种类""春秋时代的恋爱问题""春秋时代亲属间的婚姻关系"，成绩是丙一。"素有志于新闻事业"，曾任北京《晨报》编辑、国闻通讯社编辑、《大中华日报》总编辑，"隐然以监督政府、指导民众之责自任"③。随后从政，曾任四川剿匪总司令部秘书④、万县县长（1932年前后）⑤、四川省驿运管理处处长（1946年）⑥。

发表的文章有《言易行难的心理原因》《言易行难的心理原因（续）》《现代社会心理之研究》《四川民族性之弱点》《崇拜骏骨的中国人》《儒家哲学的中心思想》等。偏向于哲学、心理学，使人联想到早年的王国维。

---

① 戴家祥说："清华大学一二届研究生共五十余人，受先生专业指导者有赵万里、杨筠如、徐中舒、刘盼遂、余永梁、高亨、何士骥、黄淬伯、赵邦彦、姜寅清、朱芳圃、戴家祥等。"戴家祥、王季思：《〈王国维先生墓碑记〉及其他》，《随笔》1986年第2期；转引自陈平原、王枫编《追忆王国维》，中国广播电视出版社1997年版，第305页。

② 徐中舒：《王静安先生传》，《东方杂志》第24卷第13号，1927年7月；转引自《追忆王国维》，中国广播电视出版社1997年版，第190页。

③ 以上引号内文字均为周传儒语，见《清华学校研究院同学录》，转引自夏晓虹、吴令华编《清华同学与学术薪传》，生活·读书·新知三联书店2009年版，第510页。

④ 参见《清华同学录》，转引自夏晓虹、吴令华编《清华同学与学术薪传》，生活·读书·新知三联书店2009年版。

⑤ 参见傅振伦编著《七十年所见所闻》，华东师范大学出版社1997年版。

⑥ 参见吴宓著，吴学昭整理：《吴宓日记》，生活·读书·新知三联书店1998年版，第10册，第30页。

（六）黄绶

黄绶（1888—1975年），字元贡，四川西充人。1926年入清华国学研究院（补招），1927年毕业，在学业上主要是接受梁启超的指导。在清华国学院的专修科目是《中国史》，毕业论文题目是"中国历代地方制度考"，完成著作两部（见后）。曾经留学日本东京法政大学，归国后任黄埔军校政治教官。曾任《巴蜀日报》社长兼总编辑，20军部及21军2师部高等顾问，后供职四川大学。从政期间，曾任四川省高等检察厅检察长（1924年前后）[①]、四川省高等审判庭庭长（1946年前后）[②]。

著作有《唐代地方行政史》（永华印刷局1927年版）、《两汉行政史手册》（中州古籍出版社1991年版）。徐中舒说，"前者曾蒙任公先生题写了封面，后者也有任公先生的手批"[③]。另，编有《民国六年罗戴祸川纪实》（1917年）等。

（七）徐中舒

徐中舒（1898—1991年），初名裕朝，后改名道威，字中舒，以字行，安徽怀宁（今安庆市）人。1925年入清华国学研究院，师从王国维。1926年毕业，后在台北"中央研究院历史语言研究所"工作。1938年起执教于四川大学历史系，直至1991年去世。徐中舒专攻先秦史，尤长于古文字学的研究，还博涉民族史、地方史、明清史、中国文学史等领域。

主要著作有《先秦史论稿》、《徐中舒历史论文选辑》、《汉语大字典》（主编）、《甲骨文字典》（主编）、《巴蜀考古论文集》（主编）等，重要论文有《耒耜考》《从古书中推测之殷周民族》《殷周文化之蠡测》

---

① 参见《四川高等检察厅检察长黄绶呈请邓省长通令各厅整饬风教》，《大成会丛录》1924年第7期。《公牍：四川高等检察厅检察长黄绶拟具改良全川司法计划呈请司法部总长四川省长公署核示令遵文》，《四川政报》1924年第1期。

② 参见吴宓著，吴学昭整理：《吴宓日记》，生活·读书·新知三联书店1998年版，第10册，第87页。

③ 徐中舒：《两汉及唐代地方行政史序》，转引自夏晓虹、吴令华编《清华同学与学术薪传》，生活·读书·新知三联书店2009年版，第316页。

《殷人服象及象之南迁》《殷周之际史迹之检讨》《井田制度探源》《论东亚大陆牛耕的起源》《论周代田制及其社会性质》等。

徐中舒在清华国学研究院所登记的研究题目是"古文字学",毕业论文二篇——《殷周民族考》《徐奄淮夷群舒考》,成绩是甲八,因成绩优良而获奖学金100元。王国维1927年去世后,徐中舒当年连撰三文以志悼念。它们是:(1)《王静安先生传》,《东方杂志》第24卷第13号,1927年7月;(2)《静安先生与古文字学》,《文学周报》第5卷第1、2期(合刊),1927年8月27日;(3)《追忆王静安先生》,《文学周报》第5卷第1、2期(合刊)。另有署名"史达"的《王静安先生致死之原因》、《文学周报》第5卷第1、2期(合刊),以前多以为系徐中舒之作,其实属张冠李戴。① 徐中舒之追忆王国维,情深义重,溢于言表,"余从先生游为时虽仅一载,然先生之人格与其治学精神,予我印象特深,骤睹此电骇愕已极,精神上之哀痛殆不可喻。追忆先生一年以前之声音笑貌如在目前,因记其梗概以志哀悼云尔"(《追忆王静安先生》)。

对于清华国学研究院的学生,梁启超曾经说过一番语重心长的话,"顾我同学受先生之教,少者一年,多者两年,旦夕捧手,饫闻负剑辟咡之诏,其蒙先生治学精神之濡染者至深且厚,薪尽火传,述先生之志事,赓续其业而光大之,非我同学之责而谁责也"②。在治学方法上,王国维首倡"二重证据法"③,并且身体力行之,予后学以光辉的典范。有人指出,徐中舒"广泛地应用人类学、考古学、民族学等新材料,从而扩大'两重证法'为'多重证法'"④。又,徐中舒用力于古文字学且成果丰厚,此自当属"述先生之志事,赓续其业而光大之"者。另外,晚年的王国维潜研西北史地和蒙元史学,而作为弟子的徐中舒后来着力于西南史地及南方民族之研究,此亦当属"赓续其业"者之列。

另,张昌圻亦曾求学于清华国学研究院,但入校时王国维业已去世。

---

① 参见徐亮工《徐中舒先生生平编年》,载《徐中舒先生百年诞辰纪念文集》,巴蜀书社1998年版。
② 梁启超:《王静安先生纪念号序》,《国学论丛》第1卷第3号,1928年4月。
③ 王国维:《古史新证——王国维最后的讲义》,清华大学出版社1994年版,第2—3页。
④ 斯维至:《古文字学与先秦史学——为纪念徐中舒先生百年诞辰而作》,载《徐中舒先生百年诞辰纪念文集》,巴蜀书社1998年版,第2页。

为求完整，在此亦附带介绍：

张昌圻（1903年—？），后改名张弘，字弘伯，四川富顺人。1926年毕业于北京大学哲学系，1927年考入清华国学研究院，1928年毕业，后留校继续研究一年。在清华国学研究院所选的专题研究是"先秦伦理思想史"，毕业论文题目是"洙泗考信录评误"。后留学里昂大学（1930—1938年），专门研习伦理学。

所撰《洙泗考信录评误》于1931年由商务印书馆出版，系"国学小丛书"之一。张昌圻认为，崔书是"以理想化的圣贤作为辨古的根据或出发点"，因而其"考信"是不可信的。全书共举崔书错误22条，分为"绪论""分论""结论"三章，书前列述胡适、顾颉刚、钱玄同等对《洙泗考信录》一书的评论。

（八）后学：一人（李思纯）

李思纯（1893—1960年），字哲生，四川成都人。1912年就读于四川公立法政专门学校，1920年入巴黎大学主修法学，兼学史学。1922年转入柏林大学学习，于此结识陈寅恪。1923年回国，经友人吴宓介绍，受聘于东南大学（至1924年夏为止）。一年后返川，杨森聘其为四川公立外国语专门学校校长。后杨森败走洛阳，李思纯再度离乡，远赴北京谋业。1925年，经友人汪懋祖、马叙伦介绍，入北京师范大学、北京大学预科任教，与陈垣等过从甚密。其间，还被章士钊聘为"国立台湾编译馆"特约编纂。1926年6月回川，从政之余仍在四川高校任教。1941年受聘于四川大学，1950年离开四川大学。次年奉调赴重庆"革大"学习，年底被聘为四川省文史馆研究员。1960年病逝于文史馆任上。[①]

著作有《元史学》《中国民兵考》《成都史迹考》《大慈寺考》《江村十论》及《康行日记》《金陵日记》等，译著有《史学原论》《川滇之藏边》等。在《学衡》发表论文、诗作多篇（首），亦在《四川官报》《娱闲录》《四川群报》《川报》《星期日》《少年中国》等发表政论和诗作。

[①] 以上关于李思纯的简历，参考了《川大史学·李思纯卷》之"前言"（陈廷湘、李德琬编，四川大学出版社2006年版），又结合李德琬《吴宓与李哲生》（《新文学史料》2002年第2期）校核了时间，并且作了相应调整。

王国维与巴蜀学人

旅京期间（1925年秋至1926年夏），李思纯在清华园会晤了吴宓等老友，并结识了梁启超，深得任公赏识。1926年2月14日，李思纯在吴宓的引导下前往清华园拜谒王国维，征求修订《元史学》一书的意见。[1] 1926年6月（旧历五月），李思纯又往清华园求见王国维，征求修订《元史学》一书的意见，并"得到王国维的帮助"[2]。据云，王国维"不仅细心厘正书稿，且赋诗相赠，足见李氏在静庵眼中非一般人物"[3]。当年6月，李思纯途经上海返归四川，遂将《元史学》交中华书局出版。李思纯特意搦笔和墨，在《元史学》"自序"（1926年6月作于北京）中记载如下数语，"此书虽无精诣，余亦颇以稿本从当世贤者商订之。其曾经审酌材料，厘正讹误者，有海宁王国维（静安）、丹徒柳诒徵（翼谋）、新会陈垣（援庵）、海盐朱希祖（逖先）诸先生，并致感谢"[4]。

根据新近公布的王国维手迹，当时王国维录写其癸丑年（1913）旧作《昔游》五首（"我本江南人"）以赠李思纯。手稿末尾作[5]：

昔游五首癸丑年旧作丙寅五月录奉
哲孙先生方家教正　　观堂王国维书于京师西郊之僦庐

李思纯得到王国维手书尺幅之后，异常珍惜，"珍藏为传家之宝"[6]。为表达感激之情，李思纯特赋诗一首——《王静安先生写诗幅见贻赋呈

---

[1] 参见吴宓著，吴学昭整理《吴宓日记》，生活·读书·新知三联书店1998年版，第3册。按：吴宓说李思纯"以所著《新元史学》请正"，所说书名有误。

[2] 李德琬：《鱼藻轩中涕泪长——记李哲生一九二六年晋谒王国维先生》，《学术集林》第11卷（繁体字本），上海远东出版社1997年版，第27页。又，蒋天枢所撰《陈寅恪先生编年事辑》（增订本）云，"（1926年）秋七月，先生至北京，任清华学校国学研究院教授。……先生留德旧友李思纯（字哲生）来清华园，并谒见梁（启超）、王（国维）两先生。均有诗"（上海古籍出版社1997年版，第61页）。按：此说时间有误，因李思纯已于此前6月14日离京，详见《吴宓日记》第3册，第178页。

[3] 编者：《川大史学·李思纯卷》，四川大学出版社2006年版，"前言"第2页。

[4] 李思纯：《元史学》，"民国丛书"第5编，第64册，上海书店1996年版（据中华书局1927年版影印），第1—2页。此下正文所括注页码，即据此本。

[5] 李德琬：《鱼藻轩中涕泪长——记李哲生一九二六年晋谒王国维先生》，《学术集林》卷11（繁体字本），上海远东出版社1997年版，第28页。按：该文该页将"哲孙"误作"哲生"，此据《学术集林》卷11扉页"王国维手迹"更正。

[6] 李德琬：《吴宓与李哲生》，《新文学史料》2002年第2期。

· 303 ·

一律句》（1926年）①。

1927年6月2日，王国维投湖自尽。9月底，李思纯"闻王静安先生蹈颐和园昆明湖死"，赋诗以表悼念。末二句云："从今莫望西山绿，鱼藻轩中涕泪长。"②

根据李思纯的自述，《元史学》一书系"采东西两方蒙古史料披览之"而成（《元史学》）"自序"，此法实即王国维所倡导的"二重证据法"，更确切地说，李思纯写此书时所采用的方法，即陈寅恪所概括的"二重证据法"的第二种类型，"二曰取异族之故书与吾国之旧籍互相补正"③。但不可思议的是：通检全书，正文虽然偶尔提及王国维之名，但全然未采王国维蒙元史学之说，仅在第一章"元史学之鹄的"援引王国维《宋元戏曲史》中关于王实甫作品的一个推论（第45—46页）；与此形成鲜明对照的是，全书多次提及陈垣之名，且多次援引陈垣之说。而所引陈垣之说却有"以流为源"之嫌疑，如第四章"元史学之将来"云："关于改造元史之事，吾曾闻陈垣（援庵）讨论及之。陈氏于柯绍忞'改造全史'之事，不甚同意，而其意则倾向于'为旧元史作注作补'之法。"（第200—201页）殊不知，王国维早有此说。④ 又，众所周知，在1926年6月之前，王国维丰富的蒙古史（包括元史）成果已经问世。其时正执教于京城的李思纯，于此当是了然于胸，而竟然不加采获，个中缘由颇不易解。笔者在此不敢妄加猜测，谨恪遵孔子和王国维的"阙疑"精神，"多闻阙疑，慎言其余"（《论语·为政》），"阙其不可知者，以俟后之君子"⑤。

---

① 诗之内容，详见《学衡》第56期第19页（1926年8月出版）。另，李德琬《鱼藻轩中涕泪长——记李哲生一九二六年晋谒王国维先生》亦移录此诗（《学术集林》卷11第29页），但将诗题误作"王静安先生书诗幅见贻赋谢一首"。

② 李德琬：《鱼藻轩中涕泪长——记李哲生一九二六年晋谒王国维先生》，《学术集林》卷11（繁体字本），上海远东出版社1997年版，第29页。

③ 陈寅恪：《王静安先生遗书序》，《金明馆丛稿二编》，生活·读书·新知三联书店2001年版，第247页。

④ 参见袁英光《新史学的开山——王国维评传》，上海人民出版社1999年版。

⑤ 王国维：《毛公鼎考释序》，《观堂集林》卷6，载谢维扬、房鑫亮主编《王国维全集》第8卷，浙江教育出版社、广东教育出版社2009年版，第193页。

三 其他学人

就笔者陋目寡闻所及，与王国维有直接交往的巴蜀学人，大致即为上述诸人。以下所述诸人，有的与王国维当互有耳闻，但实际上并无来往（如廖平）；有的应当与王国维有交往，但尚需进一步确认（如贺麟）；有的本当与王国维相识，但阴差阳错而失之交臂（如郭沫若）。

廖平，字季平，四川井研人。近代学者、经学家。著作甚丰，主要作品被辑为"四益馆经学丛书"，后又增益为"六译馆丛书"。识者云，"我国治经之士，自明清以来，各标汉宋，聚讼纷纭，而能汇通百家，冠冕诸子，摧郑马之藩篱，窥古贤之堂奥，独树新帜，扶坠衰落者，惟廖平一人而已"[1]。但因其学术理路与王国维有霄壤之别，二人当互有耳闻，但实际上互不相与接闻，一如王氏之与康有为不通气类。[2]

贺麟（1902—1992年），字自昭，四川金堂人。哲学家、哲学史家、翻译家；"现代新儒学八大家"之一，有"中国现代新儒家思潮中声名卓著的重镇"之谓。[3]《近代唯心论简释》《当代中国哲学》《文化与人生》是其"新心学"思想体系的代表作。

贺麟于1919年秋考入清华学校，1926年夏毕业后出国留学。[4] 王国维与贺麟同在清华园有一年多的时间（即自1925年4月王国维移居清华学校至1926年夏贺麟离校），其间贺麟当与王国维有直接的交往（比如听课或请教），只是目前尚未找到直接材料以证明这一推论。但笔者仍然

---

[1] 傅振伦编著：《七十年所见所闻》，华东师范大学出版社1997年版，第348页。

[2] 早在1905年所发表的《论近年之学术界》中，王国维即认为康有为"之于学术非有固有之兴味，不过以之为政治上之手段"。按：《论近年之学术界》原刊《教育世界》第93号，后收入《静庵文集》，《王国维遗书》，上海古籍书局1983年版，第5册。

[3] 参见宋志明《贺麟学案》，载方克立、李锦全主编《现代新儒家学案》，中国社会科学出版社1995年版，中册，第225页。

[4] 以下关于贺麟的叙述，主要取材于拙文《贺麟年谱新编》。小文原载《淮阴师范学院学报》（哲学社会科学学报）2006年第1期，后全文收入《现当代学人年谱与著述编年》（上海三联书店2007年版）。另，笔者尝有二文专论贺麟之学，亦不妨看看：(1)《贺麟的文化史观》，《湖南科技学院学报》2006年第3期；(2)《贺麟与唐君毅——人生经历、社会交往与学术思想》，《宜宾学院学报》2006年第8期。

坚信贺麟与王国维有直接的交往，这主要基于以下考虑。（1）贺麟与清华国学研究院指导教师梁启超有不少交往。在清华求学期间，贺麟曾经听过梁启超关于中国学术思想史的几门课程，对学术研究产生了浓厚的兴趣。并曾执书单造访梁启超请作指导，后又在梁启超指导下写成《戴东原研究指南》一文（后发表于《晨报》副刊）。在清华学校毕业时，贺麟尝请梁启超书写对联一副以赠父亲贺松云。（2）贺麟与清华国学研究院主任吴宓比较熟悉。吴宓曾为旧制留美预备部高年级学生开设选修课《翻译》（外文翻译），贺麟是该课为数甚少的选修者之一，与张荫麟、陈铨并称为"吴门三杰"。翻阅《吴宓日记》，其中关于吴、贺二人交往的记载很多。直至暮年，贺麟仍然深情缅怀梁、吴二师。[①]（3）贺麟熟悉王国维的哲学志业，并且有专门论述。在《当代中国哲学》（1947年1月初版）一书中，贺麟多次提到王国维之名，并且有专门评论王国维的文字，而其中一节则径直以"王国维与康德哲学"为题。[②] 因此，贺麟在1925年4月至1926年夏当与王国维有直接的交往。[③]

郭沫若（1892—1978年），原名郭开贞，四川乐山人。其著作被整理为《郭沫若全集》，皇皇38卷，分为《文学编》《历史编》《考古编》，分别由人民文学出版社、人民出版社、科学出版社出版。

郭沫若本可与王国维相识，但终究失之交臂。1921年，郭沫若自九州帝国大学休学半年，往返于上海、日本之间筹备出版文学刊物。该年夏天，郭沫若住在泰东图书局的编辑所里面，"为了换取食宿费，答应了书局的要求，着手编印《西厢》，因此他参考过王国维的《宋元戏曲史》，并且认为这是"有价值的一部好书"。但郭沫若并没有"更进一步

[①] 参见贺麟《怀念梁启超和吴宓两位老师》，《清华校友通讯》复14期，1988年10月。

[②] 参见贺麟《五十年来的中国哲学》，辽宁教育出版社1989年版。按：《五十年来的中国哲学》系《当代中国哲学》之再版本，不但改换了书名，而且"在不影响原书的体系及主要论点的前提下，作了适当的修改和补充"。

[③] 参见（1）宋祖良、范建荣：《贺麟学术思想讨论会在京举行》，《哲学研究》1986年第11期。"一些与会者回顾说，贺麟作为梁启超、王国维的学生，早在他出国留学之前已对中国哲学很有研究。"（2）张祥龙：《贺麟先生与他的清华国学院导师》，《中共中央党校学报》2010年第4期。"张荫麟和陈铨也都喜爱文科，陈后来搞文学，张搞历史。这三位朋友无话不谈，辩论起来各执己见，甚至激烈争吵。三人曾共办《清华周刊》，想方设法向梁启超、王国维等人索稿，把周刊办得活泼丰富。"

去追求王国维的其他著作",甚至连王国维究竟是什么人,他"也没有十分过问",这便使二人近在咫尺却不相识。郭沫若说,"那时候王国维在担任哈同办的仓圣明智大学的教授,大约他就住在哈同花园里面的吧。而我自己在哈同路的民厚南里也住过一些时间,可以说居住近在咫尺。但这些都是后来才知道的"。在郭沫若看来,这未必不好,"假使当年我知道了王国维在担任那个大学的教授,说不定我从心里便把他鄙弃了。我住在民厚南里的时候,哈同花园的本身在我便是一个憎恨。连那什么'仓圣明智'等字样只觉得是令人可以作呕的狗粪上的霉菌"①。

虽然生前未曾谋面,但这丝毫无损郭沫若对王国维的好感,而郭沫若对王国维的赞誉亦未因此而削减半分。郭沫若说,王国维"研究学问的方法是近代式的,思想感情是封建式的","然而他遗留给我们的是他知识的产品,那好像一座崔巍的楼阁,在几千年来的旧学城垒上,灿然放出了一段异样的光辉"②;"我们要说殷墟的发现是新史学的开端,王国维的业绩是新史学的开山,那样评价是不算过分的"③;"在近代学人中,我最钦佩的是鲁迅与王国维","我要再说一遍,两位先生都是我所十分钦佩的,他们的影响都会永垂不朽",《王国维遗书》和《鲁迅全集》是"'虽与日月争光可也'的一对现代文化上的金字塔"④。

郭沫若"生性浪漫"、治学善变,因此而多有为世人所诟病者,但其关于卜辞、铭文的考释,却"为有关专家所推许"。如《两周金文辞大系》之《序说》及《图录》之《考释》三、四两篇,其"创通条理,开拓阃奥"之功,"前可与王氏(按:即王国维)铭文考释四例媲美,后足与董氏(按:即董作宾)甲骨断代分派十条争辉"⑤。此诚为沾溉王国维学术之显例,洵然而为一大可观者也。

---

① 以上引号内的文字,均采自郭沫若《鲁迅与王国维》,《郭沫若全集·文学编》第20卷,人民文学出版社1992年版,第303页。

② 郭沫若:《中国古代社会研究》,《郭沫若全集·历史编》第1卷,人民出版社1982年版,第8页。

③ 郭沫若:《十批判书》,《郭沫若全集·历史编》第2卷,人民出版社1982年版,第6页。

④ 郭沫若:《鲁迅与王国维》,《郭沫若全集·文学编》第20卷,人民文学出版社1992年版,第301、313—314页。

⑤ 许冠三:《新史学九十年》,岳麓书社2003年版,第376—412页。

四　赘语

举世之中外学人，多认为王国维为专家（古文字学家、古器物学家、古史考释家等），殊不知，王国维是"以通人之资成就专家之业"[①]。客观而言，王国维之学说"或有时而可商"[②]，但他以文化为"终极关怀"（ultimate concern）之指归，则贯穿其生命之始终[③]。就此而言，自述与王国维"风义平生师友间""许我忘年为气类"[④] 的陈寅恪，亦复如是[⑤]。蒙文通虽然未曾亲炙王国维之教泽，但又何尝不是如此？[⑥]

中国文化之绵延赓续，与素重师承之传统密切相关。儒佛之"道统说"、汉学之"师承记"、宋学之"渊源记"[⑦]，即其力证，故陈寅恪有"华夏学术最重传授渊源"之说[⑧]。但令人扼腕叹息的是，陈寅恪直至垂垂老矣，尚不免有"纵有名山藏史稿，传人难遇又如何"[⑨] 之悲叹。两相

[①] 许冠三：《新史学九十年》，岳麓书社2003年版，第77—117页。

[②] 陈寅恪：《清华大学王观堂先生纪念碑铭》，《金明馆丛稿二编》，生活·读书·新知三联书店2001年版，第246页。

[③] 笔者编有《王国维儒学论集》（"二十世纪儒学大师文库"之一），已于2010年11月由四川大学出版社出版。另外，笔者撰有《王国维之生平、学行与文化精神》（《儒藏论坛》第4辑，巴蜀书社2009年版，第44—70页），于王国维之文化关怀和学术创获有宏观阐述和细致论述。

[④] 陈寅恪：《王观堂先生挽词并序》，《陈寅恪诗集》，生活·读书·新知三联书店2001年版，第17页。

[⑤] 此前，笔者曾经发表过通论、专论陈寅恪思想及其学说的论文四篇：(1)《陈寅恪"种族与文化"观辨微》，《历史研究》2000年第1期；(1)《陈寅恪的文化史观》，《史学理论研究》1999年第4期；(3)《〈华佗传〉〈曹冲传〉疏证——关于陈寅恪运用比较方法的一项检讨》，《史学月刊》2006年第6期；(4)《陈寅恪与佛教研究》，《宗教学研究》2006年第4期。于此旨多有阐发，读者不妨综合参看。

[⑥] 比如，唐君毅说蒙文通，"你每篇文章背后总觉另外还有一个道理"；丁山亦云，"你每篇考据文章都在讲哲学"；蒙文通自云，"这虽显有推崇之意，却也符合实际"。[蒙默编：《蒙文通学记》（增补本），生活·读书·新知三联书店2006年版，第5页] 蒙默云："先君子文通公治学无藩篱，四部二藏，靡不窥探，唯其所重，则在思想。"（蒙文通著《先秦诸子与理学》，广西师范大学出版社2006年版，"出版前言"第1页）

[⑦] 清朝学者江藩（1761—1830年），分别作过《国朝汉学师承记》和《国朝宋学渊源记》。

[⑧] 陈寅恪：《论韩愈》，《金明馆丛稿初编》，生活·读书·新知三联书店2001年版，第285页。

[⑨] 陈寅恪：《有感》，《陈寅恪诗集》，生活·读书·新知三联书店2001年版，第171页。

比较，若起王国维于地下，则断不作斯语。仅就作为王国维弟子的巴蜀学人而言，如余永梁、徐中舒之于古文字学与民族史地之学，杜钢百之于经学，诚可谓薪尽火传、发皇光大者也；而周传儒之于王国维学术志业、治学理路之总结，又诚可安慰先生于九泉之下者也。

经、史（包括辅翼经史之学的小学）为治学之基，亦为国学之本①，此本属士人之共识与通识，但晚近以来则晦暗不明②。王国维之前诸人（如顾炎武、王鸣盛、戴震、陈寿祺、阮元、张之洞等）均有此说，姑在此存而不论；仅就本文所述群体而言，亦未出此轨则。罗振玉力劝王国维"专研国学"，并告诫王国维治学要"先于小学训诂植其基"③。王国维云，沈曾植"视经史为独立之学，而益探其奥窔，拓其区宇，不让乾、嘉诸先生"，"至于综览百家，旁及二氏，一以治经史之法治之，则又为自来学者所未及"，"夫学问之品类不同，而其方法则一。国初诸老，用此以治经世之学；乾、嘉诸老，用之以治经史之学，先生复广之以治一切诸学"④。王国维与沈曾植过从甚密且服膺其学，此虽明述沈曾植之学，实亦王国维之自况。金梁云，"公于古今学术，无所不通，根底经史，由文字声韵以考制度文物，由博以反约，由疑而得信，不偏不易，务当于理"⑤。专家云："当代名家公认，王学的最大建树在古史研究，古史研究的出发点在古文字学，立足点在小学。亦即由小学以通史，诸如乾嘉诸老之由小学以通经。"⑥ 个中要义，周传儒深有领会，"作为历史学者，必

---

① 在《宋育仁与近代蜀学》一文的开首部分，笔者将此表述为"经史为基，国学为本"，文字较此更凝练。拙文载《蜀学》第5辑，巴蜀书社2010年版，第23—32页。

② 四川大学蒙默教授在重新编辑蒙文通《经学抉原》时，于此深有感触，"经之为学，与世相忘久也。自清末以来，经学已渐若存若亡，迄于今日，近百年矣"（《经学抉原》，上海人民出版社2006年版，"重编前言"第1页）。

③ 罗振玉：《海宁王忠悫公传》，《王国维先生全集》，大通书局1976年（影印），"附录"第5385页；谢维扬、房鑫亮主编：《王国维全集》第20卷，浙江教育出版社·广东教育出版社2009年版，第228页。

④ 王国维：《沈乙庵先生七十寿序》，《观堂集林》第19卷，载谢维扬、房鑫亮主编《王国维全集》第8卷，浙江教育出版社·广东教育出版社2009年版，第619页。

⑤ 金梁：《王忠悫公哀挽录书后》，《瓜圃丛刊叙录续编》，1928年铅印本；转引自陈平原、王枫编《追忆王国维》，中国广播电视出版社1997年版，第82—83页。

⑥ 许冠三：《新史学九十年》，岳麓书社2003年版，第118页。

须对中国传统文化,如经学、小学、史学,有坚实的基础"[1]。

1911年,王国维作《国学丛刊序》,他在文中"正告天下":"学无新旧也,无中西也,无有用无用也。"今借《国学丛刊序》末尾数语,以结束本文:

> 以上三说,其理至浅,其事至明。……此志之刊,虽以中学为主,然不敢蹈世人之争论,此则同人所自信,而亦不能不自白于天下者也。[2]

2009年3月,初稿于成都
2010年4月,修订于成都

【本文初稿载《纪念徐中舒先生诞辰110周年国际学术研讨会论文集》,四川·成都,2009年4月,第384—394页;《纪念徐中舒先生诞辰110周年国际学术研讨会论文集》,巴蜀书社2010年版,第469—482页。修订稿载《"王国维与中国现代学术"国际学术研讨会论文集》,上海,2010年5月,第265—279页;《淮阴师范学院学报》(哲学社会科学版)2011年第3期。转载于《经学研究论丛》第20辑,台北:台湾学生书局2012年版,第219—240页。收入本书时,有所修订】

---

[1] 周传儒:《周传儒自述》,载《世纪学人自述》第1卷,北京十月文艺出版社2000年版,第351页。

[2] 王国维:《国学丛刊序》,载谢维扬、房鑫亮主编《王国维全集》第14卷,浙江教育出版社、广东教育出版社2009年版,第133—134页;王国维著,彭华选编:《王国维儒学论集》,四川大学出版社2010年版,第335—336页。

章太炎与巴蜀学人的交往及其影响

一 引子：概述与介绍

章太炎（1869—1936年），名炳麟，字枚叔，因倾慕顾绛（顾炎武）之行事与志向，改名绛，号太炎。浙江余杭人。

章太炎既是弘扬民族精神的革命先驱，又是精研经史子、儒佛玄的国学大师，其学术既博大宽广而又专精深宏，且又充满复杂性和矛盾性。套用陈寅恪的话说，对于此等人物加以"了解之同情"或者具备"真了解"①，实属不易。套用贺麟的话说，此即"善意同情的理解"②，亦属不易。笔者尝云，对于古人或前人，我们当力求"设身处地"而恰如其分，一如其人地"感同身受"③，意犹此也。

章太炎是"有学问的革命家"④，也是"有革命业绩的学问家"⑤。章太炎于1936年逝世后，其在北京的弟子发起追悼会，事前所发布的《通启》云，"先师章太炎先生不幸于本年六月十四日卒于江苏，先生为革命元勋，国学泰斗，一旦辞世，薄海同悲"⑥。《通启》所云"革命元勋"

---

① 陈寅恪：《冯友兰中国哲学史上册审查报告》，《金明馆丛稿二编》，生活·读书·新知三联书店2001年版，第279—280页。
② 贺麟：《儒家思想的新开展》，《文化与人生》，商务印书馆1988年版，第17页。
③ 彭华：《"同情的理解"略说——以陈寅恪、贺麟为考察中心》，初稿载《"中国传统学术的近代转型"国际学术研讨会论文集》，上海，2009年10月，第436—446页；修订稿载《孔孟学报》（台北）2012年第90期，第173—193页。
④ 鲁迅：《关于太炎先生二三事》，《且介亭杂文末编》，《鲁迅全集》第6卷，人民文学出版社1981年版。
⑤ 汤炳正：《忆太炎先生》，《中国文化》1993年第8期；后收入陈平原、杜玲玲编：《追忆章太炎》（修订本），生活·读书·新知三联书店2009年版，第362页。
⑥ 姚奠中、董国炎：《章太炎学术年谱》，山西古籍出版社1996年版，第499页。

"国学泰斗",将章太炎之生平与志业一分为二,甚为恰当。

与此相对,和章太炎交往的四川籍(包括今重庆市,下同)人士,也可以一分为二:一类是革命人士,一类是学界人士。诚如李润苍所云,"这位资产阶级革命家和学者与许多四川的著名革命者和学者关系颇为密切。在政治和学术方面,他对20世纪初至三四十年代的四川有较大影响"①。

李润苍在《章太炎与四川》一文中所钩稽的与章太炎交往的四川籍人士有两类。(1)革命人士(少数亦政亦学)有邹容、喻培伦、黄复生、卞小吾、熊克武、但懋辛、彭家珍、董修武、杨庶堪、董鸿诗等,但遗漏了程德全、雷铁厓、曾琦、任鸿年、曾通一、童显汉、陈嗣煌、李雨田等;又,文中虽然提及"在一九一三年'二次革命'的前夕和期中,章太炎与一个北京共和党本部的川籍共和党员名伯中的关系极为密切",但不知其人即贺孝齐②;另,误录一人,即将广西人邓家彦③误作四川人。(2)学界人士(部分亦政亦学)有廖平、吴玉章、任鸿隽、钟正楙、李植、李蔚芬、赵少咸、向楚、周光武、傅平骧、李恕一、李源澄等,以及"私淑弟子"庞俊和再传弟子曾缄、殷孟伦、黄念田,但遗漏了谢无量、邓胥功、蒙文通、徐耘乌、杜钢百,以及长期寓蜀的汤炳正。

对于以上学界人士,本文之"正文"将逐一论述他们与章太炎的交往及其影响。在"尾声"部分,将简述章太炎的四川之行、章太炎著作的四川版、四川人士对章太炎的追悼、章太炎对四川的消极影响与感情伤害,并概述章太炎思想与学问的传承与发扬。

二 正文:交往与影响

四川籍学人与章太炎的交往,集中于以下两个时期:一是东京"国学讲习会"时期(1906—1911年),一是苏州"章氏国学讲习会"时期

---

① 李润苍:《章太炎与四川》,收入其《论章太炎》,四川人民出版社1985年版;又见《四川地方史研究专集》("四川大学学报丛刊"第5辑),1980年,第73页。

② 贺孝齐(1885—1945年),字伯中,四川永川(今属重庆市永川区)人。章太炎与之通信15封,参见马勇编《章太炎书信集》,河北人民出版社2003年版。

③ 邓家彦(1883—1966年),字孟硕,广西桂林人。早年留学日本,1905年加入中国同盟会。民国时期曾任司法部长,长期追随孙中山奔走革命。1949年去台湾后,担任过总统府国策顾问。著有《一枝庐诗钞》《民族语原》《学钥录》等书。

（1935—1936年）。介于两期之间，亦有部分四川籍学人与章太炎交往。本部分四川籍学人的排列顺序，大致以其与章太炎交往时间的先后为次；同一时期交往者，则又考虑了其年齿；为使学统明晰，调整了部分学人的轮次（如廖平及其弟子、赵少咸及其弟子）。

（一）廖平及其弟子

廖平，原名登廷，字旭陔，一作勖斋；后改名平，字季平；初号四益，继改四译，晚号六译。四川井研人。1875年，入成都尊经书院，深受四川学政张之洞器重。1878年，王闿运由湘入川，主讲于尊经书院，并任山长。廖平常向王闿运请益，但廖平"说经之根实深宏若过之"[1]。1879年中举人，1889年中进士，部铨龙安府（今四川平武）教授。历任射洪县训导、绥定府（今四川达州）教授，任中被劾免职。其后，任尊经书院襄校及嘉定（今四川乐山）九峰书院、资州（今四川资中）艺风书院、安岳凤山书院山长等职。1903年因被劾为"离经叛道""逞臆说经"，遭革职。1911年，任《铁路月刊》主笔，支持四川"保路运动"。大汉四川军政府成立后，任枢密院院长。1914年任四川国学学校校长，后兼成都高等师范学校、华西协合大学教授。著作甚丰，已出版的达140余种，主要作品被辑为"四益馆经学丛书"，后又增益为"六译馆丛书"。2015年，《廖平全集》由上海古籍出版社出版。

廖平早年研究宋学，后专研经学中的今古文问题，旁及岐黄医道。自称治学凡"六变"，以第一变、第二变影响较大。第一变为"平分今古"，代表作是《今古学考》；第二变为"尊今抑古"，代表作是《古学考》《知圣篇》《辟刘篇》。康有为的《新学伪经考》《孔子改制考》，即由廖平之说推衍而成。[2]刘师培每谓廖平"长于《春秋》，善说礼制，其

---

[1] 蒙文通：《廖季平先生传》，《经学抉原》，上海人民出版社2006年版，第195页。
[2] 梁启超说："今文学运动之中心，曰南海康有为。然有为盖斯学之集成者，非其创作者也。有为早年，酷好《周礼》，尝贯穴之著《政学通议》，后见廖平所著书，乃尽弃其旧说。……有为之思想，受其影响，不可诬也。"梁启超：《清代学术概论》，上海古籍出版社1998年版，第77页。蒙文通说："及既与南海康有为见于广州，康氏遂本廖平之《今古学考》《古学考》以作《新学伪经考》，本其《知圣篇》以作《孔子改制考》。"蒙文通：《议蜀学》，《经学抉原》，上海人民出版社2006年版，第97页。

洞澈汉师经例,魏晋以来,未之有也","求廖氏之学,当以刘说为归"①。蒙文通云,"廖师通贯二经(引者按:即《礼经》《春秋》),以明二千年不传之学,义据通深,度越一世,香象渡河,众流截断,于是先生之学巍然雄视百代矣"②。傅振伦(1906—1999年)云,"我国治经之士,自明清以来,各标汉宋,聚讼纷纭,而能汇通百家,冠冕诸子,摧郑马之藩篱,窥古贤之堂奥,独树新帜,扶坠衰落者,惟廖平一人而已"③。

1889年,廖平应张之洞之邀赴广州,途中于苏州晤章太炎之师俞樾(1821—1907年),"俞亟称《今古学考》为不刊之论"④,而廖平之说有"有与曲园俞氏之说出门合辙"⑤者。1911年5月,章太炎弟子刘师培入川。在成都期间(1911年5月—1913年6月),廖平与刘师培常相砥砺论学,"左庵之于廖氏,傥所谓尽弃其学而学焉者耶","海内最能知廖氏学者,宜莫过于左庵"⑥。廖平的弟子蒙文通,1933年3月尝与章太炎"昕夕论对,将十余日,每至废寝忘食,几于无所不论,亦言无不罄"。廖平的关门弟子李源澄,尝与章太炎通信论学,并于1935至1936年入苏州"章氏国学讲习会",问学于章太炎(详见下文)。因缘如此巧合,可谓若合符然!

1913年,廖平以四川代表身份赴京,参加"中华民国教育部"召集的"读音统一会"。其间,二人会晤;此即章太炎所云,"民国初,君以事入京师,与余对语者再"⑦。又,周黎庵(周勋)在《记章太炎及其轶事》中云,"章氏独畏《知圣编》作者蜀人廖平,章入川时,廖在成都,

---

① 蒙文通:《廖季平先生传》,《经学抉原》,上海人民出版社2006年版,第199页。
② 蒙文通:《廖季平先生传》,《经学抉原》,上海人民出版社2006年版,第196页。
③ 傅振伦编著:《七十年所见所闻》,华东师范大学出版社1997年版,第348页。
④ 廖宗泽:《六译先生年谱》,载廖幼平编《廖季平年谱》,巴蜀书社1985年版,第45页。
⑤ 蒙文通:《井研廖季平师与近代今文学》,《经学抉原》,上海人民出版社2006年版,第94页。
⑥ 蒙文通:《议蜀学》,《经学抉原》,上海人民出版社2006年版,第49页。
⑦ 章太炎:《清故龙安府学教授廖君墓志铭》,原载《制言》1935年第1期;后收入《章太炎全集》(五),上海人民出版社1985年版,第264—265页。

扬言章若至省，必面折之，章遂不敢入成都"①。为了佐证其说，周黎庵在文中大段摘录其旧作《半小时访章记》，文云：章太炎在采访中说自己于1924年到过四川，但没有到成都，似乎就是因为其时廖平在成都。②章太炎尝于1917至1918年滞留于四川重庆，此处所云时间有误。综观周氏二文，实以文学笔法写成，近乎小说家言，不足凭信。

对于廖平之说，章太炎的态度与评价前后有变，有毁有誉。在笔者看来，廖平之于章太炎，可算"畏友"与"诤友"，具体而言，章太炎既"敬畏"廖平之学，但又实难"认同"廖平之学，可又不能不"接受"廖平之学的影响。

1899年，章太炎发表《今古文辨义》③。他虽然在文中批评廖平"欲极崇孔子，而不能批郤导窾"，流弊甚大，但亦认可其"精勤虚受，非卤莽狂仞者比"。尤其值得注意的是，章太炎在文末意味深长地指出，"若夫经术文奸之士，藉攻击廖氏以攻击政党者，则培井之竃，吾弗敢知焉"，这是"明确表示反对借学术分歧攻击政党，当然是对康有为维新党人的态度"，"于是不作学术辨析"④。1910年，章太炎针对有人轻薄廖平学说，特别申明，"且看四川有位廖季平，经学是很有独得的"，"廖季平的经学，荒谬处非常多，独得也很不少。在兄弟可以批评他，别人恐怕没有批评他的资格"⑤。同一年，章太炎在《程师》中坦言："余见井研廖平说经，善分别古今文，盖惠（栋）、戴（震）、凌（曙）、刘（逢禄）所不能上，然其余诬谬猥众。""廖平之学，与余绝相反。然其分别今古文，确然不易。吾诚斥平之谬，亦乃识其所长。若夫歌诗讽说之士，目

---

① 周黎庵：《记章太炎及其轶事》，原载《古今》1942年第8期；后收入陈平原、杜玲玲编：《追忆章太炎》（修订本），生活·读书·新知三联书店2009年版，第459页。
② 参见陈平原、杜玲玲编：《追忆章太炎》（修订本），生活·读书·新知三联书店2009年版。
③ 原载《亚东时报》1899年12月第18号；后收入汤志钧编《章太炎政论选集》，中华书局1977年版，上册。
④ 姚奠中、董国炎：《章太炎学术年谱》，山西古籍出版社1996年版，第57页。
⑤ 章太炎：《留学的目的和方法》，载马勇编《章太炎讲演集》，河北人民出版社2004年版，第23页。

录札记之材，亦多诋平违牾。已虽无谬，所以愈于平者安在耶？"① 但在后来的演讲中，章太炎对廖平的评价却有了非常大的变化。1913年12月，章太炎在北京化石桥的共和党本部开国学会讲习。章太炎在演讲中说，"现在提倡孔教的人是别有用心的"，"又举了王闿运、廖平、康有为等今文学家所发的种种怪诞不经之论"②。1922年4—6月，章太炎在上海讲授《国学概论》。他在演讲中说，清代的常州学派是今文学家，"今文学家的后起，王闿运、廖平、康有为辈一无足取，今文学家因此大衰了"③。1932年，廖平去世。"逾二岁，其孙宗泽以状来，曰：'先生持论与大父不同，无阿私之嫌，愿铭其幽。'"④ 于是，章太炎搦笔和墨，撰就《清故龙安府学教授廖君墓志铭》一文。文云，"以君学不纯儒，而行依乎儒者，说经又兼古今，世人猥以君与康氏并论，故为辨其妄云。铭曰：斯也燔经，不可以罪孙卿；虑也劫后，不可以诬高密。廖君之言多扬诩，末流败俗君不与"⑤。章氏此言，可谓盖棺论定，恰如其分，"因此，博得廖氏弟子的好感"⑥。廖平弟子李源澄特因此而致函章太炎，函中语云："拜读先生所为井研师墓志铭，反复辨其疑似，涤其瑕垢。井研有灵，当有知己之感矣！"⑦

在蒙文通看来，"皮氏（锡瑞）、康氏（有为）、章氏（炳麟）、刘氏（师培）胥循此轨以造说，虽宗今宗古之见有殊，而今古之分在礼，则皆决于先生说也"；"余杭章氏、仪征刘氏最为古学大师，而章氏于《左氏》

---

① 章太炎：《程师》，初刊于《学林》1910年第1期；后收入《太炎文录初编》，《章太炎全集》（四），上海人民出版社1985年版，第138页。

② 顾颉刚：《〈古史辨〉第一册自序》（节录），转引自陈平原、杜玲玲编《追忆章太炎》（修订本），生活·读书·新知三联书店2009年版，第234页。

③ 章太炎讲演，曹聚仁整理：《国学概论》，上海古籍出版社1997年版，第29页。

④ 章太炎：《清故龙安府学教授廖君墓志铭》，《章太炎全集》（五），上海人民出版社1985年版，第265页。

⑤ 章太炎：《清故龙安府学教授廖君墓志铭》，原载《制言》1935年第1期；后收入《章太炎全集》（五），上海人民出版社1985年版，第265页。又载廖幼平编《廖季平年谱》，巴蜀书社1985年版，第96页。笔者按：《制言》本、《全集》本"诬高密"下有"之叟"二字，与上文"罪孙卿"不类，当系衍文。《年谱》所录此文，无此二字。

⑥ 李润苍：《章太炎与四川》，载《四川地方史研究专集》（"四川大学学报丛刊"第5辑），1980年版，第76页。

⑦ 《李源澄来书》，《制言》1935年第5期。

主于依杜以绝二传，尤符于先生之意，然于礼犹依违于孙、黄之宗郑；刘氏为《礼经旧说考略》及《周官古注集疏》以易郑注、符于先生说礼，而于《春秋》犹守贾、服，衡以先生之论，则章、刘于古学家法犹未能尽，翻不若先生论古学之精且严也"①。蒙文通尝受学于廖平、刘师培，又与章太炎过从论学，且谙熟皮锡瑞（1850—1908年）之学，其说可谓升堂入室、技经肯綮。今人金性尧（1916—2007年）亦云，"章氏很喜臧否人物，并且少所许可。但对于俞曲园及谭仲修二氏，却极其尊敬佩服，正如他之于廖平那样的'畏'"②。一个"畏"字，可谓画龙点睛、入乎三昧。

经由以上之叙述与辨析，对于以下一则公案，或似可有所察断。此则公案，来源于王森然（1895—1984年）的《廖平先生评传》与《章炳麟先生评传》。前者云，"后太炎谒文襄，出廖先生所为《条例》示太炎；而太炎《左氏故实（言）》窃诸己也。（此事为谢无量君闻先生言，见汪太冲《章太炎外纪》，四七页）由此可知先生在中国经学史上之地位矣"。后者云，"廖平初治《左氏春秋》，后治《穀梁》，以《穀梁》与《王制》出入，尝与张文襄论《左氏》，为成《条件（例）》若干事，后先生谒文襄，出廖所为《条例》示先生，而先生《左氏故实（言）》实窃诸己，此谢无量闻廖平言，然先生亦谓廖治《左氏》实窃诸己，询诸钱念劬，念老谓张南皮之识先生，实先见先生所为《左氏》，故谓有大才可治事，因属念老致此人"③。所云《条例》，或即《拟大统春秋条例》1卷。所云《春秋故言》，或即《检论》卷2所收《春秋故言》，但《检论》修订于1914至1915年，时间不合，故本处所指当即《春秋左传读》。1891年，章太炎开始撰写《春秋左传札记》，前后历时5年而成；1896年，此书方撰成，更名为"春秋左传读"，共9卷，凡900则。1898年3月，章太炎应张之洞之邀到湖北筹办《正学报》，旋因思想不合离去。可见，章太炎

---

① 蒙文通：《廖季平先生传》，《经学抉原》，上海人民出版社2006年版，第197、198页。
② 文载道（金性尧）：《谈蓟汉阁》，原载《古今半月刊》1944年第54期；转引自陈平原、杜玲玲编《追忆章太炎》（修订本），生活·读书·新知三联书店2009年版，第418页。
③ 王森然：《近代二十家评传》，书目文献出版社1987年版，第61、163—164页。笔者按：以上引文，标点有改动。一则增加了书名号，如《条例》；二则排印有误，如"条件"当作"条例"，"左氏故实"当作"春秋故言"。

在湖北为时甚短促，且《春秋左传读》已于此前成书。章太炎《春秋左氏读叙录序》云，"《春秋左传读》者，章炳麟著也。初名《杂记》，以所见辄录，不随经文编次，效臧氏《经义杂记》而为之也"①。于情理而言，《春秋左传读》容或有借鉴廖平之说者，抑或有受廖平之说启发而成者，但称之为"窃"，实则不可。诚如章氏所云，"自揣平生所获，与井研绝殊，然亦相知久矣。恨彼此奉手日少，不能使井研诎以从我，而己亦不得井研之砭厉"②。轻口薄舌而言"窃"，实则有诬于太炎也。

蒙文通，原名尔达，四川盐亭人。1911—1916 年，在四川存古学堂、四川国学院、四川国学学校从廖平、刘师培、吴之英治经学。1929 年，至支那内学院，从欧阳渐治佛学。1925 年起，先后执教于成都大学、成都师范大学、中央大学、河南大学、北京大学、河北女子师范学院（天津）、四川大学、东北大学（三台）、华西协合大学、金陵大学（成都）任教。中华人民共和国成立后，执教于华西协合大学、四川大学，并任中国科学院历史研究所研究员、学术委员。对经学、哲学（道学、佛学、理学）、史学颇多发明，对古代民族史与古代社会经济史贡献尤著。主要著作有《古学甄微》《古族甄微》《经史抉原》《古地甄微》《古史甄微》《道书辑校十种》《周秦少数民族研究》《经学抉原》《儒学五论》《中国史学史》《巴蜀古史论述》《越史丛考》等。所有著作，绝大部分收入"蒙文通文集"（6 卷，巴蜀书社，1987—2001 年版）。

蒙文通与章太炎有直接交往，其时间是 1933 年 3 月，地点是苏州和无锡。1933 年 3 月 13 日，蒙文通"自沪归金陵，过苏州谒章太炎先生，时陈柱尊等侍先生，'无锡国专'唐蔚之邀先生游无锡，先生嘱同往"。3 月 13 日下午，章太炎在"无锡国专"演讲一场。3 月 14 日上午和下午，章太炎在"省立"第三师范学校演讲两场。下午，章太炎演讲毕，"省立"第三师范学校校长陈谷岑又请蒙文通演讲。演讲结束后不久，章太炎一行即坐火车返回苏州。在无锡小住三数日中，蒙文通尝与章太炎"论及孔、佛优劣"。蒙文通回忆，"行间，先生每喜与余谈论，常命近坐，虽饮食亦时命坐旁"，"昕夕论对，将十余日，每至废寝忘食，几于

---

① 章太炎：《章太炎全集》（二），上海人民出版社 1982 年版，第 808 页。
② 章太炎：《与李源澄》，《章太炎书信集》，河北人民出版社 2003 年版，第 949 页。

无所不论,亦言无不罄",其间,蒙文通尝与章太炎论及今古文问题("六经之道同源,何以末流复有今、古之悬别")。蒙文通感叹,"余请益于先辈者多矣,毋固毋我,未有如余杭先生之可感者也","甚矣为学之难也"①。

李源澄,字浚清(又作俊卿),四川犍为人。1928年,考入四川国学专门学校,从蒙文通、伍非百(1890—1965年)学。1929年8—10月,因蒙文通之荐,李源澄至井研,从廖平问学二月,成为廖平关门弟子。1932年,入支那内学院,追随欧阳渐学习佛学。在南京支那内学院学习期间,与王恩洋甚善。1935年3月和7月,三次致函章太炎,讨论经学,均获章太炎回函。②(章太炎给李源澄的亲笔回信,至少有四封之多,于此,李源澄一直随身珍藏。③)同年9月许,应章太炎之邀至苏州,入"章氏国学讲习会",正式成为章门弟子。章太炎1936年复函钱玄同所云"目前康、廖门人亦尚有来此问业者"④,所指之一即李源澄。1936年6月14日章太炎去世后,李源澄应唐文治(1865—1954年)之邀,执教于无锡国学专修学校。1937年返回四川,先后任教于四川大学、浙江大学(时已内迁)、民族文化书院(云南大理)、西山书院(四川南充)、灵岩书院(四川灌县)、私立勉仁文学院(重庆)、四川教育学院等。1950年后,任教于西南师范学院,直至1958年病逝。⑤出版的著作有《诸子概论》《经

---

① 引号内的文字,出自蒙文通《治学杂语》,载蒙默编《蒙文通学记》(增补本),生活·读书·新知三联书店2006年版,第3—4、11—12页。笔者按,(一)《治学杂语》未标明具体日期,此据下引刘桂秋文补充日期;又,关于此行之事宜,亦参考刘文而成。刘桂秋:《章太炎无锡讲学活动考述》,《江南大学学报》(人文社会科学版)2008年第3期。(二)或将此事系年于1930年、1934年,误。如:(1)蒙默编:《蒙文通先生年谱》,载四川大学历史文化学院编《蒙文通先生诞辰110周年纪念文集》,线装书局2005年版,第420页。(2)蒙默:《蒙文通先生学术年表》,载《中国现代学术经典:廖平·蒙文通卷》,河北教育出版社1996年版,第689页。

② 章太炎的三封回信,均收入马勇编《章太炎书信集》,河北人民出版社2003年版,第949—952页。

③ 1967年6月6日,吴宓继续整理李源澄的遗物(来函),"其中有章太炎论学之亲笔书函四封"(吴宓著,吴学昭整理:《吴宓日记续编》,生活·读书·新知三联书店2006年版,第8册,第149页)。

④ 章太炎:《与钱玄同》,载《章太炎书信集》,河北人民出版社2003年版,第156页。

⑤ 关于李源澄之生平事迹,可参见王川《李源澄先生年谱》,载舒大刚主编《儒藏论坛》第3辑,四川大学出版社2009年版。

学通论》《秦汉史》《李源澄学术论著初稿》等。台北"中央研究院中国文哲研究所"林庆彰编有《李源澄著作目录》[①],著录专书6种、论文106篇。

章太炎于1936年6月去世后,李源澄于次月发表《章太炎先生学术述要》[②],以志师恩。文云,"以澄尝读其书而问业其人,谨愿以管窥之见,供之读者,或于认识先生,不无涓埃之助欤"。其于太炎之深情与厚意,可以想见矣。

蒙文通在《廖季平先生传》中所记叙的廖门弟子、蜀学俊彦,除一己之身外,还有三台陆海(1882—1953年,字香初)、崇庆彭举(1887—1966年,字云生)、巴县向承周(1895—1941年,字宗鲁)、犍为李源澄,并且对李源澄尤为推许。文云,"犍为李源澄俊卿,于及门中为最少,精熟先生三传之学,亦解言礼","能明廖师之义而宏其传者,俊卿其人也","能论廖氏之学者,倘在俊卿也",并且特别提到李源澄与章太炎的交往,"余杭章太炎善其文,延至苏州,为说《春秋》义于国学讲习会,俊卿守先生说以论章氏,人或言之太炎,太炎不以为忤。太炎谓闻人言廖氏学,及读其书不同,与其徒人论又不同,殆正谓俊卿也"[③]。蒙文通之所云,洵然有据也。1935年4月,章太炎回函李源澄,函云:"足下以井研高第,不自满足,而访道于衰老之士,甚非所敢承也。"[④] 1935年11月,章太炎在回函中云,"足下纠其弊是也。仆则以知人论世自任矣"[⑤]。李源澄由经学而子学而史学,且多有建树,蒙文通哲嗣、李源澄弟子蒙默谓之为"蜀学后劲"[⑥],洵非虚语。

(二)谢无量

谢无量,名大澄,字仲清,号希范,别号啬庵。四川乐至人。1901

---

① 参见林庆璋《李源澄著作目录》,《中国文哲研究通讯》2007年第4期。
② 参见李源澄《章太炎先生学术述要》,《中心评论》第17卷,1936。
③ 蒙文通:《廖季平先生传》,《经学抉原》,上海人民出版社2006年版,第200页。
④ 章太炎:《与李源澄》,《章太炎书信集》,河北人民出版社2003年版,第949页。
⑤ 马勇编:《章太炎书信集》,河北人民出版社2003年版,第952页。
⑥ 蒙默:《蜀学后劲——李源澄先生》,《西华大学学报》(哲学社会科学版)2008年第5期。

年，与马一浮、马君武等在上海创办《翻译世界》杂志，同时参加《苏报》《国民日报》的编辑工作。1903年，《苏报》案发，逃亡日本。1906年至北京，任《京报》主笔。1909年到成都，任存古学堂首任监督（校长）。1912年，存古学堂与国学院合并，成立四川国学院，吴之英任院正，谢无量、刘师培任院副。1912年7月出川，至南方各省游历。后至上海，任中华书局编辑，潜心著述，成书十余种。1917年，在上海结识孙中山，随其左右从事革命。孙中山去世后，谢无量因失望而沉默，转而潜心改志，将大部分精力用于教育、学术和艺术。20世纪三四十年代，先后执教于南京东南大学（后名中央大学）、中国公学、复性书院、四川大学等。40年代，担任台湾当局"主管部门"重要职务。1950年后，历任川西文物管理委员会委员、川西博物馆馆长、四川省文史研究馆馆员、四川省政协委员。1956年任中国人民大学教授，1960年任中央文史研究馆副馆长。工书擅诗，长于文学。书法独创一格，世称"孩儿体"。生平著述颇丰，成书32种之多，如《伦理学精义》《阳明学派》《孔子》《韩非》《朱子学派》《佛学大纲》《中国哲学史》《中国妇女文学史》《中国六大文豪》《王充哲学》《中国大文学史》《诗经研究》《楚词新论》《古代政治思想研究》《平民文学之两大文豪》《李白》《中国古田制考》《谢无量自写诗卷》《谢无量书法》等。①

1903年，谢无量在上海结识了章太炎、邹容、章士钊、刘师培等人，并参与《苏报》《国民日日报》的编辑和撰稿。7月（时为闰五月），《苏报》案发，章太炎、邹容被捕，谢无量积极撰文并想方设法营救。营救无果后逃亡日本，在东京补习日、英、德文。谢无量虽然与章太炎有所交往，但影响似乎不大。

（三）吴玉章

吴玉章，原名永珊，字玉章，号树人。四川荣县人。1903年留学日本，1906年加入同盟会，任评议部评议员。1907年，在日本主持《四川》杂志。1910年回国，参加广州起义准备工作。1913年，参加反袁起

---

① 参见彭华《谢无量年谱》（附：论著提要），载舒大刚主编《儒藏论坛》第3辑，四川大学出版社2009年版。

义，失败后流亡法国。1915—1916 年，先后与蔡元培等倡办留法勤工俭学会和华法教育学会。1922 年，任成都高等师范学校校长。1925 年，加入中国共产党，任中法大学校长。1927 年参加南昌起义，任革命委员会秘书长。1927 年冬去苏联，在莫斯科东方劳动者共产主义大学学习和工作。1938 年回国后，历任延安鲁迅艺术学院院长、延安大学校长和陕甘宁边区政府文化教育委员会主任。抗日战争胜利后，任四川省委书记、华北大学校长。中华人民共和国成立后，任中国人民大学校长、中国教育工会主任、国务院文字改革委员会主任。著有《中国新文字的新文法》《中国文字的源流及其改革的方案》《中国历史教程绪论》《历史文集》《文字改革文集》《辛亥革命》《论辛亥革命》《五十周年忆辛亥》《吴玉章回忆录》《吴玉章诗选》等。

李润苍说，"四川到日本留学的青年，与章太炎有关系的也不少。第一个要算是荣县吴玉章（永珊）同志"[1]。在《辛亥革命》一书中，吴玉章比较详细地追忆了自己与章太炎的交往。吴玉章说，"我走上革命道路，认真地分析起来，更重要的原因还是时代思潮的发展对我所起的影响"，其中有康有为、梁启超的改良主义思想和章太炎等人倡导的反满复汉的民族革命思想，并且特别提到邹容的《革命军》和章太炎的《驳康有为论革命书》，"我在去日本的途中，就已经呼吸到了革命的空气，到日本以后，又受到了更多的革命思想的影响，而且还参加了抗俄学生运动，这样，改良主义思想在我头脑中就逐渐丧失了地位。……所以当我读了邹容的《革命军》等文章以后，我在思想上便完全和改良主义决裂了"。1907 年 12 月 5 日，《四川》在日本东京创刊。这是四川留日学生继《鹃声》之后所办的第二个革命刊物，由吴永珊（玉章）主持刊物的工作。"当我们在顺利地创办《四川》杂志的时候，《民报》正遭遇到极大的困难。由于经费不继，章太炎等人几乎有断炊之虞。他派陶成章到南洋去募捐，也无结果，因南洋华侨与兴中会关系较深而与光复会素少联系。因此，章大骂孙中山先生不支持他办《民报》。其实，孙中山先生这时到处搞武装起义都遭失败，也很困难。章的埋怨徒然暴露了同盟会内

---

[1] 李润苍：《章太炎与四川》，载《四川地方史研究专集》（"四川大学学报丛刊"第 5 辑），1980 年版，第 74 页。

部派系之间的裂痕。看到这种情形，我觉得孙中山先生既无过错，而章太炎也可以原谅，于是便极力设法弥补。当时四川留日学生很多，并且很多人都已参加了同盟会，我便为《民报》向他们募捐，他们都很踊跃地捐输。……我把捐到的钱交与章太炎去维持生活，他很感动地说：'同盟会中只有四川人才是好的，才靠得住。'他这话虽是对四川同盟会员的夸奖，并且出自衷心，但却是错误的。章太炎的门户之见过深了，所以到处都流露出来，无怪其后来走向分裂革命的道路。""1908年秋后，唐绍仪被清朝政府派为专使访问美国。他路过日本的时候，秉承着清朝政府的意旨，要求日本政府查禁《民报》和《四川》杂志。我和章太炎为此都吃了官司。《民报》被控为'激扬暗杀、破坏治安'，除罚金外，并禁止发行。至于《四川》杂志，日本帝国主义故意把问题搞得更严重，不但罚金更多，而且判了我半年的徒刑。"① 因此，汪荣祖认为，由于"《苏报》案"的深远影响，"当时许多热血青年即因此趋向革命的道路，吴玉章就是其中之一人"②，此论不虚。

吴玉章在长期革命教育的实践中，倡导根据文字的科学化、国际化和大众化原则，推行汉字简化和汉语拼音方案，实即受章太炎影响。

（四）东京"国学讲习会"时期

1906—1911年，章太炎在东京举办"国学讲习会"，"听讲的人以浙人、川人为多"。前往听讲的四川籍人士，有任鸿隽、任鸿年兄弟及曾通一、童显汉、陈嗣煌、邓胥功、钟正楸、贺孝齐、李雨田等人。③

任鸿隽（1886—1961年），字叔永。祖籍浙江吴兴，生于重庆垫江，

---

① 吴玉章：《辛亥革命》，人民出版社1961年版，第57—99页。顺便指出，陈平原、杜玲玲编《追忆章太炎》（修订本）节录了吴玉章《辛亥革命·办〈四川〉杂志》（生活·读书·新知三联书店2009年版，第218页），所标示的《辛亥革命》的出版信息如下，"人民出版社1969年"。按：所标示的版本信息有误，当更正为"1961年9月"。

② 汪荣祖：《康章合论》，中华书局2008年版，第80页。笔者按：汪氏此论所引据的资料，即吴玉章的《辛亥革命》。

③ 参见任鸿隽《记章太炎先生》，原载《文史资料选辑》1961年第8期；后收入陈平原、杜玲玲《追忆章太炎》（修订本），生活·读书·新知三联书店2009年版，第211页。顺便指出，《文史资料选辑》第94辑所刊任鸿隽《章太炎先生东京讲学琐记》一文（文史资料出版社1984年版，第75—77页），实即《记章太炎先生》，但文字有比较大的删削。

后改籍为巴县。1908年留学日本，次年加入同盟会，曾任同盟会四川分会书记、会长。辛亥革命后回国，任南京临时政府总统府秘书。后南京临时政府北迁，任国务院秘书，旋赴天津办《民意报》。1913年留学美国，入康奈尔大学。1914年6月10日，发起成立"中国科学社"（The Science Society of China），任董事长兼社长（赵元任为书记，杨杏佛为编辑社主任，胡明复为会计，周仁、秉志等五人为首任理事）。1915年1月，开始编印《科学》杂志。另外，还编辑出版《科学画报》、《科学季刊》、《中国科学社生物研究所丛刊》、"科学丛书"、"科学译丛"、"科学史丛书"等。1917年获康奈尔大学化学学士学位，1918年获哥伦比亚大学化学硕士学位。回国后，任北洋政府教育部专门教育司司长、北京大学教授、商务印书馆编辑、东南大学副校长。1935年任四川大学校长，由于对校务进行多方面的改革，对尊经重礼的传统有所冲击，因而受到攻击，遂于1937年7月愤然辞职。1938年被聘为国民参政会参政员，任台北"中央研究院"秘书长、总干事兼化学研究所所长。抗日战争胜利后，任中国科学社社长，不久赴美考察。1947年回国，埋头著述，写出《最近百年化学的进展》《大宇宙和小宇宙》《科学概论》，以及自传体《前尘琐记》等专著。中华人民共和国成立后，任全国政协委员、上海图书馆馆长等职。遗留著作颇多，诗、文均佳。

任鸿隽说，"我认识太炎先生是他在日本东京主持《民报》编辑时代，而读到他的文章则尚早，我在中学时就读了他的《答康长素书》。觉得他的议论精辟，辞语尔雅，在当时谈革命的文字中可谓独树一帜。就在这个时候，又读到他的《訄书》。……从此对于太炎先生的思想文笔我是五体投地地佩服的"①。1908年，任鸿隽留学日本。是时，章太炎正在日本主编同盟会机关报——《民报》，与改良派展开论战，同时还组织了一个讲习班进行讲学。任鸿隽非常崇拜章氏，并从他学习段玉裁的《说文解字注》、郝懿行的《尔雅义疏》、王念孙的《广雅疏证》和《庄子》等书，"对形声、训诂、诸子源流之学等都颇有所获，尤其是对所讲革命

---

① 任鸿隽：《记章太炎先生》，载《追忆章太炎》（修订本），生活·读书·新知三联书店2009年版，第210页。

道理，深受影响"①。由此看来，章太炎对任鸿隽的影响是比较大的。

钟正楙（1886—1963年），字稚琚，四川永川（今属重庆市永川区）人。留学日本，毕业于日本东京高等师范学校，参加同盟会。1912年回国后，任四川高等师范学校、四川省立第四师范学校校长，武昌高等师范学校国文史地部主任等职。1928—1943年，任华西协合大学国文研究所教授。1944—1946年，在南充任中学教员。1947年起，任四川省立教育学院、女子师范学院中文系教授。1950年，任西南师范学院中文系教授。

根据任鸿隽的回忆，钟正楙是前往东京"国学讲习会"听章太炎讲课的川人中的一员（出处同上）。其后，钟正楙仍与章太炎保持着联系。1909年1月20日，钟正楙曾致函章太炎。次日，章太炎即提笔回复。章太炎的回信，其内容以论学为主，信末云，"有意踵门，更容深语。仆近著《庄子解诂》，杂文亦编次略就，愿得足下观之也"②。由此可见，钟正楙在章太炎心目中的地位实属不低。1918年5月24日，章太炎离川东行、途经万县之时，曾应时任四川省立第四师范学校校长（创校校长）的钟正楙之请，专程至该校考察，并为学校题写校训，且用篆文亲笔书写校训，又为学校礼堂题写门额"树之表旗"。次日，章太炎在全校师生欢迎大会上发表激烈演说。③ 二人师生感情之深厚，由此可见一斑。晚年的钟正楙，对恩师章太炎一直深情不忘。1959年12月1日，钟正楙在赖以庄（1891—1966年）的陪同下拜访吴宓，专门"谈1915年在北京章太炎先生座间识黄晦闻师"④。

李植（1885—1975年），字培甫，四川垫江人。早年入四川高等学堂肄业，并加入同盟会。后赴日本早稻田大学留学，又跟随章太炎习国学。武昌起义爆发后返回四川，参加反清斗争，任大汉四川军政府参赞。不久即退出政坛，从事治学和教育工作。历任成都高等师范学校、成都大

---

① 赵慧芝：《任鸿隽年谱》，《中国科技史料》1988年第2期。
② 章太炎：《与钟正楙》，载《章太炎书信集》，河北人民出版社2003年版，第252页。
③ 参见陶梅岑：《章太炎在万县四川省立第四师范题辞讲演》，《文史杂志》1987年第3期。
④ 吴宓著，吴学昭整理：《吴宓日记续编》，生活·读书·新知三联书店2006年版，第4册，第236页。

学、四川大学、华西协合大学、成华大学等校教授,一度任成都高等师范学校国文部主任、四川大学及成华大学中文系主任。对文字、音韵钻研较深,造诣较高,兼工散文和诗歌。著有《声韵学》《异平同入考》《古今声类损益说》《叠韵释例》《双声释例》等。

章太炎去世后,李植发表《余杭章先生事略》一文,情深义重,溢于言表;忧思之情,扬诸笔端。文云,"其持论以民族主义为根,推之礼俗政教,壹准国情民性,不屑屑皮傅远西,亦不肯曲随庸众","先生所策国家大计,往往不幸而言中,此固华夏民族之不幸,非独先生一人之不幸也","其教人治学,壹本忠恕,尤喜诵言儒侠;平生制行,要不越十五儒之域。今者先生既没,知与不知,皆以学绝道丧相告。窃谓先生之学,诚骏极不可企望,然必如先生为人行事,始足以副其所学而无忤。故举见见闻闻,以告于邦人君子,有以知先生之志业多有未竟者也"①。

1936年9月27日,四川省各界公祭章太炎。挽联数以千计,以悬挂在中央章太炎遗像两旁的公挽联最为引人注目。该联集句而成,即出自李植手笔,"富贵不能淫,贫贱不能移,威武不能屈;泰山其颓乎,梁木其坏乎,哲人其萎乎"②。

李炳英(1889—1957年),名蔚芬,四川中江人。1908年留学日本,毕业于东京弘文学院。辛亥革命爆发后回国,曾任天津《民意报》编辑,四川督军署(府)、四川讨袁军总司令部秘书,四川省参议会参议员。后熊克武被蒋介石软禁,李炳英在李培甫的帮助下转入教育界,曾任成都大学、华西协合大学教授,四川大学教授兼中文系主任,成华大学教授兼文学院院长,川北大学教授兼中文系主任。中华人民共和国成立后,历任川北大学、四川师范学院中文系教授兼系主任,南充市政协副主席,四川省文史研究馆副馆长。著作有《孟子文选》、《庄子文选》(未完

---

① 李植:《余杭章先生事略》,原载《华西学报》1936年第4期;后收入陈平原、杜玲玲编《追忆章太炎》(修订本),生活·读书·新知三联书店2009年版,第5—9页。以上引文,出自后者,第7—9页。

② 朱寄尧:《一九三六年四川公祭章太炎先生大会纪实》,《文史杂志》1994年第4期。笔者按:上联出自《孟子·滕文公下》,下联出自《礼记·檀弓上》。朱寄尧(1917—2002年)所记联语作"富贵不能淫,贫贱不能屈,威武不能移;泰山其颓乎,梁木其朽乎,哲人其萎乎",文字有误。

成)、《史记讲义》、《庄子补注》、《诸子概说》(译作)等。

在日本留学期间,李炳英与熊克武、但懋辛、李培甫诸人交谊甚厚,又在章太炎门下听讲《庄子》《说文解字》《楚辞》等。"章太炎在讲学的同学(时),大力宣传革命,李炳英遂于此时参加了同盟会。"①

邓胥功(1888—1976年),字只淳,四川巴县人。1906年参加同盟会,曾任同盟会四川支部长,积极从事反清革命活动。1907年赴日留学,1915年毕业于东京高等师范学校。回国后,历任南京临时政府总统府秘书,成都高等师范学校教授、教务长、代理校长兼《四川教育杂志》主编,暨南大学教授兼师范科主任,成都大学教授,四川大学教授、教育学院院长、教育系主任、师范学院院长等职。1952年,调西南师范学院任教,主讲《中国教育史》。中华人民共和国成立后,先后任四川省教育委员会委员,第一、二、三届省人大代表。1960年,参加《四川省志·教育志》编辑工作。对中小学教育有较深的研究,为四川教育事业的发展作出了较大贡献。撰有《教育学大纲》(上、下卷)、《教育通论》等。

根据任鸿隽的回忆,邓胥功也是前往东京"国学讲习会"听章太炎讲课的川人中的一员(出处同上)。

(五) 向楚

向楚(1877—1961年),字先侨,一作先樵、仙樵,号龈公。四川巴县人。早年师从于东川书院赵熙(1867—1948年),被誉为"赵门三杰"之首(另二人是周善培、江庸)。1902年中举,曾任内阁中书。先后在泸州、广东、重庆、叙永等地任教。1906年加入同盟会,投身反清革命活动。1911年蜀军政府成立,任秘书院院长,负责蜀军政府的日常工作。1913年"二次革命"失败后逃亡上海,1913年加入"中华革命党"。1917年,任广东"护法军政府"秘书。次年返回四川,先后任四川省政府政务厅长、代理教育厅长,成都高等师范学校教授兼国文部主任,四川大学教授、文学院院长、代理校长。中华人民共和国成立后,调任四川省文史馆副馆长,并当选为四川省人大代表及省政协委员。工古文辞

---

① 屈守元:《李炳英》,载任一民主编《四川近现代人物传》第6辑,四川大学出版社1990年版,第356页。

及诗，尤长于音韵文字学。主修《民国巴县志》，撰有《舣公学术论著》等，并有多篇辛亥革命文史资料（如《蜀军政府成立前后》《杨庶堪传》等）。孙中山曾亲书"蔚为儒宗"四字横匾为赠。

向楚早年曾细读、圈点章太炎的《訄书》，对章氏的音韵学颇为推崇。他曾和四川大学教授华阳林思进（1873—1953年）、成都龚道耕（1876—1941年）一起，借助成都著名藏书家严式诲（1890—1976年）之力，刻印一部《音韵学丛书》，凡32种123卷。1935年8月，特别请章太炎作序评价。在他的著作中，常引章氏之说。1918年，章太炎路过重庆，留四月，曾住在向楚家里，讲过学，提倡读《资治通鉴》《文献通考》《读史方舆纪要》。[①] 四川大学图书馆（文理馆古籍善本书室）藏有章太炎线装本著作两种——《小学答问》和《菿汉昌言》，上有向楚印章。[②]

（六）徐耒刍

徐耒刍（1895—1969年），号耒叟，四川南部人。幼年学刊刻，此后自学经史古籍，兼习书画，皆极勤奋。1929年，在上海从章太炎学习国学和书画。1939年，任22集团军第124师师长曾甦元（1896—1960年，四川广汉人）秘书。日本投降后，返回南部，从事书画创作，后担任南部中学教师。1961年，任县政协副秘书长。"文化大革命"中，受冲击，后卒于家。徐耒刍于绘画、书法及篆刻等，都有颇高成就。其绘画，最突出的是山水画，"笔墨超脱，意趣清新"。篆刻与书法成就，早于他的绘画。他作印章不用夹具，仅左手握石，右手仗刀，信手单刀而刻，便天然优雅。取前人"清、真、神、韵"四字，另加"狂"字，作为学诗之诀。诗作雄奇恣纵。据云，有《战地集》《在外集》诗歌两集，惜乎不传。所作零星诗篇，收入《南部诗歌选辑》。

钱玄同在1933年1月2日的日记中，记载了章门弟子录的有关信息，

---

① 本段内容，来源于李润苍《章太炎与四川》，载《四川地方史研究专集》（"四川大学学报丛刊"第5辑），1980年版，第75—76页。
② 参见陶禹《"余生兵火沧桑外，老客花城锦水间"——向楚先生任教川大事略》，载曹顺庆等主编《濯锦录：名宿与旧事中的百年川大》（第2卷），四川大学出版社2016年版。按：原文说此二书系章太炎手稿，不确切。经查，二书实系线装本。

其中赫然就有陈嗣煌、钟正楸、徐耘斗。① 1936 年 9 月 27 日，四川省各界公祭章太炎。三面墙壁牵挂挽联数以千计，且有章太炎为徐耘斗所写各体字幅。其中一联是"季布无二诺，侯嬴重一言"，上题"耘斗老弟"，下署"章炳麟"。"对联写得特别凝重，字大尺许，力透纸背，观者无不称赞。"②

（七）赵少咸及其弟子

赵少咸（1884—1966 年），名世忠，字少咸。四川成都人，祖籍安徽休宁。早年毕业于四川高等学堂，师事莫友芝（1811—1871 年）的学生祝彦和。曾先后执教于成都石室中学、成都高等师范学校、成都大学、华西协合大学等，20 世纪 40 年代后一直任教于四川大学。精通音韵文字之学，程千帆（1913—2000 年）誉之为"近世小学之大师"，"盖自乾嘉以来，三百年中，为斯学者，既精且专，先生一人而已"③。其学生中知名者，有殷孟伦、徐仁甫等。子赵幼文（1906—1993 年）、赵吕甫（1919—1999 年），孙赵振铎，皆学有所成，且多所建树。著作有《〈广韵〉疏证》（28 册，300 万字，存残稿 8 册）、《〈经典释文〉集说附笺》（30 多卷，300 万字，存残稿 9 卷）、《新校〈广韵〉》、《古今切语表》、《〈说文〉集注》（14 卷，存抄本）、《〈广韵〉谐声表》（山东大学油印本）等专著，均未正式出版；论文有《新校〈广韵〉叙例》、《古今切语表叙》、《斠殷》、《跋十三经音略》、《史籀篇疏证辨》、《批判胡适的〈入声考〉》（合作）、《谈反切》、《〈广韵〉和〈广韵疏证〉》、《〈切韵序〉注释》（其长女赵苑云整理补辑）等。2010 年，其皇皇巨著《〈广韵〉疏证》（套装 10 册）经整理后由巴蜀书社出版。

赵少咸在学术上与章炳麟、黄侃交往密切，深受其影响。曾仔细批点章太炎《文始》等书，并把章氏《文始》《小学答问》作为初学者入门之书。在其《〈说文〉集注》等著作中，多次引用章太炎的说法。章太炎曾赠送赵少咸一幅杜诗联句，"青松恨不高千尺，恶竹应须斩万竿"，

---

① 参见鲁迅博物馆编《钱玄同日记》，福建教育出版社 2002 年版，第 9 册。
② 朱寄尧：《一九三六年四川公祭章太炎先生大会纪实》，《文史杂志》1994 年第 4 期。
③ 程千帆：《〈赵少咸先生遗著〉序》，《俭腹抄》，上海文艺出版社 1998 年版，第 399 页。

赵少咸因此自号"青松堂"①。1989年3月30日至4月1日,"章太炎、黄季刚国际学术研讨会"在香港大学举行。四川大学赵振铎教授与会,提交的论文是《论章太炎、黄季刚在中国语言学史上的地位》。

殷孟伦（1908—1988年）,字石臞,四川郫县人。早年在成都读书,曾受业于著名诗家林思进、经学家龚道耕、史学家祝同曾、语言文字学家赵少咸②。后入南雍,从黄侃问学,并接受过章太炎的启发和指导。1932年,毕业于台湾"中央大学"中国文学系。1935—1936年,留学于日本东京帝国大学。归国后,历任四川大学中文系教授、系主任、文科研究所召集人及指导教师,中央大学中文系副教授。1953年起,调任山东大学中文系教授,兼古汉语教研室主任、语言教研室主任、校学术委员会委员,《文史哲》编委,山东语言学会理事长,中国语言学会理事,中国音韵学研究会顾问等。著作有《中国语文学概说》（1949年）、《中国语言文字学导论》（1949年）、《汉魏六朝百三家集题辞注》（1960年）、《古汉语简论》（1979年）、《子云乡人类稿》（1985年）、《商君书新注》（集体,1975年）、《中国古典文学名著题解》（合著,1980年）等。

1932年春,章太炎北上讲学,先后讲学于燕京大学、北京师范大学和北京大学。3月29日,黄侃的学生汪绍楹、陆宗达、骆鸿凯、朱家齐、周复、沈仁坚、殷孟伦、谢震孚等8人做东,宴请章太炎。③。

（八）苏州"章氏国学讲习会"时期

1935—1936年,章太炎在苏州开办"章氏国学讲习会"。其时入会学习的四川籍人士亦复不少,有杜钢百、傅平骧、周光武、李恕一等人。

杜钢百,原名文炼,字钢百,以字行。四川广安人。1920年入成都高等师范学校文史部,并随廖平研习经学。1924年赴北京,就读于北京大学国学研究所。1925年考入清华国学研究院,从王国维、梁启超研究经史。1926年夏毕业,随后返回四川,任四川省图书馆馆长,并在中国

---

① 本段内容,来源于李润苍《章太炎与四川》,载《四川地方史研究专集》（"四川大学学报丛刊"第5辑）,1980年版,第75页。

② 赵少咸又是殷孟伦的岳父。

③ 参见桑兵《章太炎晚年北游讲学的文化象征》,《历史研究》2002年第4期。

共产党领导下从事统战工作。1927年"大革命"失败后,离川东下,隐居于杭州西湖广化寺,旋受聘为大学院著作委员会委员。次年赴武汉,任武汉大学教授兼武昌文华图书馆学专科学校教授。1929年秋,东游日本。一年后回国,先后任中山大学教授、暨南大学教授兼图书馆馆长、中国公学教授。同时,还积极参加进步活动,曾任上海各大学教职员联合会常委、中外文化协会副理事长等。抗日战争和解放战争时期,在重庆先后创办草堂国学专科学校及东方人文学院,以研习经史为主要内容。又与杜枡生等共同组织建国教育社等团体,同时与严郁文等发起成立重庆图书馆协会,任副理事长。中华人民共和国成立后,任西南师范学院历史系教授,讲授过《中国古代史》《中国近代史》《中国史学史》《中国政治思想史》《中国教育史》《历史要籍介绍及选读》等课程;并先后担任重庆市政协委员、重庆市人大代表、民革四川省委常委、四川省政协委员、民革中央团结委员会委员。著作有《名原考异》、《先秦经学微故》(未发表)、《群经概论》、《经学通史》、《中庸伪书考》、《春秋讲义》、《诗经研究》(未付印)、《老子章句述义》(未付印)、《通假字典》(未付印)、《三易考略》(未付印)、《孔修春秋异于旧史文体考》、《公羊穀梁为卜高一人异名考》、《与冯友兰论孔子哲学》等。

　　章太炎晚年在苏州开办"章氏国学讲习会",杜钢百与其清华国学院同学高亨、姜亮夫、蒋天枢等均加入了讲习会。姜亮夫回忆,"初谒先生时,先生知不佞为海宁王静安先生弟子,即谓治小学当以许书为准"①。

　　李恕一,四川南充人。周光武,四川江津人。二人均为苏州"章氏国学讲习会"入会会员,但生平事迹不详。李润苍说,"江津周光武、绵竹傅平骧、南充李恕一等均是当时弟子。后来他们长期从事教育工作,多半传章氏之学"②。汤炳正说,"四川同学李源澄等,在外面成立了专吃辣味的伙食团;我跟一些北方人,也成立专吃面食的伙食团"③。既然能

---

① 一士(徐一士):《章太炎弟子论述师说》,载陈平原、杜玲玲编《追忆章太炎》(修订本),生活·读书·新知三联书店2009年版,第334页。
② 李润苍:《章太炎与四川》,载《四川地方史研究专集》("四川大学学报丛刊"第5辑),1980年版,第76页。
③ 汤炳正:《忆太炎先生》,原载《中国文化》1993年第8期;后收入陈平原、杜玲玲编《追忆章太炎》(修订本),生活·读书·新知三联书店2009年版,第364页。

成立"专吃辣味的伙食团",可见当时的"四川同学"委实不少。

傅平骧（1909—2004 年），四川绵竹人。在四川期间，尝从赵少咸、蒙文通学。1935 年 2 月，中国文学院（傅平骧创办）解散，遂东下苏州，入"章氏国学讲习会"，成为章太炎弟子。1945 年春，李源澄在四川灌县创办灵岩书院，邀请傅平骧任教。曾任绵竹县女子初级中学校长、绵竹县民教馆馆长。中华人民共和国成立后，执教于南充师范学院（今西华师范大学）。发表论文《〈闻见杂录〉非苏舜钦撰》《苏舜钦交游诗文系年》《论四部丛刊〈丹渊集〉版本及其渊源》等，与人合著《四川历代文化名人辞典》。

（九）汤炳正

汤炳正（1910—1998 年），字景麟，室名渊研楼。山东荣成人。1935 年大学毕业后，考入苏州"章氏国学讲习会"研究班，受业于章太炎。章太炎曾称其为"承继绝学唯一有望之人"[1]，太炎先生对他期望之高、欣赏之甚，由此可见一斑。1944 年入川，受伍非百之聘，为（四川南充）西山书院教授，并先后受聘为贵阳师范学院、贵州大学教授。中华人民共和国成立后，一直任四川师范大学（前身为公立川北大学、四川师范学院）教授，并曾担任中国屈原学会会长、中国训诂学会学术委员、《楚辞研究》主编、中国诗经学会和章太炎研究会顾问。著有《屈赋新探》《楚辞类稿》《楚辞今注》《渊研楼屈学存稿》《楚辞讲座》《语言之起源》等，主编《楚辞欣赏》等。

汤炳正说，"我之得知太炎先生，是十四五岁在家乡读书之时"，"那时我喜欢书法，一次从商务印书馆邮购影印古拓《华山碑》一册，后有太炎先生跋语"，"读跋语，深佩先生言简意赅，论断精辟"，入"章氏国学讲习会"后，"我是单独拜谒最频繁的一个"[2]。1936 年 6 月章太炎去世后，"国内外学术界的挽诗挽联很多"，汤炳正"竟没有写下诗、联以寄哀"，

---

[1] 《国葬章太炎》，天津《大公报》1936 年 6 月 17 日；转引自汤序波《汤炳正传》，华龄出版社 2010 年版，第 57 页。

[2] 汤炳正：《忆太炎先生》，载陈平原、杜玲玲编《追忆章太炎》（修订本），生活·读书·新知三联书店 2009 年版，第 362—364 页。

"同门师友多怪之",他自己也觉得"遗憾得很"①。毕竟,汤炳正"终生最感念的人无疑还是章太炎先生"②。1980年,汤炳正参加《章太炎全集》整理工作。1986年6月14—17日,章太炎逝世50周年纪念会暨学术讨论会在杭州举行。作为章门弟子,汤炳正出席了会议,并且提交了论文,其间,汤炳正"曾拜谒了南屏山下的先生墓,行三鞠躬礼"③。1991年4月,汤炳正应杭州章太炎纪念馆之约,为该馆撰写楹联一副。

回溯汤炳正的学术人生,"有两位先生起到至关重要的作用",一位是其同乡姜忠奎(1897—1945年),另一位就是章太炎。④ 在学术思想与治学方法上,汤炳正深受章太炎影响,又能随时代发展而不断前进。治学严谨,能于小中见大,于现象中求规律,对屈赋中许多千秋难解之谜,提出新的结论与答案,受到中外学术界重视。今人云,"以语言文字为突破口,结合多门学科综合研究,'微观''宏观'交相为用,努力探求事物的规律,这是汤炳正教授的治学特点"⑤。

(十)庞俊

庞俊(1895—1964),名俊,初字少白,因慕白石道人姜夔(约1155—约1221)歌词,更字石帚。四川綦江人,生于成都。因家贫辍学,自学成才。历任华阳县立中学(今成都三中)、成都联立中学(今成都石室中学)教员,成都高等师范学校教授、成都师范大学教授兼中文系主任、四川大学教授、华西协合大学教授兼中文系主任、光华大学(后改名为"成华大学")教授兼中文系主任。中华人民共和国成立后,任四川大学中文系教授兼古典文学研究室主任。对中国古典文学有较深的研究,

---

① 汤炳正:《忆太炎先生》,载陈平原、杜玲玲编《追忆章太炎》(修订本),生活·读书·新知三联书店2009年版,第362页。

② 汤序波:《汤炳正先生的学术历程:景麟公百年纪念》,《中国文化》2010年第1期(总第31期)。

③ 汤炳正:《忆太炎先生》,载陈平原、杜玲玲编《追忆章太炎》(修订本),生活·读书·新知三联书店2009年版,第376页。

④ 汤序波:《汤炳正先生的学术历程:景麟公百年纪念》,《中国文化》2010年第1期(总第31期)。

⑤ 熊良智:《汤炳正治学述略》,载《汤炳正论楚辞》,上海科学技术文献出版社2008年版,第4—5页。

博通经史诸子；工诗词，以诗见赏于赵熙、林思进、向楚诸人，"但他的志向却是要做一个学者"①。著有《国故论衡疏证》《养晴室笔记》《养晴室遗集》等。

庞俊一度远足大江南北，寻访海内硕学大儒，因此得以结识黄节（1873—1935 年）、柳诒徵（1880—1956 年）、陈寅恪诸人，尝欲往苏州拜谒章太炎，惜乎因事而未果。虽然因机缘不凑巧而无由謦欬与闻，但这并不妨碍庞俊对章太炎的敬仰与推崇。庞俊一直自称是章太炎的"私淑弟子"，与四川大学同事李植、李蔚芬一起，被时人并称为传章氏之学的"一庞二李"。② 在从事《中国文学批评》等课程的教学中，庞俊"以刘勰的《文心雕龙》、章太炎的《国故论衡》（中、下卷）为教材"③。1936 年 6 月章太炎去世后，庞俊于当年 9 月发表《章先生学术述略》一文。庞俊在文中说："昔休宁戴氏之论学也，其言曰：'学有三难：淹博难、识断难、精审准。'以是为衡，近世学者，兼此三长，厥为章先生。语其卓绝，实为三百年来所未有，此天下之公论也。"④ 由此可见，庞俊对章太炎是何等推崇！

尤其值得称道的是，庞俊尝苦心勠力而作《国故论衡疏证》。成书后，庞俊曾将其中的一篇寄呈章太炎，但因章太炎不久去世而无下文。1940 年，该书作为"华西大学丛书"第五种出版⑤；2008 年，该书由中华书局出版。评者云，庞俊所撰《国故论衡疏证》，"不仅对于章氏原著所涉及的经子文史以至佛典、域外之书，一一为之寻根究底，辨别是非，而且章书的意蕴

---

① 屈守元：《庞石帚》，载任一民主编《四川近现代人物传》第 6 辑，四川大学出版社 1990 年版，第 352 页。

② 李润苍：《章太炎与四川》，载《四川地方史研究专集》（"四川大学学报丛刊"第 5 辑），1980 年版，第 75 页。

③ 屈守元：《庞石帚》，载任一民主编《四川近现代人物传》第 6 辑，四川大学出版社 1990 年版，第 352—353 页。

④ 庞俊：《章先生学术述略》，原载《制言》1936 年第 25 期；后收入章念驰编《章太炎生平与学术》，生活·读书·新知三联书店 1988 年版，第 20 页。

⑤ 附带说明：姜义华在其所作两种《章太炎评传》中，在"主要参考文献"或"主要参考书目"的"章太炎著作注疏本"或"章炳麟著作注疏本"一类下均列有《国故论衡疏证》一书，而所标明的信息是"华西大学国学丛书 1940 年版"；其余诸书，都标明了作者，惟独此书无作者信息，不知何故。详见氏著以下二书：（1）《章太炎评传》，百花洲文艺出版社 2010 年第 2 版，第 312 页；（2）《章太炎评传》，南京大学出版社 2002 年版，第 737 页。

宗旨，字词章句，无不沿波探原，发微解惑，涣然冰释，怡然理顺"，"这确实是很有价值的博大精深著作"①，由此，庞俊"可谓章氏功臣"②。

三 尾声：纪念与感想

（一）章太炎的四川之行

同样作为国学大师的章太炎和王国维，二人均与四川有不解之缘。与王国维有直接交往的四川籍学人有12人之多③，而与章太炎有直接交往的四川籍学人则有20余人之多（如果加上革命人士，则有40人许）；但与章太炎完全不同的是，王国维从未到过四川，而章太炎则有四川之行，且为时长达数月之久。

1917年9月，军政府成立于广州，"非常国会"推举孙中山为大元帅，唐继尧（1883—1927年）、陆荣廷（1856—1928年）为元帅，展开护法运动。孙中山任命章太炎为军政府秘书长。章太炎作为孙中山的全权代表，以争取唐继尧为由，经香港前往云南，对滇军进行说服。11月，唐继尧组织滇黔靖国联军进军四川，章太炎被任命为联军总参议，随营行动。12月4日，滇黔靖国联军攻占重庆。孙中山、章太炎一再要求唐继尧率军顺流东下，但被唐继尧拒绝，章太炎遂离开唐继尧驻地云南毕节，前往东川，打算在泸州设立"军政府驻川临时办事处"。1918年1月10日，章太炎到达重庆。1月12日④，正值章太炎五十寿辰，重庆各界为其举行欢迎暨祝寿会。章太炎颇为感动，他首先在演讲中说，"今日各界欢迎祝寿，感谢感谢。余在东京与四川友人相见甚多，兹由熊锦帆先生介绍又与各界相见"。其后，章太炎语重心长而又充满悲忧地论及时下的严峻形势，"为今日计"，"南北问题，不可不从根本上解决"，"法律

---

① 屈守元：《庞石帚》，载任一民主编《四川近现代人物传》第6辑，四川大学出版社1990年版，第353页。

② 韦兵：《庞俊经史学术述略：兼论蜀学的现代转型与学术取径》，《四川大学学报》（哲学社会科学版）2011年第5期。

③ 彭华：《王国维与巴蜀学人》，初稿载《纪念徐中舒先生诞辰110周年国际学术研讨会论文集》，中国·成都，2009年4月；修订稿载《淮阴师范学院学报》（哲学社会科学报）2011年第3期。

④ 章太炎生于同治七年十一月三十日，依西历计，时为1869年1月12日。

问题"、"利害不可不明"、"形势不可不明"①。2月,章太炎在重庆等地演说。在演说中,章太炎"劝川中士大夫讲求实学,考究历史"(见《曾琦日记》1918年3月2日条)②,并且提到自己与四川的缘分,"鄙人于蜀,素忝师友之谊","今以平生所得,贡献于素所亲爱的蜀人"③。除演说外,章太炎继续斡旋、不断努力,"常举北伐大义,督责三省将帅"④,但俱无成效。5月4日,孙中山向"非常国会"辞大元帅职。章太炎见护法之事已无可为,遂愤而离川东下。10月11日,返归上海。

(二) 四川人士对章太炎的追悼

章太炎对四川的影响,还突出表现在1936年对章太炎的悼念活动之中。1936年6月14日,章太炎逝世。9月27日,四川省各界假皇城(今四川省展览馆)内至公堂举行公祭。公祭大会由四川大学校长任鸿隽担任主祭,行礼如仪,徐耘夆恭读祭文(祭文由庞俊撰写)。挽联数以千计,挂满三面墙壁。⑤ 四川的老同盟会员熊克武、杨庶堪、但懋辛、黄复生和邓家彦等人,均有悼念章太炎的挽联、挽诗或题刊,邓家彦的题刊、杨庶堪的挽诗、李植的《余杭章先生事略》、庞俊的《章先生学术述略》,都刊在《太炎先生纪念专号》的显著位置。1936年10月,在成都还举行了各界追悼章太炎的大会,照片刊登在《制言》第34期的扉页上。其时有巨幅挽联"富贵不能淫"云云(见前文),由此可见,"大会之隆重,评价之崇高,大概要算是全国之冠","与章太炎长期活动过的上海所开追悼会相比,后者确实显得颇为'寂寞'"⑥。后来,"章氏国学讲习会"

---

① 章太炎:《在重庆各界欢迎暨祝寿会上的演讲》,载马勇编《章太炎讲演集》,河北人民出版社2004年版,第66—68页。
② 转引自谢樱宁《章太炎年谱摭遗》,中国社会科学出版社1987年版,第102页。
③ 章太炎:《对重庆学界的演说》,载马勇编《章太炎讲演集》,河北人民出版社2004年版,第72、74页。
④ 李植:《余杭章先生事略》,原载《华西学报》1936年第4期;后收入陈平原、杜玲玲编《追忆章太炎》(修订本),生活·读书·新知三联书店2009年版,第7页。
⑤ 朱寄尧:《一九三六年四川公祭章太炎先生大会纪实》,《文史杂志》1994年第4期。
⑥ 李润苍:《章太炎与四川》,载《四川地方史研究专集》("四川大学学报丛刊"第5辑),1980年版,第77页。

印行章太炎的《太炎先生自定年谱》，其题签即出自杨庶堪之手。①

（三）章太炎著作的四川版

据不完全统计，四川所出版的章太炎著作，有以下数种：

（1）《章太炎教育今语》，周文钦编，重庆启渝公司1914年版；

（2）《太炎教育谈》，四川观鉴庐1920年版；

（3）《太炎学说》上、下卷，四川观鉴庐1921年版，上卷为章太炎1918年在四川的讲演记录，下卷为一批书札。

另外，四川大学图书馆还藏有章太炎的手稿两种：在日本所写的《小学答问》手稿和晚年所写的《菿汉昌言》手稿。"《小学答问》手稿上有向楚、李蔚芬的印章，说明他们是过了目的。"②

（四）章太炎对四川的消极影响与感情伤害

总体而言，四川人士对于章太炎是抱有特别的好感的，既尊敬其人又推崇其学，善意接待，热忱出书，相与过从，论道问学；但章太炎对四川的消极影响与感情伤害，却也是不可否认的。

关于这一点，李润苍曾予以特别指出，"就在章太炎的政治影响很显著的旧民主主义革命时期，他的消极一面也是不容忽视的。他在辛亥革命前后的分裂妥协错误，对四川的革命也颇为不利"。"最令人不快的是一九一二年三月的事。当时南京临时政府快要结束，在南京的川籍同盟会员决定召开一个四川革命烈士追悼会，对先烈表示崇敬和悼念，同时排遣自己的悲伤。孙中山先生亲自到会，而章太炎则送来一副极为错误的挽联，说什么'群盗鼠窃狗偷，死者不瞑目，此地龙盘虎踞，古人之虚言'，充分暴露了他当时反对南京临时政府、反对同盟会，实际上站到了袁世凯一边的错误立场，自然使大家感到愤慨。""一九二二年以后，

---

① 以上内容，参见李润苍《章太炎与四川》，载《四川地方史研究专集》（"四川大学学报丛刊"第5辑），1980年版。

② 李润苍：《章太炎与四川》，载《四川地方史研究专集》（"四川大学学报丛刊"第5辑），1980年版，第75页。

章太炎又曾怂恿四川军政界反对孙中山统一西南。"①

对于 1912 年 3 月所发生的那件"最令人不快的"事情，任鸿隽是持"善意同情的理解"，"当时看见这副对联的均为之骇然。也许是因为陶成章被刺的刺激吧"②。相对而言，吴相湘（1912—2007 年）的评价则过于冷峻、尖刻，"章炳麟，国人或尊为国学大师，或称作革命文豪。实则其在国史上功过参半。因其时喜发表政治意见，而为人处世尤其对复杂的实际政治缺乏经验，故主张常多变化，又不切合环境"③。

（五）章太炎思想与学问的传承与发扬

就历史之长时段而言，巴蜀文化可谓源远流长、一脉相承，分别在汉晋时期、两宋时期、晚清民国时期铸就了三大高峰。就整体之风貌与形神而言，巴蜀文化颇有"会通"之风骨与追求，亦即力求"打通古今""融通三教""会通中西"（笔者称之为"三通"）。④ 就古代而言，汉之扬雄、宋之苏轼、明之杨慎，堪称仪型；就近代而言，廖平、蒙文通、郭沫若、贺麟、唐君毅，蔚然典范。

回到本文论题。就"打通古今""融通三教""会通中西"三端而言，章太炎巍然而为楷模。章门弟子姚奠中（1913—2013 年）云，"浅见以为章太炎先生的学术，不仅是三百年'朴学'的总结，而且是两千多年传统文化的总结，不仅是总结过去，更重要的是开辟未来"⑤。于此不世出之人物，继承其学已勉为其难；至于发扬其学，则不遑论也！

仅以哲学为例。诚如贺麟所云，"章太炎为一代国学大师，门弟子遍

---

① 李润苍：《章太炎与四川》，载《四川地方史研究专集》（"四川大学学报丛刊"第 5 辑），1980 年版，第 74—75 页。

② 任鸿隽：《章太炎先生东京讲学琐记》，载《文史资料选辑》第 94 辑，文史资料出版社 1984 年版，第 77 页。

③ 吴相湘：《章炳麟自认"疯癫"》，载《民国人物列传》（上），中国大百科全书出版社 2009 年版，第 113 页。

④ 于此之相关论述，可参看笔者以下诸文：（1）《宋育仁与近代蜀学》，载《蜀学》第 5 辑，巴蜀书社 2010 年版；（2）《苏轼与禅师的交往及其影响——兼论苏氏蜀学与三教会通》，《宋代文化研究》第 18 辑，四川文艺出版社 2010 年版；（3）《博求"三通"：苏氏蜀学的形神与风骨》，《孔子研究》2012 年第 4 期。

⑤ 姚奠中：《序》，载姚奠中、董国炎《章太炎学术年谱》，山西古籍出版社 1996 年版，第 4 页。

天下。然而他的哲学思想却没有什么传人，也很少有人注意到"①。章太炎弟子姚奠中亦云，"尽管章门弟子众多，有造诣有成就者不少，佛学和诸子学方面，却乏传人。章太炎对此，深怀遗憾，时有流露"②。相对相待而言，作为四川金堂人氏的贺麟，则能于太炎之哲学予以"善意同情的理解"，"据我看来，他的思想深刻慎密，均超出康、梁，在哲学方面亦达到相当高的境界，其新颖独到的思想不惟其种族革命的思想，是当时革命党主要的哲学的代言人，而且可以认作'五四'运动时期新思想的先驱"③。

把话说回来。对于章太炎之学，后人并非全然不可继承，亦非哑然不可发扬，实则尚可勉力而为。诚如章门弟子所云，"总的来看，章氏门下的弟子很难在学术上能得先生之全体，经学、小学、史学、文学、哲学，最多只得其一端而已。不过，上承先生治学的优良传统，都能在不同的学术领域里，作出自己的成绩，故世有'章黄学派'之称"④。

2010年9—12月，初拟于成都
2012年6—12月，修订于成都
2013年2月，再次修订于成都

【本文初稿载《民国（1912—1949）史家与史学国际学术研讨会论文集》，上海，2012年6月，第406—421页；修订稿载《淮阴师范学院学报》（哲学社会科学版）2013年第4期；压缩稿载《民国史家与史学（1912—1949）：民国史家与史学国际学术研讨会论文集》，上海大学出版社2014年版，第248—257页。收入本书时，又有所修订。】

---

① 贺麟：《五十年来的中国哲学》，辽宁教育出版社1989年版，第4—5页。
② 姚奠中、董国炎：《章太炎学术年谱》，山西古籍出版社1996年版，第249页。
③ 以上所引贺麟之语，出自《五十年来的中国哲学》，辽宁教育出版社1989年版，第4—5页。说明：引文标点有改动。
④ 汤炳正：《忆太炎先生》，载陈平原、杜玲玲编《追忆章太炎》（修订本），生活·读书·新知三联书店2009年版，第372页。

桑梓情怀

诗僧可朋：其人及其诗

唐五代僧人，能诗者不少，但著作流传于世者不多，而寒山、皎然、齐己、贯休、可朋名扬海内外，堪称一代大诗人。其中，有一位诗僧为四川丹棱人，此人即吾乡先贤可朋。

关于可朋的生平事迹，我们知之不多。在《唐诗纪事》卷74、《五代诗话》卷8、《十国春秋》卷57、《尧山堂外纪》卷40、《眉州属志》卷11等书中，有关于可朋的简短记载。

可朋（896—约963年），俗姓不详，眉州丹棱城东（今属四川）人。幼聪慧，能诗。晚年，披缁于丹棱县城南九龙山竹林寺（竹林寺在今丹棱县杨场镇徐坝村）。① 性好酒，酒量过人，自号"醉髡"（或作"醉秃"），世称"醉酒诗僧"。家贫，积酒债无以偿还，常借诗朋好友之资以度岁月。后至成都，与翰林学士欧阳炯相友善，欧阳炯比之为孟郊（751—814年）、贾岛（779—843年）②。后蜀广政十九年（956），欧阳炯力荐可朋于后主孟昶（919—965年），赐钱十万、帛五十匹。可朋曾经游历过湖南的岳阳楼、洞庭湖并作有《赋洞庭》（详见下文），到达过江

---

① 竹林寺：初建于东汉，始称"净众寺"。唐元和年间（806—820年），因寺院周遭遍植翠竹数万竿，遂改名为"竹林寺"。李白、苏轼、彭端淑等文化名人曾游览竹林寺，有许多名篇佳作传世。竹林寺在今四川丹棱杨场镇，历代被列为"丹棱八景"之一。中华人民共和国成立后，寺院因失火而化为废墟。1993年，由乐山市政府恢复，开放至今。

② 《丹棱县志》卷10、《丹棱县志》卷7均云："邑令欧阳炯契之，曰：'此孟郊、贾岛流也。'"

西的洪州（今南昌），访问过河南巩县（今巩义市）的杜甫故居，目睹过社会的黑暗和民间的疾苦。

可朋与卢延让①、欧阳炯（896—971年）②、齐己（864—943年）③、贯休（832—910年）④为诗友交（未必包括方干⑤），应酬唱和，吟咏赠答。多年所得，硕果纷呈。

可朋善诗，常借诗抒发情感，陶冶性情。可朋之诗作，内容丰富而不苍白，题材多样而不单一。可朋诗作的内容，既有宣扬佛门思想、阐发佛教哲理的宗教作品，也有揭露社会矛盾、同情劳苦大众的忧愤之作，还有描写山川秀美、感悟人化自然的田园诗作。在诗的形式上，"既有精雕细刻的工整绝句，又有似民歌一样通俗的散形句式"⑥。可朋之诗，风格鲜明，多彩多姿，是一笔不可多得的精神财富。明代文学家杨慎尝欲为"唐世蜀之诗人"和"他方流寓而老于蜀者"，"裒集其诗为一帙"，后因"无暇"而未果，他所列举的巴蜀重要诗人，有射洪陈子昂、彰明李太白、成都雍陶、嘉州唐球、青城杜光庭及丹棱僧可朋等20余人（《升庵诗话》卷11。又见《蜀中广记》卷102，文字略异），由此可见可朋在杨慎心目中的地位。

《唐诗纪事》卷74记载⑦：后蜀广政十九年（956）（"是岁酷暑

---

① 卢延让（生卒年不详），字子善，范阳（今河北涿州）人。后入蜀依王建（847—918年），颇为王建所倚重。王建称帝后，仕前蜀为水部员外郎，累迁给事中，官终刑部侍郎。为诗不尚奇巧，多以浅近俗语入诗，自成一体，时称"容易格"。《崇文总目》《郡斋读书志》著录其诗1卷，已佚。《丹棱县志》卷7："（可朋）与水部卢延让为风雅交。"

② 欧阳炯，益州华阳（今四川双流）人。历事前后蜀、北宋，后蜀广政十二年（949）拜翰林学士。工诗文，尤以词著名，为"花间派"重要作家。所作诗词，为《花间集》《尊前集》《全唐诗》《全唐诗补编》等所收录。

③ 齐己，俗姓胡，名得生，长沙（今属湖南）人。为诗苦吟，尚琢炼。其诗作，门人辑得810篇，编成《白莲集》10卷。

④ 贯休，俗姓姜，字德隐，婺州兰溪（今属浙江）人。唐末五代著名画僧、诗僧。能诗善书，又擅绘画，尤其所画罗汉，状貌古野，绝俗超群，在中国绘画史上享有很高声誉。

⑤ 有人认为，可朋与方干年齿不相及，实则无从交往。但许多论著认为，二人为诗友交。姑从后说。按：方干（809—约888年），字雄飞，睦州清溪（今浙江淳安）人。门人私谥为"玄英先生"。为诗尚苦吟，诗风近贾岛、姚合（约781—846年）。其诗作，明人辑为《玄英集》8卷。

⑥ 李朝正：《唐诗僧可朋说略》，《文史杂志》1990年第2期。

⑦ （宋）计有功：《唐诗纪事》，上海古籍出版社1987年新1版，第1086页。

中"),欧阳炯邀约同僚纳凉于净众寺(即今四川丹棱杨场镇的竹林寺),"依林亭列樽俎",众人纷纷落座,欢饮自若,不亦乐乎!唯独可朋神情严肃,显得郁郁寡欢。可朋凝视寺外,但见炎炎烈日当空,耕者曝背于艳阳之下,挥汗如雨,劳苦耘田,疲惫不堪("寺之外皆耕者,曝背烈日中耘田");少间,耕者"击腰鼓以适倦"。可朋目睹此情此景,内心油然而生悲辛怜悯之情。于是,可朋执笔而作《耘田鼓》诗,以示欧阳炯。诗云:

>农舍田头鼓[①],王孙筵上鼓。
>击鼓兮皆为鼓,一何乐兮一何苦!
>上有烈日,下有焦土。
>愿我天翁,降之以雨。
>令桑麻熟,仓箱富。
>不饥不寒,上下一般。

欧阳炯读罢诗作,满面涩色,无地自容,即命随从撤去酒筵("遽命撤饮"),"君子谓可朋谏而欧阳善听焉"。

其后,乡人便将"依林亭"改名为"善讽亭"。由此,世传"可朋善讽,欧阳善听"(《丹棱县志·方外》)。

《唐诗纪事》卷74记载《耘田鼓》诗"言虽浅近,而极于理",清人吴任臣(1628—1689年)赞成此说(《十国春秋》卷57)。四川大学教授吴天墀说,《耘田鼓》诗的"语言是简练的","它生动地、形象地描绘了封建社会的对立的面貌,揭露了统治阶级官僚群的罪恶,因而极其自然地容易把人们的思想引导到这样一个结论:这种人为的不平是不可容忍继续存在下去的"[②]。四川大学教授李朝正说,《耘田鼓》"这首诗明白地表露出诗人对现实的不满,农夫忍受着饥寒交迫,冒着烈日勤耕苦

---

① "农舍",或作"农夫"(《丹棱县志》卷7)。联系下句"王孙筵上鼓",应以作"农夫田头鼓"为是。

② 吴天墀:《诗僧可朋及其〈耘田鼓〉》,《文史杂志》1999年第1期。此文后收入《吴天墀文史存稿》,四川大学出版社1998年版。

作，真可谓苦中之苦，而王孙、官宦奢华铺张，在筵席上击鼓寻欢作乐，这不仅仅是贫富悬殊的真实写照，更抨击了社会制度的不合理，表现了诗人对农夫寄予的深切同情。一个僧人对现实有如此认识，对民瘼关心，实属难能可贵"[1]。

可朋工诗，所作诗多达千余首，编为《玉垒集》10卷。《宋史》卷208《艺文志七》："僧可朋《玉垒集》十卷。"《蜀中广记》卷97："《玉垒集》十卷。唐僧可朋著，丹棱人。"

非常遗憾的是，《玉垒集》今已不存。可朋的诗作，仅存诗六首、三联、二句。《全唐诗》卷849录其诗四首、五联、二句，四首即《耕田鼓》[2]、《赋洞庭》、《赠方干》、《桐花鸟》；其中，录自刘攽（1023—1089年）的《刘公诗话》二联（"虹收千嶂雨，潮展半江天"，"诗因试客分题僻，棋为饶人下著低"），为北宋僧有朋（泉州南安人）诗误入[3]。《全唐诗》卷888录其诗一首，即《中秋月》。《全唐诗补编·续拾》卷52补录其诗一首。

为便于读者和乡人阅览，兹将可朋其余诗作和联句附录于后。

《全唐诗》卷849所录可朋诗三首、三联、二句，如下（未包括《耕田鼓》，见上文；又，剔除了误收二联）。

《赋洞庭》

周极八百里，凝眸望则劳。
水涵天影阔，山拔地形高。
贾客停非久，渔翁转几遭。
飒然风起处，又是鼓波涛。

《赠方干》

盛名传出自皇州，一举参差便缩头。
月里岂无攀桂分，湖中刚爱钓鱼休。

---

[1] 李朝正：《唐诗僧可朋说略》，《文史杂志》1990年第2期。
[2] 按：此诗诗题，《唐诗纪事》卷74作"耘田鼓"。
[3] 陈尚君：《唐代文学丛考》，中国社会科学出版社1997年版，第50页。

童偷诗藁呈邻叟，客乞书题谒郡侯。
独泛短舟何限景，波涛西接洞庭秋。

《桐花鸟》

五色毛衣比凤雏，深花丛里祇如无。
美人买得偏怜惜，移向金钗重几铢。
来多不似客，坐久却垂帘。（见《唐诗纪事》卷74）①
伤心尽日有啼鸟，独步残春空落花。（杜甫旧居）
唯陪北楚三千客，多话东林十八贤②。
乍当暖景飞仍慢，欲就芳丛舞更高。（见《偶谈》）

《全唐诗》卷888 录其诗一首，如下：

《中秋月》③：

登楼仍喜此宵晴，圆魄才观思便清。
海面乍浮犹隐映，天心高挂最分明。
片云想有神仙出，回野应无鬼魅形。
曾向洞庭湖上看，君山半雾水初平。

《全唐诗补编·续拾》卷52 补录可朋诗一首，如下④：

《赠孙真人》

世上屡更改，山中常晏安。
六爻穷《易》象，九转炼神丹。

---

① 按：《全唐诗补编》卷52 重录此二句，并据《吟窗杂录》卷32《古今诗僧》补充诗题"赠友人"，且云"似"一作"自"。（陈尚君辑校：《全唐诗补编》，中华书局1992年版，第1545页）
② 按：《全唐诗补编》卷52 重录此二句，并云"唯"一作"虽"。出处同前。
③ 按：《丹棱县志》卷11、《丹棱县志》卷7 录有此诗。可朋此诗，《重修丹棱县志》、《丹棱县志稿》无载。《丹棱县志》卷9 亦录有此诗，但作者作"佚名"，显然属于失察。
④ 陈尚君辑校：《全唐诗补编》，中华书局1992年版，第1545页。

洞里花开晚，峰头雪落残。
为余琴一弄，鹤舞下松端。

可朋驻锡之地竹林寺，"其地山水清雅，为邑中名胜第一"（《丹棱县志》卷3）。明神宗万历八年（1580），僧一真在竹林寺建藏经楼，题"可朋遗迹"四字。清世宗雍正二年（1724），僧心诚重建藏经楼。清高宗乾隆二十一年（1756），丹棱知县宋惠绥为可朋竖碑，在竹林寺修建穿廊别院供可朋遗像。清宣宗道光年间（1821—1850年），丹棱知县毛震寿为可朋建祠堂，塑遗像，并亲自撰写《可朋祠像记》，书"竹林烟月"四个大字于崖石之上，还作诗三首以纪其事，其一即《过竹林寺怀可朋》。[1] 竹林寺所塑可朋遗像，"清高拔俗"，旁有一僧徒为可朋斟酒，可朋左擎酒杯，右执佛经，"真有绝尘之概"（《丹棱县志稿》卷7）。前代名人题咏可朋者，还有田锡、苏轼、黄庭坚、唐庚、李焘、余子俊，以及邑人彭遵泗、邑令张熙、邑令胡子材等。[2]

李朝正教授说，"僧可朋的诗虽然流传下来的不多，但仅从这些诗中和集句中，就可以窥出其愤世爱人的思想，饱含着对时代的不幸、对社会现实的鞭挞，对受苦难的人民寄予无限的同情，同时也流露出自身思想的苦痛和悲哀"，"僧可朋的诗无论在唐代整个诗坛，或者在僧诗中，从思想内容和艺术成就来看，确实不可忽视，占有重要地位"，同时呼吁，"应当给唐代诗僧一定的文学地位，进而发掘、整理、校注其作者。作为历史上著名的蜀僧诗，可朋的诗曾产生过深远影响，对他进行研究也就十分必要"[3]。

2014年11月13日，初稿于四川成都
2015年6月23日，修改于四川成都

---

[1] 《过竹林寺怀可朋》："乾坤草莽醉吟身，逃出烽烟战伐尘。六合飘然一孤客，可怜无地着斯人。"（《丹棱县志》卷3）

[2] 以上资料，主要采自李朝正《唐诗僧可朋说略》（《文史杂志》1990年第2期），而又有所补充（如补充题咏人物、补充资料出处）。按：彭遵泗、张熙、胡子材三人之诗，《丹棱县志》卷7。

[3] 李朝正：《唐诗僧可朋说略》，《文史杂志》1990年第2期。

2016年10月19日，改订于四川成都

2016年11月16日，补订于四川成都

【本文初稿名"丹棱诗僧可朋：其人及其诗"，《大雅艺苑》2015年第1期；修订稿易名为"诗僧可朋：其人及其诗"，载《第四届"巴蜀文化与湖湘文化高端论坛"论文集》，四川大学出版社2016年版，第506—510页；又载《蜀学》第12辑，西南交通大学出版社2017年版，第19—23页】

《圆梦大雅堂》序

近代中国的杰出学者、经史名家、史学大家蒙文通，是我极其景仰、极度敬佩的学人之一。我对蒙文通其人其书其学的景仰与敬佩，一如我对杰出学者、学术巨擘、国学大师王国维其人其书其学的景仰与敬佩，可谓无分轩轾、略相仿佛。

收入蒙文通哲嗣蒙默教授所编的《蒙文通学记》（增补本，生活·读书·新知三联书店2006年版）的《治学杂语》，是我反复阅读、经常吟诵、不断体悟的作品之一。展读蒙文通《治学杂语》，赫然映入眼帘的第一段文字，竟然是如下数十字："象山言：我这里纵不识一个字，亦须还我堂堂地做个人。又说：人当先理会所以为人，若不知人之所以为人，而与之讲学，是遗其大而言其细，便是放饭流歠而问无齿决。不管做哪门学问，都应体会象山这层意思。"

"人之所以为人"，这是古今、中外的圣贤俊彦、大哲巨匠一直在持续追问和深刻思索的一个大命题。这不由得使人联想到莎士比亚（William Shakespeare，1564—1616年）在《哈姆雷特》（*Hamlet*）中的经典名言，"To be or not to be, that is a question"。答案多个，路向多元；林林总总，不一而足。我的体会是，"人"是有感情、有理性的动物，因为"人"是有血有肉、有情有感的。血肉情怀、感情理性所赋予的对象，除天地宇宙万物、国家社会生活、过去现在未来等之外，其实还包括亲友与家乡、乡情与故土。

我的出生之地和籍贯之地，都是相同的一个，即地处华夏大地、西南地区的四川省丹棱县。我生于斯、长于斯，与故土紧密亲近了19年。直至1988年8月底我负笈申城，求学于华东师范大学，才依依不舍地离开了家乡的山水草木与亲朋故旧。在由同名博士学位论文修订而成的

《圆梦大雅堂》序

《阴阳五行研究（先秦篇）》（华东师范大学 2004 年版；吉林人民出版社 2011 年版）的"后记"中，我曾经深情地写道，"我每次回归故土，总有一种莫名的亲切与油然的欣慰。因为，那里有我的父母，有我的亲人，有我的朋友，有我的同学，有我的熟人"。这是直白的实话实说，也是真挚的感情流露。

我的家乡，四川省丹棱县，是西蜀之隅的一个偏远小县，面积小、人口寡，经济一般，自然无法与通都大邑、沿海县镇相比。但是，这个偏远小县至今依然青山绿水、民风淳厚；与之相对，环睹华夏禹域，内心不无喜悦、不无欣慰。

作为僻远小县的丹棱县，不但有天造地设、天地赐予的自然风光，也有斐然可观、历历可数的人文景观。历史上的丹棱县，曾经涌现过诸多文化名人，比如可朋、杨素（黄庭坚好友）、唐淹（1026—1088 年）、唐瞻、唐庚（1071—1121 年）、唐文若（1106—1165 年）、李焘、李壁（1159—1222 年）、李埴（1161—1238 年）、李垕、程公说（1171—1207 年）、杨皓（黄庭坚弟子）、彭百川、孙道夫、玉泉承皓禅师、彭端淑、彭遵泗、彭肇洙（？—1756 年）、彭昭麟、彭蕙支（1758 年—？）、李昶元（1817—1891 年）等。人数虽不算多，但似亦不少。诸人所传世之作品，如唐庚的《唐子西集》、李焘的《续资治通鉴长编》、李壁的《王荆公诗注》、李埴的《皇宋十朝纲要》、程公说的《春秋分纪》、彭百川的《太平治迹统类》与《中兴治迹统类》、彭端淑的《白鹤堂文集》与《雪夜诗谈》、彭肇洙的《抚松亭遗编》、彭遵泗的《蜀碧》等，均可观瞻焉。而棚头书院、巽岩书院、大雅堂等，亦是青史留名。

2008 年 6 月，我作为引进人才至四川大学工作。因为成都与丹棱邻近，我遂有较多机会与较长时间返归故土，与亲友故旧重聚。于是乎，因郭文元绍介之缘，得以结识丹棱县土生土长的骆志勤老师。

骆君从事语言文字的教学与研究，热衷地方文化的研究与建设。在我的印象中，骆君勤奋好学，娴熟于中学语文的教学与研究，并且热爱书法艺术，其软笔书法已然入于可观境界。骆君又勤于笔耕，并且多有硕果。其文字之结集出版者，此前已有《寻梦大雅堂》《漾动的岁月》《初中语文教学设计与反思》。通语云，"天道酬勤"，此语用之于骆君，可谓贴切。

摆在读者面前的这部新作《圆梦大雅堂》，可与骆君数年前出版的《寻梦大雅堂》结合起来阅读，如此可谓相得益彰。

翻开书卷，一篇篇清新的文字，一幅幅清雅的图片，如画卷般逐一展现在读者眼前，可谓赏心悦目。在时下流行的书评话语体系中，有"图文并茂"一词，我觉得，此语施之于《圆梦大雅堂》，其实并不算过。书中的文字与图片，使我们又重新找回了似乎已经远去的"记忆"——对于故土与历史的"记忆"。无论如何，我觉得，这都是值得重视的，也是值得珍惜的。在时下的中国，风气颇为浮躁，这是有目共睹的现实，像骆君这样能沉下心来、读几本书、写几行字，我觉得，这是难能可贵的。职是之故，在此谨向骆君致以敬贺！

是为序。

2014 年 5 月 21—22 日，于四川成都

【本文载骆志勤《圆梦大雅堂》，团结出版社 2014 年版】

《丹棱历代乡贤诗文赏析选》序

丹棱县的郭文元先生，与我有乡人之谊（我的出生之地和籍贯之地均为四川省丹棱县）。但我们之相识，时间却颇晚，其时已是 2012 年。时至今日，我依然清晰地记得 2012 年 10 月 1 日我们在丹棱镇初次见面的情景。此前，我们曾经进行过 QQ 聊天；所以，在初次见面时我说，我们是由网友而朋友。后来，随着交往的增多与交流的深入，我们逐渐由朋友转为忘年交。

在我的印象中，郭文元先生待人热情而真诚，热心地方文化的研究与建设。大雅堂的设计与建设，乡邦文献的收集与整理，都是他所热爱与关心的事业。工作之余，他尤其爱好读书写作。他谦虚地自陈，"生平爱好读书，但往往不求甚解，闲暇时也爱弄笔写点不登大雅之堂的文字，但也纯属自娱而已"（《宋代丹棱乡贤"七李"诗辑注》前勒口"作者简介"）。谦虚乃国人之美德，于郭文元先生而言，亦复如是。

郭文元先生不但喜欢钻研，而且勤于笔耕，并且多有硕果。其文字之结集出版者，此前已有《南山种豆集》3 卷、《宋代丹棱乡贤"七李"诗辑注》、《大雅堂杜甫两川夔峡诗选》（与他人合著）等。承蒙他的厚爱，吾尝得以获赠《宋代丹棱乡贤"七李"诗辑注》《大雅堂杜甫两川夔峡诗选》及杂志《大雅艺苑》。闲暇时分，加以翻阅，多有获益。

近年来，郭文元先生在完成丹棱"七李"（李焘及其六子）诗的辑注后，又广而及于丹棱历代乡贤、乡邦诗文的注释与赏析，这便是洋洋洒洒 30 余万言的《丹棱历代乡贤诗文赏析选》。

作者将书稿的电子版发送给我，希望我能为其大著作序。几番推辞，终不获已。聊作数语于书前，略陈阅读感受，权充引介之用。

(一)《丹棱历代乡贤诗文赏析选》所做的工作是有意义的

俗话说,"国有国史,家有家谱"。至于地方,则有方志。通过方志研究地方历史文化,这是扎根地方的研究人员的优势。就个人治学而言,我所关注的是中国历史的"一头一尾"(先秦两汉、近现代)和中国文化的"一方一地"(中国儒学、巴蜀文化)。虽然我也发表过一些关于巴蜀历史、文化、人物的作品,但对巴山蜀水间各个地方历史文化的了解还是颇为有限的,对于家乡丹棱县的历史、文化、人物的了解,实在是空白点多多。我对家乡历史文化的了解,部分即来源于《宋代丹棱乡贤"七李"诗辑注》《大雅堂杜甫两川夔峡诗选》等书。像《丹棱历代乡贤诗文赏析选》这样的作品,不但便于文学爱好者阅读,而且利于地方历史文化的宣传,从而激发起广大读者热爱国家的情怀、热爱家乡的情愫。

诚因如此,所以我才说,"《丹棱历代乡贤诗文赏析选》所做的工作是有意义的"。并且,我还要说,类似《丹棱历代乡贤诗文赏析选》这样的成果,不患其众而患其不多。我衷心希望,能有更多的类似的成果问世!

(二)《丹棱历代乡贤诗文赏析选》所做的工作是可观的

翻阅全书,可以发现:作者所考察的人物及其作品,实际上可以"一分为二"。一部分是丹棱人士的作品,如师学、可朋、唐庚、唐文若、李焘、李壁、李埴、彭珣、彭端淑、彭肇洙、彭遵泗、彭昭麟、彭蕙支、瞿敬芴、李昶元、罗锡忠、罗锡申、徐裕德、郭岱、李华贞、吴家瑞、方国佐等。这一部分作品,是名副其实的"丹棱历代乡贤诗文"。另外一部分是外县、外省人士的作品,如外县的欧阳炯、魏了翁、冯时行、史少弼、杨慎、姜学渐、杨锐、赵熙等,以及外省的杜光庭、吕禧、帅念祖、黄云、高士魁、毛震寿、张景旭等。这一部分作品,从严格意义来说,不能称为"丹棱历代乡贤诗文"。作者之所以将其选入,是有自己的取舍标准的,因为它们是关于丹棱的作品,故而可以归入"乡邦文献"之列。

对于入选的每一篇作品,作者都作有"题解""注释""赏析"。"题解"部分,交代文选出处(绝大多数来源于历代《丹棱县志》)、写作背景、作者简介及专有名词的解释等，起到开门见山的作用；"注释"部分，选择疑难字词加以注释，起到便于阅读的作用；"赏析"部分，则带有串讲、分析性质，便于读者从整体上把握全文。"题解""注释""赏析"配合各篇原文，可谓相辅相成、相得益彰。

顺便指出，作者在书末所附录的6篇文章，从专题的角度考察丹棱县的沿革、"八景"的流变、大雅堂的兴废变迁、苏东坡的出生地及籍贯、杨明叔佚事、史氏家族，这是颇见功力的文字。文章持之有故，言之有据。有的说法虽未必为其他专家学者所认可，但依然可成一家之言，这是难能可贵的。

拜读书稿，笔者乐观其成！

在此，谨向作者致以敬贺！

是为序。

        2015年3月16日，草拟于四川成都
        2015年4月9日，完成于四川成都

【本文载郭文元《丹棱历代乡贤诗文赏读》，中国文史出版社2015年版；又载《东坡文学》2015年第3期（总第13期）】

《丹棱地方文史杂记》序

《尚书·禹贡》："华阳黑水惟梁州。"天府四川，地处华山之南，古梁州之地也。职是之故，蜀人常璩有《华阳国志》之作。鄙人，巴蜀人士，丹棱人氏，与有荣焉！

四川省眉山市丹棱县的郭文元先生，长期以来沉浸于地方文史的搜集、调查与研究，并且屡有成果问世与刊布。最近数年，郭文元先生陆续出版了《大雅堂杜甫两川夔峡诗选》（合著）、《宋代丹棱乡贤"七李"诗辑注》（独著）、《丹棱历代乡贤诗文赏析选》（独著）。以上三书，均获签名馈赠，不胜欣喜，闲时加以翻检，获益匪浅。

近期，郭文元先生又将他多年来探索丹棱地方文史的50多篇文稿，整理汇编为《丹棱地方文史杂记》一书（约13.6万字），并将其书稿的电子版发送给我，且嘱搦管操觚，为之一序。

我与郭文元先生相识多年，见面多次。此前，亦尝为其《丹棱历代乡贤诗文赏析选》作序。但因我们身在两地，又因工作繁忙，故难得深入交流。纵然如此，我对郭文元先生的了解和认知，也随着时间的推移而日渐增多、日渐加深。

郭文元先生喜欢读书，喜欢思考，热爱写作，常用笔名"南山种豆翁"在博客、论坛及省、市级刊物上发表帖子、文章，宣传、推介丹棱大雅文化和富有丹棱地方特色的历史文化和人物。丹棱县的亲人、同学和朋友，亦不时有人提及"南山种豆翁"及其文章与帖子。由此可以看出，"南山种豆翁"——郭文元先生在丹棱县是"知之者甚众"。每每提及此点，郭文元先生总是谦虚地说，"小有名气"而已。

郭文元先生的这部书稿，其内容基本上关于丹棱地方文学与历史（文史），具有极为浓郁的地方历史文化的色彩，也具有较为突出的地方历史文化的价值。我感觉，郭文元先生的这部书稿，大致有以下三个特点。

一是书稿内容丰富、涵盖面广，富有阅读价值。在时限上，书稿上起汉唐，下至近代，长达两千余年，可谓绵长。在内容上，书稿既有宏观性的描述（如《宋代丹棱史氏家族略考》《丹棱乡贤"三唐""七李""三彭"略考》《关于丹棱"八景"流变探析》《清代"流寇"蓝大顺侵扰丹棱始末》等），又有微观式的考辨（如《关于宋代乡贤史克恭进士时间考》《关于苏东坡的出生地及籍贯略考》《关于宋代冯时行任丹棱县令时间考》及关于我之本家丹棱县人氏彭百川、彭端淑、彭肇洙、彭遵泗、彭蕙芰的考辨等），颇为方便读者对丹棱的地方历史文化进行概略性的了解和认知。

二是敢于实事求是，既不盲从权威，亦不妄下断论。孔子教导学生，"毋意，毋必，毋固，毋我"（《论语·子罕》），此为千古良言，亦为至理名言。翻阅书稿，我的感觉是，郭文元先生治学严谨，不迷信名家，不盲从权威，勇于用客观的事实说话，敢于阐明自己的观点，力求做到实事求是。比如说，关于大雅堂的建造者，究竟是杨素，还是杨素翁？许多专家学者认为，大雅堂的建造者是杨素翁而不是杨素。郭文元先生举证史料，以史实说话，证明大雅堂的建造者是杨素而不是杨素翁。再比如，关于史克恭中进士的时间，有北宋乾道、元祐二说。郭文元先生举证说明"元祐进士说"是十分错误的，认为史克恭极有可能是五代后蜀时期的进士。凡此种种，不一而足。

三是多有补缺遗逸，有功于地方文史。在与郭文元先生的多次交往中，我强烈地感受到，郭文元先生勤于读书，涉猎广泛，广搜博集，挖掘整理出很多珍贵史料，从而填补史志之阙失。比如，关于宋代大雅堂建造者杨素，县志上鲜有记载，而郭文元先生在《有关一则大雅堂建造者杨素的史料辑考》一文中，辑录了南宋时期丹棱县令冯时行撰写的《杨隐父墓表》一文，填补了史志的空白。

总体而言，郭文元先生的这部《丹棱地方文史杂记》书稿，在篇幅上不算乎"长篇巨著"（毕竟只有13万字），在内容上也不关乎"禹贡九州"（毕竟只有梁州一隅）。但是，对于丹棱一地而言，其价值实则不可低估。这部书稿，浸濡了郭文元先生的一腔心血，值得我们每位热爱丹棱的人士一读。

传承地方文史，功莫大焉。

谨愿：郭文元先生有更多力作贡献于乡梓！

2016 年 4 月 15 日

【本文载郭文元《丹棱地方文史杂记》，丹新出内（2016—06 号），2016 年 6 月；又载《大雅艺苑》2016 年第 1 期（总第 9 期）】

后　记

一

区区不才，蜀地之人也。

巴蜀文化，鄙人所爱也。

蜀人之爱蜀学，似乎天经地义。

因为热爱蜀学，故而搦管操觚。

诚如《毛诗大序》所说："诗者，志之所之也。在心为志，发言为诗。情动于中，而形于言。言之不足，故嗟叹之；嗟叹不足，故咏歌之；咏歌之不足，不知手之舞之，足之蹈之也。"

自1998年以来，笔者发表过若干篇关于巴蜀文化的文章。考察的主题，涉及巴蜀文化的诸多方面，比如学人与学术、著作与思想、现象与本质等，大致以人物为中心。文章的时段，涉及古代、近代、现代，乃至当代，而以近现代为大宗。就人物的籍贯与区域而言，既涉及四川籍人物，也涉及长期寓蜀人物，以及四川人与外省人的互动与交往。

当文章的数量积累到一定程度，便油然而生"结集成书"的念头与奢望。唯因出版不易，故虽发愿多年，一直无缘实施。

今逢舒大刚教授擘画"蜀学文库"，小书有幸纳入丛书，本人煞是欣喜。幸甚至哉，不亦乐乎！

二

关于这本专题论文集，在此略做五点说明。

（一）就读书而言，本人向来兴趣广泛，甚至有点泛滥无涯。就写作而言，本人确实喜欢写作、乐于笔耕。关于自己的作品（文章），一直有意按照专题、分类编辑，在时机成熟时陆续推出文集。大脑所规划的个人文集，拟以"印川集"为总名，而"蜀学散论"便是其中之一。

（二）巴蜀文化是中华文化大家园重要的地域文化之一，不但源远流长，而且内涵丰富。唯因个人学养和精力的限制、兴趣与性情的偏好，我仅仅考察和论述了巴蜀文化的部分时段和部分层面，算是以管窥豹、见其一斑。

（三）收入本书的文章，共计24篇。除第一篇文章外（《巴蜀文化的发展历程及其特色》），基本上都在报刊上发表过。这些文章收入本书时，我都做了校核与修订。有兴趣阅读本人关于巴蜀文化文字的读者，请以本书所刊文字为准。

（四）除收入本书的文章外，另外还有一些文章（如《贺麟年谱新编》《贺麟先生学术年表》《谢无量年谱》《〈谢无量年谱〉订补》等），因为有其他考虑，这次就不收入本书了。

（五）巴蜀文化是笔者持续关注的对象与话题，未来将会还有新的文章与新的著作。时机成熟之时，亦将结集出版。

欢迎广大读者与师友批评指正，并希望能有更多学人与作者关注巴蜀文化。

2019年2月2日，草拟